Reise-Taschenbuch

toskana

Tobias Garst
Gesa Pölert

Senkrechtstarter

Alte Türme gibt's zuhauf: schiefe, dicke, kampferprobte, wiederaufgebaute, bepflanzte, zur Wohnung ausgebaute, filmwürdige. Jede Variante ist in der Toskana vorhanden. Im charakteristischen Hügelland wirken sie besonders. Oft sind sie zugänglich, wie der elegante Rathausturm von Siena; er ragt mit 102 m höher auf als jeder andere Turm der Toskana. Die Prozedur ist jedes Mal dieselbe, erst geht's hoch, dann runter. Aber glauben Sie bloß nicht, es würde sich nicht lohnen! Der Blick ist von jedem Turm zauberhaft neu. Hier der Blick vom Rathausturm auf Sienas Campo.

Überflieger

Die Toskana — zwischen Mittelmeerinseln und Apenninenbogen! Mal eben drüberfliegen, über Inseln, Weinberge, Arnotal und Kunstzentren.

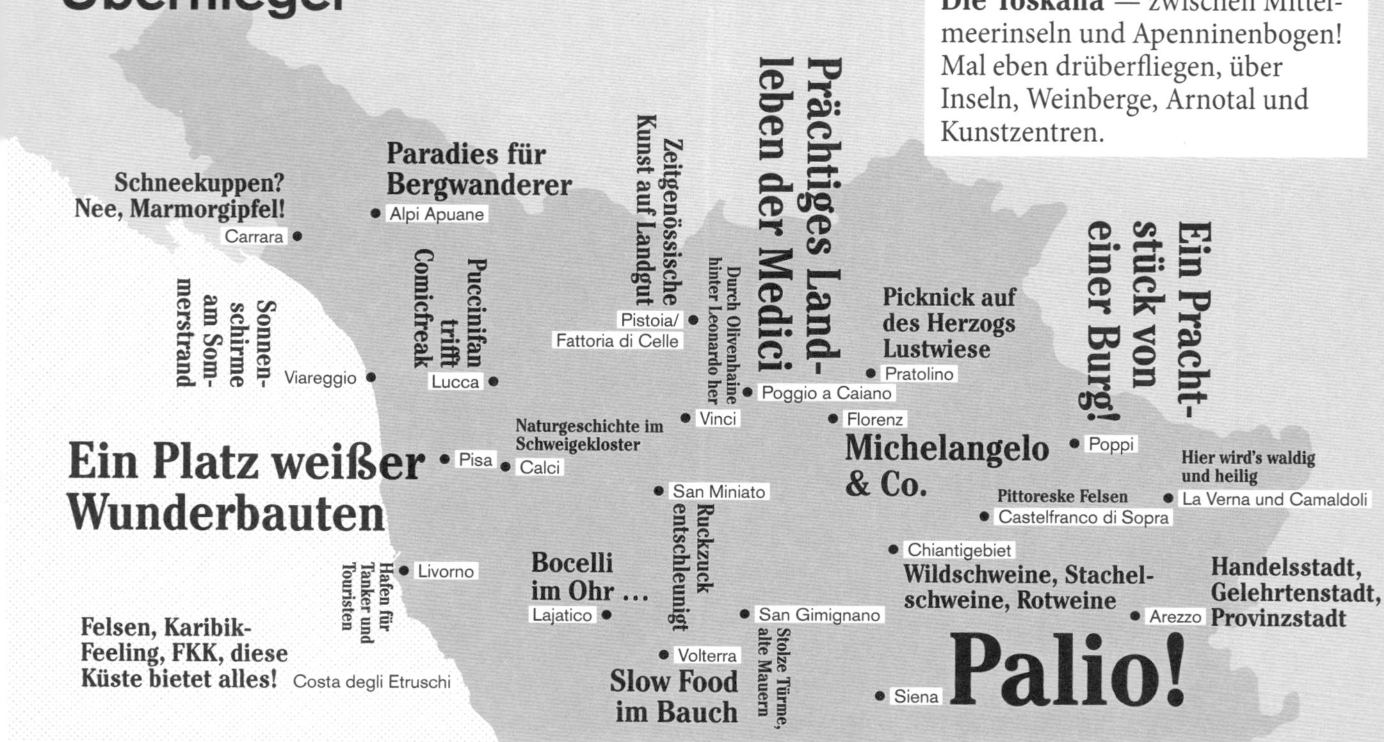

Homo industrialis freut sich über heiße Luft
Larderello
Crete
Weizen und Weite
San Galgano
Eine Kirche ohne Dach, perfekt für Sommerkonzerte
Renaissancekultur trifft Marktdorf, Papst sei Dank
Pienza
Montalcino
San Quirico d'Orcia
Bagno Vignoni
Die berühmtesten Zypressen der Welt
Weinprobe bei 35 °C – aber nur mit Schafskäse und Salami!
Kuren wie die alten Römer
Parco Archeologico di Baratti e Populonia
Baden zwischen alten Gräbern von Etruskern und Hellenen
Monte Amiata
Buchen muss man hier nicht suchen
Scarlino
Cowboys ohne Pistolen, Rinder mit langen Hörnern
Cala Violina
Der schönste Strand?
Elba
Zu Gast bei Falken und Wildkatzen
Parco Naturale della Maremma
Pitigliano
Die Stadt, die aus dem Felsen wächst
Capalbio
Bunte Tarotriesen im Gebüsch
Radeln, wandern, entdecken
Giglio
Abtauchen

Querfeldein

Fundstücke — Als Inbegriff der Lebenskunst ist die Toskana überraschend vielfältig. Altes und Modernes, Mensch, Kunst und Natur greifen mal harmonisch, mal kontrastreich ineinander.

Dolce Vita am Strand

Über 397 km Mittelmeerküste, ein Reigen von Inseln – die alten Seebäder und Naturbuchten der Toskana stehen für italienisches Sommervergnügen. Am Strand liegen, in einer Bar an der Promenade eine Limonade schlürfen, im Wasser plätschern, aufs Meer gucken und am Abend in den Sternenhimmel: Von den mondänen Bädern um Viareggio bis zu den einfacheren Stränden der Maremma oder auf Giglio und Elba gibt es dazu reichlich Gelegenheit.

Sommerabende für ewig

Aperitivo auf einem alten Platz, Sonnenuntergang über den Hügeln, dann ein ausgiebiges Abendessen mit einem guten Chianti und viel Zeit für Gespräche. Später ein Eis und ein Spaziergang durch immer noch belebte Gassen. Abende wie diese machen süchtig nach dem nächsten und nächsten Toskana-Sommer.

Das Handwerk lebt

Keramik im Arnotal, Leder und Schmuck in Florenz, Alabaster in Volterra, Kristallglas in Colle di Val d'Elsa … Das Kunsthandwerk ist ein Pfeiler in der toskanischen Wirtschaft.

Nur selten sind sie Windschutz, meist Landmarken, aber immer sind die Zypressen der Toskana auch Schmuckelemente. Dank des Hügellands, das zwei Drittel der Toskana einnimmt, setzen sie sich einzeln oder als geschwungene Alleen wirkungsvoll in Szene. Am schönsten sind sie südlich des Arno und in der Provinz Siena zu erleben, egal ob im Auto, per Rad oder per pedes.

Goldenes Zeitalter

Ein reiches, abenteuerliches Mittelalter, dann die Prachtentfaltung der Renaissance. Künstler, Architekten und Wissenschaftler haben der Toskana für immer einen Platz in der Weltgeschichte gesichert. Die Museen sind voller Schätze, die Altstädte meist intakt. In Florenz erleben Sie alles zusammengeballt auf wenigen Kilometern: Werke von Michelangelo und Botticelli, Gärten und Paläste der Medici. Aber noch in den kleinsten Orten stoßen Sie auf Spuren großer Künstler und Denker – wie auf deren Wertschätzung durch die Einheimischen.

Fiasco
So heißt die dickbauchige, mit Bast ummantelte Weinflasche, in der der Chiantiwein in die Städte transportiert wurde. Heute kaum noch gebraucht, hat sich ihr Name in der *fiaschetteria* erhalten, dem einfachsten Lokaltypus der Toskana.

Agriturismo: »Ferien auf dem Bauernhof« lautet die Zauberformel für toskanischen Landurlaub.

Weltoffene Lokalpatrioten

Florenz, Siena, Pisa: auf der Karte nicht weit auseinander, aber für die Einwohner liegen Welten dazwischen. Man ist eher Sienesin oder Pisaner als Toskaner und jeder Ort ist stolz auf seine Eigenheiten. Das hat eine lange Geschichte: Die Toskana war im Mittelalter voller konkurrierender Stadtstaaten. Das ist bis heute spürbar in einer Vielfalt, die sich in Traditionen, Architektur und Landschaft niederschlägt – vom gediegenen Lucca bis ins stolze Siena, vom alten Universitätsstandort Pisa bis ins herrschaftliche Florenz, die Kaufmannsstadt Pistoia (Abb.) oder die Handels- und Gelehrtenstadt Arezzo. Die Stadtkultur herrscht in der Nordhälfte der Region vor, während der Süden sehr ländlich geprägt bleibt.

Toskana wie im Bilderbuch: im Orciatal bei Monticchiello (Pienza)

Inhalt

Vor Ort

Lucca und der Nordwesten 14

Pisa, Livorno und ihre Küsten 44

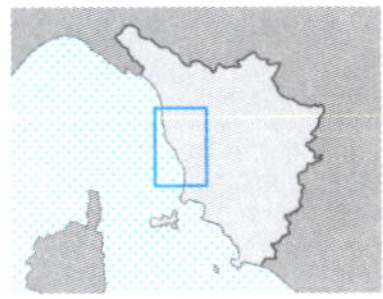

Arnotal, Pistoia und Prato 70

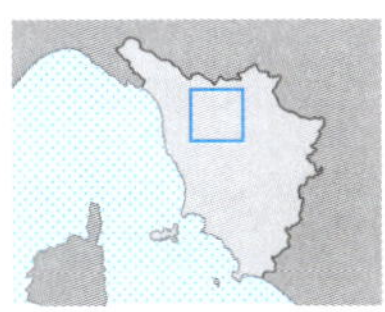

Florenz und Umgebung 92

Arezzo und Umgebung 126

Chianti, San Gimignano und Volterra 150

Siena und südliches Umland 178

Die Maremma, Elba und Giglio 212

Das Kleingedruckte

Das Magazin

Vor

Von der Höhe der Piazzale Michelangelo bietet sich ein traumhafter Blick auf Florenz.

Ort

Lucca und der Nordwesten

Meer und Berge, Villen und Gärten — die Vielfalt toskanischer Landschaften beginnt gleich an der ligurischen Grenze.

Seite 17

Lucca

Vielleicht die lebenswerteste Stadt der Toskana: alt und proper, tolle Geschäfte in historischem Ambiente, Kunstwerke und Konzerte und dazu eine ausgezeichnete Fahrradkultur.

Seite 26

Luccas Villengürtel

Villa Reale di Marlia, Villa Torrigiani, Collodi und die Villa Garzoni: Um die herrschaftlichen Landsitze ranken sich große Historie und kleine Geschichten. Kaufmannsfamilien investierten hier einst in Grund und Boden.

Die Märchenfigur Pinocchio stammt aus dem Örtchen Collodi.

Eintauchen

Seite 24

Lago di Massaciuccoli

Ex-Lagune und Naturschutzgebiet: Der See zwischen Meer und Berg ist von Lucca aus per Rad zu erreichen.

Seite 29

Viareggio

Am Strand brutzeln, flanieren und shoppen können Sie im bekanntesten Seebad der Region.

Seite 32

Sant'Anna di Stazzema

Unvergessen sind Verbrechen und Widerstand im Zweiten Weltkrieg.

&

Seite 33

Alpi Apuane

Weil sie aus Marmor sind, glänzen die Gipfel selbst im Sommer weiß. Auch Grotten, Schluchten und Stauseen machen die Apuanischen Alpen erlebenswert.

Seite 36

Pania-Gruppe

Bergwanderer in ihrem Element: zwischen Marmorbrüchen, Eichenwald und Karstgipfeln zu steilen Höhen und einsamen Almen – von Pruno zur Pania della Croce.

Seite 40

Im Reich des weißen Goldes

Dramatische Landschaft und ungewöhnliche Arbeitsstätten erleben Sie auf einer Auto- und Jeeptour in den Marmorbergen bei Carrara – in den großen Abbaubecken bei Colonnata und in Fantiscritti – hautnah.

Seite 43

Aus dem Dornröschenschlaf geweckt

Skurril mag es anmuten, wenn zwischen Oliventerrassen John-Cage-Töne erklingen. Die Tänzerin Cecilia Bertoni schafft solche Begegnungen. Sie hat die Tenuta Dello Scompiglio in ein Zentrum für zeitgenössische Kultur verwandelt.

Der Bürgerliche, der »La Bohème« schrieb: Puccini aus Lucca.

Verladekräne für Marmor, Werften, Jachthäfen und Strandbäder prägen das Bild der nördlichsten Toskana-Küste. Ein munteres Nebeneinander von Industrie und von Freizeitkultur.

erleben

Potpourri für viele Geschmäcker

E

Ein beliebter Vorspeisenteller an den italienischen Küsten heißt *antipasto mare e monti* – mit Zutaten ›aus dem Meer und von den Bergen‹. Im Nordwesten der Toskana erleben Sie die landschaftliche Entsprechung. Von den mondänen Badestränden in Marina di Pietrasanta und Viareggio geht es in wenigen Kilometern fast 2000 m hoch in die raue Bergwelt der Apuanischen Alpen.

ORIENTIERUNG

O

Lage: Das beschriebene Gebiet umfasst die zwei nordwestlichen Provinzen mit den Städten Massa-Carrara und Lucca.
Internet: www.aptmassacarrara.it, www.turismo.lucca.it
Verkehr: Bahnstrecken Florenz–Viareggio über Lucca und Livorno–Carrara/Avenza entlang der Küste. Busse von CTT Nord (www.cttnord.it) decken beide Provinzen ab.

Natur im Überfluss?

Nach Süden werden die Berge niedriger. Sie sind gespickt mit Bergdörfern und mit älteren und neueren Villen. Dort entfaltet sich der Reichtum der Provinz Lucca, der auch in schönen Gartenlandschaften und in der Provinzhauptstadt spürbar wird: die alten Steinpalazzi, Straßen und Plätze sind sehr gepflegt. Lucca liegt von der Natur verwöhnt: in einer früher sumpfigen, heute fruchtbaren Ebene, durch die sich der Fluss Serchio schlängelt, umringt von waldigen Höhen. Doch die Natur wurde und wird auch sichtbar ausgebeutet. Die Apuanischen Alpen wirken vielerorts angefressen, weil in den hiesigen Marmorbrüchen – vor allem in der Provinz Massa-Carrara – eine weltweit seltene Marmorqualität abgebaut wird: Der Stein glänzt maserungslos weiß.

Wundern beim Wandern

Konflikte mit dem Landschaftsschutz sind vorprogrammiert. Ein nachhaltiger Tourismus gilt dem Steinbruchgewerbe gar als wirtschaftlicher Konkurrent. Handelt es sich um Sabotage, wenn ein Wanderwegweiser mal wieder zerstört ist? Dabei tun gerade die Wanderurlauber der Gegend gut. Durch ihre Randlage bleibt die Region weitgehend vom Massentourismus verschont. Es wäre schön, wenn es so bliebe. Und der Badetourismus an der Küste kann eine alternative Ergänzung gut gebrauchen.

Lucca

D4

Die Luccheser Kaufmannsseele

Der toskanische Witz ist treffsicher, wie z. B. dieser: »Was sah Kolumbus als Erstes, als er den Boden der Neuen Welt betrat? Einen Luccheser, der ihm Heiligenstatuetten verkaufen wollte.« So lästert man über den Geschäftssinn dieser Stadt. Die Luccheser sind dadurch reich geworden, aber sie scheinen auch ein Näschen für ihre Kunden zu haben. Wenn Sie im Zentrum durch die Läden stöbern, können Sie das richtig genießen. Luccas stolze Kaufmannsseele konnte sich schon früh entwickeln, denn die Stadtrepublik lag an der wichtigen Mittelalterstraße Via Francigena.

Flaneure statt Kanonen

Um den Handel ein für alle Mal vor den gierigen Florentinern zu schützen, bauten die Luccheser ab 1544 eine ultimative Stadtmauer, die **Mura di Lucca** ❶. An der kommen Sie im wahrsten Sinne nicht vorbei, denn sie ist in ihrer gesamten Länge (4,2 km) perfekt erhalten. Genau genommen ist sie ein 10 m hoher und noch breiterer Erdwall mit Ziegelverkleidung und elf ausladenden Bastionen. Heute wird sie optimal genutzt und gepflegt als städtische Freizeitanlage für die 90 000 Einwohner. Die Luccheser lieben es, unter den Schatten spendenden Platanen zu radeln, zu joggen oder zu flanieren. Sitzbänke und Rasenflächen laden zum Ausruhen ein, Bistros zum Einkehren.

Als man den Wall zu bauen begann, war er allerdings für Kanonenstellungen, Soldaten und Waffenlager bestimmt. Rund 100 Jahre vergingen bis zur Fertigstellung. Doch da waren die Medici-Herzöge aus Florenz an einer Eroberung nicht mehr interessiert. Der Wall blieb heil. Und Lucca selbstständig, bis Mitte des 19. Jh. Die letzten Jahrzehnte durften sich die Luccheser aber nicht mehr selbst regieren. Auf dem Wiener Kongress 1815 wurde einem Zweig der Bourbonen ein neues Herzogtum Lucca auf den Leib geschneidert. Ausgerechnet die Fremdherrscherin Maria Luisa von Bourbon war es, die das Konversionsprojekt des Stadtwalls anordnete: Bäume wurden gepflanzt, Auf- und Abgänge geschaffen und Kasematten in Cafés verwandelt.

Platz für viele Sinne

Zum Glück nutzt die Gemeinde den Stadtwall auch zur Verkehrsberuhigung des historischen Zentrums. Das sorgt für eine gelassene Stimmung und lässt das Flair der alten Bausubstanz voll zur Geltung kommen. Egal durch welches Stadttor Sie eintreten, früher oder später stehen Sie auf der **Piazza San Michele in Foro.** Der zentrale Treffpunkt war schon vor 2000 Jahren einer, denn hier lag das antike Forum. Zwischen Banken und Cafés, die nach draußen drängen, finden oft saisonale Märkte und Messen statt.

Dominiert wird der Platz von der Kirche **San Michele in Foro** ❷ (12. Jh.). Ihre **Fassade** überragt den Baukörper und gehört zum Schönsten, was Lucca an Architektur zu bieten hat. Die übereinandergestapelten Zwerggalerien sind vom älteren Dom in Pisa abgeschaut. In der Dekorationsfülle aber hat man das Vor-

R

RADFAHREN!

Lucca ist eine echte Fahrradstadt: flach, verkehrsberuhigt, mit einem guten Wegenetz und vielen Radverleihern (s. S. 23). Die Tarife liegen bei ca. 4 €/Std., und das Leihen ist meist sehr unkompliziert. Also rauf aufs Rad und durch die Gassen, eine Runde auf der Stadtmauer oder ganz raus aus der Stadt und auf den Serchiodamm!

bild übertroffen. Ein wahres Tierbilderbuch sind die Intarsien aus weißem und dunkelgrünem Marmor, und die Säulchen wirken wie Zuckerwerk aus Stein.

Essbare Süßigkeiten tragen die Luccheser gerne in hübschen Päckchen aus der **Pasticceria Taddeucci** 4 (Piazza San Michele 34, www.buccellatotaddeucci.it) hinter dem Glockenturm von San Michele. Der berühmteste Laden seiner Art führt natürlich die Spezialitäten der Stadt. Probieren Sie die Torta di Verdura Lucchese, einen Mürbeteigkuchen mit einer durch Mangold grün gefärbten Füllung! Wenn dann noch ein Straßenmusiker spielt, ist der Genuss vollkommen.

Shoppingparadies

Andere Geräusche sind wenige Schritte entfernt zu hören: das Klackern von Damenabsätzen und das Klingeln drängelnder Fahrräder. Der Soundtrack der **Via Fillungo!** Die schmale Straße ist eine der längsten der Altstadt und deshalb die Geschäftsmeile schlechthin. Geschmackvolle Ladenfassaden überall. Besonders

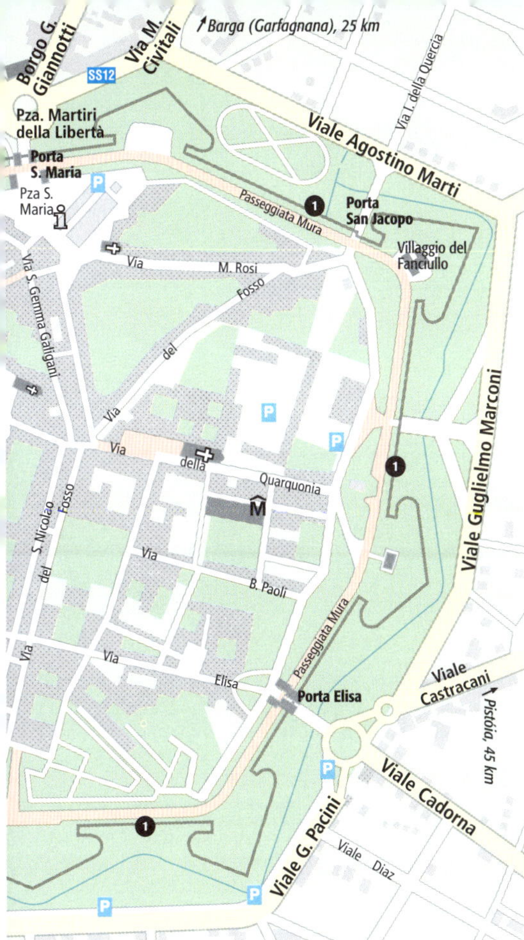

Lucca

Ansehen

1. Mura di Lucca
2. San Michele in Foro
3. Piazza Anfiteatro
4. Torre Guinigi
5. Cattedrale (Duomo) di San Martino
6. Puccini Museum – Casa Natale

Schlafen

1 Albergo San Martino
2 B & B Caterina

Essen

1 Vecchia Trattoria Buralli
2 Trattoria Canuleia
3 Ristorante Caffetteria San Colombano
4 Pasticceria Taddeucci

Einkaufen

1 Acqua dell'Elba
2 Via San Paolino
3 Enoteca Vanni

Bewegen

1 Biciclette Poli

Ausgehen

1 Teatro del Giglio

duftet der Laden von **Acqua dell'Elba** 1 (Via Fillungo 65). Der junge Parfümhersteller von der Insel hat in den Räumen der ehemaligen Profumeria Venus mit ihrer marmornen Jugendstilverkleidung eine ideale Heimat gefunden.

Dass sich auch große Ketten an der Straße eingenistet haben, war nicht zu vermeiden, doch der Einzelhandel behauptet sich bravourös. Auch in den Seitenstraßen ist Interessantes zu entdecken.

Gefräßige Touristen statt Löwen

Das rechtwinklige Straßenraster im Zentrum ist noch stark vom Castrum, dem

Heute so belebt wie vor 2000 Jahren: die Piazza San Michele in Foro. Hier finden nicht nur Märkte statt, auch spätnachmittags oder am frühen Abend ist das der Ort zum Bummeln und Genießen.

Rechteck der alten Römerstadt, geprägt. Die Via Fillungo gehörte dazu. Richtung Norden macht sie dann eine eher unrömische Kurve, das Castrum ist zu Ende. Es folgt rechter Hand eine gebogene Häuserreihe mit tunnelartigem Durchgang. Willkommen im Stadion der Antike, im einstigen Amphitheater! Doch oh Wunder: Ein heiterer, ovaler Platz voller Restaurants erwartet die Besucher. Nachdem die Zirkusspiele mit Gladiatoren und wilden Tieren aufgegeben waren, entstand ab dem frühen Mittelalter die kuriose **Piazza Anfiteatro** ❸. Die Stadtbewohner bauten ihre Häuser sowohl auf den ruinösen Theatermauern als auch auf dem freien Platz. Den bereinigten Anblick von heute erhielt die alte Arena im 19. Jh., als Herzogin Maria Luisa von Bourbon einen großzügigen Marktplatz anlegen ließ.

Turmblick mit Eichenschatten

Liebhaber von Kuriositäten kommen in Lucca auf ihre Kosten. Die nächste Gelegenheit: ein mittelalterlicher Turm mit Dachterrasse und Steineichen. Die **Torre Guinigi** ❹ ist der letzte erhaltene Geschlechterturm der Stadt. Ob die Bäume ihn gerettet haben? Die Eigentümer pflanzten sie schon im 14. Jh.: Die mächtige Familie Guinigi wollte unter den damals 250 Türmen der Altstadt ihren Besitz auf besondere Weise herausheben. Im 16. Jh. ließ die Stadtrepublik alle Privattürme abreißen – bis auf diesen. Die Terrasse und das schattige Panorama erreichen Sie nach 230 Stufen.

Via Sant'Andrea, März/Okt. tgl. 9.30–17.30, April/Mai tgl. 9.30–18.30, Juni–Sept. tgl. 9.30–19.30, Nov.–Feb. tgl. 9.30–16.30 Uhr, 4 €

Kunst, Krempel und Rares

Lucca wurde seit dem Mittelalter in keinem Krieg zerstört, so hat sich viel Altes erhalten und über die Jahrhunderte angesammelt. Alles irgendwie Wertvolle wird gehandelt, besonders in den Gassen um den Dom herum. Dort sind in den Schaufenstern Antiquitäten, Kunstobjekte oder gebrauchte Bücher zu bewundern. Richtig heiß gehandelt wird in dem etwas verschlafenen Viertel jedes dritte Wochenende im Monat. Dann findet der große **Mercato Antiquario** statt, wo vom rostigen Schiffsnagel bis zur Art-déco-Kommode alles Mögliche zu finden ist.

Sankt Martin grüßt

Uni, Hafen oder Flughafen – das hat Lucca alles nicht, dafür aber die bedeutende **Cattedrale di San Martino** ❺ (auch: Duomo San Martino) mit wunderschönem Innenraum. Sie ist, wie ihr Name verrät, dem hl. Martin geweiht, den Sie sicher gleich rechts an der Fassade erkennen: als steinernen Reiter, der mit dem Bettler seinen Mantel teilt. Doch wer hat den Martin hier eingeschleppt? Er stammt nämlich aus Frankreich, sein Kult ist in der Toskana unüblich. Vielleicht waren es ja die Franken, die im 8. Jh. den in Lucca residierenden Langobardenherzog vom Thron stießen. Erst um 1300 entstand die schöne Reiterfigur (Original im Inneren). Sie ist der jüngste Teil des überbordenden Fassadendekors (12./13. Jh.).

Schönes Holz, schöner Stein

Der **Innenraum des Domes** wurde vom 12. bis 15. Jh. mehrfach umgebaut, bis er mit Pfeilern und Steingewölben majestätisch wirken konnte. Schöne Renaissancealtäre und -grabmäler sind erhalten. Aus derselben Epoche hängen rechts und links vom Hauptaltar die prunkvoll geschnitzten Orgelkästen. Hier durften die Puccinis als Domorganisten arbeiten. Die wichtigste Musikerfamilie Luccas war über Generationen hinweg auf den Posten abonniert. Ausgerechnet ihr berühmtester Sohn hat ihn nie bekommen: der Opernkomponist Giacomo. Er galt den konservativen Lucchesern als zu experimentierfreudig.

Was Liebe bewirken kann, zeigt der **Sarkophag der Ilaria del Carretto** im rechten Seitenraum: Ilaria war im frühen 15. Jh. die First Lady von Lucca. Ihr Mann Paolo Guinigi stammte aus dem Haus mit der begrünten Turmterrasse und regierte die Stadt, just als Ilaria nach der Geburt des zweiten Kindes viel zu früh starb. Der reiche Gatte engagierte einen der besten Künstler seiner Zeit, den Bildhauer Jacopo della Quercia aus Siena. Dieser zauberte die Edeldame in jugendlicher Schönheit aus dem Marmor, umtanzt von Früchte tragenden Engeln. Das Werk aus der Dämmerung der Renaissance feiert die verstorbene Frau in damals ganz neuer, positiver Weise.

Piazza San Martino, www.museocattedralelucca.it, Mitte März–Mai, Okt. Mo–Sa 9.30–18.30, So, Fei 12–18.30, Juni–Sept. Mo–Fr 9.30–19, Sa 9.30–18.45, So, Fei 12–19 Uhr, 3 €, Kombiticket mit Campanile, Museum etc. 9/6 €

Museen

Ein Hauch Nessun dorma

❻ Puccini Museum – Casa Natale: Auf der hübschen Piazza Cittadella steht sein Denkmal, im Haus schräg dahinter wurde er geboren: der Maestro der Oper, Giacomo Puccini. Seine Geburtsstätte, die Wohnung im 2. Stock, gehörte der Familie, bis Giacomos Enkelin Simonetta sie der Puccini-Stiftung vermachte. Ein feines Privatmuseum ist daraus geworden: In den ehemaligen Wohn- und Schlafzimmern kommen Sie dem Komponisten durch Fotos, Briefe, Korrekturfahnen oder Partituren ganz nahe. Ein Star der Sammlung ist der Steinway-Flügel, auf dem »Turandot« komponiert wurde.

Corte S. Lorenzo 9, www.puccinimuseum.org, Jan./Feb. Mi–Mo 10–17, März, Okt. Mi–Mo 10–18, April–Sept. tgl. 10–19, Nov./Dez. Mo–Fr 10–13, 15–17, Sa/So 10–17 Uhr, 7 €; **Kasse/Bookshop:** Piazza Cittadella 5

Schlafen

Ganz ruhig, ganz zentral

1 **Albergo San Martino:** In Domnähe liegt dieses gepflegte, freundliche Familienhotel mit hell eingerichteten Zimmern. Bei schönem Wetter können Sie draußen frühstücken, an der – sehr ruhigen – Straße.

Via della Dogana 9, T 0583 46 91 81, www.albergosanmartino.it, DZ/ÜF 60–180 € je nach Termin und Buchungslage

Picobello

2 **B & B Caterina:** Eine neue Adresse ist dieses Bed and Breakfast im nordwestlichen Eck der Altstadt. Die fünf Zimmer liegen in einem Altbau, sind aber taufrisch renoviert. Das Frühstück wird in einem eigenen Saal im Haus serviert.

Via Galli Tassi 85, www.bbcaterinalucca.it, DZ/ÜF 60–80 €

Essen

Lucca in Speiseform

1 **Vecchia Trattoria Buralli:** urgemütlich und von Berufstätigen zur Mittagspause genutzt. Typische Luccheser Gerichte wie Kartoffelravioli mit Hackfleisch oder Dinkelsuppe machen glücklich und satt. Wer nicht aufpasst, könnte die Gestalt der dicken Botero-Figuren annehmen, die aus einigen Bildern an der Wand schauen. Fragen Sie den Chef Nilo nach den Tagesspezialitäten! Da lassen sich Entdeckungen machen.

Piazza Sant'Agostino 10, T 0583 95 06 11, www.vecchiatrattoriaburallilucca.it, Do–Di 12–15, 19–23 Uhr, Menü 25 €

Versteckter Ruhepunkt

2 **Trattoria Canuleia:** Auf der Piazza Anfiteatro sitzt es sich natürlich herrlich, doch um die Ecke wird es richtig intim. Das freundliche, junge Lokal hat auch einen hübschen Hinterhof mit entspannter Atmosphäre. Die Speisekarte ist nicht sehr lang, bietet aber eine gute Auswahl leckerer Gerichte.

Via Canuleia 14, T 0583 46 74 70, www.canuleiatrattoria.it, Di–So 12.30–14, 19.30–22 Uhr, Pasta um 8 €

Schick auf der Schanz'

3 **Ristorante Caffetteria San Colombano:** Unter den Bäumen der Stadtwallbastion San Colombano ist das originell gestylte Lokal in die Reste der alten Kasematte hineingebaut. Es bietet für alle Gelegenheiten etwas: im Inneren warme Gerichte (zu gehobenen Preisen), dazu Sandwiches oder Drinks, die Sie auch draußen genießen können.

Rampa Baluardo S. Colombano 6, T 0583 46 46 41, www.caffetteriasancolombano.it, Do–So 9–1 Uhr (Bar), Do–So 12–15, 19–22.30 Uhr (Restaurant)

Süßes Lucca

4 **Pasticceria Taddeuci:** s. S. 18.

Einkaufen

Die Hauptgeschäftsstraßen sind die **Via Fillungo,** wo sich auch der Laden von **Acqua dell'Elba** 1 (s. S. 19) befindet, und ihre Seitengassen sowie die **Via San Paolino** 2. Im Domviertel findet an jedem dritten Wochenende im Monat ein großer **Antik- und Trödelmarkt** (s. S. 21) statt.

Eine Grotte voller Weinschätze

3 **Enoteca Vanni:** Bleiben Sie nicht im ersten Ladenraum hängen, seien Sie Entdecker! Nur Mut, denn im Souterrain lagern jahrzehntealte Tropfen in langen

Kellerhöhlen! Kaufen werden Sie dann eher vorne.

Piazza S. Salvatore 7, www.enotecavanni.it, Mo 16–21, Di 0–24, Mi–Sa 10–13, 16–21 Uhr

Bewegen

Breite Radwahl

1 Biciclette Poli: Vom Stadtrad übers Mountainbike bis zum Tandem und Kinderanhänger: Unter vielen anderen ist Poli der größte Radverleih der Stadt.

Piazza S. Maria 42, www.biciclettepoli.com, 4 €/Std., 16 €/Tag, Rennrad/Mountainbike 7 €/Std., 35 €/Tag

Bummelbahn in die Berge

Mehrmals am Tag (z. B. 11.30, 14.11 Uhr) fährt ab Lucca ein Regionalzug die schöne Strecke durchs Serchiotal hinauf nach Aulla Lunigiana, an den Apuanischen Alpen entlang, durch die Garfagnana und am Städtchen Barga vorbei. Komplett braucht die Bahn um die 2 Std. (einfache Fahrt).

Ausgehen

1 Teatro del Giglio: Oper, Theater, Ballett von Mitte Okt. bis April.

Piazza del Giglio 13/15, www.teatrodelgiglio.it

Feiern

- **Lucca Summer Festival:** www.summer-festival.com. Gestandene Pop- und Rockstars reichen sich von Ende Juni bis Ende Juli auf der Piazza Napoleone das Mikrofon weiter. Der größte Platz der Altstadt ist dafür gerade groß genug. Emotionen gab es 2019 u. a. mit Sting, den Scorpions und beim Abschiedskonzert von Elton John.
- **Luminara del Volto Santo:** 13. Sept. Lichterprozession mit heiligem Kruzifix.

In der Via Fillungo findet sich eine Vielzahl an kleinen und großen Läden.

- **Lucca Comics und Games:** www.luccacomicsandgames.com, Ende Okt./Anf. Nov. Fünftägiges Festival zu Comics, Mangas, Fantasy und Spielen. Kurz bevor am 11.11. im Rheinland der Karneval beginnt, erlebt Lucca dank seiner größten Messe ähnliche Verhältnisse. Bei Lucca Comics and Games ist nichts normal. Während der Messe laufen Hulk, Wonderwoman oder Star-Wars-Figuren auch außerhalb der Messezelte scharenweise durch die Stadt – eine riesige Maskerade für Freunde der Comic- und Fantasy-Welt.

Infos

- **Ufficio Informazioni e Accoglienza Turistica (IAT):** Piazzale Verdi, T 0583 58 31 50, www.turismo.lucca.it, tgl. April–Okt. 9–19, Nov.–März 9–17 Uhr.

TOUR
Stadt, Land, Fluss – und See

Radrundfahrt zum Lago di Massaciuccoli

Lucca: Sie halten eines der vielen Leihräder in der Hand – und jetzt? Eine 35-km-Tour führt auf Radwegen und meist kleinen Straßen durch die abwechslungsreiche Kulturlandschaft westlich der Stadt, an Burgen, Steinbrüchen und einer antiken Ruine vorbei. Ein längerer, steiler Anstieg (1,5 km) über dem See von Massaciuccoli ist die größte Schwierigkeit.

»Damit die Pisaner Lucca nicht sehen können«, habe Gott den Monte Pisano dazwischengesetzt, so Dante in der »Göttlichen Komödie«. Im Serchiotal sind Pisaner und Luccheser sich dann kriegerisch begegnet.

Die **Via del Tiro a Segno,** nordwestlich außerhalb der Stadtmauern führt direkt zum **Serchiodamm.** Dort radeln Sie ganz entspannt: Auf dem unbefestigten Fuß- und Fahrradweg geht's links gut 8 km am Fluss entlang. Manchmal unter Pappeln, manchmal mit freiem Blick: nach 3 km auf den **Ponte San Pietro** (dort geradeaus), nach 6 km auf die zauberhaften **Burgtürme von Nozzano.**

In **Ripafratta** endet der Serchio-Radweg. Sie überqueren den Fluss und halten sich an der T-Kreuzung links Richtung Avane. Auf der Vorfahrtstraße durchqueren Sie **Filettole,** das Sie am Ortsende Richtung Massarosa verlassen. Die Straße schmiegt sich für kurze Zeit

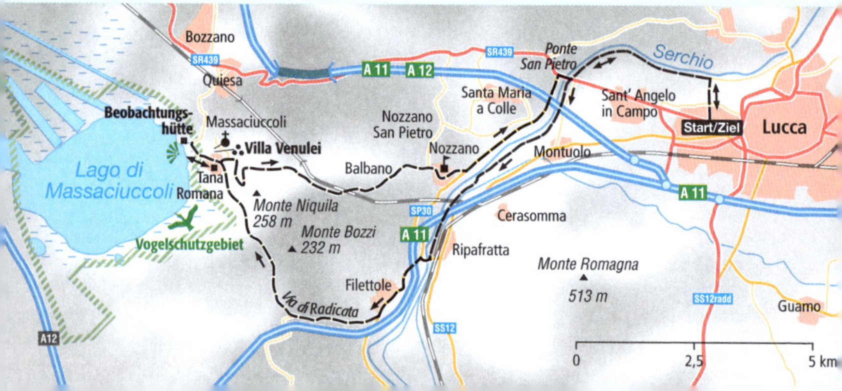

Infos

Tagesausflug, 35 km, eine steile Steigung (1,5 km)

Start/Ziel:
Lucca (D 4), Via del Tiro a Segno / Ponte San Pietro

Pause:
Im Sandwichladen **Tana Romana** (Via Pietra a Padule 3096, Massaciuccoli, Di–Fr 11.30–15, 18.30–24, Sa/So 11.30–24Uhr) können Sie sich stärken.

Radverleih:
s. S. 23

an die Autobahn, der Sie über einen leichten Sattel hinab in den großen Küstenstreifen folgen. Aufgepasst: Kaum ahnen Sie das Meer am Horizont, biegen Sie rechts ab in die **Via di Radicata.** Das meist ebene Sträßchen windet sich präzise am Bergfuß entlang. Links schauen Sie über flache Felder, die alle auf Schwemmland entstanden. Denn vor 3000 Jahren stieß das Meer hier noch an die Berge! Bald erreichen Sie **Massaciuccoli.**

Das verträumte Örtchen liegt am gleichnamigen See, dem **Lago di Massaciuccoli,** den Sie durch die **Via del Porto** erreichen. In antiker Zeit war hier eine Bucht, die allmählich durch eine Landzunge vom Meer abgeschnitten wurde. Der so entstandene Brackwassersee ist heute **Vogelschutzgebiet.** Ein hölzerner Steg führt durchs Uferschilf zu einer **Beobachtungshütte.** Mit Glück und Geduld sehen Sie Reiher, Rohrweihen, Enten und andere Gefiederte. Fernglas vergessen? Dann schauen Sie sich den See von oben an, vom **Kirchplatz** über dem Ortskern. Ein herrliches Plätzchen für ein Picknick unter der großen Pinie! Schon die römisch-etruskische Familie Venulei hat diesen Fleck geliebt. Unterhalb am Hang liegen die Reste der **Villa Venulei** aus dem 2. Jh. Die Venulei hatten sich sogar eine Privattherme geleistet!

Auf dem **Heimweg** müssen Sie erst mal strampeln: Südlich der Kirche führt die **Landstraße nach Lucca** weiter den Berg hinauf – mit fantastischer Sicht aufs Meer. Die Abfahrt auf der anderen Seite ist ein schmales **Waldsträßchen** und endet in der zerstreuten Bebauung von **Balbano** an einer T-Kreuzung. Die Vorfahrtsstraße Via di Balbano führt links bis zum Burghügel von **Nozzano,** den Sie schon aus der Ferne kennen. Die Burg gehörte früher der Stadtrepublik Lucca. Von hier geht der Blick über den Serchio nach **Ripafratta** mit seiner Festung, dem rustikaleren pisanischen Gegenstück. Nirgends wird die alte Rivalität zwischen Lucca und Pisa deutlicher!

Hinter Nozzano erreichen Sie die Landstraße am rechten Serchio-Ufer. Teilweise können Sie den Damm wieder nutzen. Die Straße endet am **Ponte San Pietro,** wo sich der Kreis der Radtour schließt.

- **Busse:** mit CTT Nord ab Piazzale Verdi in alle Städte der Provinz Lucca und nach Pisa.
- **Zug:** gute Verbindungen ab der Stazione di Lucca (Viale Cavour 15) nach Pisa, Viareggio, Pescia, Montecatini, Pistoia, Prato und Florenz.

Luccas Villengürtel

Gärten als Statussymbol

Ein geschwungenes Steintor, eine Villa mit Palmen, ein Park ... Im Umland von Lucca kommt man oft aus dem Staunen nicht heraus. Woher diese elegante Pracht? Es begann im 16. Jh., als durch die Entdeckungen in Übersee der italienische Handel in die Krise geriet. Luccheser Kaufleute investierten deshalb in Landwirtschaft. Durch gute Beziehungen zu den Engländern florierten die Geschäfte später wieder. Obst- und Gemüsegärten wurden in Parks verwandelt und durch exotische Bäume veredelt. Aus den Landhäusern wurden repräsentative Villen. Die drei schönsten Beispiele liegen in einem 10 km langen Streifen am Fuß der Apenninen.

Villa Reale di Marlia D4

Elisas Traumwelt

Weite Rasenflächen, ein Kamelienwäldchen, das Plätschern eines künstlichen Bachs, ein Spiegelsee. Die Villa Reale di Marlia hat wirklich alles, was ein herrschaftlicher Landsitz braucht. Der ›Herr‹ war für kurze Zeit eine Fürstin: Elisa Baciocchi, besser bekannt unter ihrem Mädchennamen Bonaparte. Die jüngste Schwester Napoleons regierte mit ihrem Mann Felice Baciocchi von 1805 bis 1814 das kleine Fürstentum Lucca-Piombino. Für die Gestaltung des weitläufigen Parks ließ sie sich vom romantischen Ideal des englischen Gartens leiten. Doch auch von den Vorbesitzern blieb Beachtliches erhalten: Aus der Barockzeit stammen die **Wasserspiele,** der **Zitrusgarten** und der **Fischteich** mit Steinskulpturen. Last not least: das perfekt erhaltene **Naturtheater,** eine aus Eiben kunstvoll zugeschnittene Bühne für Freiluftaufführungen. Die spektakulärsten Auftritte lieferte 1805 der Geigenvirtuose Niccolò Paganini. Danach begann ein ganz anderes Spiel, denn Fürstin Elisa verliebte sich in den Musiker – und band ihn geschickt an sich, indem sie ihn zum ersten Hofgeiger ernannte. Die Affäre dauerte vier Jahre, bevor es Paganini zu prunkvolleren Höfen zog. Die Villa selbst ist nicht zu besichtigen, da privat bewohnt. Aber eventuell öffnen die neuen Besitzer, seit 2015 ein Schweizer Ehepaar, zumindest teilweise ihre Türen.

Via Fraga Alta 2, Marlia, www.villarealedimarlia.it, Park März–Okt. tgl. 10–18 Uhr, 9 €

Villa Torrigiani E4

Luccas Versailles

Signora Colonna ist nicht zu beneiden. Die zierliche Dame ist die Besitzerin der Villa Torrigiani. Und sie hat enorme Unterhaltskosten für die reich verzierte ›Königin der Luccheser Villen‹ zu stemmen. Die ist als Sommersitz gebaut und wird bis heute so genutzt. Schon 1967 haben die Colonna beschlossen, sich mit dem Obergeschoss zu begnügen und das **Erdgeschoss** für Besichtigungen zu öffnen. Der **geführte Rundgang** (auf Italienisch oder Englisch) wirkt intim, zeigt neben alten Porträts auch Fotos der Familie. Am auffälligsten sind die Ausmalungen und die mit Seide bestickten Himmelbetten

Lieblingsort

Exotische Blütenpracht in den Hügeln von Lucca

Blütenpracht ohnegleichen: Im März fahren wir von Lucca aus viele verwinkelte Straßen hoch in das kleine Bergdorf **Sant'Andrea di Compito** (📍 D5), von dort aus in den Wald, bis zu einer kleinen Schotterstraße. Hier haben die Dorfbewohner – immer schon stolz auf die prächtigen Kamelien in ihren Vorgärten – einen einzigartigen **Kameliengarten** angelegt. Hunderte von Kamelien in allen Farben und vielen Sorten blühen in einem windgeschützten Tal auf ansteigenden Terrassen. Über Jahrzehnte haben die Organisatoren Spenden, Ableger, Samen gesammelt, teils von sehr berühmten Mutterbäumen, um die Sammlung immer weiter zu vervollständigen. An einigen Wochenenden im März und April veranstaltet das Dorf außerdem jedes Jahr eine **Kamelienausstellung,** während derer Sie auch die beeindruckenden **Gärten** der nahe gelegenen **Villen Borrini, Giovanetti, Orsi** und **Torregrossa** besuchen können (Veranstaltungsdaten und Infos Kamelienausstellung: www. camelielucchesia.it).

für den bedeutendsten Vorbesitzer: Nicolao Santini, einst Botschafter der Republik Lucca am Hof von Versailles. Der Glanz des Sonnenkönigs hatte ihn so geblendet, dass er dem Franzosen nacheifern wollte. Auch alle Fassaden wurden neu verziert. André Le Notre, Hofkünstler Ludwigs XIV., lieferte gar Entwürfe für den **Garten.** Davon sind nach der Umgestaltung im englischen Stil nur die zwei vorderen Wasserbecken erhalten. Ein Kleinod ist der italienische Garten, der **Giardino di Flora** auf der Ostseite der Villa. Und falls zugänglich: das geheime **Nymphäum,** ein enger Gang hinter der barocken Treppenanlage, der in versteckte Grotten führt.

Via del Gomberaio 3, Frazione Camigliano, Capannori, Mitte März–Okt. tgl. 10–13, 14.30–18 Uhr, Park 7 €, Park und Villa 12 €

Collodi und die Villa Garzoni

E4

Pinocchios Heimat

Das Örtchen Collodi fällt schon von Weitem auf, wie es sich als schmales Band gedrängter Häuser einen waldigen Berg hinunterringelt. Davor liegt der überaus prächtige Großbau der Villa Garzoni. Ein inspirierender Ort! Und wirklich verdankt ihm der italienische Kinderbuchheld Pinocchio sein Dasein. Der Autor Carlo Lorenzini, der sich nach dem Heimatort seiner Mutter Carlo Collodi nannte, verbrachte hier in den 1830er-Jahren glückliche Kindheitstage.

Steigt man links neben der Villa den Fußweg in den Ort **Collodi** hinauf, gerät man in verwinkelte Sträßchen und Treppenläufe. Hinter jeder Ecke könnte Schreinermeister Gepetto lauern. Burg und Kirche wachen ganz oben über den Bewohnern, die als Bauern oder in den Papierfabriken im Seitental arbeiten.

Den Kontrapunkt setzt die **Villa Garzoni** mit ihrem **Barockgarten.** Er ist der schönste der Toskana. Und der steilste. Unten finden Blumenrabatten Platz. Dann der imposante Anstieg: eine mehrstöckige **Treppenanlage mit Grotte** führt zur **Palmenterrasse** und weiter zu den **Wassertreppen,** die den Blick zur riesigen Figur der Wasser speienden **Fama** (›Ruhm‹) lenken. Im schattigen Eck zur Villa hin liegen weitere Attraktionen eines auf Effekte zielenden Rundgangs: ein **Bambuswäldchen** und ein **Irrgarten.** Durchaus geeignet für Initiationsriten, denn die Garzoni sollen Freimaurer gewesen sein. Auf der rechten Gartenseite wurde 2010 ein **Schmetterlingshaus** eröffnet, das Kinder sicher mehr begeistert als der altmodische **Pinocchio-Park** gegenüber.

Villa Garzoni: Piazza della Vittoria 1, Collodi, www.pinocchio.it, tgl. März 9–18.30, April–Mitte Sept. 9–20, Mitte Sept.–Ende Okt. 9–19, Ende Okt.–Anf. Nov. 9–17.30 Uhr, 13 €

Schlafen, Essen

Abschalten und genießen

Fattoria di Petrognano: Eine Hangetage über der Villa Torrigiani liegt diese typische Landgut-Villa aus dem 17. Jh. mit eigener Olivenmühle. Und mit Traumblick über die Gartenlandschaft um Lucca! In den ehemaligen Bauernhäusern sind Wohnungen und Zimmer eingerichtet. Die Panoramaterrasse bei der Villa ist zur gemeinsamen Nutzung.

Via di Petrognano 13, Capannori, www.fattoriadipetrognano.it, DZ/ÜF 70–90 €

Wie bei Muttern

I Diavoletti: Wenn man weiß, dass hier zwei Schwestern kochen, könnte der Name an ein Hexenhaus erinnern, aber so ist es nicht. In einfachem, aber liebevollem Ambiente bekommen Sie allerbeste Hausfrauenküche.

Via Stradone di Camigliano 302, Capannori, T 0583 92 03 23, www.ristorantepizzeria idiavoletti.it, Do–Di 19.30–24 Uhr

Pescia

E4

Blüten mit Stil?

Sie fällt gleich auf, wenn man sich Pescia nähert: die stadionähnliche weiße Konstruktion in der südlichen Peripherie, die in den 1970er/1980er-Jahren für den **Blumenmarkt** entstand. Pescia ist *città dei fiori,* Blumenstadt. Im 20. Jh. entdeckte man die Produktion und den Export von Schnittblumen als einträgliches Geschäft. Heute liefern die Züchter von Pescia in die ganze Welt. Die neue **Markthalle** erhielt viel Lob von der Architekturkritik der Moderne. Wir sind der Meinung: Sie passt nicht zu Blumen.

Begehbare Gemälde

Pescias Reiz entfaltet sich in der **Altstadt.** Die schmiegt sich am Austritt des Pescia-Flusses aus den Apenninen an den Fuß der Berge. Das alte **Marktviertel** auf dem Westufer ist urig schön mit seinen engen Gassen und alten Palazzi. Platz für den Markt? War auf der lang gestreckten **Piazza Mazzini.**

Die waldigen Hänge bilden eine malerische Kulisse, in die Sie hineinsteigen können: Alte Maultierpfade führen ab der Via San Policronio zum oberen Stadtteil **Monte a Pescia.** Die Berge hier werden stolz **Svizzera Pesciatina** genannt, die Pesciatiner Schweiz. Angeblich soll der Genfer Historiker Simondo Sismondi sie mit seiner Heimat verglichen haben. Er ließ sich Ende des 18. Jh. auf der Flucht vor der Französischen Revolution in Pescia nieder.

Auf Pinocchios Spuren

Am Ende der nach Sismondi benannten Straße beginnt hinter der Hausnummer 19 ein märchenhafter Spazierweg als Hommage an ›jemand‹ anderen: Pinocchio. Die **Via della Fiaba** führt in leichter Höhe bis nach **Collodi,** Pinocchios ›Heimat‹ (ein Weg ca. 1 Std., einfach; s. S. 28). Hölzerne Wegweiser mit Pinocchio-Kopf geben Orientierung. Der alte Wirtschaftsweg durch Kulturland ist schön hergerichtet. Auf seinem Steinpflaster fühlen Sie sich sofort entschleunigt. Es geht an Gärten vorbei und durch Olivenhaine, eine alte Steinbrücke und manche Villa liegen auf dem Weg. Nur die Fee bleibt im Wald versteckt.

Info

- **Ufficio Turismo Pescia:** Via della Stazione s.n.c., T 0572 45 28 83, Mo, Mi, Fr 8.30–12.30, Di, Do 8.30–12.30, 14.30–17 Uhr.
- **Bahn:** gute Verbindung nach Lucca und Pistoia.

Viareggio

C4

Mondän durchwachsen

Wer hat sie nicht schon gesehen, die soldatisch aufgereihten Sonnenschirme? Die feinen Sandstrände von Viareggio sind von Seebädern dicht besetzt, die jedes Jahr eine Verwandlung durchmachen: von der Wintertristesse zur Sommerextase. Zum Glück ist die Küste von großen Betonburgen verschont geblieben. Im villenreichen Hinterland macht eine andere Entwicklung Sorgen: Das Immobiliengeschäft der Russenmafia blüht. Eine Villa ist jedoch tabu, denn sie gehörte einem Idol, auf das man in der Gegend mächtig stolz ist: dem Opernkomponisten Giacomo Puccini.

Von der Uferpromenade aus sieht man nicht einmal das Meer. Aber vielleicht ist das Viareggios Gästen gar nicht so wichtig. Flanieren, das Gran Caffè Margherita in Augenschein nehmen – auch das entspannt.

Beim Maestro zu Hause

Die äußerlich unscheinbare **Villa Museo Giacomo Puccini** im Ortsteil Torre del Lago liegt romantisch am Westufer des **Lago di Massaciuccoli.** Die ersten sieben Jahre wohnte Puccini hier als Mieter. 1898 kaufte er das Haus, um es nach seinen Bedürfnissen umbauen zu lassen. Der See reichte ursprünglich bis zum Gartenzaun, wo des Maestros Boot lag. Nicht etwa für Inspirationsfahrten – der Komponist ballerte lieber auf Enten.

Der **Rundgang durch die Villa** beginnt in der Veranda und führt dann ins Allerheiligste: das **Arbeitszimmer** mit dem Klavier und dem Schreibpult. Hier erklangen die Melodien von »La Bohème«, »Tosca« und »Madame Butterfly« zum ersten Mal. Jugendstiltapete und japanischer Paravent verraten, dass Puccini mit den Moden seiner Zeit ging. Die weiteren **Zimmer des Erdgeschosses** sind angefüllt mit persönlichen Erinnerungen. Beeindruckend ist die **Hauskapelle,** wo er im Kreise seiner Familie beigesetzt ist.

Rechtzeitig zum 150. Geburtstag des Meisters konnte 2008 eine feste **Seebühne** in Sichtweite zur Villa eingeweiht werden. Die Stiftung **Festival Pucciniano** lässt dort jeden Sommer einige Opern inszenieren.

Viale Giacomo Puccini 266, Torre del Lago, www.giacomopuccini.it, Dez.–Okt. tgl. 10–12.40, 14–17.20 (während des Puccini-Festivals nachmittags 16–20.40), Nov. Sa/So 10–12.40, 14–17.20 Uhr, Einlass alle 40 Min., letzter Einlass 40 Min. vor Schließung, 7 € (inkl. Audioguide)

Bad mit der Menge

Was soll an diesen **Stränden** so toll sein, dass jeder von Viareggio spricht? Das fragen sich Gäste, denen faule Badeurlaube nicht liegen. Von der Uferpromenade sieht man nicht einmal das Meer. Es ist durch die Ladenzeile der Strandbäder verbaut, die für die Liegestühle auch noch Geld verlangen. Nun, Viareggio ist eines der ältesten italienischen Seebäder. Es entstand gemeinsam mit dem Konzept der Freizeit Ende des 19. Jh., als der Strand zur Erlebniswelt einer mondänen Gesellschaft wurde, mit Cafés, Eisdielen, Restaurants und Boutiquen. Die sind auch heute in der Uferbebauung untergebracht. Der älteste Teil an der **Viale Regina Margherita** ist rund 100 Jahre alt, architektonisch elegant, teils im Jugendstil. Das Postkartenmotiv ist das **Gran Caffè Margherita** mit seinen bunt geschindelten Türmchen. Hier traf Giacomo Puccini oft Freunde. Wer den bunten Trubel mag, kann Viareggio einiges abgewinnen. Wer das Bad im Meer als Naturerlebnis begreift, sollte sich aufs Flanieren und Einkehren beschränken.

Essen

Puccini gegenüber

Chalet del Lago: Auf Pfählen in den Lago di Massaciuccoli gebaut, schwebt das *ristorante* mit seiner Holzterrasse über dem Wasser. Da kommt einem automatisch Fisch in den Sinn, auch wenn der eher aus dem Meer stammt: etwa die Garnelen im Zucchini-Risotto oder die im Ofen gebackene Goldbrasse mit Gemüse.

Piazza Belvedere Puccini, Torre del Lago, T 0584 35 98 30, www.chaletdellago.it, Juni–Sept. Do–Di 19–22 Uhr, Okt.–Mai Fr/Sa 19–22, So 12.30–14.30 Uhr, *primi piatti* um 12 €, Hauptgänge 15–20 €

Ausgehen

Die Partymeile reicht an der Küste von Torre del Lago über Marina di Pietrasanta bis Forte dei Marmi: Loungebars locken zum *aperitivo* und Discoclubs machen im Sommer bis frühmorgens Rabatz. In den Uferlokalen von Torre del Lago ist die Schwulen- und Lesbenszene heimisch. Die größte Pub- und Discodichte weist die Promenade von Marina di Pietrasanta auf.

Musiktempel mit Strandbad

Bussola: Seit 1955 ist die Disco erste Adresse für live auftretende Stars. 2018 gab es die jüngste Häutung und ein neues Management. Jetzt kommen die Jungstars der italienischen Pop- und Rapperszene. Zwischendurch gibt es Chansonabende.

Via Lungomare Roma 44, Marina di Pietrasanta, www.bussolaversilia.it, Fr/Sa 21–4 Uhr

Bewegen

Badefreuden?

Ein Tag am Meer ist meist nur in **Strandbädern** möglich. Die vermieten in der Regel einen Sonnenschirm mit zwei Liegen, zu 15–40 €/Tag. Abschnittsweise gibt es **freie Strände,** doch sie sind oft so schmal, dass man sich nicht sehr frei fühlt.

Feiern

- **Festival Puccini:** Mitte Juli–Mitte Aug. Fünf bis sechs Puccini-Opern werden im **Gran Teatro all'Aperto Giacomo Puccini** (Via delle Torbiere, Torre del Lago, www.puccinifestival.it) aufgeführt.

Pietrasanta

C4

Heim für Kreative

Bei den vielen Steinbrüchen oberhalb von Pietrasanta könnte man glauben, der Stadtname habe mit einem ›heiligen Stein‹ zu tun. Falsch gewickelt, Pietrasanta war der Nachname des adligen Stadtgründers.

Er regierte im 13. Jh. die Stadtrepublik Lucca und wollte deren Territorium gegen den Landadel stärken. Mit den Steinen aus den Marmorbergen hat aber das aktuelle Leben der Stadt zu tun: Es hat sich eine internationale Bildhauerkolonie etabliert.

Alte Reißbrettstadt

Signore da Pietrasanta würde sich wohl freuen, ginge er heute durch seine Stadt. Deren Anlage von 1255 hat sich im Zentrum gut erhalten: parallele Straßen, die auf einen lang gestreckten Hauptplatz zulaufen, die Piazza Duomo. Die steigt Richtung Berge leicht an und gibt den Blick auf die mittelalterliche Burg über der Altstadt frei.

Kunst ›en passant‹

Die **Piazza Duomo** sieht alle paar Monate anders aus, sie ist ein offener Raum für **Sonderausstellungen zeitgenössischer Skulptur** – ein tolles Konzept, um den historischen Stadtraum zu beleben. An Künstlern fehlt es nicht, Pietrasanta ist als Ausbildungszentrum für Bildhauerei weltbekannt. Ursache dafür ist der Marmor, der hier anders als in Carrara kaum industriell genutzt wird, sondern vor allem für die Kunstproduktion. Seit einiger Zeit spielt auch der Bronzeguss eine Rolle.

M

MODERNE MYTHEN

Erzählungen vom Partisanenkampf 1944/45 haben u. a. den Komiker und Filmregisseur Roberto Benigni begeistert, der in der toskanischen Provinz aufwuchs. Der Zeit erzählte er einmal: »Mehr als alles andere haben mich die alten Partisanen geprägt, in meinem Dorf, in meiner Familie. Für mich waren das homerische Helden. Sie haben ihr Leben für unsere Freiheit riskiert!«

Ein entscheidendes Jahr war 1983, als zwei bekannte Künstler ein Atelier in Pietrasanta einrichteten: der Kolumbianer Fernando Botero und der Pole Igor Mitoraj. Beide haben dauerhafte Werke im Stadtbild hinterlassen: **Il Guerriero** (»Der Krieger«) steht auf der Piazza Matteotti und verliert durch seine Botero-typischen Rundungen jede Agressivität. In der kleinen Kirche **Sant'Antonio Abate della Misericordia** (Via Mazzini 103, www.misericordiapietrasanta.it, tgl. 8–23 Uhr) hat der Künstler aus Medellín zwei originelle Fresken zu altbekannten Themen gemalt: Hölle und Paradies. Schauen Sie sich die Hölle genauer an: Da taucht ein kleiner Hitler auf! Mitorajs Bronze **Il Centauro** (»Der Zentaur«) schmückt einen Garten in der Via XX Settembre. Das antike Fabelwesen scheint sich aufzulösen.

Sant'Anna di Stazzema

C4

Ein Park für den Frieden

Joachim Gaucks Staatskarosse fuhr im März 2013 die gewundenen Straßen nach Sant'Anna di Stazzema hinauf. Ziel: die Gedenkstätte eines Wehrmachtmassakers 1944 an Hunderten Zivilpersonen. Die nordwestliche Bergwelt der Toskana trägt viele Spuren der Verteidigungslinie Gotenstellung, die bis April 1945 den Vormarsch der Alliierten aufhielt. Das Kriegsverbrechen bei Stazzema geriet erst 1994 ins nationale Bewusstsein, nachdem man in Rom Akten gefunden hatte. Gauck war der erste Bundespräsident, der kam.

Der Weg in den Ortsteil **Sant'Anna** führt über Camaiore und die Weiler Montebello und Culla. Im Ortskern liegt ein kleiner Lebensmittelladen, dahinter links der schattige Vorplatz der **Chiesa di Sant'Anna** mit ihrer gelben Fassade.

Hier spielte sich ein Hauptteil dessen ab, was die Historiker als »militärischen Terrorakt« bezeichnen, begangen von der 16. SS-Panzergrenadierdivision. Und hier beginnt der im Jahr 2000 eingerichtete **Parco della Pace,** der die Bergkuppe des Col di Cava einnimmt. Gegenüber dem Kirchplatz führt ein gepflasterter Waldweg in zehn Minuten auf die freie Bergkuppe. Hier ragt das **Mahnmal** mit dem Beinhaus *(ossario)* in den Himmel. Der Blick schweift über die Gipfel bis zum Meer. Ein schöner Ort, um Frieden zu finden.

Museen

Zum Ruhm der Partisanen

Museo Storico della Resistenza: Das ältere Dokumentationszentrum, ein paar Meter von der Kirche entfernt, wurde in den Parco della Pace einbezogen. Hier werden alle Zeugnisse und Berichte des Partisanenkampfs und des Massakers zusammengetragen. Schriftstücke, Fotos, Filme und Dokumentationen rekonstruieren für uns Kontext und Ereignisse.

Via Coletti 22, www.santannadistazzema.org, März–Aug. Di/Mi 9–14, Do–Sa 9–18, So, Fei 10.30–18, Sept.–Feb. Di–Do 9–14, Fr/Sa 9–17, So, Fei 10.30–18.30 Uhr, Eintritt frei

Essen

Genuss überm Fluss

Osteria Candalla: Ein zauberhafter Ort, diese umgebaute Mühle am Ende eines schattigen Tals. An warmen Tagen sitzen Sie herrlich auf den romantischen Terrassen direkt über dem Flüsschen, das einst die Mühlräder antrieb. Ein Fußbad vorm Essen? Bitte sehr, das Wasser ist klar und frisch. Die qualitätsbewusste Küche basiert auf Fleisch und auf lokalen Traditionen, ist aber sensibel für den modernen Gaumen. Und fürs Auge.

B

BERGFANTASIE

Unsere Lieblingssage aus den Apuanischen Alpen erklärt eine Formation östlich des Gipfels **Pania della Croce,** der mit seiner charakteristischen Felsnase an ein liegendes Gesicht erinnert: die Geschichte vom *uomo morto,* dem ›toten Mann‹. Ein Mädchen liebte einen Jungen, der aufbrach, um zur See zu fahren – aber nie zurückkehrte. Ein neuer Verehrer hatte es schwer, da das Mädchen immerzu Richtung Meer schaute und ihn keines Blickes würdigte. Da legte er sich quer über den Berg, versperrte ihr die Sicht und hoffte so auf ihre Zuwendung, doch bis zu seinem Tod vergeblich.

Via di Candalla 264, Camaiore, T 0584 98 43 81, www.osteriacandalla.it, Di–Fr 20–24, Sa/So 13–15, 20–24 Uhr, Pasta 8–10 €, Hauptgänge 12–18 €

Alpi Apuane ✪

B2–D4

Mit Ecken und Kanten

Die weiß leuchtenden Gipfel sind unverkennbar: Die **Apuanischen Alpen,** wie sie auf Deutsch heißen, sind ein zackiges Kalkgebirge mit reichen Marmorvorkommen. Sie verlaufen parallel zur Küste und sind im Osten durch das Serchiotal von den Apenninen getrennt. Beide Gebirgszüge sind im selben Auffaltungsprozess entstanden, doch erscheinen die Apuane steiler, kantiger und kahler. Daher die Alpen im Namen. Was sie

Der Antro del Corchia ist Teil eines der längsten Karsthöhlensysteme Italiens. Die Höhle wird, da in ihr die Luft dank zahlreicher Zugänge gut zirkuliert, nach dem griechischen Windgott auch Buca d'Eolo, ›Grube des Äolos‹, genannt.

zusätzlich auszeichnet, sind spektakuläre Karsterscheinungen.

Antro del Corchia C3

Im Bauch des Berges

Besonders schön ist die Tropfsteinhöhle Antro del Corchia oberhalb von Levigliani. Sie gehört zum größten Karstsystem Italiens, aktuell sind 70 Höhlenkilometer erforscht. Zwei davon können Sie mit einer zweistündigen **Führung** (Italienisch und Englisch) ablaufen. Am Ortseingang von **Levigliani** liegen kostenlose Parkplätze und das **Infozentrum zum Sistema Corchia Underground.** Ein Shuttlebus fährt 15 Minuten vor jeder Führung zum Höhleneingang gut 2 km den Berg hinauf. Nehmen Sie Pullover und Jacken mit, drinnen sind es nur 7,6 °C! Tolkien-Fans mögen sich manchmal in der Höhle des Drachen Smaug wähnen. Doch dank Stegen und Treppen aus Stahl gestaltet sich die Besichtigung wie ein leichtes Trekking.

Via Nord 27, Levigliani, www.corchiapark.it, mehrere Führungen/Tag, Zeiten saisonal verschieden, beachten Sie den Kalender auf der Website! Erste Besichtigung 11 Uhr, Aug. 10 Uhr, 15 € (inkl. Shuttlebus)

Auf der SP 13 C–D3

Quer durchs Gebirge

Wer die Apuanischen Alpen im Vorbeifahren mitnehmen möchte, kann dies auf der SP 13 tun. Es ist die einzige Straße, die das Gebirge von Massa (dort zunächst SP 4) nach Castelnuovo di Garfagnana komplett durchquert. Die reine Fahrzeit beträgt eine gute Stunde, aber es lohnt sich, Zwischenstopps einzulegen, z. B. für den **Orto Botanico Pellegrini-Ansaldi** (auch: Orto Botanico delle Alpi Apuane Pietro Pellegrini) auf der Kuppe Pian della Fioba auf 900 m Höhe. Neben der einheimischen Bergflora bietet der Gebirgsgarten auf einem ca. einstündigen Rundgang auch grandiose Panoramen und einen Picknickplatz.

Nach den Weilern Arni und Campagrina sowie einer T-Kreuzung (dort links abbiegen!) führt die SP 13 abwärts nach **Isola Santa.** Das urige Bergnest an einem kleinen Stausee von 1949 wirkt wie eine Märchenkulisse. Sogar überflutete Häuser gibt es. Der Ort ist ein gelungenes Beispiel für die Wiederbelebung eines Geisterdorfs, dank eines Landhotels, das auf mehrere alte Steingebäude verteilt ist. Nach der Staumauer, die begehbar ist, führt die Straße teils schluchtartig am Fluss Turrite Secca entlang bis nach **Castelnuovo di Garfagnana,** dem Zentrum des oberen Serchiotals.

Orto Botanico Pellegrini-Ansaldi: Via Arni, Pian della Fioba, www.parcapuane.it/ob, Mai Sa/So 9–13, 15–19, Juni–Mitte Sept. tgl. 9–13, 15–19 Uhr, nur mit festem Schuhwerk!

Lago di Vagli C3

»Atlantis der Toskana«

Der größte Stausee der Garfagnana liegt 25 km nördlich von Isola Santa bei Vagli. Auch hier wurde zwecks Energiegewinnung ein Gemeindeteil überflutet, weshalb die Gegend manchmal scherzhaft »Atlantis der Toskana« genannt wird. Aktuell versuchen Gemeinde und Bürgermeister Kapital aus dem Fantasy-Potenzial zu schlagen: mit einer transparenten Hängebrücke für Fußgänger oder einer Zipline, die Abenteuerlustige mit 130 km/h vom Berg über den See ins Tal rauschen lässt. Die romantische Umgebung des Lago di Vagli ist aber auch ohne solche Adrenalinschübe erlebenswert, z. B. bei längeren Spaziergängen.

www.vaglipark.it

Infos

- **Pro Loco Castelnuovo di Garfagnana:** Piazza delle Erbe, Castelnuovo di Garfagnana, www.castelnuovogarfagnana.org, Sommer Mo–Sa 9.30–13, 15.30–19, So, Fei 10–13, 16–18, Winter Mo–Sa 9.30–13, 15.30–18.30 Uhr.

Barga D3

Provinz›hoheit‹

Wie kommt nur das Boot ins Stadtwappen? Vielleicht weil der Gemeindename an *barca* erinnert, das italienische Wort für ›Kahn‹. Tatsächlich ist Barga nicht nur für deutsche Zungen ein bergiger Ort. Es liegt wie in einem Fantasyfilm: Über der Altstadt auf einem Felshügel ragt machtvoll der Domturm mit seinen Zinnen auf; westlich bietet der Gipfel der Pania della Croce einen schönen Hintergrund. Um das Städtchen Barga herum beginnt die Garfagnana, die Apenninenhänge des mittleren Serchiotals.

Altes Zentrum der Garfagnana

Die **Garfagnana** ist weniger schroff als die Apuane und sehr waldig. Vor allem Kastanien sind bestimmend. Die prägen bis heute das Leben der Bewohner von Barga, dem historischen Zentrum der Gegend. Das frühere ›Brot der Armen‹ wird immer noch zu Mehl vermahlen, um *necci* (Kastanienfladen) oder *castagnaccio*

TOUR
Auf dem Dach der Toskana

Bergwanderung in der Pania-Gruppe

Hochgebirgsfeeling in der Toskana? Auch das geht. Die Apuanischen Alpen sind mit ihren markanten Karstrücken ein Paradies für Bergwanderer. Besonders eindrucksvoll ist die Gipfelgruppe um die **Pania della Croce** (1858 m). Tagestour oder mehrtägige Gipfelbesteigung – kombinieren Sie selbst, wie es Ihnen passt!

Durch das Bergparadies führte 1944/45 die Verteidigungslinie Gotenstellung der Wehrmacht. Manche Dörfer kollaborierten, andere sabotierten.

Über die Orte Seravezza und Cardoso erreichen Sie das malerisch gelegene Bergdorf **Pruno.** Falls Sie vor dem Unternehmen noch einmal übernachten möchten, können Sie das in der Herberge **Pania Forata Hostel** (DZ/ÜF 90 €, Abendessen im Dorflokal **Il Poveromo** dann für 15 €), die westlich außerhalb des Ortskerns auf die Berge schaut, mit Aussichtsterrasse davor. Silvia Malquori und Alessandro Galeffi betreiben sie seit einigen Jahren. Sie arbeiten auch als Bergführer, versuchen, den Wandertourismus zu fördern (180 €/Tag, 125 € halber Tag), und geben gern wertvolle Wandertipps.

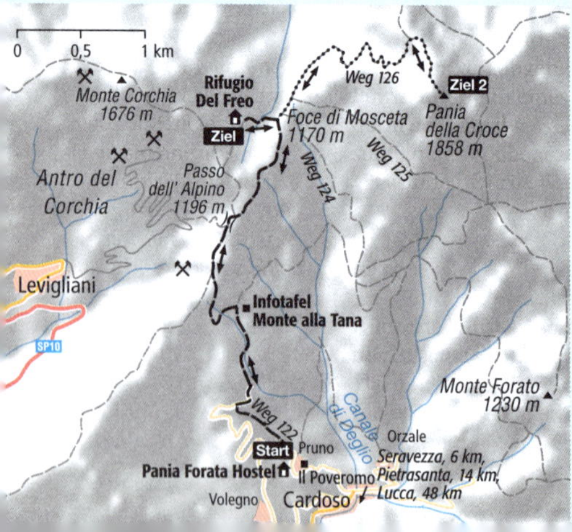

Am Ortseingang von Pruno liegt ein großer **Parkplatz.** Über den Bushaltestellen davor beginnt der durchgängig markierte **Wanderweg 122** zum Mosceta-Joch und der Berghütte Rifugio Del Freo (ca. 2,5 Std.). Der anfangs steilere Aufstieg führt durch Eichenwald. Immer mal wieder steht eine kleine Kapelle am Wegrand, eine sogenannte *marginetta.* Sie sollten früher die Bergbauern schützen, die es heute wegen der Steinbruchindustrie kaum

noch gibt. Von den freieren Stellen erblicken Sie jenseits über Pruno den zerklüfteten Gipfelgrat und den **Monte Forato** (›Durchlöcherter Berg‹), ein bizarres Felsentor. Die Legende sagt, ein heiliger Einsiedler habe den Teufel mit einer gewaltigen Ohrfeige durch den Berg brechen lassen.

Nach ca. 1 Std. erreichen Sie eine Gabelung mit der **Infotafel Monte alla Tana.**

Pania della Croce

Infos

Pruno–Rifugio Del Freo–Pruno (ca. 5 Std.), mit Gipfel 2–3 Tage; Pruno–Rifugio Del Freo 736 Höhenmeter, Rifugio Del Freo–Pania-Gipfel 678 Höhenmeter

Start:
Pruno, C 3 (von Lucca 50 km, von Pietrasanta 16 km)

Pania Forata Hostel:
T 333 672 58 70, www.paniaforata hostel.it

Rifugio Del Freo:
T 0584 778 007, 333 73 43 419, www.rifugiodelfreo.it

Wenig später steigen Sie aus dem Wald heraus auf einen herrlichen Kammweg durch Grasmatten. Der Blick schweift in alle Richtungen: links die **Marmorbrüche des Monte Corchia,** rechts der kahle Gipfel der **Pania della Croce.** Durch ein kurzes Waldstück erreichen Sie das **Foce di Mosceta** (Mosceta-Joch), wo sich viele Wanderwege kreuzen. Der linke Weg führt nach 200 m zum rosarot gestrichenen **Rifugio Del Freo,** das ein geräumiges Lokal und 48 Betten bietet. Die Hütte ist von Mitte Juni bis Mitte September täglich, sonst nur am Wochenende geöffnet. Für eine Übernachtung mit Halbpension zahlen Sie 42 € (Kinder 25 €), für eine einfache Übernachtung 20 €. Denken Sie daran, Handtücher, einen Schlafsack und einen Kopfkissenbezug mitzubringen. Einweg-Schlafsäcke (5 €) können Sie vor Ort erwerben.

Die wunderschön gelegene Hütte ist ein idealer Startpunkt für einen **Gipfelsturm** (hin und zurück ca. 5 Std.), der nicht allzu schwierig ist, aber trotzdem Kondition und Trittsicherheit erfordert. Knapp 700 Höhenmeter müssen Sie überwinden. Dazu nehmen Sie am **Foce di Mosceta** den **Wanderweg 126.** Schatten ist nun nicht mehr zu erwarten, aber am Pania-Gipfel ein grandioses 360-Grad-Panorama, das bei guter Sicht vom Golf von La Spezia bis zu den Florentiner Bergen reicht.

(flacher Kastanienkuchen) zu backen. Dinkelsuppe ist noch ein Klassiker, mit dem Barga sein Image pflegt. Es nennt sich *città slow*, d. h., es fördert alte, ländliche Traditionen mit modernem Marketing.

Ein Dom und seine Stadt

Straßen und Gassen der Altstadt sind ebenfalls *slow*, es ist unmöglich, in diesen Winkeln schnell voranzukommen. Der **Palazzo Bertacchi-Cordati** in der Via di Mezzo hat manche Medici-Großherzöge beherbergt. Barga war nämlich ein wichtiger nördlicher Vorposten ihres Staates und wurde mit Privilegien unterstützt. Ganz oben am Dom schweift der Blick über die tolle Bergkulisse. Aber wenden Sie Ihre Augen auch dem Bauwerk zu!

Der **Duomo San Cristoforo** (tgl. 8–19 Uhr) ist ein Schmuckstück der Romanik, auch wenn jüngere Teile dazukamen (9.–17. Jh.). Die seltsame Fassade war mal die Seitenwand eines Vorgängerbaus. Das kunstvollste Element ist innen zu finden: Im schummrigen Licht leuchtet die viereckige **Marmorkanzel** aus dem frühen 13. Jh., eine der schönsten alten Kanzeln überhaupt. Klar zu erkennen sind die Verkündigung und die Geburt Jesu sowie die Anbetung der heiligen drei Könige.

Feiern

- **Barga Jazz:** www.bargajazz.it, vier Wochen im Aug. Festival auf öffentlichen Plätzen und im Teatro dei Differenti (Vicolo di Teatro 1).

Carrara

C3

»Stein gewordenes Licht« …

… nennen die Einwohner Carraras stolz das Produkt ihrer Berge und ihrer Arbeit, den schneeweißen Marmor. Seit Jahrtausenden wird er aus dem kleinen Städtchen in alle Welt gefahren und verschifft. Schon die alten Römer liebten den weißen Stein, Michelangelo machte ihn weithin bekannt. Heute ist er ein Inbegriff edlen Bau- und Bildhauermaterials und ziert sogar Moscheen im Nahen Osten.

Carrara liegt kurz vor der ligurischen Grenze, wo die Apuanischen Alpen am höchsten aufragen. Bis heute lebt die Stadt fast vollständig von der Marmorindustrie. 2016 wurden fast 1 Mio. t Marmor aus den etwa 80 Steinbrüchen gezogen. In den Bergen sägen riesige Maschinen – mit Industriediamanten besetzte Stahlseile und -sägen – Marmorblöcke aus dem Fels; die werden dann mit Lastwagen in halsbrecherischer Fahrt durch Serpentinen und schwach beleuchtete Tunnel hinunter zu den steinverarbeitenden Betrieben gefahren. Um die 2500 Menschen arbeiten in den Brüchen, viele weitere in Werft, Hafen und steinverarbeitenden Betrieben. Manche Familien sind seit dem 15. Jh. im Geschäft mit dem weißen Stein tätig. Dabei ist man nicht mehr allein: Die Stadt kämpft gegen internationale Konkurrenz aus China, Indien und Brasilien und gegen eine hohe Arbeitslosenrate von über 60 %: Da stehen Arbeitssicherheit und Umweltverträglichkeit gegen internationale Marktfähigkeit. Viel Arbeit ist wegen der Arbeitsschutzgesetze bereits abgewandert in Länder, wo sie billiger ist. Bleibt abzuwarten, ob der Spagat zwischen Wirtschaftlichkeit und Nachhaltigkeit gelingen und die krisengeschüttelte Region sozialverträgliche Wege in die Zukunft zeigen kann.

Marmorkunst

Natürlich schmückt sich die Stadt überall mit ihrem berühmten Produkt, besonders konzentriert im übersichtlichen Zentrum: an der lang gestreckten **Piazza Alberica** mit ihren Marmoreinlagen im

In Carrara wird Marmor bis heute verarbeitet. Mitten in der Stadt findet sich z. B. an der Piazza XXVII Aprile die Marmorwerkstatt Laboratori Artistici Nicoli.

Pflaster und den ständigen oder wechselnden Skulpturen, in der **Kunstakademie** (Via Roma 1, kein öffentliches Museum), die seit über 200 Jahren in der trutzigen ehemaligen Residenz der Grafen Malaspina residiert, sowie in mehreren Museen (s. S. 42).

Auch die schöne Bischofskirche, der **Duomo Sant'Andrea** (11.–14. Jh) auf der Piazza del Duomo, ist komplett aus Carrara-Marmor gebaut. Außen ist sie reich verziert und im Pisaner Stil grün-weiß gemustert. Fein gemeißelte Spitzbögen und eine prächtige Rosette markieren im oberen Bereich der Fassade den Übergang zur Gotik. Die unteren Mauern und den schlanken Campanile aus dem 13. Jh. schmücken noch romanische Galerien. Im Inneren präsentiert sich die dreischiffige Basilika heute eher schlicht, nachdem im 20. Jh. das plüschige Dekor von den Wänden entfernt wurde.

Ruhe nach hartem Los

Einen Umweg wert ist der **Cimitero Monumentale di Marcognano** (Viale Potrignano). Dort berichten zahlreiche Grabmäler vom harten Schicksal und oft frühen Tod der Steinbrucharbeiter. Die Arbeit in den Bergen war und ist hart, schmutzig und immer wieder auch gefährlich.

Marmor zeitgenössisch

Die schöne Seite der Medaille kommt wieder im **Parco della Padula** (Via Sorgnano) zum Tragen, der nordwestlich der Altstadt am Hang liegt und frei zugänglich ist. **Marmorwerke** international berühmter Künstler wie Sol Lewitt, Mario Merz oder Robert Morris sind auf dem

TOUR
Im Reich des weißen Goldes

Durch die Marmorberge bei Carrara

Lardo di Colonnata wird in Marmorwannen mit Salz und Gewürzen geschichtet, die in sechs bis zehn Monaten seine ungesunden Fette chemisch umwandeln und ihm gleichzeitig ein würziges Aroma verleihen.

Bevor wir in den Jeep klettern, müssen wir Helme aufsetzen. Dann beginnt eine rasante Serpentinenfahrt auf staubendem Marmorschotter den Steilhang hoch. Ohne Leitplanke. Wir sind bei der **Carrara Marble Tour** im **Steinbruchbecken von Fantiscritti**. Wie wir hier hergekommen sind? Nun, der Reihe nach.

Im Süden von **Carrara** zweigt von der SS 1 (Via Aurelia) die **Strada dei Marmi** ab und führt durch drei Tunnel direkt ins **Tal von Colonnata,** dem östlichsten von drei Abbaubecken. Wir folgen der Straße talaufwärts an Steinsägereien und Werkstätten vorbei. In Kurven steigt sie nach **Bedizzano** an, die ersten angefressenen Gipfel

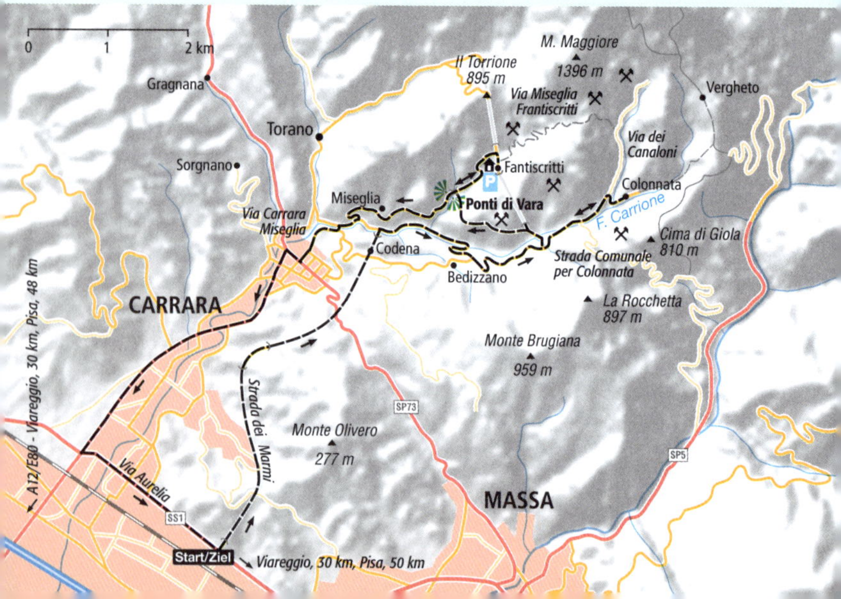

Infos

halber Tag, ca. 30 km

Start:
Carrara, C 3

Pause:
Lardarium, Via Fossacava 9, Colonnata, T 0585 76 80 60. Ideal, um den typischen Lardo di Colonnata zu probieren.

Carrara Marble Tour:
Via Fantiscritti 2, T 333 602 40 26, www.carraramarbletour.it, März–Okt. tgl. 10–17 Uhr, 12 €

Anfahrt:
Pkw

erscheinen. Doch wir wollen weiter zum Talenddorf **Colonnata,** das auf einem schmalen Bergsporn kauert. Zahlreiche Lkw mit Marmorfracht donnern vorüber. In Colonnata angekommen, führt unser Dorfspaziergang zur **Aussichtsterrasse** vor der Kirche: Eine gewaltige, von Maschinen durchfurchte Bergwüste liegt uns gegenüber. Auf der Terrasse selbst erzählt das **Denkmal für die Bergarbeiter** in liebevollen Reliefs vom risikoreichen Marmorabbau in verschiedenen Epochen.

Nach einer Stärkung – probieren Sie doch einmal den traditionellen, schmackhaften Schweinespeck, **Lardo di Colonnata,** den schon die Bergarbeiter zu Mittag aßen – nehmen wir unser nächstes Ziel in den Fokus: **Fantiscritti.** Talwärts biegen wir an der ersten Kreuzung rechts ab. Nun wird es bizarr: Auf einer ehemaligen Eisenbahnstrecke reihen sich vier einspurige, schwach beleuchtete Tunnel aneinander, die im 19. Jh. für den maschinellen Transport in den Fels gesprengt wurden. Nach dem letzten Tunnel erwartet uns eine Symphonie in Weiß-Grau: das **Becken von Fantiscritti** mit den riesigen Viadukten für die einstigen Güterzüge, die **Ponti di Vara.** Über diese hinweg biegen wir rechts ab und folgen der Steigung bis zum Ende, wo ein **Parkplatz,** ein **Restaurant mit Bar,** ein **Souvenirshop** und ein kleines **Freilichtmuseum** liegen.

Neben der Bar kann man die **Carrara Marble Tour** buchen, eine geführte Besichtigung eines der höchstgelegenen Steinbrüche. Als wir aus dem Jeep steigen, bietet sich ein unvergessliches **Panorama:** in der einen Richtung das Meer, in der anderen die ›zweite Reihe‹ der Apuanischen Alpen mit ihren höchsten, naturbelassenen Gipfeln von über 1900 m. Etwas unter uns sehen wir den **Steinbruch,** zu dem man als Besucher nicht direkt hinkommt. Die Bagger und Sägen stehen auf enormen weißen Terrassen, die akkurat in den Hang geschnitten sind. Die Führerin berichtet, was der Marmor für Carrara bedeutet und wie man ihn fördert. Ein Stück diamantbesetzte Kettensäge hat sie zum Anfassen dabei – fast so kostbar wie ein Marmorblock.

Über die **Via Miseglia Fantiscritti / Via Carrara Miseglia** fahren wir dann zurück nach **Carrara.**

Gelände verteilt, Relikte der **Biennale Internazionale di Carrara,** die 2002 zum ersten und einzigen Mal auf diesen Park ausgeweitet wurde. Die Objekte spielen mit der Wechselwirkungen der Kunstgebilde aus Stein mit der umgebenden Natur, die diesen Stein hervorgebracht hat. Der **englische Garten** gehört zur **Villa Fabbricotti,** die um 1880 für einen Marmormagnaten dieses Namens gebaut wurde. Darin ist das **Museo CARMI** untergebracht (s. rechts).

Museen

Für die nachfolgenden Museen ist ein **Kombiticket** (10 €) erhältlich. Infos zu den Museen finden Sie auf **www.musei-carrara.ms.gov.it.**

Das Gedächtnis der Stadt

Museo Civico del Marmo: Männer, die schwere Marmorblöcke mit Seilen halten, damit diese nicht abrutschen: Die teilweise haarsträubende Arbeit im Marmorbruch lässt sich mit solchen historischen Fotos nachvollziehen. Das Museum dokumentiert die Geschichte der Region und des Marmorabbaus von der Antike bis heute. Fördertechniken werden durch Maschinen, Werkzeuge und Modelle anschaulich. Eine Materialgalerie und archäologische Funde ergänzen die Ausstellung.

Viale XX Settembre 85, Juni–Mitte Sept. Di–So 10–18, Mitte Sept.–Mai Di/Mi 9.30–12.30, Do–So 9.30–12.30, 15–17 Uhr, 5 €

M

GEGEN ETABLIERTE MACHTSTRUKTUREN

Kaum zu glauben, aber das kleine Carrara war und ist eines der Weltzentren des internationalen Anarchismus. Schon Ende des 19. Jh. fiel das libertäre Gedankengut bei den Steinbrucharbeitern auf fruchtbaren Boden. 1945 war die Stadt – nach Jahren des Widerstands gegen den Nazifaschismus – Schauplatz eines Anarchistenkongresses. 1968 gründete sich in Carrara die **Internationale der Anarchistischen Föderationen.** Überall in der Stadt erinnern Gedenktafeln und Denkmäler an die Kämpfe. Bis heute treffen sich hier jährlich Italiens Anarchisten, um mit einer lauten, friedlichen Parade den 1. Mai zu begehen.

Michelangelo

Museo CARMI: Das Museo Carrara e Michelangelo wirft einen besonderen Blick auf Michelangelo und seine Beziehung zur Stadt. Der Meister aus Florenz mietete sich mehrfach monatelang in Carrara ein, um die besten Marmorblöcke für seine Werkaufträge zu bekommen.

Parco della Padula, Juni–Mitte Sept. Di–So 11–19, Mitte Sept.–Mai Di/Mi 9.30–12.30, Do–So 9.30–12.30, 15–17 Uhr, 5 €, Kombiticket mit Centro Arti Plastiche und Museo Civico del Marmo 10 €

Marmor modern

Centro Arti Plastiche: Im ehemaligen Franziskanerkloster werden Werke der Biennalen von Carrara und die Entwicklung der zeitgenössischen Bildhauerkunst gezeigt.

Centro Arte Plastiche: Via Canal del Rio 3, Di–So 9–13, 18–21 Uhr, 5 €

Feiern

- **Carrara Bier Fest:** www.carrarabierfest.it, letzte Aug.- bis 1. Sept.-Woche. Nostalgie nach deutscher Kultur? Ein Bierfest feiert seit vielen Jahren die Städtepartnerschaft mit Ingolstadt. Ort des Geschehens ist das Messegelände (Via Maestri del Marmo, Marina di Carrara).

Zugabe

Aus dem Dornröschenschlaf geweckt

Tenuta Dello Scompiglio

Modern, stylish, dabei in Naturtönen gehalten: die Cucina Dello Scompiglio

Cecilia Bertonis Notizen zu ihrer ersten Fahrt nach Vorno klingen schicksalhaft. »Sommer. Im Auto. An den Seiten rasen Geschäfte und Banken vorbei, dann die Abtei von Cantignano, dann eine Zypressenallee, in ein großes Feld gezeichnet. In der Ferne pergolabedachte Mauern und ein Gittertor.«

2003 ist die italienische Tänzerin und Regisseurin nach Jahren in London auf der Suche nach ihren Wurzeln. Die liegen zwar nicht in der Toskana. Aber der verfallene Besitz bei Vorno in den Luccheser Bergen schlägt sie in seinen Bann: 200 ha Land mit jahrhundertealtem Park und Villa, umgeben von Äckern und Bauernhäusern, Waldstücken und alten Ölbaumterrassen. »Alles war mit Brombeerbüschen bedeckt, die Gebäude zerfielen – während das doch über Jahrhunderte hinweg ein komplett sich selbst versorgendes Gut gewesen war.«

Schnell ist klar: Dieses Stück Erde ist ihre Lebensaufgabe. Cecilia entwickelt eine Vision für den heruntergekommenen Besitz. Sie will »einer Kultur Raum geben, die die Sinne, den Instinkt und die Begegnung zwischen Künstlern, Publikum, Natur und Kultur stimuliert.« Auf dem Weg dorthin vergehen einige Jahre mit Restaurierungsarbeiten. Cecilia lässt Wohnhäuser, Performance- und Ausstellungsräume einrichten, landwirtschaftliche Flächen wieder herstellen. Heute ist ihre Tenuta Dello Scompiglio ein aktives Kunst- und Kulturzentrum mit einem breit aufgestellten interdisziplinären Programm – eine Seltenheit in Italien, wo zeitgenössische Kultur wenig politischen Rückhalt hat.

Ein aktives Kunst- und Kulturzentrum

Auch für moderne ländliche Küche ist gesorgt. In der früheren Gutsscheune hat Cecilia ein schön designtes Lokal einrichten lassen, die Cucina Dello Scompiglio – unser Lieblingsort auf dem Gelände! Von der großzügigen Terrasse hat man einen weiten Blick in die Landschaft. Sie trägt nach Jahrzehnten wieder Früchte: Wein und Gemüse im Restaurant stammen teils aus eigener ökologischer Landwirtschaft (Infos zu Programm/Workshops: www.delloscompiglio.org/en; Restaurant T 0583 97 14 73, valentina.cucina@delloscompiglio.org; Zitate: Cecilia Bertoni, Tenuta Dello Scompiglio). ■

Pisa, Livorno und ihre Küsten

Aus einer Landschaft zwischen Land und Meer — stiegen die Wunderbauten von Pisa und Livornos Hafen hervor.

Seite 47

Pisa ✪

Die lebendige Stadt hat viele Reize: studentisches Leben, die verwinkelten Gassen des Marktviertels, den eleganten Borgo Stretto mit seinen Boutiquen, die Uferpromenade – und den berühmten Domplatz.

Seite 47

Piazza del Duomo

Pisas Domplatz gehört zu den großartigsten Bauensembles des europäischen Mittelalters. In über 300 Jahren Bautätigkeit schufen Künstler und Sklaven den Schiefen Turm, den Dom, das Baptisterium und den alten Friedhof.

Keith Harings Strichmännchen zieren eine Pisaner Außenwand.

Eintauchen

Seite 55

Calci

Schweigend verbrachten die Kartäusermönche ihr Leben. Ihr Kloster, die Certosa di Calci, ist dafür sehr prachtvoll.

Seite 58

Marina di Pisa

Italienischen Sommeralltag am Strand erleben Sie authentisch in Marina di Pisa.

Seite 58

Livorno

Die Küstenstadt bietet außer ihrem modernen Hafen einige alte Kanäle mit Kneipen, eine tolle Markthalle und ein Aquarium.

Seite 62

Verliebt in steile Kurven

Autotour auf der Via Aurelia entlang der Steilküste der Costa degli Etruschi nach Castiglioncello.

Seite 64

Costa degli Etruschi

Die Kiesel- und Sandstrände sind top, einer verbreitet Karibikflair. Auch Weinbau und kleine gedrungene Hügelstädtchen prägen diesen Küstenstreifen.

Seite 66

Unter Tage und in den Bergen

Im Parco Archeominerario di San Silvestro ruckelt ein gelber Minenzug durch den Berg und bringt Sie von einer Minenbesichtigung zu einer weitläufigen Burganlage, wo kleine Wanderungen möglich sind.

&

Seite 69

Der Fall Sofri

Heute lebt Adriano Sofri als Autor und leiser Intellektueller. Doch 1997 wurde der Alt-68er in Pisa für einen Polizistenmord verurteilt, den er vermutlich nie beging. Ein Kronzeuge aus der wilden Pisaner Zeit wurde ihm zum Verhängnis – und Sofri zum Justizopfer.

Ein *ponce* besteht aus Kaffee, Zucker und Alkohol und muss in Livorno einfach mal sein.

Von 1589–92 war Galileo Galilei Professor in Pisa. Damals soll er den Überhang des Schiefen Turms für seine Fallversuche genutzt haben: eine schöne Geschichte, aber nicht wahr.

erleben

Die ungleichen Schwestern

S

Seit ihrem Bestehen sind Pisa und Livorno die toskanischen Tore zur Welt. Das ist bis heute so: Pisas Aeroporto Galileo Galilei zählt 5 Mio. Passagiere pro Jahr und der Hafen von Livorno ist der wichtigste zwischen Genua und Neapel. Zählt man noch die Autobahnen und die Zuglinien dazu, ist die Gegend ein bedeutender Verkehrsknoten. Livorno ist dabei die weitaus jüngere der beiden Städte: Als Pisas berühmter alter Hafen versandete, musste im 16. Jh. eine neue Hafenstadt her. So wollten es die Medici. Seither hat die Jüngere die Ältere überholt und ist mit 160 000 Einwohnern fast doppelt so groß geworden. Werften und Raffinerien bieten in Livorno viel Arbeit. Pisa hat mit dem Domplatz und dem Schiefen Turm den Touristenmagneten schlechthin, daneben aber auch eine hübsch um den Arno gewachsene Altstadt und bedeutende Hochschulen, die das Stadtleben prägen. Das Meer dagegen ist inzwischen auf 10 km entrückt. Wie unter toskanischen Nachbarstädten üblich, mag man sich nicht besonders. Deshalb wurden Schmähungen laut, als Mario Monti 2012 aus Spargründen die beiden Provinzen fusionieren wollte.

ORIENTIERUNG **O**

Info: www.turismo.pisa.it
Verkehr: Regionalzüge auf der Strecke Florenz–Livorno über Pisa, **Schnellzüge** Freciabianca auf der Strecke Florenz–Rom über Pisa und Livorno. **Busse** von CTT Nord (www.pisa.cttnord.it, www.livorno.cttnord.it).

Zwischen Bergen, Arno und Meer

Das Hinterland ist dreigeteilt: Die weite Mündungsebene des Arno wird nördlich vom Monte Pisano begrenzt, einem morphologischen Nachklang der Apenninen und oft Bollwerk gegen raues Wetter; südlich schließen sich die flacheren Pisaner Hügel an. Die Strände sind ähnlich schön wie um Viareggio, aber auch lässiger, es gibt größere freie Abschnitte. Sie sind meistens lang und flach mit einem schönen Steilküsten-Intermezzo südlich von Livorno.

Die südlich sich anschließende Costa degli Etruschi eignet sich für Campingurlauber, die hier eine gute Infrastruktur vorfinden. Im unaufgeregten Hinterland erstreckt sich um Bolgheri herum ein exzellentes Weinbaugebiet, und auf den Hügeln liegen alte, verwinkelte Ortschaften.

Pisa

D5

Rivalitäten?

Ist es Neid wegen des Schiefen Turms oder warum hacken in der Toskana alle auf den Pisanern herum? Ob Florentiner, Luccheser oder Livorneser, böse Sprüche sind überall zu hören, wie etwa: »Meglio un morto in casa che un Pisano all'uscio« (»Lieber eine Leiche im Haus als einen Pisaner an der Tür«). Ein Eingeweihter erklärte uns mal, die Pisaner hätten sich früher als Verräter erwiesen. Früher, das war im Mittelalter! Manche Befindlichkeiten sitzen eben tief. Besonders in der Toskana, wo sich jahrhundertealte Rivalitäten zwischen den bedeutenden Handelsstädten ins kollektive Gedächtnis gefressen haben.

Piazza del Duomo

Wiese der Wunder

Da braucht es schon einen Nicht-Toskaner, um etwas Positives über Pisa zu sagen, z. B. den Literaten Gabriele d'Annunzio aus Pescara. »Prato dei miracoli«, ›Wiese der Wunder‹, nannte er den weiten **Domplatz** in einem Roman von 1910. Der Volksmund machte daraus die **Piazza dei Miracoli.** Wunderbar sind: der Dom, sein schiefer Glockenturm, das runde Baptisterium und der Camposanto. Sie formen das Bischofsviertel. Das lag ursprünglich auf einer Insel im Flussdelta von Serchio und Arno, weshalb es noch heute isoliert erscheint. Ab dem 14. Jh. verlandete das Delta. Und damit der Hafen, einst Pisas Machtbasis im Mittelmeer – ohne den es den Domplatz nicht gäbe.

Auch abends macht der ›Platz der Wunder‹ mit Baptisterium und Dom seinem Beinamen alle Ehre.

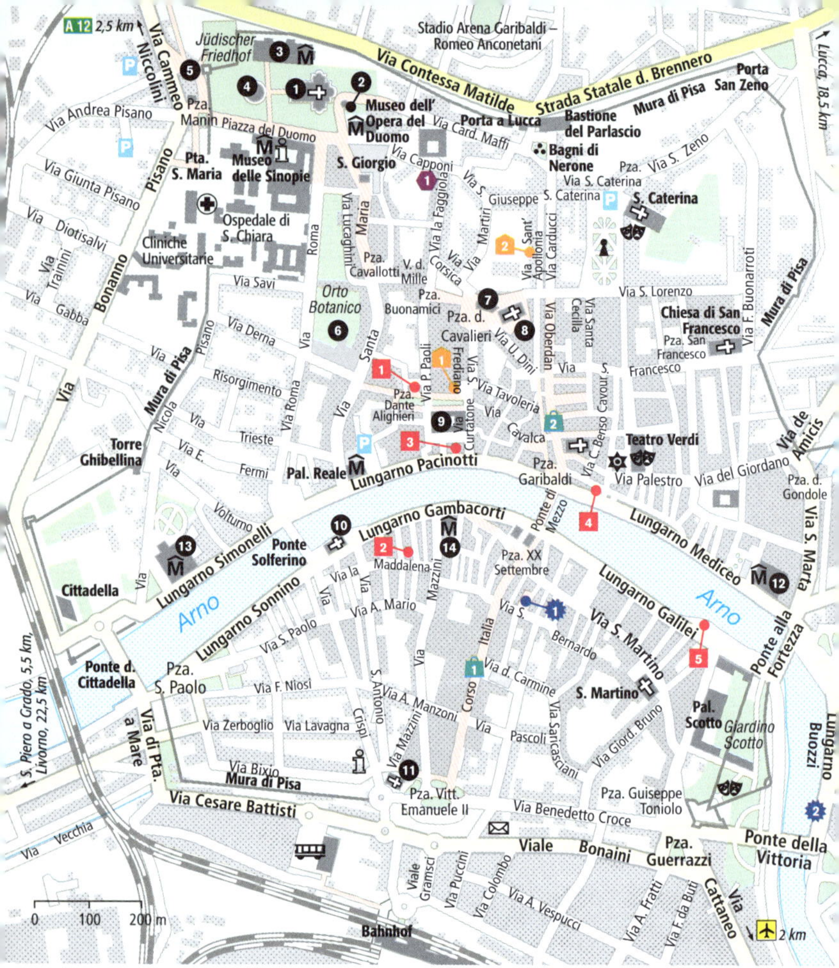

www.opapisa.it; wer mehrere der Gebäude an der Piazza del Duomo besichtigen möchte, spart mit **Kombitickets** Geld. Während der Besuch des **Doms** kostenlos ist (Ticket dennoch erforderlich), für den **Schiefen Turm** stets 18 € fällig werden, können **Battistero, Camposanto** und das **Museo delle Sinopie** (Museum der Freskenvorzeichnungen) kombiniert werden: 1 Gebäude/5 €, 2/7 €, 3/8 €

Guter Architekturcocktail

Es begann 1064 mit einem Raubüberfall der Pisaner Flotte auf den Hafen von Palermo. Die Beute sarazenischer Handelsschiffe bildete das Gründungskapital für den **Duomo Santa Maria Assunta** ❶. Die Baumeister Buscheto und Rainaldo verbanden einen romanischen Baukörper mit einer byzantinischen Kuppel und maurischen Steindekorationen zu einem prachtvollen Gesamtkunstwerk. Die übereinandergesetzten Zwerggalerien sind ihre eigene, sehr elegante Erfindung. Auch innen herrscht ein fein abgestimmter Stilmix: antikisierende Säulen, maurischer

Pisa

Ansehen
- ❶ Duomo Santa Maria Assunta
- ❷ Campanile/Schiefer Turm
- ❸ Camposanto
- ❹ Battistero San Giovanni
- ❺ Torre Santa Maria (Aufgang zur Stadtmauer)
- ❻ Orto Botanico
- ❼ Palazzo della Carovana / Hauptgebäude der Scuola Normale Superiore
- ❽ Santo Stefano dei Cavalieri
- ❾ Palazzo della Sapienza (Jurist. Fakultät, Bibliothek / Università di Pisa)
- ❿ Santa Maria della Spina
- ⓫ Sant'Antonio/»Tuttomondo«
- ⓬ Museo Nazionale di San Matteo
- ⓭ Le Navi Antiche di Pisa
- ⓮ Palazzo Blu

Schlafen
- 1 B & B Cuore di Pisa
- 2 Hotel di Stefano

Essen
- 1 Trattoria da Stelio
- 2 Hostaria delle Repubbliche Marinare
- 3 L'insalateria
- 4 Pescat'Ora
- 5 Argini e Margini

Einkaufen
- 1 Corso Italia
- 2 Borgo Stretto

Bewegen
- 1 Toscana in Tour

Ausgehen
- 1 Piazza Gambacorti
- 2 Arno Vivo

Farbwechsel und ein prächtiges byzantinisches Mosaik im Chorabschluss – passend für eine multikulturelle Handelsmetropole, die Pisa damals war. Herausragend: Die auf schlanken Säulen posierende runde Kanzel schmückte Giovanni Pisano ab 1300 in zehn Jahren mit Reliefs, die virtuos die Jesusgeschichte erzählen. Die Figuren erlaubten dem Bischof, seine Predigt zu illustrieren.

Tgl. Jan.–März, Nov./Dez. 10–19, April–Okt. 10–20 Uhr

Schief und krumm

Wegen der Schiefe des berühmten **Campanile** ❷ wird eine andere Besonderheit leicht übersehen: Der **Schiefe Turm** ist rund. Der Baumeister Bonanno Pisano hatte sich 1173 an der Form des Baptisteriums orientiert. Vielleicht auch weil sie stabiler war? Schwer zu sagen, jedenfalls wurde der Turm wegen des weichen Untergrunds trotzdem schief, da waren erst vier Stockwerke fertig. Der zweite Baumeister Giovanni di Simone korrigierte beim Weiterbau in den 1270er-Jahren die Neigung etwas und verlieh dem Turm so eine leichte Bananennote. Dass er überhaupt noch steht, ist auch den Maßnahmen von 1990 bis 2001 zu verdanken. Einsturzgefährdete Mauerteile wurden durch Stahl und Zementmörtel gestärkt und der gesamte Turm durch Entnahme von Erdmasse im Untergrund leicht aufgerichtet. Eine elegante Lösung. Die Pisaner sind froh, dass ihr Glockenturm ohne hässliche Stützgerüste auskommt, wie sie im 20. Jh. diskutiert wurden.

Tgl. Jan.–Ende März, Nov./Dez. 9–19, Ende März–Mitte Juni, Sept./Okt. 9–20, Mitte Juni–Aug. 8.30–22 (16. Juni nur bis 16) Uhr

Jerusalem in Pisa

Wie sich die Geschmäcker ändern: Den Reisenden vor 1900 galt der Turm noch als hässlich, wegen seiner Schiefe. Der Star des Platzes war früher das **Camposanto** ❸, das ›Heilige Feld‹. Der Friedhof der Oberschicht aus dem 13. Jh. war wegen seiner wandfüllenden Fresken berühmt. Diese platzten in Stücke, als 1944 eine alliierte Fliegerbombe einen Brand des Gebäudes auslöste. Jahrzehntelang haben Restauratoren sie zusammengeflickt. Seit 2018 sind auch die fantastischen Szenen »Triumph des Todes« und »Jüngstes Gericht« des Malers Buffalmacco (14. Jh.) wieder an ihrem Originalplatz zu sehen (Südostecke). Bestattet wurde ursprünglich nur im Boden unter dem Marmorpflaster, der aus besonderem Stoff war: Erde vom Kreuzigungshügel Golgota in Jerusalem, herangeschafft beim zweiten Kreuzzug durch Bischof Federico Visconti.

Aus der heiligen Stadt kamen auch Ideen für die Gestalt des **Battistero San Giovanni** ❹, das ab 1152 für den Taufritus entstand. In seiner Größe und in der Anlage als Rundbau hat das Baptisterium ein klares Vorbild: die Grabeskirche von Jerusalem. So lief Kulturtransfer durch Kreuzritter! Das Gewölbe hat eine ungeheure Echowirkung, die immer zur vollen und halben Stunde vom Wachpersonal demonstriert wird.

Camposanto: tgl. Jan.–Ende März, Nov./Dez. 9–19, Ende März–Mitte Juni 8.30–20, Mitte Juni–Aug. 8.30–22, Sept.–Okt. 8–20 Uhr; **Battistero:** tgl. Jan.–März, Nov./Dez. 9–19, April–Okt. 8–20 Uhr

Mura di Pisa

Blickwechsel

Die mittelalterliche, 11 m hohe **Stadtmauer** ist zu ca. 80 % erhalten. Nach einigen juristischen Scharmützeln mit den Anwohnern ist sie seit 2018 auf einer Länge von 3 km begehbar. Der Einstieg liegt in der **Torre Santa Maria** ❺, dem Eckturm am Domplatz. Es gibt weitere drei Ab- und Aufstiege; wenn Sie die komplette Distanz gehen, kommen Sie in der Nähe des Arnoufers heraus.

Als man im Jahr 1154 mit dem Mauerbau begann, stand auf der Piazza dei Miracoli nur der Dom. Aber Kaiser Barbarossa machte sich gerade auf, seine Reichsteile in Italien zu besuchen. Da war Vorsicht geboten, denn noch wusste man nicht, wie der Kaiser einem gesonnen war!

www.muradipisa.it, tgl. März, Okt. 9–17, April–Sept. 9–19, Nov.–Feb. 10–15.30 Uhr, 3 €

Botanischer Garten

Ruhige Nische

Auch wenn er nicht der prächtigste seiner Art ist: Der **Orto Botanico** ❻ ist eine erholsame grüne Oase nur wenige Schritte vom Domplatz entfernt. Einen Superlativ gibt es aber doch, denn sein Gründungsdatum 1543 ist das älteste aller botanischen Gärten weltweit! Wenn er nur nicht den Standort gewechselt hätte, dann würde man sich nicht mit Padua um dieses Primat streiten … Seine nördliche Hälfte ist als Park mit großen Bäumen und verschiedenen Vegetationszonen gestaltet. Die andere Hälfte, jenseits der vier Gewächshäuser, ist schulmäßiger in Parzellen eingeteilt. Hier gedeihen die zwei ältesten Pflanzen des Gartens, ein riesiger Gingko und eine 14 m hohe *Magnolia grandiflora*. Sie wurden 1786 gepflanzt.

Via Luca Ghini 13, tgl. April–Sept. 8.30–20, Okt.–März 8.30–17 Uhr, 4 €

Piazza dei Cavalieri

Ritter auf Schiffen

Vom Domplatz schlängelt sich die **Via Santa Maria** Richtung Arno. Auf halber Strecke wird man von **Uni-Instituten** umzingelt. Knapp 48 000 Studenten sind an der hiesigen Hochschule eingeschrieben, eine riesige Zahl verglichen mit den 90 000 Einwohnern. Eigentlich müsste man sie dazurechnen, doch die meisten haben ihren offiziellen Wohnsitz bei den Eltern. Aber es kommt noch dicker: An der nahen **Piazza dei Cavalieri** liegt der Sitz der **Scuola Normale Superiore,** einer von zwei Elitehochschulen, die weitere 1200 Studenten beisteuern.

Der monumentale Platz ist ein Hochschulcampus mit besonderer Vorgeschichte. Das grau-weiße Hauptgebäude der Scuola Normale, der **Palazzo della Carovana** ❼ (16. Jh.), war bereits eine Militärschule für Soldaten zur See. Ihr Gründer steht stolz und steinern auf dem Sockel davor, Großherzog Cosimo I de' Medici. Dieser hatte im 16. Jh. seine Flotte neu ausgerichtet, als See-Ritterorden, der dem hl. Stefan geweiht war, wie die benachbarte Ordenskirche **Santo Stefano dei Cavalieri** ❽ (16. Jh.). Alle Gebäude der Stefansritter tragen das rote Schwalbenschwanzkreuz auf weißem Grund. Es ahmt in Farbvertauschung das Malteserkreuz nach, denn man wollte sich mit dem Malteserorden gegen die Türken verbrüdern. Ihren ersten Erfolg konnten die christlichen Kämpfer 1571 feiern. In der Schlacht von Lepanto enterten zwei toskanische Galeeren das angeschossene Flaggschiff des Türkenadmirals Ali Pascha. Dessen Banner wurde beim Triumphzug in die Kirche Santo Stefano getragen und dort als Kriegstrophäe aufgehängt.

Chiesa di S. Stefano: wegen langfristiger Renovierung geschlossen

Uni- und Marktviertel

Studieren oder shoppen

Das eigentliche Herz des Studentenlebens schlägt auf der herrlich begrünten **Piazza Dante Alighieri.** Hier liegt nicht nur der **Palazzo della Sapienza** ❾, Sitz der Juristischen Fakultät und der Bibliothek der Università di Pisa, sondern auch eine Reihe von Cafés, wo die *studenti* über sich und die Welt palavern. Und wo Diplomabschlüsse gefeiert werden: Wenn Sie ein lorbeerbekränztes Haupt sehen, hat es wieder jemand geschafft und darf sich nun *dottore* nennen. Und ein bisschen wie Dichterfürst Dante fühlen.

Weiter Richtung Zentrum werden die Gassen immer verwinkelter. Das anschließende **Marktviertel** um die **Piazza Sant'Omobono** hat typisch mediterranen Charme. Die Schmuddelecken gehören dazu. Eleganter wird es wieder in der verkehrsberuhigten Hauptstraße **Borgo Stretto.** Ihre schönen Arkaden überschatten einige der edelsten Boutiquen der Innenstadt.

1

1, 2, 3 …

Dass wir heute mit den arabischen Zahlen rechnen, ist einem Pisaner zu verdanken: **Leonardo Fibonacci** war der Sohn eines Kaufmanns, der in Nordafrika mit den Sarazenen Handel trieb. Deren Zahlensystem erschien dem Filius viel praktischer für die Buchführung, so schrieb er 1202 eine Abhandlung darüber. Sie wurde eines der wichtigsten Bücher des Mittelalters.

Arnoufer

Fluss aus allen Lagen

Schlagartig weitet sich der Blick, wenn Sie aus den engen Gassen auf die Uferstraße treten. Möwen kreisen in der Meeresbrise. Die leichte Biegung des Arno setzt alte Palazzi schön in Szene; nur hier und da wurden Bombenlöcher des Zweiten Weltkriegs durch Neubauten gestopft. Jahrzehntelang haben die

Pisaner ihren Fluss missachtet. Er galt als dreckig und gefährlich, das Hochwasser von 1966 war in schlechter Erinnerung. Doch vor 20 Jahren hat man den Arno als Stadtraum wiederentdeckt und -belebt. Im Sommer werden am **Lungarno Galileo Galilei** und am **Lungarno Bruno Buozzi** zwei chillige Abendlokale am Wasser aufgebaut (**Argini e Margini** 5, s. S. 54, **Arno Vivo** 2, s. S. 55). Und ein Ausflugsboot kreuzte die vergangenen zehn Jahre auf dem Fluss und bot ungewöhnliche Perspektiven. 2020 wird das Projekt ausgesetzt und überarbeitet.

Spazieren, schauen, Eis essen

Auf den großzügigen Bürgersteigen der Arnoufer lässt es sich wunderbar flanieren. Am **Nordufer** öffnen sich kleine Plätze mit Lokalen, Bars und Eisdielen, wie die **Piazza Cairoli** oder die **Piazza Garibaldi.**

Am **Südufer** fällt ein blauer Palast ins Auge, der genauso heißt: **Palazzo Blu** 14 (s. S. 53). Bei der jüngsten Renovierung hat man sich für den Anstrich aus dem 17. Jh. entschieden, was dem Uferprospekt einen ungewöhnlichen Farbtupfer bescherte. Heute wird hier alte und moderne Kunst gezeigt.

Ein Stück flussabwärts schließlich steht ein Kirchlein seltsam isoliert am Ufer: **Santa Maria della Spina** 10, ein gotisches Schmuckkästchen aus weißem Marmor (14. Jh.). Es ist eine verwaiste ehemalige Brückenkapelle.

Piazetta Keith Haring

Die ganze Welt auf einer Wand

Wer unvorbereitet darauf stößt, guckt erst mal verdutzt. Knallbunt gestikulieren typische Keith-Haring-Figuren an einer riesigen Außenwand. Die gehört zur Klosterkirche **Sant'Antonio** 11 und liegt an der etwas versteckten **Piazzetta Keith Haring,** neben der Piazza Vittorio Emanuele II. Es war tatsächlich der New Yorker Street-Artist, der 1989 hier gemalt hat, während eines viertägigen Happenings mit Freunden und fetziger Musik aus Lautsprechern. Am Anfang stand eine Zufallsbegegnung: Der Pisaner Student Piergiorgio Castellani hatte Haring bei einem New-York-Besuch auf der Straße erkannt und spontan nach Pisa eingeladen. Haring kam und schaute sich begeistert um. Die Gemeinde und der Pfarrer von Sant'Antonio wurden mit ins Boot geholt, um die Idee eines großen Wandbilds zu verwirklichen. So entstand **»Tuttomondo«** (»Die ganze Welt«). Es war Harings letztes öffentliches Werk, acht Monate nach der fröhlichen Malaktion starb er an Aids.

Museen

Alte Schinken in Blattgold

12 Museo Nazionale di San Matteo: So muss das Paradies leuchten! Das dachten wohl jene, die in den Kirchen des Mittelalters die dekorierten Holztafeln betrachteten, die heute so zahlreich im Museum für Alte Kunst hängen. Manche wirken wie kostbare Comics voller Heiliger: die Supermänner und Wonderwomen ihrer Zeit. Von der frühen Blüte der Pisaner Malerei im 12. und 13. Jh. zeugt die stolze Sammlung bemalter Kruzifixe, die zu den ältesten ihrer Art gehören.

Lungarno Mediceo 4 / Piazza San Matteo in Soarta, auf Facebook, Di–Sa 8.30–19.30, So, Fei 8.30–13.30 Uhr, 5 €

Pompeji des Meeres

13 Le Navi Antiche di Pisa: Lange Zeit war unklar, was aus den Arsenali Medicei werden soll, wo früher die Großherzöge ihre Kriegsgaleeren bauen ließen. Da machte man 1998 bei einem Bauprojekt in der Peripherie einen Sensationsfund: 30 antike Schiffe aus 1000 Jahren, von ca. 500 v. Chr. bis 500 n. Chr.! Die fan-

Die Dornenkirche oder Santa Maria della Spina (spina = Dorn) trägt ihren Namen, weil hier ab 1333 ein Dorn der Christuskrone aufbewahrt wurde. Die Reliquie befindet sich heute in der Kirche Santa Chiara.

tastische Idee, die Arsenali für deren Unterbringung zu nutzen, wurde immer konkreter, als die Restauratoren am Werk waren. 2019 wurde sie schließlich Realität. Das Museum der antiken Schiffe konnte seine Tore zu einer einzigartigen Ausstellung öffnen.

Lungarno Simonelli 16, www.navidipisa.it, Mi 14.30–18.30, Fr 10.30–18.30, Sa/So Juli/Aug. 10.30–20.30, sonst 10.30–18.30 Uhr, 10 €

Alt und neu

⓮ **Palazzo Blu:** Der ehemalige Adelspalast beherbergt heute als Dauerausstellung u. a. die Kunstsammlung der Fondazione Pisa und die Sammlung Simoneschi. Passend zu seinem Äußeren (s. S. 52) geht es auch innen oft bunt her, denn er wird darüber hinaus für Sonderausstellungen moderner Kunst genutzt.

Lungarno Gambacorti 9, www.palazzoblu.it, Di–Fr 10–19, Sa/So 10–20 Uhr, 3 €, letzter Einlass 1 Std. vor Schließung

Schlafen

Im Univiertel

1 **B & B Cuore di Pisa:** Vier einfache, aber gepflegt eingerichtete Zimmer liegen im Erdgeschoss und im ersten Stock. Das B & B befindet sich in einer der malerischsten Ecken der Altstadt. Bei schönem Wetter wird das Frühstück auch im Innenhof serviert. Die Gäste profitieren von Vergünstigungen in einigen umliegenden Lokalen.

Piazza S. Frediano 6, T 050 577 521, www.bedbreakfastcuoredipisa.com, DZ/ÜF um 100 €

L

LICHTERFEST FÜR EINEN UNBEKANNTEN

Wer ihr Stadtpatron San Ranieri war, wissen viele Pisaner nicht so genau. Aber sein Fest ist ihnen heilig. Besonders der Vorabend am 16. Juni: Dann werden die Arnoufer gesperrt und 100 000 Kerzen angezündet, die Fenster und Portale der Palazzi nachzeichnen. Bei Einbruch der Dunkelheit beginnt es zu leuchten und Familien und Freunde genießen im Schlendermodus die milde Sommerluft. Gegen 23 Uhr endet die **Luminara di San Ranieri** mit Tonspektakel und Feuerwerk.

Den weißen Wundern nahe

2 **Hotel Di Stefano:** Nur sechs Fußminuten vom Domplatz entfernt liegt dieses kleine Familienhotel in einer ruhigen Seitengasse. Eine Hälfte wurde aus einem mittelalterlichen Turmhaus des 11. Jh. gewonnen, dort sind etwas luxuriösere Zimmer eingerichtet.

Via Sant'Apollonia 35, T 050 55 35 59, www.hoteldistefano.it, die Preise variieren jahreszeitlich stärker, DZ/ÜF 69–149 € je nach Kategorie und Saison

Essen

Die Lokale im nördlichen Abschnitt der Via Santa Maria sollten Sie meiden. In der Altstadt finden Sie besseres Essen zu angemessenen Preisen.

Unter Pisanern

1 **Trattoria da Stelio:** Hemdsärmelig und pisanisch geht es bei Stelio mitten im Univiertel zu. Sein kleines Lokal ist ein beliebter Treffpunkt für die Mittagspause. Von der einfachen Lasagne über die Schweinshaxe bis zu lokalen Besonderheiten wie Tintenfisch mit Mangold *(seppie e bietole)*: die Auswahl ist reichhaltig – und günstig.

Piazza Dante Alighieri 11, T 050 22 001 71, www.trattoriadastelio.it, Mo–Fr 11.45–15 Uhr

Wer sucht, dem mundet

2 **Hostaria delle Repubbliche Marinare:** Wer hierherkommt, tut es bewusst. Das etwas versteckte Lokal auf dem südlichen Arnoufer hat gehobenere Preise, die jeden Cent wert sind. Die Meeresgerichte machen dem Namen der Seerepubliken alle Ehre. Wie etwa das *Gli assigi delle Repubbliche Marinare,* ein gemischter Vorspeisenteller (15 €).

Vicolo Ricciardi 8, T 050 205 06, www.repubblichemarinare.eu, Di 19–22.30, Mi–So 12.30–14.30, 19–22.30 Uhr, Pasta ab 8 €, Hauptgänge ca. 12–25 €, Beilagen meist extra

Frisch und knackig

3 **L'insalateria:** Lust auf Salat? In diesem Bistro neben dem Universitätsrektorat können Sie sich Ihre Wunschzutaten selber auswählen. Eine gelungene Formel für Gesundheitsbewusste oder Vegetarier.

Lungarno Pacinotti 40, T 050 220 04 23, www.linsalateria.it, Mo–Sa 11.30–15.30, 19–22 Uhr, 8 €

Streetfood aus dem Meer

4 **Pescat'Ora:** Auf der geselligen Piazza Cairoli am Arnoufer fällt der kleine Laden unter den Arkaden nicht sofort auf. Das Angebot enthält z. B. Fischtartar oder -brötchen, frittierte Calamari und *baccalà* (Stockfisch) mit Pommes frites.

Piazza Cairoli 4, T 348 867 58 19, auf Facebook, tgl. 11.30–15, 18.30–23 Uhr, 4–10 €

Im Fluss gespiegelt

5 **Argini e Margini:** Am Strand des im Sommer träge fließenden Arno schlucken die Ufermauern den Lärm der Straße. Bei dieser Stimmung ist es nebensächlich,

dass die Qualität des Essens, z. B. Tapas, Fischburger und Frittiertes, nicht auf Michelin-Niveau spielt.

Scalo dei Renaioli, Lungarno Galilei, T 342 705 82 37, www.facebook.com/pg/arginie margini, Juni–Sept. tgl. 18–24 Uhr, 5–12 €

Einkaufen

Eine Shoppingachse bildet der **Corso Italia** 1, südlich des Arno, mit seiner nördlichen Verlängerung, dem **Borgo Stretto** 2.

Bewegen

Radverleih

1 **Toscana in Tour:** Motorroller und Fahrräder kann man auch online buchen. Abgeholt werden sie im Magazin in einer Seitenstraße. Zwei- bzw. Viersitzer zum Strampeln stehen in Domnähe bereit.

Via della Faggiola 41, T 333 260 21 52, www.toscanaintour.it, Fahrrad 16 €/Tag

Ausgehen

Auf der charmanten, kleinen **Piazza Gambacorti** 1 südlich des Arno findet ein Dutzend Restaurants, Bistros und Eisdielen Platz. Familien, Studenten und Arbeitende treffen sich abends einträchtig zum Chill-out bis in die Nacht. Die Bars an den **Arnoufern** bleiben den Studenten vorbehalten.

Party am Fluss

2 **Arno Vivo:** Die Cocktailbar mit Imbiss am Arnoufer ist zur Sommerzeit der liebste Treffpunkt der vergnügungswilligen Pisaner. Ein dichter Kalender mit DJ-Abenden und Livekonzerten lockt in Sommernächten Musik- und Tanzfans hier an den Fluss.

Lungarno Buozzi, www.facebook.com/pg/arno vivo, Juni–Sept. So–Do 19–1, Fr/Sa 19–2 Uhr

Infos

- **Tourist Office:** Piazza del Duomo 7, tgl. März–Sept. 9.30–17.30, Okt.–Feb. 9.30–17 Uhr.
- **Internet:** www.opapisa.it

Calci

D5

Leben in Abgeschiedenheit

Einen hübschen Ausflug in Richtung der Hügelkette Monte Pisano machen Sie am besten nach Calci. Gemütlich, aber nichts Besonderes – würde man sagen, wenn es nicht die Kartause, die **Certosa di Calci,** am Ortsrand gäbe. In einer grünen Bucht aus Olivenhainen und Wäldern hegte einst der Eremitenorden der Kartäuser sein irdisches Paradies. Gebaut wurde ganz nach den Vorstellungen seines Gründers, des hl. Bruno. Um den **Vorhof** stehen die Gebäude der arbeitenden Mönche, der Konversen; hinter der **Kirche** erstreckt sich der weitläufige **Klosterhof** mit den Wohneinheiten der Priestermönche. Das Plätschern des dreistöckigen **Barockbrunnens** war lange Zeit der auffälligste Laut, während die Kartäuser ihrem Schweigegelübde gehorchten. Die prachtvolle Klosteranlage wurde im 18. Jh. erneuert und herrlich ausgemalt, auch für Großherzog Peter Leopold aus dem Haus Habsburg-Lothringen, der gerne im Gästetrakt nächtigte. Mönche gibt es heute keine mehr. Einige der prächtigen Räumlichkeiten können Sie während einer Führung durch das Wachpersonal (Italienisch, Englisch) genießen.

Museo Nazionale della Certosa Monumentale di Calci: Via Roma 79, www.polomusealetoscana.beniculturali.it, dann Verlinkung (1. Klick auf: Tutti i 49 musei e i luoghi della cultura), Führungen (Zeiten können variieren!) Di–Do, So 9, 10.30, 12, Fr/Sa 13.30, 15, 16.30, 18 Uhr, 5 €

Walknochen und Flussfische

Einen Teil der riesigen Räumlichkeiten der Kartause hat die Universität Pisa mit ihrem **Museo di Storia Naturale** gefüllt. Ausgestopfte Tiere und Fossilien lassen die Evolution vor dem Betrachter ablaufen. Eindrucksvoll kommt die Galerie der Walskelette daher. Originell und separat zu besichtigen ist das größte **Süßwasseraquarium** Italiens.

Via Roma 79, 56011 Calci, www.msn.unipi.it, Juni–Sept. tgl. 10–20, Okt.–Mai Mo–Sa 9–19, So, Fei 9–20 Uhr, Museum sowie Aquarium inkl. Sonderausstellungen je 8 €, Kombiticket 14 €

Die Pisaner Küste

Landgewinn

Wann kommt der Klimawandel, wann steigt das Meer? Fakt ist, dass sich die Küste bei Pisa in den letzten 2000 Jahren um 5 km nach Westen verlagert hat. Das Schwemmmaterial des Arno und des Serchio sorgte für einen beträchtlichen Landgewinn, den die Landesfürsten im 17. Jh. sicherten. Die Medici-Großherzöge pflanzten großflächig Pinienwälder an, durch die noch heute südlich der Arnomündung viele Wege zum Meer führen.

Parco Regionale Migliarino San Rossoro Massaciuccoli

C/D4–6

Grüne Lunge bis zum Meer

Weite Teile des Pisaner Küstenstreifens sind aber geschützt. Das **Naturschutzgebiet Migliarino San Rossore** nördlich der Arnomündung ist hauptsächlich den Eisvögeln, Schildkröten oder Dachsen vorbehalten. Nur landeinwärts platzt um die Pferderennbahn herum die Zivilisation dazwischen. An schönen Wochenenden kommen die Pisaner gerne zum Picknicken oder Frisbeespielen.

Wenn Sie ein Stück in die Wildnis eindringen möchten, fragen Sie am **Besucherzentrum** *(centro visite)* nach der Naturpfadkarte. Es lohnt sich, mit dem Fahrrad zu kommen und in Kombination aus Radeln und Wandern den Park zu erforschen, der stellenweise ein Urwald ist.

Was heute der Natur und dem Volk gehört, war früher Jagdrevier der Großherzöge. Ironie der Geschichte: Wildschweine und Damhirsche haben die Familiendynastie überlebt. Ebenso ein Bauernhof, der von Ferdinand I. gegründet wurde: Die **Tenuta di San Rossore** züchtet alte Rassen wie die schwarze Pisaner Kuh und das dunkelgraue Massa-Schaf. Die Produkte können Sie im **Ristorante Poldino** (www.poldino.com, T 050 991 12 12, Mi–Fr 20–24, Sa/So 12.15–15, 20–24 Uhr) bei den Cascine Vecchie gegenüber dem Besucherzentrum genießen oder im kleinen Laden nebenan kaufen.

Park: www.parcosanrossore.org, Gebiet frei zugänglich, Eintritt frei; **Centro Visite:** März–Okt. Di–Fr 9–13, Sa, Fei 9–13, 14–16 (Juli/Aug. 16–18), Nov.–Feb. Sa, Fei 10–12 Uhr, Eintritt frei; **Tenuta di San Rossore:** Località Cascine Vecchie (C 5), www.facebook.com/centrovisite.tenutadisanrossore, tgl. April–Okt. 8–19.30, Nov.–März 8–17.30 Uhr, Eintritt frei

Baden im Naturpark

Er ist einer der schönsten freien Strände der nördlichen Toskana, wenn man ausgedehnten Dünensand mag: **Die lange Spiaggia di Marina di Vecchiano** (C 5) liegt noch im Naturpark, weshalb sie samt Strandgut und Algen ein bisschen wilder wirkt. Gleichzeitig ist aber auch für Bequemlichkeit gesorgt. Strandnahe Parkplätze (kostenpflichtig) und gepflegte Lokale zwischen

Lieblingsort

Suche nach dem Glück in den Pisaner Hügeln

Über Ölbaumterrassen wächst eine alte steinerne Burg in die Höhe. Alte Bäume drum herum, im Hof ein Orangenbaum. Katzen, die sich in der Sonne rekeln. Mittendrin eine riesige bunte Buddhaskulptur. Tibetische Fahnen flattern, Mönche in orangefarbenen Gewändern nehmen ihren Mittagsimbiss in der Sonne. Das **Istituto Lama Tzong Khapa** in den Pisaner Hügeln ist seit 40 Jahren eines der wichtigsten Zentren des tibetischen Buddhismus in Europa. Der Dalai Lama hat es mehrfach besucht. Sie können hier vorbeifahren und einfach für ein paar Stunden über das Gelände spazieren. Durch den fernöstlichen Teegarten, die Ölbaumterrassen, zur alten barocken Kapelle, die jetzt ein buddhistischer Andachtsort ist. Oder Sie melden sich für einen Kurs an und übernachten in einer der Mini-Wohneinheiten mit Blick gen Süden, Himmel und Wald. Gut tut dieser Ort auf jeden Fall. Wir jedenfalls tanken noch Wochen nach einem Besuch dort Glück aus der Erinnerung (Via Poggiberna 15, Pomaia, D 7, www.iltk.org, T 050 68 56 54, Kurse auf Italienisch).

D

DA, EIN DROMEDAR

Wo stellt man bloß so ein sperriges Geschenk hin? 1622 erhielt Großherzog Ferdinando II de' Medici Dromedare aus Afrika. Der Herrscher ließ die Tiere in den Park von San Rossore schaffen und siehe da: Sie entwickelten sich prächtig. Und sie wurden gezüchtet, die Zuchtstation war europaweit bekannt. Bis 1940 stieg ihre Zahl auf über 200, doch mit dem Zweiten Weltkrieg kam der Einbruch. Die letzten Dromedare wurden von mongolischen Soldaten verzehrt, die 1944 für die Wehrmacht kämpften. Seit 2014 freut man sich wieder über ein Männchen und zwei Weibchen, ein Geschenk von Pfadfindern. Ganz in deren Sinn helfen die neuen Tiere bei der Küstenreinigung.

Dünengras runden das Badeerlebnis angenehm ab.

Marina di Pisa C5

Zeitloser Sommertraum

Fest in italienischer Hand ist das wichtigste Seebad der Provinz, Marina di Pisa. Ein zeitloser italienischer Sommertraum: Da ist die in Gelbtönen gehaltene **Uferfront** mit Bars und Plastikstühlen und jenseits der Straße liegt der nicht allzu breite **freie Strand** aus weißen Marmorkieseln. Im Sommer kommen viele Familien, nicht selten in drei Generationen. Dann ist der Strand knackevoll, doch auch das ist normal. Für eine Erfrischung reichen ein paar Schritte zur Uferstraße, dort sitzt man möglichst bewegungslos und schaut im Schatten der Markisen aufs Meer. Am Wochenende ist die Straße für den Verkehr gesperrt, dann kommt halb Pisa, um die Abendstimmung zu genießen. Wer will, kann den Abend beim Essen verlängern oder in der herrlich chilligen Beachbar **Sunset Café** (1 km südlich der geschlossenen Siedlung, gegenüber dem Campeggio internazionale/Campingplatz).

Essen

Fisch überm Meer

Ristorante L'Arsella: Wie eine große Fischerhütte wirkt das Lokal mit seiner Holzverkleidung. Es ist direkt über den Strand gebaut, sodass Sie aus dem Fenster das Meer sehen – vor allem, wenn Sie im hinteren Raum Platz finden. Alle einschlägigen Fischrezepte – z. B. *Spaghetti alle vongole*, Nudeln mit Venusmuscheln – werden lecker serviert.

Via Padre Agostino da Montefeltro 37, T 050 366 15, Sommer tgl. 12.30–15, 20–22.30, Winter Do–Mo 12.30–14.30, 19.30–22, Di 12.30–14.30 Uhr, Pasta um 12 €, Fischsuppe 20 €, Fisch/Meeresfrüchte nach Gewicht (45–50 €/kg)

Livorno C6

Renitent

2014 war es so weit. Die Fünf-Sterne-Bewegung des Kabarettisten Beppe Grillo hatte die erste toskanische Stadt erobert. Der Ingenieur Filippo Nogarin wurde neuer Bürgermeister von Livorno und kickte die Politprofis ins Aus. Das passte irgendwie. Livorneser sind traditionell links, aber auch rotzfrech und kreativ. Ihre bekannteste Zeitung ist das Satireheft Il Vernacoliere, das monatlich die Politikerkaste durch den Kakao zieht, und zwar schön schlüpfrig und vulgär. Aber darf man von einem bunt gemischten Hafenvölkchen gute Manieren erwarten?

Flüssiggas, Touristen und Fisch

Nach Jahren der Krise Ende des 20. Jh. hat sich der Hafen dank staatlicher Förderung zu einem der bedeutendsten des Mittelmeers gemausert: 2 km neue Kaimauern und 400 000 m^2 neue Lagerflächen kamen hinzu. Besonders wichtig sind die Anlagen für Flüssiggasspeicherung, die zweitgrößten in Europa! Das alles spielt sich im Industriehafen ab, aber auch der Tourismus hat sich entwickelt. Die neue weltweite Mobilität schlägt sich seit 2015 in jährlich über 690 000 Kreuzfahrtpassagieren nieder. Der Fährbetrieb führt nach Korsika, Sardinien und Sizilien. Die ältesten Anlegebecken dagegen, an der Stelle des Medici-Hafens aus dem 16. Jh., sind der Fischerei vorbehalten.

Neues altes Zentrum

Das Schicksal der Stadt war oft untrennbar mit ihrem Hafen verbunden. Zwischen Mai 1943 und Juni 1944 heulten 90 Mal die Sirenen. Das Ergebnis der alliierten Luftangriffe im Zweiten Weltkrieg ist ein Altstadtzentrum mit rationaler Nachkriegsarchitektur. Immerhin hat man beim Wiederaufbau die rechtwinkligen Straßenzüge bewahrt, wie sie Großherzog Francesco I de' Medici im 16. Jh. angelegt hatte – für seine ideale Hafenstadt. Die musste damals erst einmal bevölkert werden, also lockten die Medici neue Einwohner mit Religionsfreiheit und Amnestien. Die Juden haben dies besonders genossen. Anderswo stigmatisiert, konnten sie sich in Livorno frei entfalten. Ein Getto hat es hier nie gegeben. Die **Synagoge** von 1962 ist unter den Nachkriegsbauten am auffälligsten. Der Architekt Angelo Di Castro, selbst ein Jude, spielte mit dem Bild der Zeltlager nach dem biblischen Auszug aus Ägypten.

Die jüdischen Händler führten viele Produkte als Erste in der Toskana ein, z. B. Tomaten und Schokolade. Dies und vieles mehr für Nase, Gaumen und Auge gibt es in der herrlichen **Markthalle** aus dem 19. Jh. Sie liegt dominant am **Fosso Reale,** einem der alten **Wehrkanäle,** die noch zur Hälfte das einst sechseckige Stadtzentrum umlaufen. Überhaupt muss man sagen: Am Rand ist die Altstadt am schönsten. Viele Vorkriegsbauten stehen noch, entlang der Wassergräben voller parkender Boote.

Speicher an Kanälen

Bei der **Fortezza Nuova** (16. Jh.) münden die Wassergräben in die charakteristische alte **Speicherstadt** aus dem 17. Jh., wegen ihrer vielen Kanäle **Quartiere Venezia** (›Venedigviertel‹) genannt. Knatternde Roller, bekritzelte Wände, flatternde Wäsche – mediterrane Atmosphäre umweht den Flaneur wie die Seeluft. Die verwinkelten Wasserwege sind mit Lokalen und Bars gesäumt, die vor allem abends zum Leben erwachen. Dann ist es am schönsten, auch weil sich die Lichter im Wasser spiegeln. Echten Livorneser Esprit erleben Sie zum Beispiel in der **Trattoria L'Antica Venezia** (s. S. 60), die Tische direkt am Kanal aufstellt, oder in der Bistrobar **Bodeguita** (s. S. 61), wo Cocktailfreunde auf ihre Kosten kommen. Ende Juni wird es an den Ufern rappelvoll, wenn

F

KULTURGUT FISCHSUPPE

Drachenkopf, Scampi und Miesmuscheln in scharfer Tomatensoße? Jawoll! Und darunter eine Scheibe Röstbrot mit Knoblauch. Fertig ist das *Cacciucco alla livornese.* Manche sagen, es spiegle die kosmopolitische Vergangenheit der Stadt. Ein Lokalhistoriker vermutet, es sei von einem Leuchtturmwärter erfunden worden, der das Olivenöl für die Lampe brauchte – und zum Ausgleich eine andere würzige Zutat für den Fisch. Wenn's nicht wahr ist, ist es zumindest gut erfunden.

der Straßenmarkt **Effetto Venezia** die Sommerabende verzaubert.

Flanieren am Meer

Südlich der Altstadt hat Livorno ein eleganteres Gesicht mit vielen gutbürgerlichen Villen. An der Viale Italia liegt die Uferpromenade **Terrazza Mascagni.** Einen 400 m langen Küstenabschnitt hat man ab den 1930er-Jahren durch Balustraden und effektvolle Schachbrettpflasterung als Flaniermeile gestaltet. An schönen Nachmittagen sind Sie hier nie allein, sonntags kommt sogar die halbe Stadt, schön gekleidet, mit Inlinern oder mit Flugdrachen.

In die Anlage integriert ist das größte Aquarium der Toskana, das **Acquario di Livorno.** Nach jüngsten Umbauten und Erweiterungen kommt es auf eine Beckenfläche von 3000 m^2 für 300 verschiedene Spezies. Stärken können Sie sich im coolen **Surfer Joe Café** an der Südseite des Aquariums, einem Beach-Music-Lokal, das der Uferterrasse einen kalifornischen Touch hinzufügt.

F

FLECKENMALER

Der Augeneindruck ist entscheidend: Das galt für eine hauptsächlich toskanische Malergruppe ab 1855. Parallel zum französischen Impressionismus arbeiteten die Künstler losgelöst von akademischen Regeln. Sie bildeten eine eigene Theorie aus und nannten sich **Macchiaioli,** Fleckenmaler. Ihre schönsten Motive fanden sie im vibrierenden Licht der Livorneser Küste, die damals noch kaum bebaut war. In Castiglioncello haben sie sich regelmäßig getroffen. Ihre Bilder können Sie in Livorno im Museo Giovanni Fattori (s. Museo Giovanni Fattori, oben rechts) betrachten.

Acquario di Livorno: Piazzale Mascagni 1, www.acquariodilivorno.it, Anf. April–Juni tgl. 10–18, Juli/Aug. tgl. 10–19, 1.–15. Sept. tgl. 10–18, 16. Sept.–Anf. April Sa/So 10–18 Uhr, online je nach Tag ab 10 €, sonst 18 €

Museen

Aufbruch in die Moderne

Museo Giovanni Fattori: Handwerker und Straßenvolk zu malen war im 19. Jh. schon ein Eklat. Und dann noch mit verwischten Linien! Giovanni Fattori aus Livorno ist der bekannteste Kunstrebell seiner Zeit und zählte zu den sogenannten Macchiaioli (s. Kasten links). In der prächtigen Villa Mimbelli, in der südlichen Peripherie der Stadt, ist das nach ihm benannte Museum untergebracht. Es zeigt auch Werke anderer Künstler dieser Epoche.

Via San Jacopo in Acquaviva 65, www.museofattori.livorno.it, Di–So 10–13, 16–19 Uhr, 6 €

Schlafen, Essen

Mit Charme und Weitsicht

Hotel La Vedetta: Eine Villa über Livorno wurde zu diesem freundlichen Hotel ausgebaut. Prunkstück: die weite Gemeinschaftsterrasse mit Meerblick, auf der Sie frühstücken und zu Abend essen können.

Via della Lecceta 5, Località Montenero, T 0586 57 99 57, auf Facebook, DZ/ÜF 70–110 € je nach Kategorie und Saison

Tische am Kanal

Trattoria L'Antica Venezia: Kräftige Meeresgerichte: Pasta mit Sardellen, gefüllte Miesmuscheln, die Livorneser Fischsuppe *Cacciucco* und Ähnliches.

Piazza dei Domenicani 15, T 0586 88 73 53, auf Facebook, Mo–Sa 12.30–14.30, 20–22.30 Uhr, Menü 25–35 €

Ein seltene Chance: die Terrazza Mascagni ohne die zahlreichen Flaneure, die hier nachmittags und insbesondere sonntags gern ihre Zeit verbringen.

Einkaufen

Markt

Mercato delle vettovaglie: Die alte Markthalle ist nach der in Florenz die zweitschönste der ganzen Toskana.
Scali Aurelio Saffi, Mo–Sa 8–15 Uhr

Ausgehen

Bunt, kreativ, livornesisch

Ex-Cinema Aurora: Das Kino hat ausgedient. Dafür gibt es einen kreativen Pub mit einer Bühne für Konzerte und Theateraufführungen jeder Art. Man gibt sich europäisch-international, auch beim Bier.
Viale Ippolito Nievo 28, www.ex-cinemaaurora.blogspot.com, Mo, Mi–Fr 17.30–3, Sa 18.30–3, So 13–1 Uhr

Bistrobar

Bodeguita: Relaxen im Quartiere Venezia bei kleinen Gerichten, Wein und Cocktails.
Scali Finocchietti 28, www.facebook.com/la.livornese, Do/Fr, So–Di 12.30–15, 19–1, Sa 12.30–15, 19–2 Uhr

Feiern

- **Effetto Venezia:** www.livorno-effettovenezia.it, Ende Juli/Anf. Aug. Fünftägiger, jeweils bis in die Nacht hinein stattfindender Ufermarkt im Quartiere Venezia, zusätzlich belebt durch den Auftritt von Straßenkünstlern.
- **Surfer Joe Summer Festival:** www.surferjoemusic.com/festival, Ende Juni. Beach-Music-Event an der Terrazza Mascagni.

TOUR
Verliebt in steile Kurven

Im Auto über die Via Aurelia entlang der Steilküste der Costa degli Etruschi

Was für ein Fahrgefühl – ein bisschen schneller als die alten Römer, aber auf derselben Route, genießen wir an der Steilküste südlich von Livorno Blicke auf Meer, alte Kastelle und Pinienwald. Es ist der schönste toskanische Abschnitt der Aurelia, wie die SS 1 in Italien heute noch heißt. Seit über 2000 Jahren ist sie eine der wichtigsten Straßen des Stiefels, begonnen ca. 250 v. Chr. von dem römischen Konsul Gaius Aurelius Cotta. Sie verband Rom entlang der Küste mit wichtigen Militärbasen und Häfen bis nach Pisa. Uns reizen kleine Badebuchten und aussichtsreiche Kurven bis zum charmanten Küstenort Castiglioncello.

Wir folgen **Livornos Uferstraße** durch den Vorort **Antignano** nach Süden. Am Hang des Montenero mündet die **Via del Littorale** in die **Via Aurelia,** die an dieser Stelle schon eine erhabene Küstenstraße ist. Gemächlich geht es bald am alten **Wachturm von Calafuria** vorbei, wo man früher Ausschau nach Piraten hielt. Hier liegt auch das erste einer Reihe von **Ausflugslokalen,** die ziemlich halsbrecherisch auf den umtosten Klippen kleben. Am Wochenende zieht der spektakuläre Meerblick viele an, die Autos werden dann wild an den Straßenrand gestellt.

Auch Badewillige und Taucher parken entlang der Straße, wo sie gerade Platz finden. Es gibt ein paar steile Pfade ans Ufer runter, wo man meist direkt vom Felsen ins Wasser steigt. Die schönste **Badestelle** hat einen wilden Kieselstrand: die **Cala del Leone.** Ihr Zugang liegt 500 m hinter dem Lokal **Il Romito.** Durch niedere Eichen und duftende Macchia erreichen wir, Stufe um Stufe,

Abkühlung finden Sie südlich von Livorno in kleinen, felsigen Badebuchten.

unsere Lieblingsbucht, von Brandungsfelsen schützend eingerahmt. Links thront das **Castello Sonnino** auf dem Berg, rückwärtig führt die **Eisenbahnbrücke** über eine kleine Schlucht. Vor uns aber: das tiefblaue, ruhige Wasser.

Am Weingut **Castello Sonnino** (www.castellosonnino.it) vorbei führt die Aurelia durch **Quercianella.** Hinter dem Ortsausgangsschild verlassen wir die SS 1, die zur vierspurigen Variante wird, zugunsten der rechts abbiegenden **SP 39,** der alten Aurelia-Trasse.

Nach gut 5 km wird uns die Einfahrt nach **Castiglioncello** mit Jugendstilvillen verschönert – ein Hinweis darauf, wie beliebt das kleine Seebad schon um das Jahr 1900 war. Im Ort herrscht eine Atmosphäre gewachsenen Wohlgefühls: **Villen** und **Bungalows** aus verschiedenen Epochen des 20. Jh. werden von Pinien angenehm beschattet, die einen würzigen Duft verströmen. Am Meer unten läuft ein schön gestalteter Spazierweg die Biegungen des Ufers entlang, der **Lungomare Alberto Sordi.** An beiden Enden einladende Lokale: das Restaurant **La Lucciola** (Nr. 1, T 0586 75 31 92, www.lalucciolacastiglioncello.it, tgl. Okt.–Mai 12.30–14.30, Juni–Sept. 12.30–14.30, 20–22.30 Uhr, *primi piatti* 14–16 €) mit ausgezeichneten Meeresgerichten im Osten und das coole Bistro **La Baracchina** (Nr. 9, T 0586 75 20 03, www.labaracchina.net, Mo–Do 12–14, Fr–So 12.15–14.30, 19.30–22.30 Uhr) im Westen. Wir genehmigen uns ein Eis in der **Gelateria Pineta Marradi** (Nr. 6, tgl. 7.30–24 Uhr). Und später, auf dem Rückweg, einen Sundowner in einer der Steilküsten-Bars.

Infos

18 km (einfach)

Start:
Livorno, Viale Italia, C 6

Pause:
Il Sassoscritto, Via Aurelia 266, Livorno, www.ilsassoscritto.it, T 0586 58 05 89, Mai–Sept. tgl., Okt.–April Fr–Mi 12–15, 19–22.30 Uhr, Menü 40–45 €. Ideal für Fisch, abends auch Pizza. Am Wochenende unbedingt reservieren.

K

SEEMANNSKAFFEE

»Un ponce (sprich: pontsche), per favore!« Mit dieser Getränkebestellung erweisen Sie sich als Kenner der Livorneser Seele. Der Name ist eine dialektale Verballhornung von Punsch, das Rezept eine Wissenschaft für sich. Grundlegende Zutaten sind Espresso, Zucker sowie eine Mixtur aus Alkohol, Zucker und Karamell. An den Glasrand kommt ein Zitronenschnitz. Es gibt Varianten, die komplizierter sind, etwa mit Anisschnaps als Zusatz. Wie auch immer, der *ponce* wird zu jeder Tageszeit getrunken und ersetzt oft den Espresso nach dem Essen.

Infos

• **Centro informazioni turistiche:** Via Pieroni 18, T 0586 89 42 36, www.costadeglietruschi.it, tgl. 10–15 Uhr.

Costa degli Etruschi

Strände und Weinberge

Wer von Castiglioncello (s. Tour s. S. 63) die Via Aurelia weiter Richtung Süden fährt, lässt die Steilküste der Costa degli Etruschi hinter sich. In Fahrtrichtung: der 35 km lange flache Küstenstreifen der Costa. Wo die Etrusker Häfen und Salinen unterhielten, erstrecken sich lange, von Pinienhainen eingefasste Sandstrände, wo Badeurlauber gute Infrastruktur vorfinden. Die Hügel Richtung Landesinneres sind von urigen Dörfern gekrönt und ein Geheimtipp unter Weinkennern. Auch manche Industrieanlage hat sich angesiedelt, manchmal in erstaunlicher Nähe der Strände.

Rosignano Solvay — D7

Karibik?

Dieser moderne Stadtteil von Rosignano Marittimo wuchs im frühen 20. Jh. um die Chemiefabrik Solvay. Die rauchenden Schlote stehen in Sichtweite der Strände, die dennoch im Sommer von Badelustigen überrannt werden. Denn sie sind weiß wie in der Karibik und lassen das Wasser türkisfarben schimmern. Die Abwässer der Fabrik machen es möglich, sie enthalten Calciumkarbonat. Die berühmt-berüchtigten *Spiagge bianche* (›weißen Strände‹) sind die umstrittensten Strände der Toskana. Viele sind begeistert vom exotischen Touch, andere sind entsetzt, wie man sich in den chemieverseuchten Sand legen kann. Werbefotografen und Models wiederum finden ein ideales Setting für ihre Arbeit. Typisch für Italien: Genaue Daten zur Umweltbelastung fehlen. Fest steht, dass bis heute die Industrieabfälle ins Meer entsorgt werden. Einzig das Quecksilber ist seit 2010 verbannt. Entscheiden Sie also selbst, wie weit Sie sich trauen.

San Vincenzo — Karte 2, D9

Bequemes Badestädtchen

Unbestritten schöne Strände hat dieser kleine Badeort, der sogar per Bahn gut zu erreichen ist. San Vincenzo erlebt seit den 1970er-Jahren einen Boom, der weiter anhält. Feriendörfer und -bungalows haben die Bebauung mächtig ausgedehnt und sind auch in der Umgebung wie Pilze aus dem Boden geschossen – aber zum Glück kaum in die Höhe. Teilweise haben

Hotels und Strandbäder das Nutzungsrecht für die **Strände,** aber außerhalb der geschlossenen Ortschaft sind auch längere freie Abschnitte zu finden. Südlich des Ortes gibt es zwei besondere Badestätten: einen **Dog Beach** und das **Bagno Nido dell'Aquila** (›Adlernestbad‹). Letzteres ist seit 2010 offiziell als FKK-Strand ausgewiesen, verwaltet vom Nudistenverein A.N.ITA. Eine Seltenheit für Italien!

Castagneto Carducci

Karte 2, E8

Adel und Dichter

Wenn Sie vom Strand mal genug haben, sind Sie sehr schnell in alten, gewachsenen Städtchen auf den ersten Hügeln. Die **Burg** von Castagneto gehörte der uralten Adelsfamilie Della Gherardesca. Drum herum ist ein gedrungenes **Burgdorf** gewachsen, das zu einem Bummel in historischen Gemäuern einlädt. Tolle Ausblicke aufs Meer sind inklusive, selbst von der **Via Gramsci,** der Fußgängerzone mit den vielen Restaurants. Der Dichter Giosuè Carducci (1835–1907) hat im Stadtteil **Bolgheri** seine Kindheit verbracht. Ihm zu Ehren wurde der Gemeindename erweitert.

Ursprung der Weinrevolution

Eine Flasche Wein für 200 €: Die kann Ihnen um **Bolgheri** herum sogar an den Quellen begegnen, sprich: direkt in den Weingütern. Das kleine Anbaugebiet Bolgheri hat sich seit den 1970er-Jahren zum exklusivsten Italiens entwickelt. Es begann mit dem seit 1968 verkauften **Sassicaia,** einem Qualitätstropfen, mit dem man die Möglichkeiten des Weinbaus in der Küstenregion ausgelotet hat – mit Erfolg. Der Sassicaia begründete eine Experimentierphase mit französischen Trauben und Ausbaumethoden, deren Produkte von der Weinkritik Supertuscans getauft wurden. Den Sassicaia hatte Mario Incisa della Rocchetta erschaffen, ein Graf aus der Adelsfamilie Della Gherardesca. Dieser gehören heute noch große Ländereien.

Bolgheri selbst gehörte früher dazu, man erkennt dies an der spektakulären Ortszufahrt: eine 4,5 km lange, schnurgerade **Zypressenallee** mit vielen jahrzehntealten Bäumen. Am zinnenbekrönten **Stadttor** sind dann alle Zweifel ausgeräumt: Es begrüßt Sie das Familienwappen der Gherardesca. In den hübschen alten Gassen sehen Sie, wer den Ort heutzutage im Griff hat: der Gastronomietourismus mit seinen Läden und Lokalen.

Suvereto

E9

Auf Dantes Spuren

Über dem heiteren Val di Cornia drängen sich die alten Steinhäuser von Suvereto aneinander, eine malerische Atmosphäre für Urlaubsflaneure. Die **Adelsburg** der Grafenfamilie Aldobrandeschi (12. Jh.) überragt noch heute das malerische Altstädtchen. Vielleicht spüren Sie den Geist Kaiser Heinrichs VII., der 1313 nach seinem Malariatod bei Buonconvento zwei Jahre lang in der Burg ruhte. Sein Verehrer Dante soll in der Pieve San Giusto (10. Jh.), mit den romanischen Löwenskulpturen am Portal, den aufgebahrten Kaiser persönlich verabschiedet haben.

Frauenpower für den Wein

Wenn Träume wahr werden, sehen sie zum Beispiel aus wie das **Weingut Petra,** im Ort **San Lorenzo** im Val di Cornia. Besitzerin Francesca Moretti hatte sich in Frankreich in die Weinkultur verliebt, daraufhin Önologie studiert und 1997 mit Hilfe ihres Vaters dieses alte Landgut gekauft. Sie kam aus der Lombardei, das Val di Cornia war in den 1990er-Jahren

TOUR
Unter Tage und in den Bergen

Im Parco Archeominerario di San Silvestro

Einblick in Tausende Jahre Bergbaugeschichte – über und unter Tage ein Erlebnis!

Der kleine Zug rumpelt und quietscht und fährt schnurstracks in den Berg hinein, eine richtige Höllenfahrt. Links und rechts passieren wir rau behauenes Gestein, es ist kühl und zugig. Und über uns türmt sich der Berg. Ab und zu weitet sich der Gang zu kleinen Höhlen, Kristalle leuchten an den Wänden. Seit Jahrtausenden haben Menschen hier im **Val di Cornia** wertvolle Erze und Metalle wie Silber, Kupfer, Blei, Eisen und Zink abgebaut. Etrusker, Römer und alle weiteren Bewohner der Toskana haben Höhlen und Gänge in den Berg gegraben, weit verzweigte unterirdische Wege. 1976 musste die letzte Grube schließen. Aber 1996 wurde der Museumspark **Parco Archeominerario di San Silvestro** eröffnet, der auf beeindruckenden 450 ha die Geschichte des Bergbaus im Cornia-Tal lebendig werden lässt – unbedingt einen Ausflug wert!

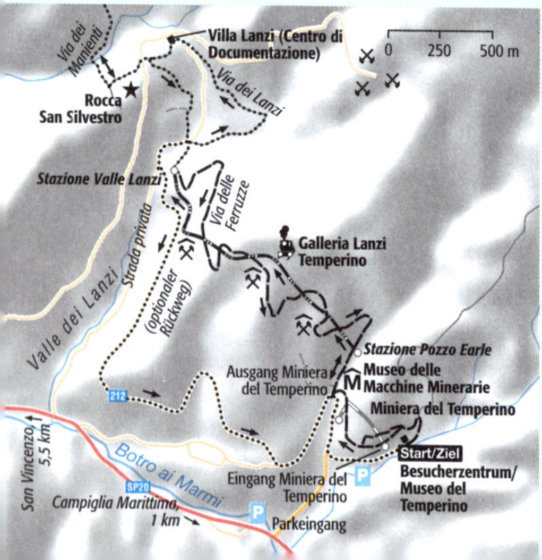

Unser Routen-Vorschlag: Im **Besucherzentrum** am Eingang werfen Sie im **Museo del Temperino** (Museo Museo dell'Archeologia e dei Minerali) einen Blick auf die wertvollen Mineralien, die hier gefördert wurden. Im Anschluss geht es mit einem Führer in die benachbarte **Miniera del Temperino.** Sie steigen mit einem Helm bewaffnet hinab in eine der alten Minen und erhalten Einblick in die verschiedenen Fördermethoden von der Antike bis zur jüngsten Vergangenheit (40 Min.). Vom Aus-

gang der Mine ist es nicht mehr weit bis zum **Museo delle Macchine Minerarie.** Hier stehen einige der riesigen Maschinen, mit denen im 20. Jh. die Erze gefördert und verarbeitet wurden. Außerdem kann man schön im Schatten rasten, bevor es zum eingangs erwähnten kleinen, knallgelben Zug weitergeht.

Das Bähnchen durchquert die **Galleria Lanzi Temperino,** einen Stollen tief im Berg, der zu den ehemaligen Zertrümmerungs- und Trennanlagen führt. Die Zugfahrt endet in der Nähe des Bergarbeiterdorfs **Rocca San Silvestro** (20 Min.). Es wurde im frühen Mittelalter gebaut und liegt schon seit dem 14. Jh. verlassen. Sie können in den Ruinen die soziale und wirtschaftliche Organisation, die Bau- und Metallverarbeitungstechniken einer mittelalterlichen Gemeinschaft nachvollziehen. Und vom **Kastell** ganz auf der Spitze des Berges haben Sie einen tollen Blick über die Hügel bis zum Meer.

Ein schmaler Weg führt hinauf zur Rocca San Silvestro.

Infos

halber Tag (ohne zusätzliche Wanderungen)

Parco Archeominerario di San Silvestro, Karte 2, E9: Via di San Vincenzo 34a, Campiglia Marittima, www.parchivaldicornia.it, Zeiten variieren stark, sind aber auf der Website gut einsehbar, 16 €, Kinder 12 €, Familienticket 40 €

Ausrüstung: Für die Fußstrecken sind feste Schuhe empfehlenswert, in den kühlen Stollen eine leichte Jacke.

Auch die **Wanderwege,** die im Park ausgeschildert sind, lohnen sich. Sie kosten ein bisschen Schweiß, weil es viel bergauf und bergab geht, und das fast ohne Schatten. Aber dafür erleben Sie die Spuren des Bergbaus und die wilde, gebirgige Natur hautnah. Sie können beispielsweise nach der Rocca di San Silvestro noch über die **Via dei Manienti** weiterwandern oder den 70-minütigen Rundweg, die **Via dei Lanzi,** abgehen.

Über den – anspruchsvollen – Wanderweg **Via delle Ferruzze** wandern Sie schließlich bergab zurück zum **Besucherzentrum** (ca. 70 Min.). Hier haben Sie entlang der gesamten Strecke Einblicke in die Gruben und Mineneingänge – von der Zeit der Etrusker bis zu den letzten Jahren der Minentätigkeit. Leichter, aber uninteressanter ist der Rückweg über die **Quota 212.**

für den modernen Weinbau Neuland. Immerhin hatte das Gut eine berühmte Gründerin: Elisa Baciocchi Bonaparte, Napoleons Schwester. Mit Sensibilität und Pragmatismus, so die Nachfolgerin, werde die *azienda agricola* auch heute wieder auf weibliche Art geführt. Ein männlicher Architekturstar steuerte den neuen Keller bei. Der Tessiner Mario Botta verwandelte 2003 das Herz der Anlage zu einem Wahrzeichen aus Kurven und Geraden. Neben dem Wein werden alte Tierrassen gezüchtet und Gemüse angebaut. Alles kann im Restaurant nach Voranmeldung probiert werden.
Petra Azienda Agricola, Karte 2, E9, Località San Lorenzo Alto 131, Suvereto, www.petrawine.it

Schlafen

Camping total

International Camping Etruria: Einer der originellsten und bestorganisierten Campingplätze an der Costa degli Etruschi bietet vieles: Bungalows, Glamping-Lösungen, u. a. mit hängenden Baumzelten, sowie einfache Stellplätze für Wohnwagen, Wohnmobile und Zelte. Im Pinienhain direkt am Meer, mit eigenem Strand.
Via del Dentice, Marina di Castagneto Carducci, www.campingetruria.it, Bungalow/2 Pers. 35–110 € je nach Saison, Glamping-Zelt 20–75 € je nach Kategorie und Saison, Camping-Stellplatz 9–30 € plus 5–13 €/Pers. je nach Saison

Im Mini-Dorf

B & B Belvedere di Suvereto: In einem kleinen Weiler auf einem Hügel außerhalb von Suvereto ist ein altes Steinhaus als B & B eingerichtet. Zwischen Küste und Colline Metallifere ideal für Entspannung plus Aktivität.
Piazza San Tommaso 33, Località Belvedere, Suvereto, T 0565 82 70 61, www.belvederedisuvereto.it, DZ/ÜF 70–90 € je nach Saison

Essen

Pizza, Pasta und Co.

Il Caminetto: rustikales Lokal in einem pittoresken Winkel von Suveretos Altstadt. Die Plätze im Freien lieber reservieren!
Piazza San Francesco 7, T 0565 82 81 18, Do–Di 12–14, 18.30–22.30 Uhr, Pizza 6–10 €

Einkaufen

Super Wein

Guado al Melo: Wenn Sie den Supertuscans nachspüren wollen, können Sie das besonders schön in diesem Weingut. Mit etwas Glück werden Sie sogar auf Deutsch empfangen.
Guado al Melo, Località Murrotto 130/A, Castagneto Carducci, www.guadoalmelo.it, Ostern/1. April–Mitte Juni, Mitte Sept./Okt. Mo–Sa 10–13, 15–18, Mitte Juni–Mitte Sept. Mo–Fr 10–13, 16–20, Sa 10–13, sonst Mo–Do 8.30–12.30, Fr 8.30–12.30, 14–17 Uhr

Bewegen

Baden

Die **Strandbäder** in **Marina di Castagneto-Donoratico** (Karte 2, D8) und **San Vincenzo** bieten Sonnenschirme mit Liegen ab 15 €/Tag.

Surfen mit Karibik-Feeling

Centro WK Surf Vada: Windsurf- und Kitesurf-Schule bzw. -Verleih am Südrand der Spiagge Bianche kurz vor Vada (Karte 2, D7).
Spiagga Bianca, Via di Pietrabianca, Rosignano Marittimo, www.centrowindsurfvada.it, Übungsstunden ab 35 €/Std., Verleih ab 20 €/Std.

Zugabe

Der Fall Sofri

Ein Lehrstück italienischer Zeitgeschichte

Der Alt-68er Adriano Sofri lebt heute zurückgezogen als Autor und leiser Intellektueller.

Luigi Calabresi wird 1972 in Mailand ermordet. Der Polizeikommissar ist ein rotes Tuch für linke Gruppen, die ihn verdächtigen, für den Tod des Anarchisten Giuseppe Pinelli verantwortlich zu sein. Pinelli war drei Jahre zuvor unter mysteriösen Umständen in Polizeigewahrsam ums Leben gekommen: Er stürzte aus dem Fenster von Calabresis Büro. Der Verdacht im Fall des Calabresi-Mordes fällt dagegen sofort auf die linke Aktivistenszene: In der ›roten Toskana‹, wo bis heute Straßen nach Marx und Lenin benannt sind, ist Pisa eine Hochburg der 68er-Bewegung. Ein Täter wird aber zunächst nicht gefunden.

Bis 16 Jahre später plötzlich ein Kronzeuge auftaucht. Leonardo Marino, einstiges Mitglied der italienischen APO-Gruppe *Lotta Continua* (›Fortwährender Kampf‹), gesteht, die Tat verübt zu haben. Die Auftraggeber seien damals in Pisa der bekannte linke Journalist und ehemalige *Lotta-Continua*-Aktivist Adriano Sofri und sein ehemaliger Mitkämpfer Giorgio Pietrostefani gewesen. Das Geständnis schlägt ein wie eine Bombe. Die Autoritäten des Landes sehen plötzlich die Chance, eines der vielen Rätsel der italienischen Nachkriegszeit zu lösen. Es folgt einer der kontroversesten Justizfälle Italiens. Neun quälende Jahre dauert der Prozess. Trotz widersprüchlicher Aussagen Marinos und wenig brauchbarer Indizien werden Sofri und Pietrostefani 1997 schließlich zu 22 Jahren Haft verurteilt. Pietrostefani flieht nach Frankreich, um im Schutz der Mitterand-Doktrin dem Haftvollzug zu entkommen. Der Staat kann dennoch behaupten, er habe ein Problem gelöst.

Das Geständnis schlägt ein wie eine Bombe.

Sofri selbst, der heute Zeitungskommentare und Bücher schreibt, gesteht 2009 eine »moralische Mitverantwortung« ein. Aber er erklärt sich standhaft für unschuldig. Die Haft in Pisa sitzt er, um sieben Jahre verkürzt, bis 2012 ab, die letzten sieben Jahre als Hausarrest. Die Gnade des Präsidenten hat er in den vielen Jahren im Gefängnis nie erbeten: Das wäre einem Geständnis gleichgekommen. ■

Arnotal, Pistoia und Prato

Rastlose Betriebsamkeit — herrscht in den Tälern der Nordtoskana. Interessant wird es oft erst auf den zweiten Blick.

Eintauchen

Seite 73

San Miniato

Auf einem schmalen Hügelrücken drängen sich die Häuser an die Straßen und Plätze. Dom und Stauferburg haben etwas mehr Platz. Die Stadt lebt nach dem Prinzip des Slow Living.

Seite 75

Vinci

Der große Leonardo stammt von hier. Nach seiner Jugend kehrte er aber nie wieder in seinen ländlichen Geburtsort zurück, schließlich wollte er Karriere machen. Seine kreativen Ideen sind in der Burg dokumentiert, das abseits gelegene Geburtshaus strahlt eine stille Aura aus.

Sogar ein Fahrrad erfand Leonardo da Vinci schon.

Seite 78

Vom Kurchic ins Bergdorf

Eine junge, untypische toskanische Stadt ist der Kurort Montecatini Terme. Die älteste Standseilbahn *(funicolare)* der Toskana verbindet sie mit dem älteren Stadtteil Montecatini Alto auf dem Berg.

Seite 80

Pistoia

Die alte Domstadt zog früher auch mal Jakobspilger an, die nicht bis zum Atlantik wandern wollten. Ein prächtiger Silberaltar erfreute ihre Augen. Marino Marinis moderne Werke konnten sie noch nicht sehen.

Seite 88

Landpartie auf den Spuren der Medici

Auf einer Autotour zwischen Prato und Florenz sehen Sie drei der schönsten Medici-Villen: die Villa Ambra in Poggio a Caiano, den Garten der Villa di Castello und die Villa La Petraia.

Seite 84

Collezione Gori Fattoria di Celle

Riesiger Park mit Installationen internationaler Künstler in Santomato.

Seite 86

Prato

Die wichtigste Industriestadt der Toskana hatte in verschiedenen Epochen auch wichtige Mäzene. Nur so erklären sich die wunderschönen Fresken im Dom sowie das spannende Museum für Gegenwartskunst, das Centro Luigi Pecci in der Peripherie.

&

Seite 91

Giftmord im Trüffelparadies

In den Wäldern südlich von San Miniato gedeiht der teure weiße Wintertrüffel so gut wie kaum woanders in Europa. Beim Kampf um die besten Funde leiden oft die Trüffelhunde durch Giftanschläge.

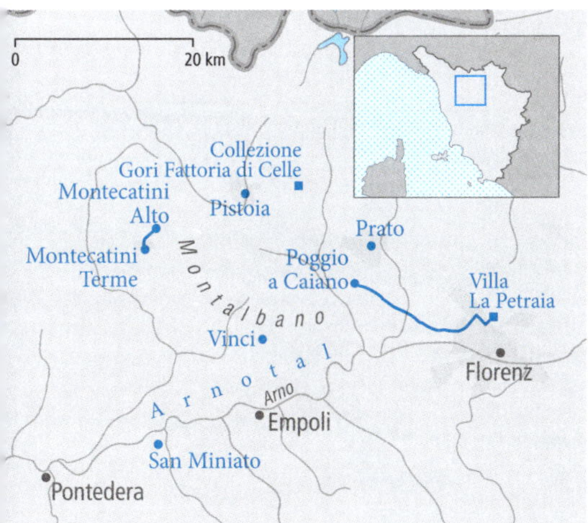

Für ein italienisches Lebensgefühl: die Vespa aus Pontedera

Montecatini Terme war 2013 einer der Gastgeber der Straßenradsport-WM, kurz nach der Doping-Beichte von Lance Armstrong. Da passte das WM-Maskottchen: Pinocchio!

erleben

Wo Produktivität und Genie zu Hause sind

I

In wirtschaftlicher Hinsicht spiegelt die Toskana Gesamtitalien wider: Es gibt ein deutliches Nord-Süd-Gefälle. Der Norden ist der Wirtschaftsmotor der Region. Das gilt vor allem für die großen Täler in Ost-West-Richtung: die Ebenen am Apenninenfuß und das untere Arnotal. Hier liegen die großen Industriegebiete an den wichtigsten Schnellstraßen und Bahnlinien. Was wird hier nicht alles produziert: Eisenbahnwaggons, Motorroller und Elektroautos, Textilien, Lederwaren, Möbel und sogar Speiseeis. Das ist kein Grund, die Gegend zu meiden, im Gegenteil! Die Gewerbegebiete sind die Bedingung für eine großzügige Pflege der Kultur, die weltläufiger und moderner ist als in der Südtoskana. Es ist eine Stadtkultur, die lange gewachsen ist: Die Händler, die über die Passstraßen der Apenninen kamen, fanden schon im Mittelalter in Pistoia und Prato Marktplätze und Pilgerziele vor, die Drehscheiben des Handels waren. Der sicherste Transportweg war früher der Arno, der bis Florenz schiffbar war. Er bildet die geografische Grenze zur ländlicheren Toskana im Süden. In dieser Gegend ist das hübsche Hügelstädtchen San Miniato der sehenswerteste Ort.

ORIENTIERUNG

O

Größte Städte: Pistoia mit 90 000 und Prato mit 195 000 Einwohnern
Internet: www.pistoiaturismo.it, www.pratoturismo.it, www.montal bano.toscana.it
Verkehr: Bahnlinien Florenz–Pisa (durch das Arnotal) und Florenz–Viareggio (über Prato, Pistoia, Montecatini)

Der Geist der Renaissance

Aber auch nördlich des Arno muss man nur ein paar Kilometer Richtung Berge fahren, um landschaftliche Schönheit genießen zu können. Die zwei Haupttäler trennt der Höhenzug Montalbano, an dessen südlichen Hängen Vinci liegt. Hier hat der große Leonardo zwischen Feldern laufen gelernt. In der Nähe hatten die Medici-Hezöge ihre liebsten Jagdreviere.

Unterschätzt

Die Provinzhauptstädte Pistoia und Prato stehen im Schatten von Florenz, Pisa und Co. Doch sie sind sehr lebenswert, haben interessante Läden und Lokale und bewahren Kunstschätze vom Mittelalter bis zur Gegenwart. Ihre Altstädte wuchsen jeweils um eine zentrale Kirche herum.

San Miniato

F5

Città slow

Auf halbem Weg zwischen den Küstenstädten und Florenz wirkt das Bergstädtchen über dem Arnotal wie der Ruhepunkt einer Waage, wo alles im Gleichgewicht ist. San Miniato hat sich 2002 der Organisation Città slow angeschlossen. Das sind italienische Kleinstädte, die sich der Amerikanisierung der Lebenskultur entgegenstellen und sich Entschleunigung, Lebensqualität und Nachhaltigkeit auf die Fahnen schreiben. Das betrifft nicht nur die Landwirtschaft und die Gastronomie, sondern auch die Kultur und die Infrastruktur.

So wurden in San Miniato etwa Verkehr und wildes Parken aus der Stadt verbannt: durch Buslinien zum Tal, wo der Lederdistrikt für Arbeit sorgt, und durch Parkplätze am Stadtrand, davon einer mit Aufzug zur **Altstadt** hoch.

Slow Living

In der Altstadt lässt es sich entspannt durch die engen Straßen spazieren, denen die Hügelrücken kaum Platz zur Entfaltung lassen. Oft folgen sie den schmalen Graten ohne Seitengassen.

Zum Entschleunigungsprinzip tragen regelmäßige **Märkte** im Stadtzentrum bei. Der berühmteste ist der **Trüffelmarkt,** der die Wochenenden im November belebt. Er ist dem weißen Wintertrüffel gewidmet, der in den Wäldern südlich der Stadt gedeiht und ein echter Wirtschaftsfaktor ist. Dies fordert ein gesundes Umweltbewusstsein: Nur wo die Wälder geschützt sind, können sich die Pilze gut entwickeln.

Da, wo der weiße Wintertrüffel zu finden ist, wird er natürlich auch in vielen Produkten der Region verarbeitet, im Käse, in Salami …

Drama, Wunder, Illusionen

Unter Gewölben hindurch und über Treppen aufwärts erreichen Sie die baumbestandene **Piazza del Duomo.** Der **Duomo Santa Maria Assunta e San Gennasio** (tgl. 9–17 Uhr) wirkt innen sehr neu, er wurde im 18. und 19. Jh. renoviert. Vor allem aber war er Schauplatz eines Weltkriegsdramas. Am 22. Juli 1944 versammelten die deutschen Soldaten bei ihrer Vorbereitung auf den Rückzug die Bevölkerung in verschiedenen Gebäuden, darunter ca. 1000 Menschen im Dom. Plötzlich eine Explosion im rechten Seitenschiff – 55 Tote! Alle dachten an ein Wehrmachtmassaker; amerikanische Untersuchungen bestätigten dies. Jahrzehntelang hielt sich diese Version, die selbst den Bischof ins Zwielicht brachte. Bis man 2004 herausfand, dass eine abgelenkte Granate der US-Artillerie verantwortlich war. Eine Tafel im rechten Querhaus listet die Namen der 55 Opfer. Die Tragödie hat auch die Brüder und Filmregisseure Paolo und Vittorio Taviani beschäftigt, die aus San Miniato stammen. Ihr Film »La notte di San Lorenzo«, der 1982 in Cannes den Jurypreis gewann, arbeitet die Ereignisse auf, allerdings nach der alten These.

Die optisch interessantere **Chiesa del Santissimo Crocifisso** (1718; 2020 wegen Renovierung unregelmäßig geöffnet) liegt gleich hinter dem Dom. Die barocke Kuppelkirche entstand für ein wundertätiges Holzkruzifix. Die tollen Ausmalungen täuschen Altarbauten vor, wo gar keine sind.

Kaiserliche Erinnerung

Wussten Sie, dass Napoleons Familie aus San Miniato stammte? Zumindest ein Zweig. Die Buonapartes, wie sie auf Italienisch heißen, haben viele Spuren in den Stadtarchiven hinterlassen. Das bedeutendste Zeugnis stammt vom *empereur* selbst: Napoleons Totenmaske (eine von vieren!) lagert fast unbemerkt im Palazzo Migliorati (Piazza XX Settembre 22), dem Sitz der lokalen Akademie.

B

BRUMM, BRUMM

Sie ist Kult und wird überall rumgefahren, in immer neuem Design: die Vespa! In Pontedera, auf halber Strecke zwischen San Miniato und Pisa, liegt die Piaggio-Fabrik, die den Motorroller 1946 erstmals konstruiert hat. Eine der ältesten Werkshallen beherbergt das **Museo Piaggio** (Viale Rinaldo Piaggio 7, Pontedera, www.museopiaggio.it, Di–Sa 10–18, Juli/Aug. auch So 10–18 Uhr, Eintritt frei): Old- und Youngtimer der Vespa, der dreirädrigen Ape oder verschiedener Motorräder sind dort zu bestaunen. Nach der Renovierung von 2018 verteilen sich 250 Objekte auf 5000 m².

Rocca di Federico II

Burg ohne Erfolgsgeschichte

Vom Domplatz aus führt ein schattiger Spazierweg auf den Burghügel mit dem **Turm des Staufers Friedrich II.** Er ist der Rest einer Festung, die der Stauferkaiser im 13. Jh. anlegen ließ, um aus strategischer Position die Markgrafschaft Tuszien für das Kaiserreich zu retten. Erfolglos, denn die Stadtrepubliken rissen sich damals das kaiserliche Land einfach unter den Nagel, um ihre Einwohner selbstständig ernähren zu können. Es liegt schon etwas Ironie in der Geschichte, wenn die Wehrmacht vor ihrem Abzug 1944 den Turm des Stauferkaisers sprengte – und die Italiener ihn nach dem Krieg wieder aufbauten. Oben schauen Sie bei guter Sicht von Vinci bis San Gimignano.

April–Sept. Di–So 11–18, Okt.–März Sa/So, Fei 11–16 Uhr, 3,50 €

Schlafen, Essen

Schlummern unter Kunstwerken

Hotel Miravalle: Zeitgenössische Bilder aus einer benachbarten Galerie dekorieren die Flure und Zimmer – seit 2016 ein neues Management angetreten ist. Doch nicht nur deshalb ist dieses Art Hotel eine tolle Adresse. Die Lage am Domhügel von San Miniato ist atemberaubend, die Zimmer sind frisch renoviert und einige haben einen super Blick. Mit Restaurant.
Piazzetta del Castello 3, T 0571 41 99 04, www.hotelmiravallesanminiato.it, DZ/ÜF 95 €

Prinzip Slow

Sergio Falaschi: Auch die Metzgerei Sergio Falaschi folgt dem Prinzip Slow: Von der Zucht über die Schlachtung bis zum Verkauf ist alles in Familienhand. Wer gleich zum Essen bleiben möchte, geht zum Imbiss in die *retrobottega,* die Hinterräume, wo früher geschlachtet wurde, oder ganz durch auf die Terrasse mit idyllischem Blick.
Via Augusto Conti 18–20, T 0571 431 90, www.sergiofalaschi.com, Mi, So abends geschlossen

Ungezwungen

Caffè Centrale: Ein herrlich vintagemäßig eingerichtetes Lokal, das Bistrobar, Café und Teestube in einem ist. Ungezwungen italienisch, mit großen Fenstern ins Tal raus, zusätzlich eine hübsche kleine Terrasse mit Genießerblick. Kleine Pasta- und andere Gerichte sowie leckerer Käsekuchen, den es im November auch mit Trüffeln gibt.
Via IV Novembre 19, T 0571 430 37, auf Facebook, Di–So 7–13, 16.30–2 Uhr

Infos

- **San Miniato Promozione:** Piazza del Popolo 1, T 0571 427 45, www.sanminiatopromozione.it, Mo 9–13, Di–So 9–17 Uhr.

Montalbano F4/5

Grünes für Städter

Der bis zu 630 m hohe Bergzug des Montalbano ist ein Landschaftserlebnis gespickt mit kulturellen Juwelen, die es zu entdecken gilt. Zwischen Oliventerrassen verstecken sich Natursteinhäuser, Hangweiler und Villen. Viele Häuser sind recht modern: Wochenendhäuser für die Wohlhabenderen aus dem nahen Florenz oder Prato. Das hat Tradition: Schon Leonardo da Vincis Familie, Generationen von Notaren aus Florenz, hatte in Vinci ein Häuschen und die Medici bauten gleich mehrere Freizeitvillen. Natürlich ist die Gegend auch bei den Sportradlern beliebt.

Vinci F5

Heimat eines Genies

Durch die jüngsten Leonardo-Jubiläen 2002 (450. Geburtstag) und 2019 (500. Todestag) ist der kleine Geburtsort des großen Universalgenies noch attraktiver geworden. Dabei liegt er schon so hübsch. Doch zusätzlich gibt es alle paar Jahre in den Ausstellungen und Präsentationen zu Leonardo etwas Neues zu bewundern. Das ist Vinci, man lebt vom Geist dieses großen Mannes, der noch heute über allem zu schweben scheint.

Genie in Windeln

Hier begann alles: im Weiler Anchiano, gut 2 km nördlich von Vinci. Im Landhaus des Florentiner Notars Piero bringt dessen Dienerin Caterina am 15. April 1452 einen unehelichen Sohn zur Welt. Zum Ursprung der Geschichte passt auch das Ambiente: Das steinerne Geburtshaus, die **Casa Natale di Leonardo,** liegt einsam zwischen Oliventerrassen – der Ort hat Aura. Das Haus selbst bietet nicht viel,

Sie spazieren über ein Kunstwerk: Mimmo Paladinos Gestaltung der Piazza dei Conti Guidi.

wie alle Museen dieser Art: einen Film, einen Info-Touchscreen, eine Projektion des Mailänder Abendmahl-Freskos. Es gibt eben keine Originalwerke in Vinci, deshalb muss man aus der Not eine Tugend machen und sich moderner Technik bedienen, um Geschichte multimedial heraufzubeschwören.

Via di Anchiano, www.museoleonardiano.it, tgl. März–Okt. 10–19, Nov.–Feb. 10–17 Uhr, 11 € (Kombiticket, gilt auch für das Museo Leonardiano im Ortskern und die Ausstellung »Leonardo, una mostra impossibile«)

Eine ›unmögliche‹ Ausstellung

Moderne Technik war auch bei der Ausstellung **»Leonardo, una mostra impossibile«** nötig, die seit 2015 in dem Landgut **Villa del Ferrale,** nur wenig talwärts, zu sehen ist. Die Gemeinde Vinci kooperierte mit dem Kulturministerium und dem staatlichen Fernsehen RAI, um hochaufgelöste, digitale Repliken von 17 Leonardo-Gemälden herzustellen. Die wurden in einer einzigen Räumlichkeit zusammengehängt – wie es normalerweise nicht möglich wäre. So spart man Reisekosten nach Paris, Washington oder Krakau, wo einige der Originale zu finden sind. Und man hat endlich mal keine Menschenmassen vor der Mona Lisa! Tatsächlich wirken die Bilder im 1:1-Maßstab ziemlich echt. 2020 soll die Ausstellung umziehen, ein neuer Ausstellungsort wird noch gesucht.

Via di Anchiano, www.villadelferrale.it, tgl. März–Okt. 10.30–19.30, Nov.–Feb. 10.30–17.30 Uhr, 11 € (Kombiticket, s. Casa Natale)

Skizzenbücher in 3-D

Im Zentrum von Vinci stoßen Sie auf das Herz der Leonardo-Verehrung. Das **Museo Leonardiano** entstand nach einer Schenkung. Die Firma IBM hatte der Gemeinde in den 1950er-Jahren einige Maschinenmodelle nach Zeichnungen Leonardos überlassen. Mit deren Ausstellung war ein Museumsprinzip geboren. Viele weitere Modelle wurden angefertigt: Schleuse, Brücke, Panzer, Flugmaschine, Fahrrad, Auto. Was für eine Fantasie hatte dieser Mann! Anhand der dreidimensionalen Objekte können Sie die Gedanken des Erfinders Leonardo nachvollziehen. Der Rundgang beginnt in der **Palazzina Uzielli** und setzt sich in der ehemaligen Adelsburg der Grafen Guidi, dem **Castello dei Conti Guidi,** auf zwei Etagen fort. Der Burgturm bietet eine tolle Aussicht.

Dass der Geist Leonardos nach wie vor relevant ist, zeigt sich auf der **Piazza dei Conti Guidi.** Ein guter Gleichgewichtssinn ist hier nützlich, bei all den Schrägen und Kanten, die den Boden beleben. Der Künstler Mimmo Paladino gestaltete den Platz 2006, er hatte dabei die Leonardo-Zeichnung eines Zwölfkantwürfels vor Augen. Es scheint, als sei die geometrische Figur aufgeschnitten und neu ausgebreitet worden. Mosaikhafte Symbole verweisen auf die geistige und physische Kreativität des Menschen.

Museo Leonardino: Palazzina Uzielli, Via Uziella 15 / Piazza dei Conti Guidi, www.museoleonardiano.it, tgl. März–Okt. 9.30–19, Nov.–Feb. 9.30–18 Uhr, 11 € (Kombiticket, s. Casa Natale)

Infos

- **Ufficio turistico di Vinci:** Via Montalbano 1, T 0571 93 32 85, Apr.–Okt. tgl. 10–18, Nov.–März Mo–Fr 10–15, Sa/So 11–16 Uhr.
- **Internet:** www.vinciturismo.com.

Carmignano F5

Quer durch den Montalbano

Die Überquerung des Montalbano von Vinci nach Carmignano (oder umgekehrt) ist eine Augenweide. Nach dem Örtchen Vitolini geht es an Oliven und Waldstücken vorbei die Passstraße hoch, die am Ausflugslokal Il Pinone den Berg (421 m) überquert. Auf der Abfahrt nach Carmignano ist bei guter Sicht schon die Domkuppel von Florenz zu sehen.

Eigener Wein

Carmignano ist das Zentrum eines eigenen kleinen Weinbaugebiets, und zwar schon seit 1716. Damals erließ Herzog Cosimo III de' Medici ein Gesetz, das erstmals die Grenzen der toskanischen Weingebiete festlegte. Das Gebiet von Carmignano, in der Nähe der Jagdreviere der Medici, ist darin ausdrücklich vom Chianti-Gebiet ausgenommen. Heute produziert man Rotweine nach den Regeln des **Consorzio dei Vini Carmignano.** Sie zeichnen sich durch die Verwendung der Cabernet-Traube aus, die vermutlich im 16. Jh. von Caterina de' Medici aus Frankreich eingeführt wurde.

Von der Leinwand ins Video

Im Zentrum des Ortes lohnt sich ein Blick hinter die fünf Arkadenbögen der Kirche **Santi Michele e Francesco.** Im Inneren hängt ein Meisterwerk der Florentiner Malerei an seinem originalen Platz: »La Visitazione« von Jacopo da Pontormo (»Die Begegnung Marias mit Elisabeth«, ca. 1530). Das Bild strahlt mit seinen hellen, leuchtenden Farben in Blau, Rosa, Grün und Orange eine magische Kraft aus. Diese hat einst den Videokünstler Bill Viola zu seinem berühmten Werk »The Greeting« inspiriert.

Schräg gegenüber der Kirche beginnt ein Fußweg zur **Rocca** (gelb ausgeschildert), der Burg von Carmignano. Von dort haben Sie einen schönen Überblick, z. B. sehen Sie schon, Richtung Florenz, den Jagdsitz der Medici auf der letzten Kuppe des Montalbano weiß leuchten: die Villa von Artimino.

Artimino F/G5

Altes in alten Mauern

Hier ist soziale Distanz sehr deutlich ausgedrückt: auf der einen Seite des Hügels das Bauerndorf mit seinen gedrungenen Mauern in einer ehemaligen Burganlage, auf der anderen Seite, am Ende einer schnurgeraden Steineichenallee die Medici-Villa. Immerhin liegen beide auf derselben Höhe! Dass die Bausubstanz insgesamt sehr gepflegt aussieht, hat damit zu tun, dass die Hälfte des Dorfes zu Ferienapartments der Tenuta di Artimino ausgebaut wurde. Es gibt sogar ein kleines Etruskermuseum: Das **Museo Archeologico di Artimino** stellt die Funde einer nahe gelegenen Nekropole aus.

Piazza San Carlo 3, www.parcoarcheologicocarmignano.it, März–Okt. Mo/Di, Do/Fr 9.30–13.30, Sa/So, Fei 9.30–13.30, 15–18, Nov.–Feb. Sa/So, Fei 9.30–13.30, 14–16 Uhr, 4 €

TOUR
Vom Kurchic ins Bergdorf

Montecatini Terme und seine Funicolare

Das Quellwasser von Montecatini Terme wurde bereits 1918 von Marie Curie analysiert. Die aus Polen stammende Nobelpreisträgerin war aber mehr an der Radioaktivität als an den mineralischen Qualitäten der verschiedenen Quellen interessiert.

Der Ruhm von **Montecatini Terme** liegt am Boden. Kleine runde Messingplaketten sind in regelmäßigem Abstand in die Bürgersteige des Viale Verdi eingelassen, auf jeder ein Name und ein Datum: »Eros Ramazzotti 1989« oder »Tina Turner 2004«. Der eigenwillige Walk of Fame der Kurstadt am Südrand der Apenninen dokumentiert ihre prominentesten Besucher.

Einer der ersten war Giuseppe Verdi, nach dem die schnurgerade Flaniermeile benannt ist. Um sie herum ist ab 1850 das moderne Montecatini Terme gewachsen, das dank seiner vielen Heilquellen und seiner Vergnügungskultur im 20. Jh. zum Magneten für die High Society wurde. Seinen besonderen Reiz bezieht das Städtchen aus seiner Zweiteilung: unten in **Montecatini Terme** Schickeria, oben in **Montecatini Alto** Altstädtchen mit Dorfpiazza. Dazwischen der grüne Berg und die knallroten Waggons der ältesten Standseilbahn der Toskana. Die Fahrt ist eine Attraktion!

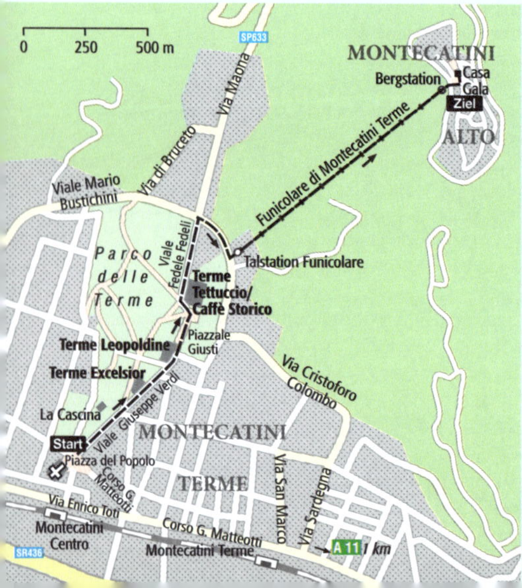

Der **Viale Verdi** beginnt an der zentralen **Piazza del Popolo.** Anfangs geht es an Modegeschäften vorbei. Kurz hinter dem lässig-schicken Restaurant **La Cascina** (www.lacascinamontecatini.it), in dem toskanische Küche, japanische Sushi und American Bar aufeinandertreffen, öffnet sich links der **Parco delle Terme,** der Kurpark. Am Eck steht das elegante **Kasino der Terme Excelsior** aus den 1910er-Jahren, das heute für

Infos

2 Std.

Start:
Piazza del Popolo, Montecatini Terme, E4

Terme Tettuccio:
Piazza Domenico Giusti, www.termemontecatini.it, Mai–Sept. Mo–Sa 9–20 Uhr, 6 €

Infos:
Ufficio Informazioni Turistiche, Viale Verdi 66, Montecatini Terme, T 0572 77 22 44, www.montecatini.turismo.toscana.it

Funicolare:
Viale Armando Diaz 22, Montecatini Terme, www.funicolare-montecatini.it, Ende März–Ende Okt. tgl. 9.30–13, 14.30–24 Uhr, 7 €

Konzerte genutzt wird – und dahinter der hässliche Anbau aus den 1960er-Jahren. Die folgende **Terme Leopoldine** ist seit Jahren eine Baustelle und Zeugnis der Krise des Kurtourismus. Am oberen Abschluss des Viale Verdi setzt die **Terme Tettuccio** (s. Abb.) noch einen Glanzpunkt. Die prächtigste Kuranlage des Ortes ist im Jugendstil dekoriert. Durch den weiten Hof mit der Trinkhalle und dem Musikpavillon führt der Weg rechts hinten in das eindrucksvolle **Caffè Storico Tettuccio** mit seinen etwas quietschigen Deckenbildern.

An der Umgehungsstraße hinter der Tettuccio-Therme liegt die **Talstation der Funicolare.** Die Standseilbahn fährt seit 1898. Die Zwillingswaggons heißen Gigio und Gigia und ziehen sich gegenseitig. Ihre Sitzbänke bieten 24 Passagieren Platz, dazu gibt es Stehplätze auf dem Vorder- und Hinterdeck. Der Sound ist ›vintage‹: das Schrillen der Startglocke, ein holperndes Rollgeräusch, das Knarzen der Holzkarosserie. Die Steigung nimmt nach oben zu, kurz vor Ankunft sind es 38 %. Das Panorama nach dem Ausstieg in **Montecatini Alto** ist grandios. Erhaben und ruhig liegt das alte Burgdorf da – bis man auf die **Piazza** kommt: Hier machen sich so viele Lokale breit, dass sie bei schönem Wetter den ganzen Platz einnehmen. Gleich am Anfang liegt rechts die **Casa Gala** (Via Talenti 2, T 0572 76 61 30, www.casagala.it, tgl. 12–24 Uhr), in der abends oft Jazzmusiker auftreten. Die muntere Dorffest-Atmosphäre ist das Kontrastprogramm zum mondänen Leben im Tal.

Für fürstliche Vergnügungen

Am anderen Ende der Prachtallee unterhält die **Tenuta di Artimino** das Hotel **Paggeria Medicea** (s. u.) in den Wirtschaftsgebäuden der **Villa Medicea di Artimino** (1600). Diese ist selbst nicht zu besichtigen, sie dient als Tagungsstätte und Kongresszentrum, verwaltet von der Tenuta di Artimino. Die Villa hat noch zwei andere Namen: Villa der 100 Kamine oder La Ferdinanda, nach ihrem Bauherrn Ferdinando I de' Medici. Die vielen Kamine mussten her, damit der Herzog es auch in der kühleren Jagdsaison überall schön warm hatte. Sein alter Hofarchitekt Bernardo Buontalenti hat den Prachtbau in nur vier Jahren hochziehen lassen.

Wenn Sie des Herzogs Ausritt zur Jagd nachempfinden möchten, lassen Sie sich ruhig auf einen Spaziergang ein, z. B. die **Via Querceto** hinunter, die auf halbem Weg von der Allee abzweigt.

Schlafen, Essen

Bei den Pagen des Herzogs

Paggeria Medicea: Das Dienstgebäude der Villa Ferdinanda verströmt heute, wo hier die Bewohner nicht mehr arbeiten, eine angenehme Atmosphäre. Manche der hinter den Arkadengängen gelegenen Zimmer sind zwar nicht allzu geräumig. Aber die gepflegten Gemeinschaftsräume – Bar, Frühstücksgarten und Swimmingpool mit Blick ins Grüne – sind fast schon herzoglich.

Viale Papa Giovanni XXIII 1, www.artimino.com, DZ/ÜF 130–200 €

Weinbar oder Dorftreff

Im Zentrum des Dorfes stößt man unweigerlich auf die **Bottega Peruzzi** (Via Cinque Martiri 21, T 0558 71 83 22, www.bottegaperuzzi.it, April–Okt. tgl. 10.30–24 Uhr, sonst variabel, Pasta um 10 €, Hauptgänge um 20 €), eine nette Weinbar mit ausgezeichneter Küche. Am Dorfrand liegt der etwas verschnarchte, aber sehr authentische Dorftreff **Circolo Ricreativo MCL** (Via Cinque Martiri 70, T 0558 71 82 21) mit toller Terrasse und kalten Platten im Angebot.

Pistoia

F4

Von Vegetation gerahmt

Alles, was eine toskanische Stadt ausmacht, Pistoia hat es. Es ist eine lebenswerte Stadt mit historischem Kern. Dennoch tut es sich schwer, neben Pisa, Florenz oder Siena wahrgenommen zu werden. Das liegt auch daran, dass ihm eine Superattraktion fehlt: kein schiefer Turm, keine Uffizien, kein Campo. Ein Primat hat Pistoia aber doch: Zig Baumschulen in der fruchtbaren Ebene rund um die Stadt bilden ein europäisches Zentrum der Pflanzenzucht. Reihenweise Palmen, Zypressen oder Pinien verbreiten ein südliches Flair vor der Kulisse der höchsten toskanischen Apenninenketten.

Piazza del Duomo und Marktviertel

Märkte, Konzerte, Diskussionen

Im Stadtzentrum ist dann leider kaum Platz für städtisches Grün. Die dicht gewachsene Bausubstanz lässt dies nicht zu. Und die Bombenlöcher des Zweiten Weltkriegs wurden auch wieder verbaut. Die zentrale, weite **Piazza del Duomo** 1 ist eine von der Geschichte geerbte Steinwüste, aber gleichzeitig auch der größte verfügbare Platz für öffentliche Veranstaltungen. Die umliegenden Gebäude sind ein architektonisches Archiv, das man lesen kann, wenn man den Dialekt der toskanischen Geschichte versteht.

Wenn am Mittwoch und Samstag die großen **Wochenmärkte** stattfinden, gibt es kaum noch ein Durchkommen, so dicht füllen die Stände für Kleidung, Stoffe oder Haushaltswaren das weite Viereck. Noch voller wird es gar im Juli beim **Pistoia Blues Festival,** wenn der Platz mit Sitzen und Tribünen gefüllt ist. 2019 feierte man 40-jähriges Jubiläum, u. a. mit Ben Harper, Ana Popovic und Noel Gallagher und seiner Band High Flying Birds. Internationale Stars in großartiger Atmosphäre. Seit 2010 existiert auch die dreitägige Gesprächsreihe **Dialoghi sull'Uomo,** gesponsert von der Sparkassenstiftung. Dafür wird u. a. ein großer Pavillon auf den Platz gestellt, in dem internationale Kulturschaffende die Lage des Menschen in der Gegenwart analysieren. Das Leitthema der zehnten Ausgabe hatte einen eher sperrigen Titel: »Der Beruf des Zusammen-Lebens: Lebensläufe, Geschichten und Schicksale verflechten«. Gerade weil Pistoia keine Universität hat, sind dies wichtige Zeichen kultureller Lebendigkeit.

Jeder Bau ein Kapitel für sich

Mit einem Rundumblick auf der Piazza del Duomo haben Sie wesentliche Epochen der Stadtentwicklung erfasst. In der Nordostecke ragt die **Torre di Catilina** ❷ auf, der letzte erkennbare Geschlechterturm Pistoias. Er stammt aus dem beginnenden Spätmittelalter, als die Adelsgeschlechter die Städte mit ihren Familientürmen verbauten. Doch die Adligen waren schon bald die Verlierer der Geschichte.

Sieger war die bürgerliche Stadtgesellschaft. Sie baute im 14. Jh. die beiden Palazzi, die sich im Osten und Westen gegenüberliegen. Der **Palazzo del Comune** ❸ im Osten ist das alte Rathaus, das noch nach sieben Jahrhunderten treu seine Dienste leistet. Der 1367 gebaute **Palazzo Pretorio** ❹ im Westen war der mittelalterliche Gerichtspalast. Und auch er ist noch in Betrieb! In seinem imposanten, teilweise ausgemalten Innenhof ist eine steinerne Richterbank erhalten, wo früher öffentlich Recht gesprochen wurde. Diese prächtigen Verfassungsgebäude sind allerdings nicht für eine freie Stadtrepublik Pistoia entstanden. Die gab es auch mal, aber vor 1267, danach herrschte die Republik Florenz.

SCHOKOLADE IN HANDARBEIT

S

Der Landstrich vom Arnotal bis nach Pistoia bzw. Prato ist seit einigen Jahren als **Chocolate Valley** bekannt. Auffällig ist die Dichte an kleinen Manufakturen, die das Genussmittel handwerklich fertigen und in Topqualität verkaufen. Meist haben sie einen direkten Draht zu kleinen Plantagen, produzieren also fair.
Am bekanntesten sind **Amedei** in Pontedera (kein Direktverkauf, www.amedei.com) und **Andrea Slitti** in Monsummano (Laden: Via Francesca Vergine dei Pini 1268, www.slitti.it). Andere sind z. B. **Cioccolato & Company** bei Montecatini (Laden: Corso Roma 10, Montecatini, www.cioccolatoecompany.it) und **Roberto Catinari** in Agliana (Laden: Via Provinciale 378, www.robertocatinari.it).

Die Macht alter Knochen

Der **Duomo di San Zeno** ❺ beherrscht standesgemäß den Domplatz. Sein Baukörper aus dem 12. Jh. wurde nach und nach verschönert, ebenso der gleichaltrige **Glockenturm.** Sie erhielten im 14. Jh. eine Vorhalle bzw. eine Aufstockung in sehr elegantem Stil. Nur die herausragenden Stockwerke des Turms wurden besonders verziert – den Rest sah man ja von Weitem nicht.

Innen ist der Dom relativ einfach, ein offener Dachstuhl zeigt die origina-

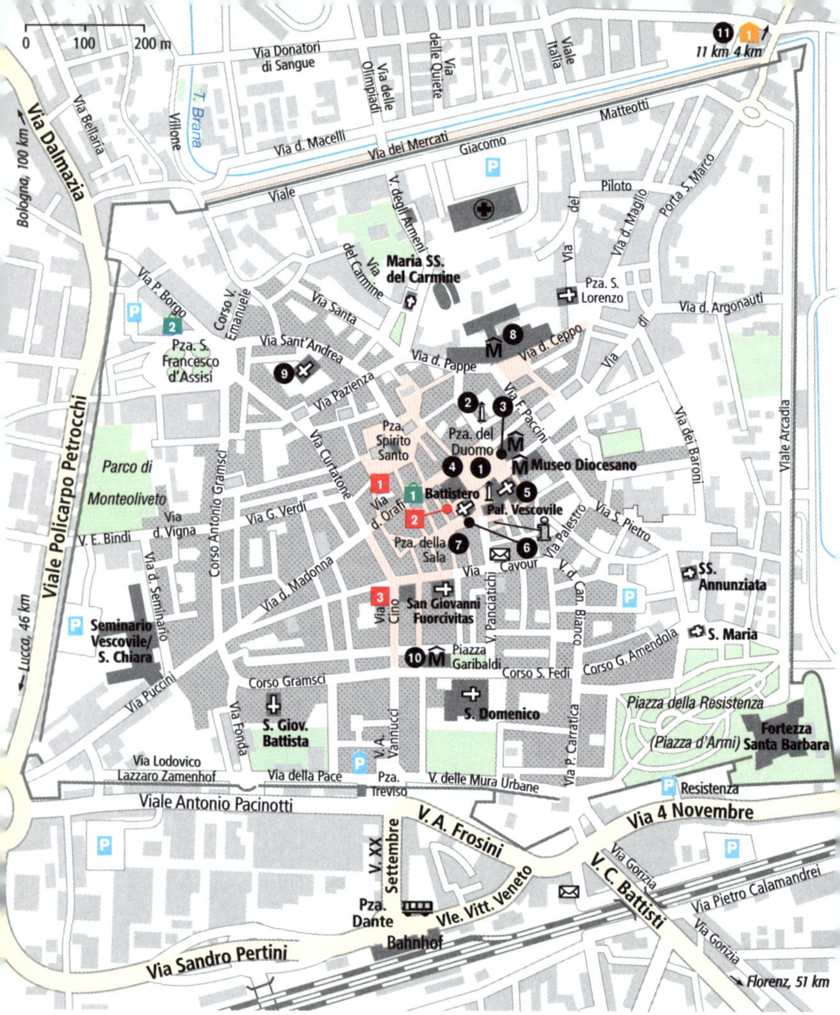

len Balken des 12. Jh. Sie waren noch nicht lange verlegt, als 1145 Bischof Atto ein besonderes Geschenk bekam: eine Reliquie des Apostels Jakobus aus Santiago de Compostela. Was so ein Knöchelchen ausmacht: Die Jakobspilger, die damals durch halb Europa bis zum Atlantik zogen, hatten plötzlich eine Alternative, Pistoia wurde Pilgerziel. Zahlreiche Silberschmiede wurden beauftragt, einen Reliquienaltar komplett zu verkleiden. Zwischen 1287 und 1456 entstand so der prächtige **Silberaltar des hl. Jakobus** mit biblischen Szenen und Heiligenstatuetten, der sich ursprünglich in der im 18. Jh. abgerissenen Cappella di San Jacopo befand. Heute steht er in der **Cappella del Crocifisso** (Kruzifixkapelle), manchmal auch als Cappella di San Jacopo bezeich-

Pistoia

Ansehen

- ❶ Piazza del Duomo
- ❷ Torre di Catilina
- ❸ Palazzo del Comune
- ❹ Palazzo Pretorio
- ❺ Duomo di San Zeno
- ❻ Via di Stracceria
- ❼ Piazza della Sala
- ❽ Ospedale del Ceppo
- ❾ Sant'Andrea
- ❿ Museo Marino Marini
- ⓫ Collezione Gori Fattoria di Celle

Schlafen

- 1 Antico Convento Park Hotel et Bellevue

Essen

- 1 Trattoria dell'Abbondanza
- 2 La BotteGaia
- 3 Gran Cafè du Globe

Einkaufen

- 1 Via degli Orafi
- 2 Bruno Corsini

---

net. Einige der 628 Altarfiguren (oben links) schuf Filippo Brunelleschi, der später die Florentiner Domkuppel bauen sollte.

Dom: tgl. 8–12.30, 16–19 Uhr, Eintritt frei; **Kapelle:** Mo–Sa 10–12.30, 15–17.30, So 8–11.30, 16–17.30 Uhr, 3,62 €, Kasse im Baptisterium gegenüber

Bunte Winkel

Hinter dem Baptisterium *(battistero)*, das gegenüber dem Dom den Platz abschließt, beginnt das malerische Marktviertel. In der **Via di Stracceria** ❻ sind uralte Ladeneingänge aus dem Mittelalter erhalten, die heute noch genutzt werden. Das Zentrum des Marktviertels ist die **Piazza della Sala** ❼. Auf dem ständigen **Obst- und Gemüsemarkt** in der Mitte des Platzes kaufen die Bewohner des Zentrums gerne ein, wenn sie nicht weit fahren wollen. Viele **Lokale** am Platz und in den Seitengassen laden zur Erholungspause ein, abends kommt die Jugend zum *aperitivo*.

Nördliche Altstadt

Spuren des Pilgertums

Erst 2013 haben die 90 000 Einwohner von Pistoia ein neues, modernes Krankenhaus am südlichen Stadtrand bekommen. Davor wurde man in das – modernisierte – schon 1277 gegründete Hospiz an der Piazza Papa Giovanni XXIII eingeliefert. Das **Ospedale del Ceppo** ❽ (Piazza Papa Giovanni XXIII) war im Mittelalter auch erste Anlaufstelle vieler Reisender und Pilger, die über die Apenninen kamen. Sie mussten nämlich erst einmal in Quarantäne, um die Bevölkerung vor der Einschleppung von Krankheiten zu schützen. Ein Terrakottafries in strahlend bunter Glasierung schmückt die Vorhalle aus der Renaissance. Er wurde ab 1525 von Santi Buglioni aus Florenz gestaltet und zeigt die sieben Werke der Barmherzigkeit.

Ein weitere Erinnerung an die Pilgerzeit ist die hübsche Fassade der Kirche **Sant'Andrea** ❾ (Via Sant'Andrea, tgl. 8.30–18.30 Uhr, außer So während der Messen), an der viele Reisende vorbeikamen. Deren Schutzpatrone zieren den Steinbalken über dem Eingang: die hl. drei Könige. Die einfache, lineare Darstellung mit den gedrungenen Figuren stammt aus dem 12. Jh. Im Inneren sehen Sie, welche Fortschritte die Bildhauerei in den folgenden ca. 150 Jahren machte. Giovanni Pisano hat um 1300 die Marmorkanzel geschaffen, deren Reliefbilder fast modern expressiv die Jesusgeschichte erzählen.

Museen

Unbekanntes Juwel

⑩ **Museo Marino Marini:** Er ist Pistoias Weltkünstler, kannte Wassily Kandinsky und Pablo Picasso und wurde von ihnen geprägt: Marino Marini hat seiner Heimatstadt mit seinem Nachlass 1980 einen wahren Schatz hinterlassen. Im ehemaligen Antoniuskloster ist heute zu sehen, was auch im MoMA eine gute Figur abgäbe. Neben den bekannteren Reiterskulpturen begeistern ausdrucksstarke Grafiken und farbenfrohe Gemälde. Es empfiehlt sich, vormittags zu kommen, wenn die großen Skulpturen in der Kirche (Chiesa del Tau) zugänglich sind.

Corso Silvano Fedi 30, www.fondazionemarinomarini.it, **Museum:** Di–Sa 10–18, So 14.30–19.30, **Kirche:** Mo–Sa 8.30–13.30 Uhr, 3,50 € (Museum und Kirche)

Zeitgenössisches von Weltrang

⑪ **Collezione Gori Fattoria di Celle:** Zeitgenössische Kunst von Weltrang hat der ehemalige Textilhändler Giuliano Gori aus Prato schon immer gerne gesammelt. 1970 zog er mit seiner Frau Pina in das Landgut Fattoria di Celle, ca. 8 km östlich von Pistoia, an der alten Landstraße nach Prato. Um seiner Leidenschaft in großem Maßstab zu frönen, ließ er ab 1982 den 20 ha großen **Park** mit Kunstobjekten anreichern, die speziell für das Areal entworfen wurden. Künstler wie Richard Long, Robert Morris, Daniel Buren oder Sol Lewitt kamen selbst vorbei, um sich der Realisierung ihrer Werke zu widmen. Es sind teilweise riesige Installationen, die sich in Dialog mit dem herrlichen Naturpark setzen. Der Rundgang in dem ausgedehnten Gelände ist nur mit einer geführten Tour möglich (auf Englisch oder Italienisch) und dauert 2–3 Std. Man sollte Ausdauer und gutes Schuhwerk mitbringen.

Via Montalese 7, Santomato, www.goricoll.it, **Führungen:** Mai–Juni, Sept. Mo–Sa 9.30, 14.30, Juli/Aug. (Aug. zeitweise geschlossen) 9.30 Uhr, Eintritt frei, aber nur n. V. per E-Mail: info@goricoll.it

Schlafen

Klösterliche Stille

1 **Antico Convento Park Hotel et Bellevue:** Stimmungsvolles Wohnen in einem früheren Kloster, Garten mit Traumblick auf die Stadt, großes Schwimmbad, völlige Ruhe. Die Zimmer – ehemalige Klosterzellen – sind relativ klein.

Via San Quirico 33, Pontenuovo, 5 km östlich von Pistoia-Zentrum, T 0573 45 26 51, www.hotelconvento.it, DZ/ÜF 90–180 € (auf Sonderangebote im Internet achten!)

Essen

Versteckte Überfülle

1 **Trattoria dell'Abbondanza:** In einer Seitengasse finden Sie dieses Lokal. Der Einrichtungsmix aus rustikalem Mobiliar und modernem Design schlägt sich auch in den Gerichten nieder: Traditionelle Zutaten werden raffiniert präsentiert, z. B. beim *farrotto* (wie Risotto, nur mit Dinkel) mit frischen Erbsen und geschmolzenem Ziegenkäse.

Via dell'Abbondanza 10/14, T 0573 36 80 37, www.trattoriadellabbondanza.it, Do–Di 12–14.30, 19–22.30 Uhr, *primi piatti* 10–12 €

Zum Wohlfühlen

2 **La BotteGaia:** Das charmante Lokal in einem Straßeneck des Marktviertels ist Weinstube und Restaurant, mit überdachten Tischen im Freien. Die Speisekarte wechselt häufig, der Koch richtet sich nach dem saisonalen Angebot und kann aus dem Fundus des angegliederten Lebensmittelgeschäfts um die Ecke schöpfen.

Via del Lastrone 17, T 0573 36 56 02, www.labottegaia.it, Di–So 12–15, 19–23 Uhr, Menü um 25 €

Lieblingsort

Spektakulär und historisch

Fast 100 Jahre alt ist die spektakuläre, 227 m lange Hängebrücke, die in den grünen Bergen der Provinz Pistoia den Fluss Lima überspannt. Viele Jahre war sie sogar die längste Hängebrücke der Welt. Heute ist die Stahlkonstruktion des **Ponte Sospeso di San Marcello Pistoiese** vor allem ein schönes, wenig bekanntes Ausflugsziel und ihre Überquerung ein Mini-Abenteuer (für Schwindelfreie). Gebaut wurde sie allerdings zu einem ganz anderen Zweck. In den 1920er-Jahren befand sich auf der einen Seite des Flusses das Stahlwerk von Campo Tizzoro, auf der anderen Seite das Dorf Popiglio, aus dem viele Stahlarbeiter kamen. Um ihnen ihren langen Arbeitsweg von 6 km zu verkürzen, entwarf und beauftragte Vincenzo Douglas Scotti, Ingenieur und Direktor der Stahlwerke, sein Meisterwerk. 1923 war die Brücke fertig, und bis heute sind die Bewohner der Region stolz auf das außergewöhnliche technische Denkmal. Immer wieder wird es umfassend restauriert und gewartet, sodass Sie sich ohne Gefahr auf schwankenden Grund begeben können (von Pistoia auf der SS 66 in San Marcello Pistoiese, 📍 E3) der Beschilderung »Ponte Sospeso« folgen).

Süße und salzige Kleinigkeiten

3 **Gran Cafè du Globe:** Das schöne Ambiente des historischen Cafés lebt dank der Florentiner Konditoreigruppe Saida weiter, die das Lokal im Jahr 2014 übernahm und renovierte. Drinnen wie draußen auf dem Platz können Gäste herzhafte Gerichte genießen – Pasta, Pizza, Salate und Hauptgerichte – oder leckere süße Teilchen verputzen.

Piazza Gavinana 5, T 0573 336 55, www.facebook.com/cafeduglobepistoia, www.pasticceriasaida.it/pistoia, Mo–Fr 7–20, Sa 7–24, So 7.30–20 Uhr

Einkaufen

Im Zentrum Pistoias ist die **Via degli Orafi** 1 die wichtigste Geschäftsstraße.

Markt

Wochenmarkt: Mi, Sa auf der **Piazza del Duomo** 1 und in den benachbarten Straßen.

Schokoladengenüsse

2 **Bruno Corsini:** Seit 1918 wird im Zentrum von Pistoia Kakao gerührt. Damit war Bruno Corsini im Chocolate Valley der Toskana ein Pionier. Seine Nachkommen pflegen die Tradition weiter und erfinden immer wieder Neues. Klassiker sind die leckeren *confetti* in vielen Geschmacksvarianten.

Piazza S. Francesco d'Assisi 42, www.brunocorsini.com, Mo–Fr 9–13, 16–19.30, Sa 9–13 Uhr

Infos

- **Info Point Pistoia:** Piazza del Duomo 4, T 0573 216 22, tgl. 9–13, 15–18 Uhr.
- **Internet:** www.pistoiaturismo.it.
- **Pistoia Blues Festival:** http://pistoiablues.com, Ende Juni–Ende Juli, Piazza del Duomo; s. auch S. 81.

Prato

G4

China in Italien

Nanu, werden Sie in Prato vielleicht denken, schon ein halbes Dutzend Chinesen, die nicht aussehen wie Touristen. Tatsächlich sind es keine. Sie gehören zur größten ausländischen Ethnie der Stadt. Prato war im 20. Jh. das wichtigste Industriezentrum der Toskana, insbesondere wegen der Textilbranche. Die lockte in den 1960er-Jahren erst viele Süditaliener an und nach dem Ende des Kalten Krieges viele Chinesen. Manche haben gleich eigene Betriebe gegründet. Heute leben ca. 23 000 Chinesen in Prato, das sind 12 % der Bevölkerung.

Parken an der großen Wiese

Durch die ausufernde Peripherie mit ihren Gewerbegebieten müssen Sie sich durchmogeln, um an den Altstadtrand zu kommen. Ganze Stadtviertel sind während des italienischen Wirtschaftswunders unreguliert gewuchert. Ein guter Ausgangspunkt, um ins Zentrum zu gelangen, ist die riesige **Piazza Mercatale.** Eine Hälfte dient heute als Parkplatz, doch im Mittelalter war hier der *prato,* die große Wiese, die am Ufer des Bisenzio als Marktgelände diente. Händler, die das Flusstal aus den Apenninen herunterkamen, fanden hier gleich eine Absatzmöglichkeit ihrer Waren.

Schön schon immer

Die verkehrsberuhigte Via Garibaldi führt zur Piazza del Duomo. Die wurde erst nach 1653 so genannt, als die Hauptkirche der Stadt zur Bischofskirche aufgewertet worden war.

Der **Dom Santo Stefano** aus dem 13.–15. Jh. fällt durch sein Streifenmuster auf. Das war in Pisa und Lucca schon beliebt, wirkt durch die Verwendung des grünen Serpentinit-Gesteins aus dem nahen Apennin hier aber besonders bunt. Die elegante **Außenkanzel** an der vorderen Ecke ist ein Meisterwerk der Renaissancekünstler Donatello und Michelozzo aus Florenz (15. Jh.). Die bildhauerischen Reliefs stammen von Donatello, der seine Engelchen so fröhlich tanzen lässt, dass sie fast aus dem Bild zu fallen scheinen. Die Kanzel dient der Präsentation einer Reliquie, des *Sacro Cingolo.* Dabei handelt es sich um den Gürtel, den Maria dem Apostel Thomas aus dem Himmel gereicht haben soll.

Im **Inneren des Doms** ist dem hl. Gürtel die linke vordere Kapelle gewidmet. Das größere Schmuckstück sind aber die schönen **Fresken der Hauptchorkapelle** des Renaissancemalers Filippo Lippi. Sie schildern das Leben des hl. Johannes des Täufers und des hl. Stephanus in eleganten Formen und perfekter Raumillusion. Besonders gerühmt: die Figur der tanzenden Salome.

Dom-Innenbesichtigung Mo, Mi–Sa 10–13, 14–17, So 14–17 Uhr, 5 €, Kartenkauf am Glockenturm

Bummel durchs Zentrum

Auf der **Piazza del Comune** begegnen Sie dem **Standbild von Francesco Datini.** Er ist ein großes Vorbild moderner Mäzene. Der Kaufmann und Bankier blieb kinderlos und vermachte die Hälfte seines angehäuften Vermögens einer Wohltätigkeitsstiftung. Die hat dann übrigens die Fresken im Dom bezahlt.

Hinter Datini ragt der mittelalterliche Gerichtspalast **Palazzo Pretorio** auf. In der anschließenden Via Ricasoli liegt die historische Bäckerei **Antonio Mattei** (Di–Fr 8–19.30, Sa 8–13, 15.30–19.30, So 8–13 Uhr). Hier entstand im 19. Jh. das Rezept für die berühmten Cantuccini-Kekse, wie Zwieback doppelt gebackene Mandelplätzchen, die heute gerne in den toskanischen Süßwein Vinsanto getunkt werden. In den Auslagen sehen Sie, dass die Originalkekse viel größer waren als die heutzutage verkauften.

KLEIDER MACHEN STÄDTE

K

Die Textilherstellung hat in Prato eine lange Geschichte, aber seine aktuelle Bedeutung in dieser Branche geht auf die letzten Jahrzehnte des 19. Jh. zurück. Als eine der wenigen Städte Italiens kannte Prato schon bald nach der nationalen Einheit 1861 eine Gründerzeit, ähnlich der in Deutschland ab 1870. Überall rauchten die Schornsteine, man bezeichnete Prato als das Manchester Italiens. Im 20. Jh. wurde technisch aufgerüstet, um Schritt zu halten. Der Reichtum der Textilbranche förderte stets die Kultur, wie auch an jüngsten Beispielen zu sehen ist.

Kaiser, Künstler, Kulinarik

Um die Ecke erscheint das imposante **Castello dell'Imperatore** des Stauferkaisers Friedrich II. Es wirkt wie ein Findling inmitten der modernen Straßen und Plätze, die den Wassergraben vergessen machen. Als der Kaiser 1250 starb, war der in Mittelitalien einzigartige Bau noch nicht fertig. Er wurde über die Jahrhunderte stark zugebaut, bis man in den 1930er-Jahren mehr wegräumte, als historisch vertretbar war. Es blieben praktisch nur die Außenmauern mit den acht Türmen. An Freilichtkonzerte und Sommerkino dachte man damals noch nicht, der Faschismus brauchte Räume für seine Inszenierungen. Als im März 1944 die Textilarbeiter in den Streik traten, wurden sie hier eingesperrt. Im September darauf rächten sich die Partisanen und erschossen die hier zusammengetriebenen Faschisten. Auch der **Wehrgang** ist heute begehbar.

Neben der Burg rahmt die Wallfahrtskirche **Santa Maria delle Carceri** den gleichnamigen Platz (1495). Der

TOUR
Landpartie auf den Spuren der Medici

Drei ihrer schönsten Villen zwischen Prato und Florenz

Informationen zu diesen und weiteren Villen und Gärten der Medici auf www.villegiardinimedicei.it. Der Eintritt in die Villen bzw. den Garten auf unserer Tour ist frei.

Hier hat also Herzog Cosimo mit seiner Braut Eleonora getanzt: im widerhallenden Prunksaal der **Villa Ambra** in **Poggio a Caiano.** Die Villa ist einer von insgesamt ca. 30 Medici-Landsitzen, die über die Toskana verstreut sind. Sie dienten der Muße, aber auch der Kontrolle des Territoriums und der Landwirtschaft. Motorisiert schafft man gleich drei der schönsten Villen an einem Tag: Von Poggio a Caiano sind es nur 18 km nach **Castello,** das schon zu Florenz gehört. Dort liegen die **Villa di Castello** und die **Villa La Petraia** fast nebeneinander. Eine Rundtour ab Prato oder Florenz ist nicht länger als etwa 50 km.

Am Fuß des Monte Albano thront auf einem vorgelagerten Hügel die **Villa Ambra.** Sie ist die erste Medici-Villa, die den alten Burgcharakter verloren hat – ein Hinweis auf die Festigung der Medici-Macht zur Bauzeit ab 1485. Giuliano da Sangallo entwarf für den ersten Bauherrn, Lorenzo den Prächtigen, eine innovative Architektur: Sie

Villa La Petraia

öffnet sich durch vorgelagerte **Arkaden,** die eine **Aussichtsterrasse** tragen. Die **Dekorationen** stammen aus verschiedenen Epochen, mal von Päpsten, mal von Herzögen, mal vom italienischen König, der im 19. Jh. auch hier wohnte. Im Erdgeschoss ist der barocke **Theatersaal** am kuriosesten. Er entstand für Herzogin Marguerite Louise d'Orléans. Die Dame vom französischen Hof wurde von ihrem Medici-Gatten vernachlässigt. Mit dem Miniaturtheater hoffte sie sich aufzuheitern. Das Herzstück des ersten Stocks ist der tonnengewölbte **Renaissance-Prunksaal.** Erbaut für den Medici-Papst Leo X., war er 1539 Schauplatz der Hochzeit Cosimos I de' Medici mit Eleonora von Toledo.

Quer durch die Ebene von Prato erreichen wir **Castello**, das an die Gemeinde Sesto Fiorentino grenzt. Die **Villa di Castello** (heute Sitz der Accademia della Crusca, der ältesten Gesellschaft für die italienische Sprache) selbst ist nicht zu besichtigen, aber ihre Besonderheit: der **Renaissancegarten** (Zugang rechts neben der Villa). Darin verwirklichte Cosimo I ab 1538 seine Vorstellung von Macht und Fülle des Lebens. **Orangen und Zitronen** stellen Reichtum dar, die **Brunnenfigur des Herkules** die Übermacht über die Gegner, hier Antäus, der fast zerquetscht wird. Aus drei **Grotten** im hinteren Teil schaut dem erstaunten Betrachter ein steinerner Zoo entgegen. Es sind die ersten künstlichen Gartengrotten der Renaissance (2019 zur Renovierung eingerüstet).

Nur einen knappen Kilometer östlich liegt die **Villa La Petraia** in herrlicher Position über dem Renaissancegarten, der malerische **Turm** stammt aus einem älteren befestigten Palazzo. Den **Arkadenhof** schmücken barocke Fresken von Baldassare Franceschini: eine üppige Feier der Medici-Geschichte, gemalt für deren Spross Don Lorenzo. Die kostbaren **Raumausstattungen** stammen hauptsächlich von der italienischen Königsfamilie, der die Villa im 19. Jh. zufiel. Vor allem La bella Rosina, die zweite Frau von Vittorio Emanuele II, fühlte sich hier wohl. Auch sie wandelte schon durch den Wald hinter der Villa, unter uralten Zypressen.

Infos

1 Tag

Start:
Poggio a Caiano, G 5

Villa Ambra:
Piazza dei Medici 14, Poggio a Caiano, Garten ab 8.15, Villa stdl. Nov.–Feb. 8.30–15.30, März 8.30–16.30, April/Mai, Sept./Okt. 8.30–17.30, Juni–Aug. 8.30–18.30 Uhr, nicht 2., 3. Mo/Monat

Giardino della Villa di Castello:
Via di Castello 44, Florenz, T 055 45 26 91, unregelmäßig geöffnet

Villa La Petraia:
Via della Petraia 40, Florenz, Führungen stdl. März, Okt. 8.30–17.30, April–Sept. 8.30–18.30, Nov.–Feb. 8.30–16.30 Uhr

Architekt Giuliano da Sangallo baute sie als Behausung für ein wundertätiges Marienbild. Dabei spielte er auf gelungene Weise mit den Proportionen der Architekturtheorie der Renaissance. Diese können Sie gegenüber im stylishen Weinbistro **Il Decanter** entspannt auf sich wirken lassen.

Castello: April–Sept. Mi–Mo 10–13, 16–20, Okt.–März Mi–Mo 10–16 Uhr, T 0574 382 07, Eintritt frei; **Il Decanter:** www.decanteristorante.it, tgl. 11–2 Uhr

Museen

Stoff zum Anfassen

Museo del Tessuto: Eine ausgediente Textilfabrik bildet seit 2003 den passenden Rahmen für das städtische Textilmuseum. Auch ein alter Schornstein steht noch als Industriedenkmal. Schön präsentiert wird die Stoffproduktion in Prato vom Mittelalter bis ins 20. Jh. Der technische Aspekt steht im Vordergrund, aber auch der Tastsinn wird angesprochen: Viele Materialien dürfen Sie berühren.

Via Puccetti 3, www.museodeltessuto.it, Di–Do 10–15, Fr/Sa 10–19, So 15–19 Uhr, 8 €

Kunst unserer Zeit

Centro d'Arte Contemporanea Luigi Pecci: Ein Museum als Hommage an den früh verstorbenen Sohn – dieser Plan bewegte den Textilfabrikanten Enrico Pecci in den 1980er-Jahren zur Gründung dieses Kunstzentrums. Es hat sich zum bedeutendsten Museum für zeitgenössische Kunst in der Toskana gemausert. In spektakulärer Architektur werden immer neue, spannende Ausstellungen zu zeitrelevanten Themen entworfen. Mal schöpft man aus der eigenen Sammlung, mal lädt man internationale Künstler ein. Nach der jüngsten Renovierung konnte man 2018 die Ausstellungsfläche verdoppeln.

Viale della Repubblica 277, www.centropecci.it, Di–Do, So 10–20, Fr/Sa 10–23 Uhr, 10 €

Schlafen

Dem Kaiser gegenüber

Buonanotte Barbarossa: Gegenüber dem Stauferkastell verbirgt sich hinter der hohen Mauer des B & B erst einmal – der Garten! Hier wird bei schönem Wetter das Frühstück serviert. Schlafen können Sie in vier gepflegten Doppelzimmern.

Piazza S. Maria delle Carceri 1, T 335 453 00 82, www.buonanottebarbarossa.it, DZ/ÜF 100–120 €

Essen

Unter Einheimischen

I Francescaioli: In dem sympathischen Lokal neben der Franziskanerkirche wird gekocht wie im italienischen Haushalt – Nudeln in Tomatensoße und Rouladen vom Hühnchen. Dazu findet sich auf der Getränkekarte eine große Auswahl an Bieren. Wenn Sie hier mittags essen möchten, sollten Sie früh kommen, bevor die Honoratioren der Stadt einfallen.

Piazza San Francesco 8, T 0574 60 74 99, www.ifrancescaioli.it, tgl. 12–15, 19–24 Uhr, Pasta um 7 €, Hauptgänge um 10 €

Essen und trinken bis spät

I Frari delle Logge: Frühstück, kleine Speisen (10–15 Uhr, um 8 €), Mittagessen oder Absacker, die Frari sind auf dem Posten – in bester Lage, engagiert, originell. Zu später Stunde kommt gern die Jugend.

Piazza del Comune 16, www.ifraridellelogge.com, tgl. 8–2 Uhr

Infos

- **Internet:** www.pratoturismo.it.
- **Ufficio Informazioni Turistiche:** Piazza Buonamici 7, T 0574 241 12, Mo–Fr 9–13, 15–18, Sa 10–13, 15–18, So, Fei 10–13 Uhr.

Zugabe

Giftmord im Trüffelparadies

Das jährliche Leid der Trüffelhunde

Hoffen wir mal, dass dieser Trüffelhund die glückliche Nase seines Artgenossen Parigi hat – und nicht ermordet wird.

Parigi wird als Held gefeiert. 1954 fand er den größten jemals gehobenen weißen Winterträffel in den Wäldern bei San Miniato – Rekordgewicht: 2,52 kg. Dafür wurde ihm 2012 in dem kleinen Hügelstädtchen im Zentrum der berühmten Trüffelregion ein schmiedeeisernes Denkmal gesetzt. Das Besondere daran: Parigi war ein Trüffelhund.

Normalerweise kommen Trüffelhunde nicht zu solchen Ehren. Aber sie sind unverzichtbare Spürnasen, die schon als Welpen auf die Trüffelsuche abgerichtet werden und für ihre Herrchen eine langjährige Investition bedeuten. Auch mit dem Abrichten und Verkaufen von Hunden lässt sich gutes Geld verdienen, bis zu 15 000 € pro Tier. Das Trüffelgeschäft ist extrem lukrativ. Und wer keinen Hund hat, hat keine Pilze.

Deshalb droht den Tieren Jahr für Jahr ein grausiges Schicksal. Wer seinen Konkurrenten aus dem Feld schlagen will, beraubt ihn am besten seines Helfers, durch Vergiften. Genaue Zahlen sind nicht zu haben, aber die aus der Lokalpresse bekannten Daten sind erschreckend: In der Saison 2009 gab es 20 Todesfälle in den Hügeln von San Miniato. 2014 wurden in drei Monaten 15 Vergiftungen bekannt, ein Drittel der Hunde starb. In trüffelarmen Jahren nehmen die Fälle zu.

Und wer keinen Hund hat, hat keine Pilze.

Die Methode ist denkbar einfach: Vergiftete Fleischköder werden an Ausstiegsstellen am Straßenrand platziert oder an trüffelreichen Stellen im Wald. Zum Einsatz kommen Ratten- und Mäusegifte wie Strychnin und Zinkphosphid, oder das Insektizid Endosulfan – Substanzen, die teilweise auch in der Landwirtschaft genutzt werden und leicht im Handel zu bekommen sind. Auf Internetportalen warnen sich die Trüffelsucher mit Karten der gefundenen Köder.

Parigi blieb so ein schlimmes Ende erspart. Nach seinem Tod vergab sein Herrchen Arturo Gallerini den Namen Parigi an einige seiner Nachfolger– die Bestätigung für eine einmalige Trüffelhundkarriere. ■

Florenz und Umgebung

Lebensgenuss in allen Facetten — haben die Medici früher vorgelebt, nun suchen ihn Millionen von Besucherinnen und Besuchern in der einstigen Hauptstadt der Künste und Wissenschaften.

Seite 95

Florenz

Florentia, ›die Blühende‹, hieß die Arnostadt im Altertum. Ihr Wappen ist seit dem Mittelalter eine Schwertlilie. Mäzene wie die Medici-Familie und große Künstler brachten sie zur Kulturblüte. Die setzt sich bis heute fort.

Seite 100

Die geheimen Wege von Großherzog Cosimo I

Unbemerkt von der Öffentlichkeit konnte Cosimo durch den Corridoio Vasariano vom Palazzo Vecchio in den Giardino di Boboli und zum Forte di Belvedere gelangen.

Berühmeste Silhouette von Florenz: Michelangelos »David«

Eintauchen

Seite 102

Cattedrale Santa Maria del Fiore

Die viertgrößte Kirche der Welt lässt ihre Kuppel als Wahrzeichen über der Stadt schweben.

Seite 107

Santa Croce

Michelangelo, Galilei, Macchiavelli & Co. fanden bei den Franziskanern ihre letzte Ruhe.

Seite 108

Oltrarno

Weniger touristisch stellt sich das Arno-Südufer dar. Hier erleben Sie Florenz authentischer, handwerklicher, grüner und kulturell kreativ.

Seite 110

Galleria degli Uffizi

Italiens meistbesuchtes Museum, zu Recht: Die Entwicklung der Malerei vom Mittelalter zum Barock wird wunderbar anschaulich.

Seite 117

Fiesole

Auf dem Hügel hockt der kleine nördliche Nachbar von Florenz. Die Etrusker siedelten hier als Erste, die antike Stadt ist noch erkennbar.

Seite 118

Bauernland und Villenglück

Der Enge und den Besuchermassen entfliehen, auf typisch italienischem Untersatz: Mit der Vespa düsen Sie befreit durch das grüne Florentiner Hinterland, vorbei an kleinen Landkirchen nach Settignano und zur Villa Gamberaia.

&

Seite 121

Parco Mediceo di Pratolino

Am Anfang der Apenninen, wo früher die Großherzöge im Park flanierten, fällt heute am Wochenende das Stadtvolk ein. Herrschaftliches Relikt ist die riesige Parkskulptur eines Mannes, der das Gebirge verkörpert.

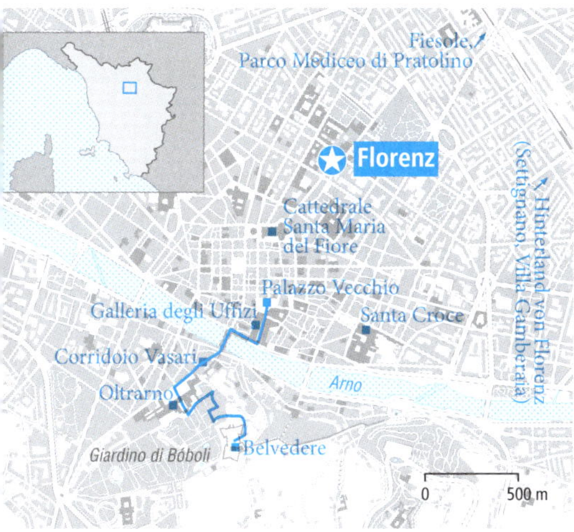

Leitwährung für Jahrhunderte: Goldflorin mit Schwertlilie

Mobike-Räder haben Florenz längst erobert, dafür verzichtet man auf E-Scooter. Die smarte Mobilität sorgt aber für optisches Unbehagen. Was hätte wohl Leonardo dazu gesagt?

erleben

Fülle oder Überfülle?

I

Ist ein Toskana-Urlaub ohne Florenz überhaupt denkbar? Schon. Aber vermutlich beschleicht Sie dann das Gefühl, etwas verpasst zu haben. Die pulsierende Hauptstadt der Toskana boomt. Und sie strotzt nur so vor Geschichte. Gegründet wurde die Stadt am Arno von Julius Cäsar, beschrieben von Dante und Boccaccio, verschönert von Künstlern wie Brunelleschi und Michelangelo. Ab 1530 diente sie den Herzögen von Florenz (später Großherzögen der Toskana) über 300 Jahre lang als Residenzstadt.

Das goldene Zeitalter der Renaissance ist in Bauten und Kunstwerken überall spürbar. Mehr Kunst auf wenigen Quadratkilometern geht eigentlich nicht. Doch sind die historischen Mauern alles andere als museal. In den vergangen Jahren haben eine junge kreative Szene und eine fortschrittliche Politik das Stadtleben aufgemischt.

Dem Overtourism entfliehen

Überall eröffnen neue Geschäfte, Bars, Galerien. Und auch alte Institutionen wie der Mercato Centrale oder die Uffizien sind ins 21. Jh. aufgebrochen. Spannender war die 370 000-Einwohner-Stadt lange nicht mehr. Aber auch kaum überlaufener. Deshalb ist es angenehm, sich ab und zu ins schöne Umland zurückzuziehen. Schon auf dem nächsten Hügel liegt Fiesole, die ältere der beiden Städte, die dann aber abgehängt wurde und heute eine ruhige Kugel schiebt. Weiter die Apenninen hinauf gelangt man in grüne Berglandschaften und in die Oase des Pratolino-Parks. Südlich der Stadt beginnt sofort die in den Chianti übergehende Hügellandschaft. Hier hatten die Kartäuser ein Kloster als Zuflucht der Stille.

ORIENTIERUNG

Internet: www.firenzeturismo.it
Aeroporto Amerigo Vespucci: Flüge von und nach Frankfurt, München, Düsseldorf und Stuttgart. Stadtanschluss mit Trambahn T2.
Hauptbahnhof Santa Maria Novella: Züge in alle größeren Städte der Toskana, nach Bologna und Rom.
Park & Ride/Trambahn: Parcheggio Tramvia Villa Costanza (Ausfahrt A1), Parcheggio Tramvia Guidoni (Nähe Flughafen), mit Umstieg auf Trambahn T1 bzw. T2. Diese fährt in 20 Min. zum Hauptbahnhof Santa Maria Novella.

Florenz

G/H5

Kulturstadt

Nach 2000, unter Silvio Berlusconi, sagte dessen Wirtschaftsminister Giulio Tremonti einmal: »Con la cultura non si mangia«: »Kultur ernährt die Leute nicht.« Ein Aufschrei folgte. Für die Stadt Florenz klangen die Worte wie blanker Hohn! Denn Florenz ist Kulturstadt. Seine Museen und Archive sind gigantische Schätze, andere kulturelle Institutionen haben Bedeutung für ganz Italien: die Nationalbibliothek oder die Accademia della Crusca, die 1612 das erste italienische Wörterbuch herausgab.

Der Satz von Tremonti war aber auch Motivation, zu zeigen, dass man sich nicht auf den Lorbeeren der Vergangenheit ausruht. Tatsächlich ist inzwischen einiges geschehen. So wird seit 2013 das renovierte Forte di Belvedere, der schönste Blick über die Stadt, für Ausstellungen zeitgenössischer Kunst genutzt. Das neue Opernhaus am westlichen Stadtrand konnte 2014 eingeweiht werden. Und 2017 hat der Theater- und Filmregisseur Franco Zeffirelli im ehemaligen Gerichtspalast Schulungsräume und einen Musiksaal seiner Stiftung untergebracht. Drei Beispiele gegen das Image als verstaubtes Archiv der Kunstgeschichte.

Rückeroberung

Lebendige Kultur heißt auch Stadtentwicklung, was in Florenz oft schwierig ist. Wo man aber punkten kann: bei der Rückeroberung von Räumen für die Bewohner. Das alte Stadtgefängnis Le Murate wurde in Sozialwohnungen, Läden und Ateliers verwandelt. Die architektonische Umsetzung ist mustergültig.

Auch eine Option: per Fahrradrikscha zu den Sehenswürdigkeiten von Florenz, hier vor Dom und Baptisterium

Florenz

Ansehen

1 Ponte Vecchio
2 David-Skulptur
3 Reiterstatue Cosimo I
4 Loggia dei Lanzi
5 Palazzo Vecchio
6 Piazza dei Cimatori
7 Piazza dei Tre Re
8 Cattedrale Santa Maria del Fiore
9 Campanile
10 Battistero (Baptisterium)
11 Piazza della Repubblica
12 Orsanmichele
13 Palazzo Strozzi
14 San Lorenzo
15 Cappelle Medicee
16 Santa Croce
17 Piazza dei Ciompi
18 Sinagoga di Firenze
19 Galleria Cartavetra
20 Basilica di Santo Spirito
21 Santa Maria del Carmine / Cappella Brancacci
22 Giardino Bardini
23 Forte di Belvedere
24 Giardino delle Rose
25 Piazzale Michelangelo
26 San Miniato al Monte
27 Galleria degli Uffizi (Uffizien)
28 Museo dell'Opera del Duomo
29 Palazzo Pitti und Giardino di Boboli
30 Galleria dell'Accademia
31 Santa Maria Novella
32 Palazzo Medici-Riccardi

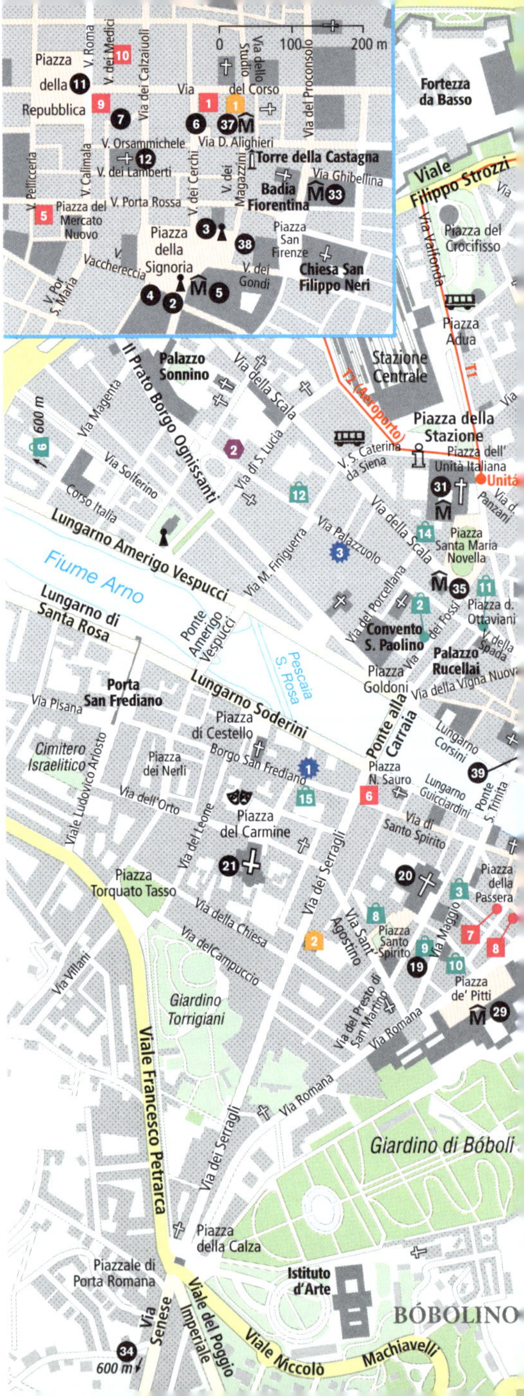

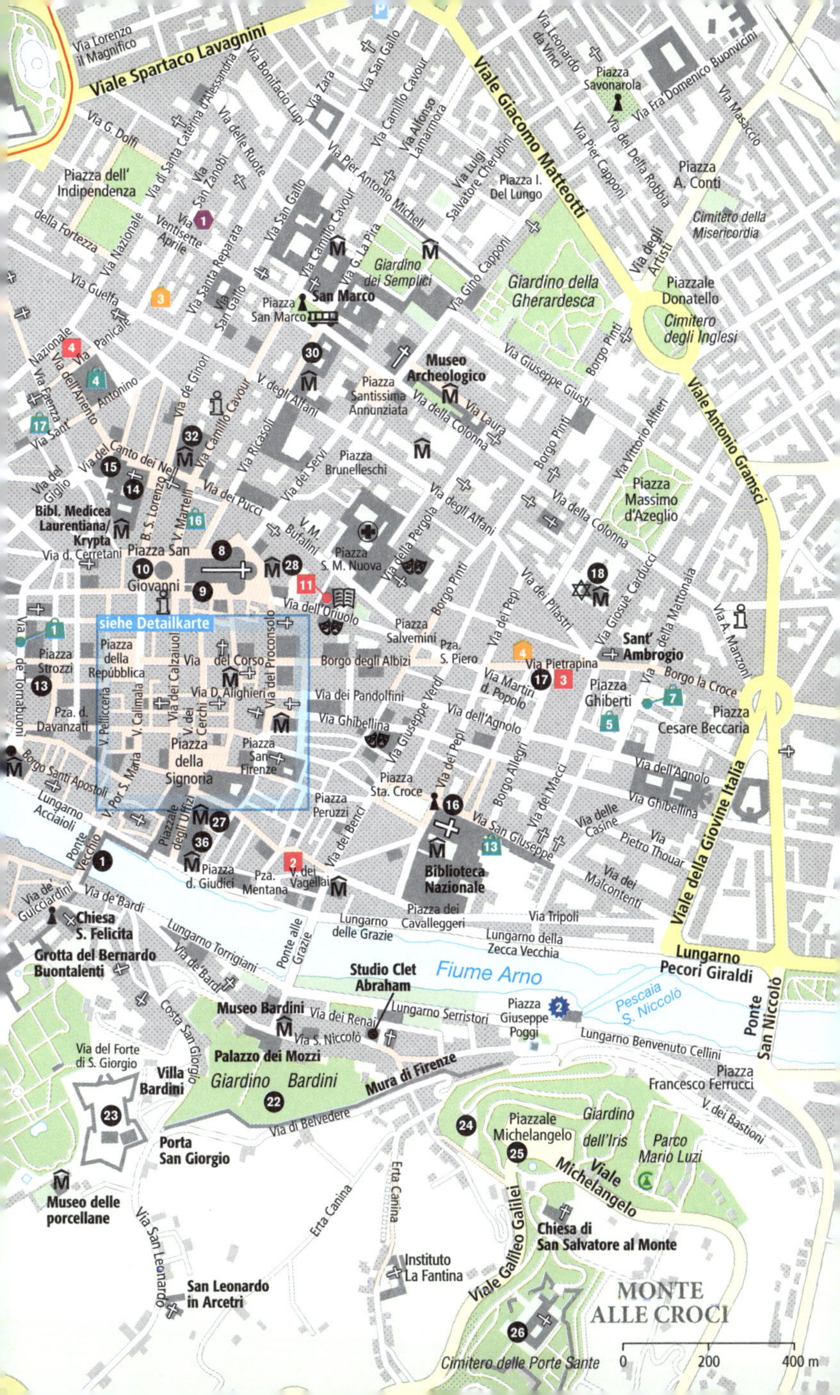

Via Lorenzo il Magnifico
Viale Spartaco Lavagnini
Via G. Dolfi
Via di Santa Caterina d'Alessandria
Via Bonifacio Lupi
Via delle Ruote
Via Zara
Via San Gallo
Via Camillo Cavour
Via Alfonso Lamarmora
Viale Giacomo Matteotti
Via Leonardo da Vinci
Piazza Savonarola
Via Fra Domenico Buonvicini
Via Masaccio
Piazza dell' Indipendenza
Via San Zanobi
Via Ventisette Aprile
Via della Fortezza
Via Nazionale
Via Santa Reparata
Via Pier Antonio Micheli
Via Luigi Salvatore Cherubini
Piazza I. Del Lungo
Via Pier Capponi
Via dei Della Robbia
Piazza A. Conti
Cimitero della Misericordia
Via degli Artisti
Via G. La Pira
Giardino dei Semplici
Via Gino Capponi
Giardino della Gherardesca
Piazzale Donatello
Cimitero degli Inglesi
Via Guelfa
Piazza San Marco
San Marco
Via Panicale
Via dell'Ariento
Via Faenza
Via Sant' Antonino
Via de Ginori
V. degli Alfani
Piazza Santissima Annunziata
Museo Archeologico
Via della Colonna
Via Laura
Via Giuseppe Giusti
Borgo Pinti
Viale Antonio Gramsci
Via Vittorio Alfieri
Via del Canto dei Nelli
Via del Giglio
Via Ricasoli
Via dei Servi
Piazza Brunelleschi
Piazza Massimo d'Azeglio
Bibl. Medicea Laurentiana/ Krypta
B. S. Lorenzo
V. Martelli
Via dei Pucci
V. M. Bufalini
Piazza S. M. Nuova
Via della Pergola
Via degli Alfani
Via della Colonna
Via d. Cerretani
Piazza San Giovanni
Via dell'Oriuolo
Piazza Salvemini
Via dei Pepi
Via dei Pilastri
Via Giosuè Carducci
Via della Mattonaia
Via A. Manzoni
siehe Detailkarte
Via de' Tornabuoni
Piazza Strozzi
Piazza della Repùbblica
Via dei Calzaiuoli
Via del Corso
Via del Proconsolo
Borgo degli Albizi
Pza. S. Piero
Via Pietrapiana
Sant' Ambrogio
Borgo la Croce
Via D. Alighieri
Via dei Pandolfini
Via Martiri d. Popolo
Piazza Ghiberti
Piazza Cesare Beccaria
Pza. d. Davanzati
V. Pellicceria
V. Calimala
V. dei Cerchi
Via Ghibellina
Via Giuseppe Verdi
Via dell'Agnolo
Borgo Allegri
Via dei Macci
Via dell'Agnolo
Via Ghibellina
Piazza della Signoria
Piazza San Firenze
Borgo Santi Apostoli
V. Por S. Maria
Piazza Sta. Croce
Via delle Casine
Via Pietro Thouar
Viale della Giovine Italia
Lungarno Acciaioli
Piazzale degli Uffizi
Piazza Peruzzi
Via dei Benci
Via San Giuseppe
Ponte Vecchio
Piazza d. Giudici
Pza. Mentana
V. dei Vagellai
Biblioteca Nazionale
Via dei Malcontenti
Via de' Guicciardini
Via de' Bardi
Chiesa S. Felicita
Lungarno delle Grazie
Piazza dei Cavalleggeri
Via Tripoli
Lungarno della Zecca Vecchia
Lungarno Torrigiani
Ponte alle Grazie
Grotta del Bernardo Buontalenti
Via de' Bardi
Studio Clet Abraham
Fiume Arno
Lungarno Pecori Giraldi
Pescaia S. Niccolò
Ponte San Niccolò
Costa San Giorgio
Museo Bardini
Via dei Renai
Lungarno Serristori
Piazza Giuseppe Poggi
Via S. Niccolò
Lungarno Benvenuto Cellini
Via del Forte di S. Giorgio
Palazzo dei Mozzi
Villa Bardini
Giardino Bardini
Mura di Firenze
Piazza Francesco Ferrucci
V. dei Bastioni
Via di Belvedere
Piazzale Michelangelo
Giardino dell'Iris
Parco Mario Luzi
Viale Michelangelo
Porta San Giorgio
Erta Canina
Museo delle porcellane
Via San Leonardo
Chiesa di San Salvatore al Monte
Viale Galileo Galilei
Istituto La Fantina
San Leonardo in Arcetri
MONTE ALLE CROCI
Cimitero delle Porte Sante
0
200
400 m

Florenz Fortsetzung von Seite 96

Ansehen
33 Museo Nazionale del Bargello
34 Villa Romana
35 Museo del Novecento
36 Museo Galileo
37 Museo Casa di Dante
38 Gucci Garden Galleria
39 Museo Salvatore Ferragamo

Schlafen
1 Hotel Albergo Firenze
2 Foresteria Valdese
3 Soggiorno Pezzati
4 Locanda de' Ciompi

Essen
1 Trattoria dall'Oste
2 Libreria Brac
3 Salsamenteria de' Ciompi
4 La divina Enoteca
5 Seabar Italian Poké
6 Il Santo Bevitore
7 Trattoria 4 Leoni
8 Ditta Artigianale
9 ToscaNino
10 View on Art
11 Caffeteria delle Oblate

Einkaufen
1 Via de' Tornabuoni
2 Via de' Fossi
3 Via Maggio
4 Mercato Centrale
5 Mercato di Sant'Ambrogio
6 Mercato delle Cascine
7 Mercantino delle Pulci
8 Fiera di Oltrarno / La fierucola
9 Société Anonyme Deux
10 Gioielli di Camilla
11 Francesco Lionetti
12 Il Bussetto
13 Scuola del Cuoio
14 Officina Profumo-Farmaceutica di Santa Maria Novella
15 Twisted Jazz Shop
16 Eataly
17 Cantuccio di San Lorenzo

Bewegen
1 Florence by Bike
2 New Tuscany Scooter Rental

Ausgehen
1 La Cité Libreriacafé
2 Chioschino di San Niccolò
3 Space Club

Aktuell sind die Arnoufer Ziel eines ehrgeizigen Plans: Der in Florenz geborene Stararchitekt Richard Rogers möchte einen 9 km langen Flusspark mit zwei Fußgängerbrücken anlegen. Er könnte beim Bürgermeister auf offene Ohren stoßen.

Ponte Vecchio

Sie steht und steht …

Der Arno war von der Antike bis in die Neuzeit eine wichtige Lebensader für Florenz: Waren und Baumaterial wurden auf ihm transportiert, Textil- und Lederindustrie profitierten von seinem Wasser. Er war aber nicht ohne Risiko, immer wieder gab es Überschwemmungen. 1333 wurde die zentrale Brücke von Florenz zerstört. Ihre Nachfolgerin ist so alt wie keine andere Brücke in der Stadt, und deshalb heißt sie auch so: **Ponte Vecchio** ❶. Ihre Standhaftigkeit verdankt die berühmte Ladenbrücke ihrer kühnen, steinernen Konstruktion auf nur zwei zugespitzten Pfeilern im Flussbett.

Die Läden nutzen seit über 400 Jahren die Juweliere, so wollte es damals Großherzog Ferdinand I., um seine Residenzstadt aufzuhübschen. Metzger und Gerber wurden dafür umgesiedelt. Die wenigsten der heutigen Besucher kaufen wirklich etwas. Sie erfreuen sich am pittoresken Aussehen des Bauwerks. Das wiederum entstand aus schnöden wirtschaftlichen Gründen. Die Stadt, die die Läden ursprünglich vermietete, verkaufte sie kurz vor 1500, um Geld in die Stadtkasse zu spülen. Und die neuen Ladenbesitzer? Bauten einfach an, ohne höhere Grundsteuern zahlen zu müssen!

… sogar dem Krieg zum Trotz

Warum der Ponte Vecchio im Zweiten Weltkrieg verschont blieb, ist bis heute unklar. Er galt wohl als zu wertvoll. Dafür sprengte die Wehrmacht bei ihrem Rückzug – neben allen anderen Brücken – viele Palazzi an den Brückenköpfen, die heute durch Nachkriegsbauten ersetzt sind. Am Brückenscheitel des Ponte Vecchio erinnert eine Gedenktafel an den damaligen deutschen Konsul Gerhard Wolf. Was hatte er mit der Brückenrettung zu tun? Die Dokumente schweigen darüber, nicht jedoch über seinen Einsatz für Florentiner Familien, gegen Deportationen, und für Kunstschätze, gegen deren Abtransport. Für all dies bekam er die Ehrenbürgerschaft von Florenz – und die Gedenktafel.

Der Rathausplatz: Piazza della Signoria

Geschichtenerzähler

Was machen wohl die monumentalen Statuen auf der Piazza della Signoria, wenn sie nachts allein sind? Unterhalten sie sich über die Gaffer des vergangenen Tages? Sprechende Figuren sind es auf jeden Fall, doch dazu brauchen sie Publikum, das nicht nur gafft und fotografiert, sondern aufmerksam beobachtet. Sie alle verkörpern bestimmte Momente der Stadtgeschichte. Den **David** ❷ links neben dem Rathauseingang (Original in der Galleria dell'Accademia, s. S. 111) schuf Michelangelo 1504, als die Medici gerade im Exil weilten. Die reichste Familie war vielen zu dominant geworden, eine Gefahr für die Ideale der Republik. Sprich: Sie waren die Goliaths ihrer Zeit. Doch sie kamen zurück, als Herzöge von Kaisers Gnaden: Mitten auf dem Platz sitzt der langjährige Herzog (ab 1569 Großherzog) **Cosimo I** ❸ stolz auf seinem Pferd, ein meisterlicher Bronzeguss des Hofkünstlers Giambologna (1595). Cosimo hatte zuvor schon von Benvenuto Cellini die glänzende Bronzestatue unter dem linken Bogen der **Loggia dei Lanzi** ❹ schaffen lassen: Perseus mit dem Haupt der Medusa. Dieses weibliche Ungeheuer versteinerte in den antiken Mythen die Menschen mit ihrem Blick. Ihr Bezwinger Perseus tritt als Held auf, aber auch dem Volke drohend: Die versteinernden Augen sind gefährlich zum Platz hingewendet!

Schutz, Prunk und Geheimnisse

Cosimos Drohung an die Florentiner war kalkuliert: Er war zuvor ins alte Rathaus umgezogen; der riesige, mehrmals erweiterte **Palazzo Vecchio** ❺ wurde sein Wohn- und Regierungssitz. Wie gut, dass schon die Republik ihre Institutionen burgartig geschützt hatte. Der Versammlungsraum des Stadtparlaments, der **Salone dei Cinquecento,** wurde in einen prunkvollen Thronsaal verwandelt. Viele weitere Räume dekorierte ein Team von Hofkünstlern unter der Leitung Giorgio Vasaris, eine einzige Feier der Medici-Dynastie! Eine Besonderheit: Die **Hofgarderobe** (2. Stock) ist mit erstaunlich genauen Weltkarten bemalt (ab 1563), die die Erkenntnisse der Seefahrt verarbeiten.

Heute sind die historischen Räumlichkeiten als Museum zu besichtigen – falls keine Veranstaltung im Salone dei Cinquecento stattfindet. Podiumsdiskussionen, Präsentationen oder Empfänge gibt es nämlich immer wieder. Auch Dan Brown war schon eingeladen, am Handlungsort seines Romans »Inferno«. Die **Geheimräume**, die er darin beschreibt, können Sie übrigens bei einer der geführten Spezialtouren *(percorsi segreti)* erleben, die der Palazzo Vecchio selbst anbietet.

TOUR
Die geheimen Wege von Großherzog Cosimo I

Vom Palazzo Vecchio zum Forte di Belvedere

Fast unbemerkt läuft er durch die Stadt. Mal biegt er um eine Turmecke, mal verschwindet er im Häusergewirr. Aber er ist da, einen guten Kilometer lang, aus Stein: der **Corridoio Vasariano.** 1565 baute der Hofkünstler Giorgio Vasari seinem Herzog Cosimo I in nur sechs Monaten diesen exklusiven Gang. Er ist Teil eines geschlossenen Wegesystems, durch das sich der absolutistische Herrscher von seinem Volk abschottete – wir aber folgen ihm.

Am Herzogssitz im alten Rathaus, dem **Palazzo Vecchio** ❺ (s. S. 99), geht es los: Hoch oben überbrückt der Vasari-Gang die **Via della Ninna** zu den **Uffizien** ㉗ (Galleria degli Uffizi, s. S. 110). Dieses schicke neue Verwaltungsgebäude war Vasaris Hauptwerk. Der zweite Stock war seinem Herzog vorbehalten: Der wandelte dort über den Köpfen seiner Beamten durch seine Kunstsammlung. Aus welchem Fenster guckte er wohl gerade? Von der triumphbogenartigen Schaufassade der Uffizien am Fluss folgen wir dem Gang weiter von außen. Wegen einer langjährigen Restaurierung ist er zzt. nicht zugänglich. Doch der aktuelle Direktor der Uffizien, Eike Schmidt, möchte ihn nach den Arbeiten für alle Uffizienbesucher begehbar machen. Am Arnoufer tragen **Arkaden** den Vasari-Gang erst über die Straße, dann am Fluss entlang. Auf dem **Ponte Vecchio** ❶ (s. S. 98) ist er brutal über die Läden gelegt. Über die **Via de' Bardi** hinweg verschwindet er kurz – um an

Der Vasari-Gang auf dem Ponte Vecchio

der **Piazza Santa Felicita** wieder aufzutauchen. Hier ist er in die Fassade der Kirche **Santa Felicita** integriert. Wenn wir diese betreten, erkennen wir den tieferen Grund: Auf einer Tribüne an der Innenfassade konnte Cosimo während der Messe verweilen!

Um zum Ende des Gangs zu gelangen, müssen wir ein anderes Bauwerk durchqueren: den **Palazzo Pitti** ㉙ (Eintritt; s. S. 110). Der Palast war von Cosimo schon 1549 als neuer Privatwohnsitz gekauft worden. Damals war das Anwesen noch wesentlich kleiner. Dann wurde in seine Erweiterung investiert. Der Vasari-Gang war die ideale Verbindung zum Regierungssitz. Hinter dem Palazzo Pitti lag der **Boboli-Hang,** ein Steinbruch. Dort förderte man den braunen Sandstein, aus dem das Rathaus und viele ältere Kirchen der Stadt gebaut waren. Noch die Erweiterungen des Palazzo Pitti wurden mit Material aus dem Steinbruch vorgenommen. Danach ließ Cosimo ihn stilllegen, um ihn in einen Park zu verwandeln. Und dort, in der untersten Ecke des **Giardino di Boboli** (Eintritt; s. S. 110), neben der später hinzugebauten **Grotta del Bernardo Buontalenti,** kommt der Vasari-Gang an.

Doch der Herzog war noch nicht am Ende seines Weges des *percorso del Principe,* wie er in Florenz genannt wird. Er stieg den Hang hinauf, an Arbeitern und Gärtnern vorbei. Hinter dem **Rokoko-Kaffeehaus** mit seiner grünen Kuppel, das Cosimo noch nicht kannte, führte sein Weg auf die Kuppe. Die **Villa** war zu Cosimos Lebzeiten noch eine Baustelle, das **Forte di Belvedere** ㉓ drum herum baute erst sein Sohn Ferdinand I. Doch dies war der Schlusspunkt der Konzeption Cosimos: das Auge über der Stadt und der Schutz vor dem schlimmsten aller Fälle, einer Revolte. (Heute führt ein Nebeneingang des Boboli-Gartens über die Via del Forte di S. Giorgio hinauf zum Forte di Belvedere.)

Infos

ca. 45–90 Min. je nach Abstechern

Start/Ziel: Palazzo Vecchio ❺, Piazza della Signorina / Forte di Belvedere ㉓

Corridoio Vasariano: Der Korridor wird innen seit 2017 renoviert. Anschließend soll er öffentlich zugänglich werden.

Forte di Belvedere ㉓: Juni–Sept. (variiert von Jahr zu Jahr) Di–So 11–20 Uhr, 3 €, Öffnung verbunden mit Ausstellung zeitgenössischer Kunst, Bistro-Bar (www.facebook.com/FortoDiBelvedere) in der Villa

www.musefirenze.it/musei/museo-di-palazzo-vecchio, April–Sept. Fr–Mi 9–23, Do 9–14, Okt.–März Fr–Mi 9–19, Do 9–14 Uhr, 12,50 €

Domviertel

Auf ein Gläschen mit Dante

Von der Piazza della Signoria zum Dom gibt es zwei Möglichkeiten: über die *direttissima* Via dei Calzaiuoli oder durch die Gassen östlich davon. Letzteres ist deutlich spannender.

Hier hat sich teilweise das römische Straßenraster mit den Quadraten erhalten, wie es Julius Cäsar für eine Veteranensiedlung hatte anlegen lassen. Doch wurden die Straßen über die Jahrhunderte immer enger und etwas krummer. Charakteristisch sind kleine, spezialisierte Geschäfte und Stehimbisse mit Weinausschank. Ganz besondere Panini gibt es auf der **Piazza dei Cimatori ❻**, dort steht eine *trippa*-Bude, das Florentiner Äquivalent zum Berliner Currywurst-Stand. *Trippa* sind Kutteln, eine Leibspeise echter Florentiner! Serviert werden sie im Brötchen, gekocht und mit Sud, Salz und Pfeffer.

In einem ähnlich bunten Treiben wie heute wurde vor über 750 Jahren Dante Alighieri geboren. Das nahe **Museo Casa di Dante ㊲** (s. S. 112) soll das Geburtshaus des Dichters sein, der mit seiner »Göttlichen Komödie« das Italienisch zur Literatursprache erhob. Gut möglich, dass der echte Dante in einer Straßentaverne um die Ecke seinen toskanischen Wein getrunken hat.

T

TICKET FÜR DEN DOMBEZIRK

Während Sie den Dom selbst kostenlos besichtigen dürfen, müssen Sie für den Besuch von **Domkuppel, Campanile, Baptisterium** und **Dombaumuseum** ein **Kombitickt** erwerben. Es kostet 18 € und ist 72 Std. ab erstem Eintritt gültig.

Das Wahrzeichen der Stadt

Aus dem Schatten der Gassen tretend, wirkt der Dom, die **Cattedrale Santa Maria del Fiore ❽**, übermächtig. Der viertgrößte Kirchenbau trägt die größte gemauerte Kuppel der Welt! Die Baustelle wurde 1296 von Arnolfo di Cambio eingerichtet, aber erst 140 Jahre später ließ der Architekt Filippo Brunelleschi den Schlussstein des Kuppelgewölbes setzen. Dazwischen lagen immer wieder Baupausen, die letzte vor 1420: Man wusste nicht, wie die gewaltige Leere über dem Altarraum zu überwölben sei. Der Unterbau stand schon bereit, doch es regnete hinein. Brunelleschi gewann den damals ausgeschriebenen Wettbewerb für den Bau der **Kuppel.** Eine spezielle Mauertechnik, eine Doppelschalenkonstruktion, die Steilwölbung und Steinbalkenketten als Zuganker: Mit Tüftelei, Hingabe und meisterlicher Organisation schaffte er die Herkulesaufgabe in nur 16 Jahren. Vieles musste er ganz alleine entwickeln, wie etwa einen von Ochsen betriebenen Lastenaufzug mit Zahnrädern und drei Gängen, zwei vorwärts und einer rückwärts.

Innen überrascht der Dom durch seine Leere. Die Bautechnik der Gotik erlaubte die weit gespannten Bögen und Gewölbe, die aber dem Blick nicht viel bieten. Zu den prächtigsten Elementen zählen der geometrisch gemusterte **Renaissancefußboden** und das riesige **Kuppelfresko** mit dem Weltgericht von Giorgio Vasari und Federico Zuccari (1572–79).

Piazza S. Giovanni, www.ilgrandemuseodelduomo.it, Mo–Sa 10–17, So, Fei 13.30–16 Uhr, Eintritt frei

Einblicke, Ausblicke, Rundblicke

Eine Ahnung, wie es Brunelleschis Bauarbeitern ergangen ist, bekommen Sie bei

Lieblingsort

Grünes Versteck im Kunstgewitter

Kletterpflanzen an Drähten, Ficus und Palmen in großen Schalen, Kräutertöpfe auf Tischen: Einer der ältesten Winkel von Florenz, die versteckte **Piazza dei Tre Re** ❼, hat sich in der von Touristen durchpflügten Steinwüste der Altstadt in eine grüne Oase verwandelt. Tische, Stühle, Bänke und ein Kiosk mit Restauration verleiten zum Rasten. Ach was! Sie bieten dem x-maligen Passanten zwischen Dom und Rathausplatz endlich, was er schon lange ersehnte, wie nach einer endlosen Staufahrt auf der Autobahn: ein gartenähnliches Ruheplätzchen mit frischen Getränken, viel zu eng zum Durchrauschen von Highlight A zu Highlight B. Möglich gemacht hat dies im Sommer 2019 der Florentiner Kulturverein Serre Torrigiani. An seinem angestammten Sitz in einem der größten Stadtgärten des Oltrarno bot er u. a. schon länger Kurse zur *orticultura urbana* an. Nun ist das städtische Gärtnern in praktischer Anwendung im Zentrum angelangt.

F

FLORENZ VON OBEN

Begnügen Sie sich nicht mit Fassaden! Florenz erschließt sich tiefer, wenn Sie in die Gebäude eindringen – und ihnen aufs Dach steigen. Neue Perspektiven bieten sich vom Dachcafé **ToscaNino** 9 des Rinascente-Kaufhauses (Piazza della Repubblica, www.toscanino.com, Mo–Sa 9–24, So 10.30–24 Uhr) oder von der Loungebar **View on Art** 10 (Via dei Medici 6, www.viewonart.it, tgl. 10–23 Uhr). Lässiges Studentenflair versprüht die **Caffeteria delle Oblate** 11 (Via dell'Oriuolo 24, www.facebook.com/caffetteria.delleoblate, Mo 14–19, Di–Fr 9–24, Sa 10–24 Uhr) in der Biblioteca Le Oblate ganz in Domkuppelnähe.

der Besteigung der Kuppel (463 Stufen). Das erste Treppenhaus liegt in einem der mächtigen Vierungspfeiler. Die folgende Galerie unterhalb des Gewölbes erlaubt Blicke in den Dominnenraum und führt zum zweiten Aufstieg, der zwischen den beiden Kuppelschalen verläuft. Dabei sind Elemente der Konstruktion erkennbar, wie die hochkant gestellten Ziegelsteine, die die Mauer stabilisieren. Am Fuß der Laterne schauen Sie über die gekrümmten Dachsegel ins Weite. Schwindelig? Übrigens ist während der gesamten Bauzeit nur ein einziger Todesfall dokumentiert.
Mo–Fr 8.30–19, Sa 8.30–17 Uhr, Reservierung obligatorisch, Kombiticket Dombezirk, s. Kasten S. 102

84,70 bunte Höhenmeter

Auch den **Campanile** 9, den Glockenturm, können Sie besteigen, er hat 414 Stufen. Der Maler Giotto, der einige Jahre die Leitung der Dombauhütte innehatte, entwarf ihn im frühen 14. Jh. Die unteren Geschosse sehen denn auch eher wie Gemälde aus: flächig und bunt. Darüber haben Giottos Nachfolger große Fenster eingebrochen. Trotzdem wirkt der Turm mit seiner rot-weiß-grünen Verkleidung sehr einheitlich. Während der schiefe Campanile in Pisa seine Glocken nur noch anschlägt, werden sie hier geschwungen, das klingt wunderschön!
Tgl. 8.30–19.20 Uhr, Kombiticket Dombezirk, s. Kasten S. 102

Himmlisches Gold

Eine sehenswertere Innenkuppel als der Dom hat das benachbarte **Battistero** 10 (11. Jh.), wenn auch wesentlich kleiner. So kann man aber die herrlichen Geschichten lesen, die als **Mosaik** ausgelegt sind (13./14. Jh.). Es ist das schönste der Toskana! Im golden glänzenden Steinchenhimmel fabulieren Bilder von der Schöpfung und von Josef aus dem Alten Testament, von Maria und Johannes dem Täufer aus dem Neuen Testament. Johannes ist der Taufpatron, der den hier zelebrierten Ritus gestiftet hatte, aber er ist auch der Stadtpatron von Florenz. Berühmt ist das Baptisterium auch für seine drei **Bronzetüren,** insbesondere die dem Dom zugewandte **Paradiespforte** mit Szenen aus dem Alten Testament. Lorenzo Ghiberti, einer der ersten Bildhauer der Renaissance, hat 27 Jahre daran gearbeitet. Am Baptisterium finden sich allerdings nur Kopien, die Originale bewahrt das **Museo dell'Opera del Duomo** 28 (s. S. 110) auf.
Mo–Sa 8.15–10.15, 11.15–19.30, So 8.15–13.30, 1. Sa/Monat 8.30–13.30 Uhr, Kombiticket Dombezirk, s. Kasten S. 102

Piazza della Repubblica und Modeviertel

Modern, mondän

Das Stadtviertel westlich der Via dei Calzaiuoli wirkt großzügig: keine engen

Gassen, sondern breite, gerade Straßen und stattliche, modernere Häuser. Was fast langweilig aussieht, entstand ab 1865, als die Stadt zur Residenz des italienischen Königs wurde. Der König blieb nur fünf Jahre, doch die Baumaßnahmen hielten an, Florenz wurde nach europäischem Standard modernisiert. Dabei hat man ausgerechnet das antike Quadratmuster der Römerstadt als Blaupause genommen.

Der Platz der schicken Florentiner

Wo in der Antike das römische Forum lag, schlägt heute das Herz des eleganten Florenz: auf der **Piazza della Repubblica** ⓫. Das historische Kinderkarussell und die Straßenmusiker gehören untrennbar dazu. Kaffee- und Kaufhäuser zogen schon Ende des 19. Jh. in die damals neuen Gebäude und sind bis heute geblieben, manche mit demselben Namen. Wie etwa das Jugendstilcafé **Gilli** (Via Roma 1r, www.caffegilli.com, tgl. 7.30–1 Uhr, Kaffees 4–7 €; Abb. S. 115) mit seinen Holzvertäfelungen, Marmortischen und seinem Stuck.

Leider haben alle Betreiber am Platz moderne, relativ stillose Veranden errichtet, die die Fassaden im Erdgeschoss verdecken. Die horrenden Mieten zwingen sie, den Umsatz zu steigern. Nicht alle schaffen es. Das **Caffè Le Giubbe Rosse,** einst ein beliebter Künstlertreff, hatte einen herrlich lässigen Charme. Zu lässig offenbar, denn 2019 musste es versteigert werden. Wer eine gute Unternehmensstruktur hat, hält sich, wie das exklusive Kaufhaus **La Rinascente** (Mo–Sa 9–21/22, So 10.30–20.30 Uhr). Und wer neu dazukommt, ist meist ein Global Player, wie der Apple Store oder das **Hard Rock Café** (Via dei Brunelleschi 1, www.hardrockcafe.com/location/florence, So–Do 12–24, Fr/Sa 12–1 Uhr) um die Ecke.

Zunftkirche

Orsanmichele ⓬ ist ein Zwitterbau: oben Kornspeicher (bis 1569), unten Kirche. Die Zünfte schmückten die Fassade mit ihren Schutzpatronen, die große Bildhauer der Frührenaissance schufen – Donatello etwa den hl. Georg für die Waffenschmiede. Innen ein Juwel: der Altar von Andrea Orcagna (14. Jh.).

Via dell'Arte della Lana, tgl. 10–17 Uhr, Eintritt frei

Große Palazzi und ›prezzi pazzi‹

Durch den großen Bogen der Piazza della Repubblica, der in Form und Inschrift an das antike Forum erinnert, führt die Via Strozzi ins Modeviertel. Prahlerisch ragt der **Palazzo Strozzi** ⓭ (Piazza Strozzi, www.palazzostrozzi.org, Fr–Mi 10–20, Do 10–23 Uhr, 12 €) auf, ein Monument des Geltungsdrangs: Sein Bauherr war der Bankier und Medici-Rivale Filippo Strozzi, der 1466 aus langjähriger Verbannung in seine Heimatstadt zurückkehren durfte. Die Schmach wurde mit einem Familienpalast kompensiert, der alle anderen, auch den der Medici, übertraf. Heute ist der Palazzo Strozzi Schauplatz ambitionierter Sonderausstellungen, oft spannender Präsentationen moderner oder zeitgenössischer Kunst.

Ein paar Meter weiter heißt es: Haute Couture und *prezzi pazzi* (›verrückte Preise‹)! Vor allem die **Via de' Tornabuoni** schwelgt in Mode-Eleganz, hier liegt eine berühmte Boutique, z. B. Gucci, neben der anderen. Schließlich ist Florenz nach Mailand die zweitwichtigste Modestadt Italiens. Krönender Abschluss der Modemeile ist am Arnoufer der neo-mittelalterliche **Palazzo Spini Feroni,** der heute Salvatore Ferragamo gehört – mit hauseigenem **Museo Salvatore Ferragamo** ㊴ (s. S. 112).

Marktviertel

Leibliche Genüsse

Nicht weit von Bahnhof und Dom entfernt prunkt seit 1874 die Stahl-Glas-Architektur der **Markthalle** von Florenz.

Wer angesichts der Warenfülle an den Marktständen im Erdgeschoss bedauert, nicht selbst kochen zu können, findet im Obergeschoss des Mercato Centrale kulinarischen Trost.

In den letzten Jahrzehnten war hier wenig los. Draußen hat der Straßenmarkt Touristenkram vertickt, drinnen war klassischer Alltagsmarkt. Doch seit 2014 ist der **Mercato Centrale** 4 ein Florentiner Hotspot: Im Obergeschoss eröffnete eine Marktetage nach dem Vorbild der **Food Markets** von London, Berlin und New York. Auf insgesamt 3000 m² ist ein Ort für Begegnungen und nachhaltigen Genuss entstanden, den die Florentiner ebenso nutzen wie ein internationales Publikum. Unter der lichtdurchfluteten Dachkonstruktion richten Bardamen vegane und vegetarische Salate in Brottellern an, und im Show Cooking wird nach alter Art Büffelmozzarella gedreht, Brot gebacken, Eis gerührt, 500 Sitzplätze bieten Raum zum Essen, Trinken und Leutegucken. Sehenswert sind auch die traditionellen **Marktstände** im Erdgeschoss. Hier finden die Florentiner bis heute sämtliche Zutaten für alte Familienrezepte.

Via dell'Ariento, www.mercatocentrale.it, **Erdgeschoss:** Mo–Fr 7–15, Sa 7–17 Uhr, **Obergeschoss:** tgl. 8–24 Uhr

Irdisch und himmlisch

Kirche und Kommerz, eine Hand wäscht die andere, und zwar durch die Kunst: Das ist bei **San Lorenzo** 14 zu erleben. Die Medici gingen hier zur Messe und bezahlten den Kirchenbau. Im Inneren ist ihr Wappen mit den sechs Kugeln überall erkennbar, überdeutlich an den Grabmälern der ersten drei Generationen der Medici-Bank: Giovanni, Cosimo und Piero ließen sich im Altarraum und in der alten Sakristei bestatten. Darüber herrscht die Geometrie als göttliche Perfektion. Dieser Gedanke bestimmt den Bau Filippo Brunelleschis (um 1440), für den er auf antike Formen zurückgriff und die erste Renaissancekirche von Florenz schuf.

In den angrenzenden **Cappelle Medicee** ⓯ setzten sich die Medici ein weiteres Denkmal. Unter dem Kuppelbau der Herzogskapelle liegt die Gruft der jüngeren Medici, die als Herzöge regierten. Mit der benachbarten neuen Sakristei gelang Michelangelo ein Meisterwerk der Architektur, das seine berühmten Grabmäler für Lorenzo den Prächtigen und dessen Nachfolger aufnahm (1520–34). Die raumgreifenden Sarkophagfiguren stellen Tageszeiten dar und bringen ein Motiv der Vergänglichkeit ins Spiel.

San Lorenzo: Piazza San Lorenzo 9, Mo–Sa 10–17.30 Uhr, 7 €; **Cappelle Medicee:** Piazza Madonna degli Aldobrandini 6, tgl. 8.15–13.50 Uhr, 2., 4. So, 1., 3., 5. Mo im Monat geschlossen, 8 €

Die östliche Altstadt

Ruhigere Kugel

Fest in florentinischer Hand ist der Osten der Stadt. Hier können sich die Einheimischen das Wohnen ganz gut leisten. In diesem ruhigeren Stadtteil ist auch die jüdische Gemeinde zu Hause.

Große Geister vereint

Einmal den Künstlern und Wissenschaftlern ganz nahe sein, die Florenz groß gemacht haben – das können Sie in **Santa Croce** ⓰ (14. Jh.), der größten Franziskanerkirche Italiens. Hier liegen die **Grabmäler** berühmter Persönlichkeiten dicht an dicht. **Michelangelo** bekam 1578 ein erstes monumentales Künstlergrab. Den Wissenschaftler **Galileo Galilei** hat man im 18. Jh. ganz bewusst gegenüber bestattet. Dass Galilei überhaupt ein Grabmal bekam war ein Affront für den Vatikan! Politik und Musik sind durch **Niccolò Machiavelli** und **Gioachino Rossini** vertreten. Rossinis Leben hat Florenz zwar nur gestreift, durch ihn aber wird Santa Croce zum Pantheon großer Männer Italiens.

Im **Ostteil der Kirche** sind einige gewölbte Chorkapellen fein ausgemalt. In der **Hauptkapelle** hat Agnolo Gaddi die bizarre Legende des heiligen Kreuzes festlich illustriert (um 1380). Rechts daneben setzte der alte Giotto seine letzten Pinselstriche in den Frischputz der **Bardi-Kapelle** (1325). Die wurde von der reichen Bankiersfamilie dieses Namens genutzt, die sich ausgerechnet die Geschichte des Bettelbruders Franziskus an die Wände malen ließ – eine Art Sühne für unsaubere Geschäfte.

Piazza Santa Croce, www.santacroceopera.it, Mo–Sa 9.30–17.30, So 14–17.30 Uhr, 13.6., 4.10. geschlossen, 8 €

Versteckte Perle

Hinter Santa Croce führt ein Innenhof zu einer Lederschule: Die **Scuola del Cuoio** 13 lehrt nicht nur das alte Handwerk der Lederverarbeitung, sie stellt auch hochwertige Produkte her und bietet sie in einem Verkaufsraum an. Dabei kommt man an den Werkbänken vorbei, oft kann man beim Arbeiten zuschauen. Die Schule wurde nach dem Zweiten Weltkrieg von den Franziskanern und Handwerkerfamilien aus dem Viertel gegründet, um Kriegswaisen eine Zukunft zu geben.

Via San Giuseppe 5r, https://leatherschool.biz/en/, Mo–Sa 9.30–18, April–Okt. auch So 10–18 Uhr

Wo Florentiner sich treffen

Wenn am Dom kein Durchkommen mehr ist oder das typische Sättigungsgefühl des Florenz-Reisenden eintritt: Suchen Sie ruhigere Winkel auf! Nach Osten können Sie über den **Borgo degli Albizi** und seine Verlängerung, die **Via Pietrapiana,** abtauchen. Ein schöner Nebeneffekt: Sie kommen an interessanten Geschäften vorbei. Auch Bars und Eisdielen liegen am Weg. Bald erreichen Sie die angenehme **Piazza dei Ciompi** ⓱ mit der **Loggia des**

T

TRETEN UND SCHLAGEN

Die großartige **Piazza Santa Croce** wird gerne für saisonale Märkte oder die Ankunft des Florenz-Marathons genutzt. Ein anderer Sport ist historisch hier zu Hause: der Florentiner Fußball *calcio storico*, der dem Rugby ähnelt. Seit dem 15. Jh. sind auf der Piazza Spiele bezeugt, zur Ertüchtigung des adeligen Nachwuchses und zur Unterhaltung des Volkes. 1930 wurde die Tradition wiederbelebt. Seither treten jeden Juni die vier Altstadtviertel gegeneinander an. Schlägereien gehören als rituelle Einlagen dazu.

ehemaligen Fischmarkts. Der Name des Platzes erinnert an die Wollschläger und -kämmer, die im Viertel ihre monotone Arbeit für die reiche Wollzunft verrichteten. Heute finden sich hier regelmäßig die Florentiner **Muslime** ein. Sie haben im angrenzenden **Borgo Allegri** ihr **Gebetszentrum,** ein Provisorium, bis sich die Stadt zum Bau einer Moschee durchringt.

Die Via Pietrapiana endet an der einfachen Kirche **Sant'Ambrogio.** Rechts um die Ecke ist das **Cibrèo Caffè** (Via del Verocchio 5r, www.cibreo.com, tgl. 9–1 Uhr) ein Refugium zum Sitzen und Kaffeeschlürfen. Und noch eine Ecke weiter gelangen Sie zur zweiten, kleineren Markthalle von Florenz, dem **Mercato di Sant'Ambrogio** 5 (Piazza Lorenzo Ghiberti, www.mercatosantambrogio.it, Mo–Sa 7–14 Uhr).

Das jüdische Viertel

Ghetto ade!

Die kupfergrüne Kuppel der **Sinagoga di Firenze** 18 sticht deutlich aus dem Stadtbild heraus. Neben der Synagoge liegen auch der jüdische Kindergarten und das koschere Restaurant **Ruth's** (Via Farini 2a, www.kosheruth.com, Mo–Do 12–22, Fr 12–15, So 12–15, 19–22 Uhr). Die Juden wurden erst mit Gründung Italiens 1861 als Bürger gleichgestellt. Das Getto neben dem alten Markt (heute: Piazza della Repubblica, s. S. 105) löste man bald danach auf, auch weil es der Modernisierung des Stadtzentrums im Weg lag. Die Gleichstellung sollte mit einem neuen Tempel gekrönt werden: 1882 weihte man die Synagoge ein, stilistisch ein historisierender Mix aus maurischen, byzantinischen und christlich-romanischen Einflüssen. Direkt angegliedert ist ein **Museum.** Heute zählt die jüdische Gemeinde der Stadt ca. 1000 Mitglieder. Zum Vergleich: Unter der deutschen Besatzung 1943–45 verlor man ca. 500 Mitglieder durch Deportation und Vernichtung.

Via Farini 6, www.firenzebraica.it, Synagoge/Museum: Mitte April–Mitte Okt. So–Do 9.30–18.30, Fr 9.30–17, Mitte Okt.–Mitte April So–Do 10–17.30, Fr 10–15 Uhr, 6,50 €

Oltrarno

Für Flaneure

Spazieren gehen, stöbern, flanieren, einkehren: Auf dem hügeligen **Südufer,** dem Oltrarno, locken vor allem hübsche Gärten, versteckte Winkel, originelle Lokale und Geschäfte abseits des größten touristischen Rummels. Hier engagieren sich die Einheimischen stark für städtische Lebensqualität. Und zwar mit viel Kreativität. So gibt es neben alteingesessenen Geschäften manches Neue zu entdecken.

So in der altehrwürdigen **Via Maggio** 3. Sie ist traditionell eine Straße der Antiquitätenhändler und Kunstgalerien. Neue Wege schlägt die **Galleria Cartavetra** 19 (Hausnr. 64r, www.cartavetra.org) ein, um die Hemmschwelle für das

Publikum zu senken: Sie arbeitet mit jungen toskanischen Künstlern zusammen, die auch Workshops zu künstlerischen Techniken anbieten. Auch **Läden mit Mode und Kunsthandwerk** (s. S. 114) haben sich in dieser Gegend angesiedelt.

Die **Piazza della Passera** ist mit Bars und Restaurants wie der **Trattoria 4 Leoni** 7 (s. S. 114) ein beliebter Treffpunkt der Oltrarno-Nachbarschaft.

Die stimmungsvolle, begrünte **Piazza Santo Spirito** ist das Herz des Oltrarno. **Bistros, Cafés und Restaurants** laden zum Verweilen ein und beliebte **Märkte** wie die **Fiera di Oltrarno** und **La fierucola** 8 (s. S. 114) werden hier abgehalten.

Meisterwerke in Seitenräumen

Hinter der gelben Fassade der **Basilica di Santo Spirito** 20 verbirgt sich übrigens ein Renaissancebau von Filippo Brunelleschi. In der Sakristei wird eine Besonderheit aufbewahrt: ein Holzkruzifix des jungen Michelangelo. Es entstand als Dank für den Prior des Augustinerklosters, zu dem die Basilika gehört. Er hatte den Künstler nachts hereingelassen, damit er an Leichnamen Anatomie studieren konnte. Die Erkenntnisse sind in der Jesusfigur schon verarbeitet.

Nicht verpassen sollten Sie auch ein weiteres Highlight des Renaissance-Florenz: die **Cappella Brancacci** 21 in der Kirche **Santa Maria del Carmine.** Dort schufen Masolino und Masaccio zwischen 1424 und 1428 zeitlose Fresken.

Basilica: www.basilicasantospirito.it, Mo/Di, Do–Sa 10–13, 15–18, So 11.30–13.30, 15–18 Uhr, Sakristei 2 €; **Cappella Brancacci:** Piazza del Carmine, www.imuseidifirenze.it/cappella-brancacci, Mo, Mi–Sa 10–17, So, Fei 13–17 Uhr, 8 €

Blicke von grünen Hügeln

Die schönsten Florentiner Spaziergänge machen Sie vom Stadtviertel San Niccolò aus. Im spektakulären Stadtgarten **Giardino Bardini** 22 steigen Sie die steilen Barocktreppen hoch bis zur **Villa Bardini.** Die Villa hat einen Ausgang zur Costa San Giorgio, die nach wenigen Metern aus dem Stadttor **Porta San Giorgio** hinausführt. Schlagartig weitet sich der Blick: Über verträumte Olivengärten schweift er zu den grünen Hügeln um Florenz. Nur 100 m sind es von hier bis zum **Forte di Belvedere** 23 (s. Tour S. 100). Alternativ können Sie der Stadtmauer abwärts folgen, bis zur **Porta San Miniato.**

Außerhalb dieses Stadttors steigt die **Via di San Salvatore al Monte** zu weiteren Panoramen an. Als ruhiger, zypressengesäumter Fußweg erreicht sie bald den Eingang des romantischen **Giardino delle Rose** 24, in dem 400 verschiedene Rosenarten um die Wette blühen. Ganz oben wartet die weite Aussichtsterrasse **Piazzale Michelangelo** 25.

Einen *aperitivo* mit Aussicht auf die ganze Stadt zelebrieren Sie in der **Vip's Bar** (Viale Giuseppe Poggi 21, auf Facebook, März–Mitte Nov. tgl. 10–24 Uhr, nur bei gutem Wetter).

Wenn Sie danach noch höher steigen, erreichen Sie die bezaubernde Benediktinerkirche **San Miniato al Monte** 26 aus dem 11.–13. Jh. Der Blick ins Innere lohnt sich: In der weihevollen Atmosphäre stechen die schmucke romanische Kanzel und das Apsismosaik heraus.

Giardino Bardini: Via dei Bardi 1r, Costa San

VORFAHRT KUNST

V

Genau hinschauen heißt es bei speziellen Straßenschildern. Nicht etwa wegen des Verkehrs, sondern wegen der pfiffigen Beklebungen durch **Clet Abraham.** Der französische Künstler hat ein frei zugängliches Studio im Viertel San Niccolò. Vielleicht treffen Sie ihn ja persönlich, in der Via dell'Olmo 8.

Grandios ist nicht nur die Sammlung der Uffizien, auch das Gebäude selbst beeindruckt.

Giorgio 2, www.villabardini.it, tgl. Nov.–Feb. 8.15–16.30, März 8.15–17.30, April/Mai, Sept./Okt. 8.15–18.30, Juni–Aug. 8.15–19.30 Uhr, 1., letzter Mo/Monat geschlossen, letzter Einlass 1 Std. vor Schließung, 10 €; **Giardino delle Rose:** Viale Giuseppe Poggi 2, tgl. 9 Uhr–Sonnenuntergang, Eintritt frei; **San Miniato al Monte:** Via delle Porte Sante 34, www.sanminiatoalmonte.it, Kernzeit tgl. 9.30–13, 15–19 Uhr, Eintritt frei

Museen

An vielen Museumskassen und bei der Touristeninformation wird die **Firenze Card** (85 €) verkauft, die für 72 Std. 80 Eintritte (inklusive der wichtigsten Museen) ermöglicht. Über die **App Firenze Card** können Sie sie auch online erwerben.

Tickets und Reservierungen für die staatlichen Museen sind telefonisch oder im Internet buchbar: T 055 29 48 83 (ital./engl.), www.firenzemusei.it. Eine Reservierung kostet zusätzlich 4 €, ist aber für die wichtigsten Museen von April bis Oktober dringend ratsam. Für EU-Bürger unter 18 Jahren ist der **Eintritt frei.**

Kassenschluss: 30–45 Min. vor Ende der Öffnungszeit.

Galerie der Meilensteine

㉗ Galleria degli Uffizi: Sie sind's tatsächlich: Giottos Madonna, Botticellis Venus, Leonardos heilige Könige, Caravaggios Bacchus. Diese und andere Wegmarken der abendländischen Malerei zieren die grandiose Uffizien-Sammlung. Auf der Basis des Medici-Erbes reihen sich Meisterwerke von griechischen Antiken bis zur Barockmalerei aneinander. Viele Säle ließ der deutsche Direktor Eike Schmidt in den vergangenen Jahren modernisieren.

Piazzale degli Uffizi 1, www.uffizi.it, Di–So 8.15–18.50 Uhr, 20 €

Fabelhafte Überbleibsel

㉘ Museo dell'Opera del Duomo: Bei Renovierungen des Doms kam der alte Krempel raus, manchmal auch große Kunst. Die wurde im Dombaumuseum gesammelt und ist dort spektakulär ausgestellt. Alte Fassadenfiguren glänzen in einer 1:1-Rekonstruktion der alten Domfront, gegenüber prunken die Baptisteriumsportale im Original. Die Sängerkanzeln von Donatello und Luca della Robbia sowie Michelangelos »Pietà Bardini« sind weitere Glanzpunkte des fantastischen Museums.

Piazza del Duomo 9, www.ilgrandemuseodelduomo.it, tgl. 9–19 Uhr, 1. Di/Monat geschlossen, Kombiticket Dombezirk, s. Kasten S. 102

Das Florenz der Herzöge

㉙ Palazzo Pitti und Giardino di Boboli: Ganz klein fühlen Sie sich im riesigen Palazzo Pitti, dem ehemaligen Wohnpalast der toskanischen Herzöge. Er beherbergt Teile von deren Kunstsammlungen: Gemälde von Tizian, Raffael, Rubens u. a.

sind in der **Galleria Palatina** zu bewundern, antike Vasen und Silberschmuck im **Tesoro dei Granduchi.** In dem weitläufigen **Giardino di Boboli** am rückseitigen Hügel spazieren Sie mit Muße stundenlang durch einen der prachtvollsten Manierismus- und Barockparks Italiens.

Piazza Pitti 1, www.imuseidifirenze.it, **Galleria Palatina / Tesoro dei Granduchi:** Di–So 8.15–18.50 Uhr, März–Okt. 16 €, Nov.–Feb. 10 €; **Giardino di Boboli:** März 8.15–17.30, April/Mai, Sept./Okt. 8.15–18.30, Juni–Aug. 8.15–19.30, Nov.–Feb. 8.15–16.30 Uhr, 1., letzter Mo/Monat geschlossen, März–Okt. 10 €, Nov.–Feb. 6 €

David Superstar

30 Galleria dell'Accademia: Hierher kommen alle, die Michelangelos David im Original sehen wollen. Unter einer eigenen Lichtkuppel wirkt er eindrucksvoller als in Kopie vor dem Rathaus. Mit sechs anderen, halbfertigen Figuren Michelangelos, die u. a. für das Papstgrab Julius' II. bestimmt waren, bildet er ein einmaliges Skulpturenensemble. Gemälde vom Mittelalter bis ins 16. Jh. komplettieren die Sammlung.

Via Ricasoli 60, www.imuseidifirenze.it, Di–So 8.15–18.50 Uhr, 16 €

Die Kirche der Dominikaner

31 Santa Maria Novella: Hinter der weltberühmten Renaissancefassade aus gemustertem Marmor verbergen sich Schmuckstücke der Florentiner Malerei. Highlights sind Giottos bemaltes Holzkreuz und das Dreifaltigkeitsfresko Masaccios von 1425 – das erste nach der Fluchtpunktperspektive konstruierte Bild. Ghirlandaios Fresken in der Hauptkapelle (1485–90) erzählen die Lebensgeschichten Marias und Johannes' des Täufers und sind gespickt mit Renaissanceporträts.

Piazza Santa Maria Novella 18, www.smn.it, April–Sept. Mo–Do 9–19, Fr 11–19, Sa 9–17.30, So, Fei 13–17.30, Okt.–März Mo–Do 9–17.30, Fr 11–17.30, Sa 9–17, So, Fei 13–17.30 Uhr, letzter Einlass 45 Min. vor Schließung, 7,50 €

Der Sitz des Geldes

32 Palazzo Medici-Riccardi: Hier wohnten die Medici, als sie noch reiche Bürger und Bankiers waren. Der Vierflügelbau mit Innenhof wurde zum Prototyp des Patrizierpalasts. Bei der barocken Umgestaltung der Innenräume durch die späteren Besitzer Riccardi blieb die alte Hauskapelle verschont, glücklicherweise! Der Maler Benozzo Gozzoli veredelte sie mit farbenfrohen Fresken, die den Zug der Hl. Drei Könige darstellen – ein Indiz dafür, mit wem sich die Medici identifizierten.

Via Cavour 3, www.palazzomediciriccardi.it, Do–Di 9–19 Uhr, 7 €

Skulptur in jeder Form

33 Museo Nazionale del Bargello: Stein, Bronze, Silber, Holz, Terracotta, Elfenbein – alle Materialien und Formen der Bildhauerkunst sind im mittelalterlichen Gerichtspalast versammelt, darunter ein wunderbarer kleiner Bronze-David von Donatello und ein Bacchus von Michelangelo.

Via del Proconsolo 4, www.bargellomusei.beniculturali.it, 8.15–13.50 Uhr, 2., 4. So, 1., 3., 5. Mo/Monat geschlossen, 8 €

Florence's next Michelangelo

Giotto, Botticelli, ... okay. Doch was ist heute los? Freunde zeitrelevanter Kunst kennen die **Villa Romana 34,** ein freies Künstlerhaus, das seit 1905 unermüdlich Werke seiner Stipendiaten und anderer junger Künstler ausstellt. Etwas jünger ist die allsommerliche **Kunstschau im Forte di Belvedere 23** (s. Tour S. 100) mit Installationen bekannter zeitgenössischer Künstler. Wer es etwas gesetzter möchte: Das **Museo del Novecento 35** führt durch die Entwicklung der Kunst des 20. Jh.

Villa Romana: Via Senese 68, www.villaromana.org, Di–Fr 14–18 Uhr, Eintritt frei; **Museo del Novecento:** Piazza S. Maria Novella 10, www.museonovecento.it, April–Sept. Sa–Mi 11–20, Do 11–14, Fr 11–23, Okt.–März Fr–Mi 11–19, Do 11–14 Uhr, letzter Einlass 1 Std. vor Schließung, 9,50 €

Geräte, Geräte

36 Museo Galileo: Dieses Museum hat die wissenschaftliche Sammlung der Medici aufgenommen. Neben unzähligen Fernrohren, Mikroskopen, Globen und medizinischen Geräten ist ein Saal dem großen Forscher Galileo Galilei gewidmet.
Piazza dei Giudici 1, www.museogalileo.it, Mi–Mo 9.30–18, Di 9.30–13 Uhr, 10 €

Für einen Nationalhelden

37 Museo Casa di Dante: Die Gründung des Museums 1911 basierte auf dem Wunsch, im jungen Königreich Italien einen Nationalhelden ehren zu können. Auf drei Etagen werden Leben und Werk Dante Alighieris präsentiert (s. auch S. 102).
Via Santa Margherita 1, www.museocasadidante.it, April–Okt. tgl. 10–19, Nov.–März Di–Fr 10–17, Sa/So 10–18 Uhr, 4 €

Fashion has come home

38 Gucci Garden Galleria: Das in Florenz geborene Modelabel, dessen Headquarter heute wieder in der Heimatstadt liegt, präsentiert sich seit 2011 auch mit diesem Museum, samt Shop und Bistro. Historische Modelle sind thematisch gruppiert, z. B. Handtaschen oder Kleider berühmter Schauspielerinnen. Ein Teil des Eintrittsgelds ist für die Renovierung des Boboli-Gartens bestimmt.
Piazza della Signoria 10, tgl. 10–21.30 Uhr, 8 €

W

DER WELTVERÄNDERER

Vor lauter Kultur vergisst man leicht, dass im Florenz der Medici auch die Wissenschaften blühten. Galileo Galilei verfasste seine Theorien vom sonnenzentrierten Weltbild, als er in der Costa San Giorgio 19 wohnte, dem bemalten Haus mit der Leiter im Familienwappen. Mehr von seinen Ideen ist im **Museo Galileo 36** (s. oben) zu erleben.

Am Anfang war der Schuh

39 Museo Salvatore Ferragamo: Im Palazzo Spini Feroni eröffnete 1995 dieses Museum. Gezeigt werden originelle Ausstellungen, die Sie, wohin auch sonst, in die Welt der Mode entführen. Salvatore Ferragamo (1898–1960) begann seine Karriere übrigens als Schuhmacher und Schuhdesigner, entwarf u. a. die Pumps für Marilyn Monroe in »Manche mögen's heiß« und kreierte den Keilabsatz.
Piazza Santa Trinita 5r, www.ferragamo.com/museo/it/ita, tgl. 10–19.30 Uhr, 9 €

Schlafen

In Florenz lohnt es sich, bei Airbnb (www.airbnb.com) zu stöbern: Über 300 Angebote zu Preisen zwischen 40 und 160 € sind hier online. Die Preise der B & Bs und Hotels können je nach Saison sehr unterschiedlich sein. Auf den Hotel-Websites gibt es oft gute Angebote! Die Kommune erhebt für Hotelübernachtungen eine Steuer von 1 € pro Stern und Nacht.

Bei Dante um die Ecke

1 Hotel Albergo Firenze: Das unkomplizierte Drei-Sterne-Hotel liegt mitten im malerischen Zentrum, wenige Schritte vom Rathausplatz entfernt. Bei frühzeitiger Buchung über das Internet lassen sich gute Schnäppchen machen.
Piazza Donati 4 (über Via del Corso), T 055 26 83 01, www.hotelfirenze-fi.it, DZ/ÜF 100–150 € je nach Angebot, Saison und Buchungsdatum

Ruhige und günstige Oase

2 Foresteria Valdese: Hinter den Mauern des Palazzo Salviati öffnet sich eine großzügige, gepflegte Anlage mit Garten. Die Unterkunft der Waldenser Gemeinde liegt auf der ruhigeren Südseite des Arno. Einige Zimmer bieten herrliche Ausblicke auf den Garten oder die Stadt. Die Zimmerpflege bleibt den Gästen überlassen. Bei der schönen Atmosphäre kein Problem!

Via dei Serragli 49, T 055 21 25 76, www.firenzeforesteria.it, Rezeption Mo–Fr 8.30–13.30, 14.30–20, Sa/So, Fei 8.30–13.30, 14.30–18.30 Uhr, DZ 60–80 €

Persönlich in Marktnähe

3 **Soggiorno Pezzati:** In einer Seitenstraße nahe dem Marktviertel liegt dieses hübsche kleine B & B. Wirtin Daniela legt viel Wert auf das Wohlgefühl ihrer Gäste. Die Zimmer sind sorgfältig renoviert. Besonders schön sind die zum Garten raus.

Via San Zanobi 22, T 055 29 16 60, www.soggiornopezzati.it, DZ/ÜF 60–90 €

B & B unter Einheimischen

4 **Locanda de' Ciompi:** Das volkstümliche Sant'Ambrogio-Viertel ist noch hauptsächlich von Florentinern bewohnt. Einer ist Signor Gallori, der ein gehobenes und familienfreundliches B & B führt, mit fünf Zimmern für zwei bis vier Personen. Das Frühstück wird in der Bar nebenan serviert.

Via Pietrapiana 28, T 055 263 80 34, www.bbflorencefirenze.com, DZ/ÜF 75–100 €

Essen

Fleischeslust

1 **Trattoria dall'Oste:** Fünfmal gibt es das Lokal mittlerweile in Florenz, die zentralste Adresse ist diese hier. Betreiber Antonio hat ein glückliches Händchen mit seinem toskanischen Steakhaus, transparenten Lieferwegen und geprüften Rindern unterschiedlicher Rassen. Neben Filets und Steaks vom Feinsten bietet er auch sonst Topqualität und eine große Speisenauswahl.

Via dei Cerchi 40r, T 055 21 31 42, www.osteriadalloste.it, tgl. 11–22.30 Uhr. Pasta 7,50–14,50 €, Rinderfilet/-steaks 19,50–89 € (*Bistecca fiorentina* vom Wagyu-Rind)

R

DAS ROT UND DAS SCHWARZ

Ein ›r‹ nach der Hausnummer bedeutet *rosso*, rot. Neben den normalen schwarzen Nummern gibt es nämlich rote für Geschäftsadressen, zu denen z. B. auch Lokale zählen. Falls Sie mal eine Adresse nicht finden, achten Sie auf die richtige Farbe!

Vegetarisches zwischen Büchern

2 **Libreria Brac:** Eine originelle Synergie: die Kombination aus Kunstbuchhandlung (Schwerpunkt auf Zeitgenössischem) und gesunder Küche. Vegetarische Kost ist die Basis, aber auch vegane und glutenfreie Speisen werden angeboten, als Salat, Gemüse-Carpaccio, Risotto oder Pasta.

Via dei Vagellai 18r, T 055 094 48 77, www.libreriabrac.net, Mo–Sa 12–14, 19–22, So 12–20 Uhr, 6–8 €

Unprätentiös gut

3 **Salsamenteria de' Ciompi:** Die Brüder Daniele und Marco bieten in ihrem jungen Lokal schmackhafte Landküche ohne Schnickschnack. Ihre Zulieferer kennen sie persönlich. Das Fleisch kommt direkt vom Züchter, das Biomehl für das flache *schiacciata*-Brot frisch aus der Mühle. Auch das *bistecca fiorentina* (40 €/kg) gibt es hier.

Via Pietrapiana 27r, T 055 24 17 11, www.salsamenteriadeiciompi.it, Di–So 10–23 Uhr, Hauptgänge 10–16 €

Von Weinregalen umgeben

4 **La divina Enoteca:** Das sympathische Weinbistro neben der Markthalle verkauft neben Wein auch Soßen und Dressings. Der Inhaber ist Sommelier und berät bei der Weinauswahl zu den kleinen, frisch zubereiteten Gerichten.

Via Panicale 19r, T 055 29 27 23, www.ladivinaenoteca.it, Sept.–Juli Di–So 10.30–20.30 Uhr

Fisch in Würfelform

5 **Seabar Italian Poké:** Eine Variante der Rohfisch-›Mode‹ aus Hawaii bereichert seit 2019 das Florentiner Zentrum kulinarisch. Diese Poké stammen allerdings aus dem heimischen Mittelmeer. Es gibt die rohen Fischwürfel in Salaten (auch selbst zusammenstellbar) und als Tapas.

Via Pellicceria 8r, 055 493 30 30, www.seabar.it, Mo–Sa 12–15, 18–22, So 12–15 Uhr, Tapas 8 €, Salate 10–12 €

Bestes aus dem Land

6 **Il Santo Bevitore:** Ein Lieblingslokal vor allem jüngerer Florentiner. Aus ganz Mittelitalien sind Exzellenzen auf der Speisekarte versammelt, z. B. sardischer Pecorino mit Konfektüren und Schinken aus dem Casentino. Oder lieber Gnocchi mit Kürbis, Ziegenblaukäse und Haselnüssen? Fasanenbrust, Zahnbrasse?

Via Santo Spirito 64/66, T 055 21 12 64, www.ilsantobevitore.com, Mo 19.30–23, Di–So 12.30–14, 19.30–23 Uhr, Pasta um 11 €, Hauptgänge 11–26 €

Versteckte Treffs im Oltrarno

Man stößt entweder völlig zufällig oder sehr geplant auf die Piazza della Passera. Bars und Restaurants laden je nach Tageszeit zu Kaffee, Essen oder Aperitif ein. In der **Trattoria 4 Leoni** 7 (Via de' Vellutini 1r, T 055 21 85 62, www.4leoni.it, tgl. 12–24 Uhr, Hauptgänge 10–12 €) sitzt man gerne draußen bei einer zünftigen florentinischen Mahlzeit. Lecker sind die mit Birnen gefüllten Fagottini in Gorgonzolasoße! In der Seitengasse gibt es auch eine edle Adresse für Kaffee- und Spirituosengourmets: die junge Kaffeebar **Ditta Artigianale** 8 (Via dello Sprone 5r, T 055 045 7163, www.dittaartigianale.it, Mo–Fr 8–24, Sa/So 9–24 Uhr) des preisgekrönten Barista Francesco Sanapo. Hier werden selbst ...te Kaffees und Hochprozentiges ...einsten ausgeschenkt.

Florenz von oben

9 – 11: s. Kasten S. 104.

Einkaufen

Die **eleganten Geschäfte** finden sich im Zentrum rund um die **Piazza della Repubblica** 11 und in der **Via de' Tornabuoni** 1. **Antiquitätengeschäfte** gibt es in der **Via de' Fossi** 2 und in der **Via Maggio** 3 (s. S. 108).

Märkte

Markthallen: Die große Florentiner Markthalle, der **Mercato Centrale** 4 (s. S. 106) bei San Lorenzo, lohnt einen Besuch. Kleiner ist der **Mercato di Sant'Ambrogio** 5 (s. S. 108) an der Piazza Ghiberti.

Wochenmarkt: Ein enormes Angebot an preisgünstiger **Kleidung** bietet der **Mercato delle Cascine** 6 (Viale Lincoln, Parco delle Cascine, Di 7/8–14 Uhr), der große Markt am Arnoufer.

Trödel-/Flohmärkte: Den Largo Pietro Annigoni nimmt Tag für Tag der **Mercantino delle Pulci** 7 (9–19 Uhr) ein. Außer im Juli und August findet jeden zweiten Sonntag im Monat von 9 bis 19 Uhr auf der Piazza Santo Spirito die **Fiera di Oltrarno** 8 statt.

Bauern- und Kunsthandwerkermarkt: Am dritten Sonntag im Monat ist auf der Piazza Santo Spirito dann **La fierucola** 8 (9–19 Uhr, außer Aug.) an der Reihe. Auf dem Markt werden biologische bzw. nachhaltige Produkte angeboten. Bei Einbruch der Dunkelheit beginnt allerdings ein ganz anderer Markt, die Piazza wird dann zur Dealerszene.

Mode/Kunsthandwerk Oltrarno

In der Antiquitätenstraße Via Maggio setzt Massimiliano Giannellis Concept Store **Société Anonyme Deux** 9 (Nr. 60r, www.societeanonyme.it, Mo 15.30–19, Di–So 10–14, 15.30–19.30 Uhr) mit internationaler Mode (Henrik Vibskov,

Das Caffè Gilli (s. S. 105), das älteste Florentiner Kaffeehaus, gibt es seit 1733. Anfang des 20. Jh. zog es in die Jugendstilräume an der Piazza della Repubblica. Hier trafen sich Künstler, Literaten und Intellektuelle.

Comme des Garçons, Helmut Lang) und Eigenkreationen neue modische Akzente. In einer Querstraße schafft die junge Goldschmiedin Camilla Pistolesi ihre **Gioielli di Camilla** 10 (Sdruccioli dei Pitti 7r, www.gioiellidicamilla.it, mit Abweichungen Di–Sa 12–18 Uhr), originellen Schmuck zu interessanten Preisen (50–200 €) sowie selbst dekorierte Keramik.

Lederwaren

Bei den vielen Ledergeschäften behält man kaum den Überblick. Was kann man getrost kaufen? Hier zwei Adressen für Leder-Kleinwaren aus florentinischer Handarbeit: **Francesco Lionetti** 11 (Via della Spada 48r, www.francescolionetti.eu, Mo–Fr 10.30–13.30, 15.30–18.30, Sa 12–19 Uhr) macht den größten Umsatz mit Hotels und in der Modebranche. Daneben bietet Lionetti Handtaschen, Gürtel und Accessoires im kleinen Stadtladen an. **Il Bussetto** 12 (Via Palazzuolo 136r, www.ilbussettofirenze.com, Mo–Fr 9–13, 15.30–19.30, Sa 9–13 Uhr) ist ein echter Werkstattladen. Giuseppe Fanara und sein Sohn Mirko fertigen Brillenetuis, Geldbörsen, lederbesetzte Kästchen, auch nach Auftrag. Lederwaren können Sie auch in der **Scuola del Cuoio** 13 (s. S. 107) erstehen.

Tolle Düfte, feine Aromen

14 **Officina Profumo-Farmaceutica di Santa Maria Novella:** Internationale Beauty-Bestseller und Genussartikel bietet die über 400 Jahre alte Apotheke in den prächtigen Räumen des ehemaligen Dominikanerordens: Parfüms, Kosmetika, Liköre, Tees. Viele Ingredienzen stammen aus dem 15 000 m^2 großen Garten vor den Toren der Stadt. Ein Tea Room lädt zum Verweilen ein.

F

KEINE FLORENTINER

So kann man sich täuschen. Wer glaubt, **Florentiner-Kekse** kämen aus Florenz, liegt falsch. Sie kommen nicht einmal aus Italien. Dafür gibt es hier **Cantuccini,** die leckeren Mandel-Zwiebacke, die aus dem nahen Prato stammen. In Florenz besonders lecker sind die vom **Cantuccio di San Lorenzo** 17 (s. unten).

Via della Scala 16, www.smnovella.com, tgl. 9–20 Uhr

Alles außer Mainstream

15 **Twisted Jazz Shop:** Nicht nur Jazzmusik finden Sie hier, auch Blues, World Music und Soundtracks. Der kleine Laden ist eine wahre Fundgrube für CDs und DVDs. Eine kleine Vinyl-Abteilung gibt es auch, ebenso wie Bücher und Partituren.

Borgo San Frediano 21r, auf Facebook, Mo–Sa 9–13, 15.30–19.30 Uhr

Food made in Italy

16 **Eataly:** Ein auf Export ausgerichteter kulinarischer Supermarkt mit Qualitätsprodukten aus ganz Italien – Pasta, Olivenöl, Soßen, Kaffee und vieles mehr. Dazu gibt es Küchenutensilien in schönem Design. Mit Bar und Gourmetlokal.

Via Martelli 22r, www.eataly.net, **Laden:** tgl. 10–22.30, **Bar/Bäckerei:** tgl. 7.30–22.30, **Restaurant:** tgl. 12–22 Uhr

Cantuccini, aber keine Florentiner

17 **Cantuccio di San Lorenzo:** In Florenz sind die Cantuccini dieses Patisseurs besonders lecker. Auch andere Naschereien hat er im Angebot.

Via S. Antonino 23r, www.ilcantucciodisanlorenzo.it, Sept.–Juni Mo–Sa 8.30–19.30, So 9.30–18.30, Juli/Aug. Mo–Sa 9–19.30 Uhr

Bewegen

Radverleih

1 **Florence by Bike:** Der älteste Fahrradverleih der Stadt bietet einen zuverlässigen Service.

Via S. Zanobi 54r, www.florencebybike.it. Mo–Fr 9–13, 15.30–19.30, Sa 9–19, So 9–17 Uhr, ab 5 €/Std.

Radtouren

I Bike Italy: Straff durchorganisiert bietet I Bike Italy ein- oder zweitägige geführte Radtouren in Florenz und Umgebung an.

www.ibikeitaly.com, Stadttrip 30 €, Halbtagestour je nach Radtyp 80–110 €, Tagesausflug 95–125 €, Zwei-Tage-Tour 450–550 €, Studentenrabatt 10 %, Kinder 50 %

Vespaverleih

2 **New Tuscany Scooter Rental:** Hier bekommen Sie Vespas, z. B. für eine Tour ins Hinterland (s. Tour s. S. 118).

Via Il Prato 50r, www.vesparental.eu, März Mo–Sa 9–18, April–Nov. tgl. 9–18 Uhr, Dez.–Feb. nur mit Reservierung, ab 50 €/Tag, inkl. 2 Helme, Basisversicherung, unbegrenzte Kilometer, Deposit 800 € (Kreditkarte)

Ausgehen

Im Sommerhalbjahr spielt sich das florentinische Nachtleben zu einem großen Teil draußen auf den Plätzen ab. Hier wird bis in den frühen Morgen gelacht und diskutiert. Die Treffpunkte wechseln, die Stadtteile im Oltrarno sind gerade besonders beliebt.

Alternativ kreativ

1 **La Cité Libreriacafé:** In dieser Synthese aus Buchladen und Bar im San-Frediano-Viertel ist bis spät in die Nacht Betrieb. Abends wird die Musik aufgedreht, wer will, tanzt vor den Regalen.

Borgo San Frediano 20r, www.lacitelibreria.info, Mo–Sa 9–2, So 15–2 Uhr

Alles am Fluss

2 Chioschino di San Niccolò: Für einen abendlichen Drink in chilliger Atmosphäre ist die kleine Uferbar auf der Arnoterrasse perfekt. Viel Betrieb im Sommer.

Piazza Giuseppe Poggi (Flussseite), www.easylivingfirenze.it, Juni–Sept. tgl. 8–23 Uhr

Bewährte Stadtdisco

3 Space Club: Die größte florentinische Disco boomt seit Jahrzehnten. Vorwiegend jüngeres Publikum, darunter viele Studenten. Aber auch Prominenz ist manchmal da, wie Ex-Bürgermeister Matteo Renzi.

Via Palazzuolo 37, www.facebook.com/spacefirenze2, Mi 23–4, Do 23–3, Fr 22–4.30, Sa 23–4.30 Uhr

Feiern

- **Maggio Musicale Fiorentino:** www.maggiofiorentino.com. Der musikalische Mai ist ein dichtes Opern- und Konzertprogramm im Opernhaus (Teatro del Maggio, Piazzale Vittorio Gui 1), das in Wirklichkeit von Ende April bis Anfang Juli dauert.
- **Festival Fabbrica Europa:** www.fabbricaeuropa.net, Mai–Juli. Ein Kaleidoskop an Tanz, Musik und Theater auf verschiedenen Bühnen der Stadt.
- **Scoppio del Carro:** Ostersonntag. Traditionelle Feuerwerkszeremonie. Am Ende der Messe wird vor dem Dom der *carro* entzündet, ein Wagen mit Knall- und Leuchtkörpern.
- **Calcio Storico:** www.calciostoricofiorentino.it, Juni, Finale am 24. Juni. Turnier des historischen Florentiner Fußballspiels in traditionellen Kostümen auf der dafür dann mit Sand bedeckten Piazza Santa Croce.

Infos

- **Contact Center Turistico:** T 055 000 (Italienisch oder Englisch), tgl. 24 Std., touristinfo@comune.fi.it (auch Deutsch, Antwort innerhalb 24 Std.).
- **Ufficio informazioni turistiche:** Via Cavour 1r, T 055 29 08 32, www.firenzeturismo.it, Mo–Fr 9–13, Sa 9–14 Uhr.
- **Infopoint Stazione Centrale Firenze:** Piazza della Stazione 4, T 055 21 22 45, Mo–Sa 9–19, So, Fei 9–14 Uhr.
- **Infopoint Firenze Bigallo:** Piazza San Giovanni 1, T 055 28 84 96, Mo–Sa 9–19, So, Fei 9–14 Uhr.
- **Infopoint Aeroporto Amerigo Vespucci:** Ankunftshalle des Flughafens, T 055 31 58 74, tgl. 9–19 Uhr.
- **Bahn:** Gute Zugverbindungen in alle größeren Städte der Toskana vom Hauptbahnhof Stazione Santa Maria Novella, www.trenitalia.it.
- **Bus:** Busse nach Siena, San Gimignano, Volterra und ins Chiantigebiet fahren vom Busbahnhof der Firma Busitalia – Sita Nord beim Hauptbahnhof ab, Eingang Via Caterina da Siena, www.fsbusitalia.it.

Fiesole

H5

Oben auf

Wer vom Trubel in Florenz genug hatte, ist schon immer gerne ins idyllische Fiesole aufgebrochen. Heute röhrt der Bus der Linie 7 die von Villen gesäumte Via Giuseppe Martellini hinauf – die Etrusker hatten die Siedlung nach alter Gewohnheit auf dem Berg gegründet. Wachsen konnte sie daher wenig. Dafür hat sie ihren landschaftlichen Charme bewahrt. Seit der Antike haben hier Bewohner vieler Epochen ihre Spuren hinterlassen.

TOUR
Bauernland und Villenglück

Mit der Vespa durchs Florentiner Hinterland

Diese Mischung macht's: der Duft von Kräutern, eine Symphonie in Grün und die Ruhe, die nur durchbrochen wird, wenn wir wieder auf die Vespa steigen. Um dann, wie im Werbefilm, über aussichtsreiche Straßen zu knattern. Für die meisten Florenztouristen bleibt **Fiesole** der nördliche Horizont. Wir durchbrechen ihn bei dieser Tour durch die ländlichen Apenninenhänge, die in der **Villa Gamberaia** ihren Höhepunkt findet.

Tipp: Wer sportlich ist, kann die Tour auch per Fahrrad unternehmen.

Erst mal müssen wir durch den berüchtigten Stadtverkehr von **Florenz** und höllisch aufpassen. Ab dem **Viale Alessandro Volta** wird es ruhiger. Die Straße nach **Fiesole** hoch ist spektakulär. Oben fahren wir Richtung **Olmo.** Außerhalb der Bebauung empfangen uns die Apenninen, die hier langsam ansteigen und ein friedliches Bild bieten: helle Wiesen, silbergrüne Olivenhaine, dunkelgrüne Zypressen und Wälder. Die **SP 54** ist ein Kammweg an Weilern und Ausflugslokalen vorbei. An Wochenenden lockt die Idylle die Städter heraus, dann staut sich alles. Also antizyklisch planen! Auch Pausen einzubauen lohnt sich, etwa an den kleinen steinernen Kirchen, die links am Weg liegen: **Santa Margherita a Saletta** und **Sant'Ilario a Montereggi.**

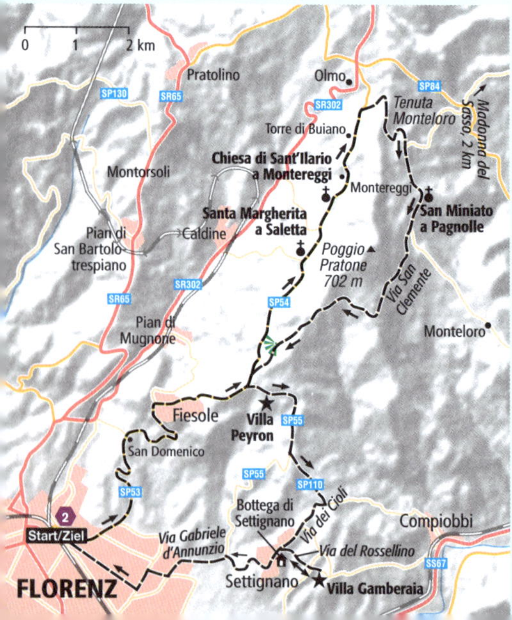

Kurz vor Olmo nehmen wir den Abzweig rechts nach

Toskana-Feeling pur: mit der Vespa durch Olivenhaine

Monteloro. Nach einer Kuppe fällt die Straße ab zu den Weinbergen der **Tenuta Monteloro.** Über das Tal hinweg ist das Kloster **Madonna del Sasso** zu sehen. Noch eine Miniaturkirche am Weg: **San Miniato a Pagnolle.** Danach fahren wir an der Gabelung rechts hoch in die **Via San Clemente.** Sie führt durch dichteren Baumbestand zur **SP 54** zurück. Kurz vor der Einmündung ein herrlicher Blick: **Fiesole** von seiner unbekannten Nordseite.

Wenige Meter weiter biegen wir links auf die **SP 55** ab. Dicht stehen die Bäume an der schmalen Straße und bieten Schatten, manchmal erhaschen wir eine Ahnung vom **Arnotal** oder einen Blick auf den **Turm der Villa Peyron.** An einer Gabelung im Zypressenwald halten wir uns links Richtung **Settignano** (nun **SP 110**). Bald erreichen wir die ersten Häuser der Ortschaft. Richtung Florenz fällt die Straße steil ab, eine Haarnadelkurve führt aus den Bäumen hinaus: das Arnotal! An Steinmäuerchen und Ölbäumen entlang geht es ins Zentrum von **Settignano.** Doch aufgepasst: Bevor es zu eng wird, zweigt links die **Via del Rossellino** zur **Villa Gamberaia** ab (Wegweiser im Rücken!). 500 m außerhalb des Ortes leuchtet die Villa blassgelb aus märchenhaften Hanggärten. Ihr eigener **Garten** ist ein Mix aus barocker Pracht und den Fantasien zweier ausländischer Besitzerinnen vor dem Zweiten Weltkrieg: Prinzessin Ghyka und Baronin von Ketteler. Sie ließen ab 1896 das traumhafte Aussichtsparterre mit den Blickachsen nach Florenz gestalten.

Anschließend bietet sich am zentralen Dorfplatz von Settignano die **Bottega di Settignano** für eine kleine Pause an. Das Ladenlokal hat einen gemütlichen Hinterhof. Über die **Via Gabriele d'Annunzio** gelangen wir schließlich problemlos zurück nach **Florenz.**

Infos

Rundfahrt, 48 km, 6 Std.

Start:
New Tuscany Scooter Rental (2), Florenz, G/H 5

Garten der Villa Gamberaia:
Via del Rosselino 72, Settignano, T 055 69 72 05, www.villagamberaia.com, April–Okt. Mo–Sa 9–19, So 9–18 Uhr (evtl. tageweise geschlossen, anrufen), 20 €

Bottega di Settignano:
Piazza Niccolò Tommaseo 10, Mo–Sa 9–14.30, 16–20 Uhr

HESSE HAT'S GEMOCHT

Hermann Hesse war ein leidenschaftlicher Fiesole-Besucher. Er suchte und fand hier Ruhe, frische Luft, Feiertagsstimmung und immer wieder einen neuen Reiz – sei es in der Landschaft, in den Gassen des Ortes oder im Franziskanerkloster.

Kirche, Kloster, Archäologie

Sehr übersichtlich ist die zentrale **Piazza Mino da Fiesole,** wo der Bus aus Florenz kehrtmacht und wieder ins Tal fährt. Blickfang ist der Dom **San Romolo** (11.–19. Jh.). Aufgepasst, denn manchmal ist es schwierig, echt von falsch zu unterscheiden: Die einfachen Außenwände scheinen mittelalterlich, sind aber das Ergebnis einer Restaurierung im 19. Jh. Auch innen ging man damals nicht zimperlich zu Werke, Spätrenaissance-Altäre wurden rausgeschafft, weil sie nicht zum alten und strengen Image passten, das man dem Dom verleihen wollte. Die stimmungsvolle **Hallenkrypta** aus dem 11.–13. Jh. hatte Glück, dass sie nie groß verändert worden war.

Hinter dem Dom liegt der Eingang zur **Area Archeologica.** Zwischen Zypressen und Ölbäumen sieht es hier aus wie in einem Gemälde der Romantik: Steinbänke eines römischen Theaters, verfallene Thermen und etruskische Tempel- und Stadtmauern rahmen malerisch den Ausblick in Richtung Apenninen. Das angeschlossene **Archäologische Museum** zeigt Relikte des etruskischen Vipsul bzw. des römischen Faesulae und überrascht mit einer großartigen Sammlung griechischer Vasen.

Gegenüber der Domfassade führt die Via San Francesco steil hinauf zum Franziskanerkloster auf der Hügelkuppe. Vor dem Klostereingang eröffnet sich eins der schönsten Florenz-Panoramen.

San Romolo: Piazzetta della Cattedrale 1 / Piazza Mino da Fiesole, tgl. außerhalb der Messzeiten 7.30–12, 15–17 Uhr, Eintritt frei; **Area Archeologica:** Via Portigiani 1, www.museidifiesole.it, April–Sept. tgl. 9–19, März, Okt. tgl. 10–18, Nov.–Feb. Mi–Mo 10–15 Uhr, 10 € inkl. Museum; **Convento di San Francesco:** Via S. Francesco, Mo–Sa 9–12, 15–18, So, Fei 9–11, 15–18 Uhr, Eintritt frei

Lustgarten

Es wäre fast enttäuschend, wenn unter den vielen Villen am Hang keine der Medici wäre. 250 m unterhalb des Doms steht an der Hauptstraße das Eingangstor zur **Villa Medici di Fiesole.** Schon angemeldet? Dann klingeln Sie und man wird Sie einlassen. Aber nur in den **Garten,** denn die Villa ist in Privatbesitz. Doch: was für ein Garten! Drei schmale Terrassen hängen übereinander am steilen Berg mit Blickrichtung Florenz. Es war das Reich des fettleibigen, aber feinsinnigen Giovanni de' Medici (1421–63): Der jüngere Sohn von Bankchef Cosimo ließ sich den ersten reinen Lustgarten der Renaissance gestalten, um seine Philosophen- und Dichterfreunde zu empfangen. Neben der Poesie blühten in diesem Garten auch die ersten Zitruspflanzen Mittelitaliens. Das jüngste Restyling wurde 1915 fällig: Für die damalige Besitzerin Lady Sybil Cutting ordnete der Architekt Cecil Pinsent Teile der Terrassen neu, im Stil der Neorenaissance.

Via Beato Angelico 2, www.villamedicifiesole.it, Mo–Fr 9–13 Uhr, nur n. V. per E-Mail: annamarchimazzini@gmail.com, 15 €

Wo Da Vinci experimentierte

Ausblicke auf Florenz, historische Steinbrüche und Erinnerungen an Leonardo da Vinci: Diese Zutaten würzen einen besonderen Spaziergang von Fiesole zum **Monte Ceceri** (ca. 1 Std. inkl. Rückweg). In der Südecke der Piazza Mino da Fiesole folgen Sie dem Wegweiser »Passegiata panoramica«, danach der Via Monte Ceceri. Rechts liegt Ihnen Florenz zu Füßen. Die anschließende Via degli Scalpellini führt an einer Mauer entlang in den Wald. Dort halten Sie sich zweimal links und folgen dann dem Hauptweg, der zu stillgelegten Steinbrüchen führt: Hier wurde der graue Sandstein *pietra serena* abgebaut, aus dem zahlreiche Kunstwerke in Florenz entstanden. Schließlich erreichen Sie die kleine Lichtung auf dem Gipfelplateau (414 m). Heute verstellen Bäume die Sicht ins Tal, aber das war früher wohl anders. Ein Gedenkstein erinnert jedenfalls daran, dass Leonardo da Vinci 1505 an dieser Stelle mit einer seiner verrückt-visionären Flugmaschinen experimentierte. Sein Assistent Tommaso Masini brach sich als Versuchsperson einige Knochen.

Schlafen, Essen

Aussichtsreich

Villa Bonelli: Ruhiges, angenehmes Haus in schöner Lage mit blumengeschmückter Terrasse, Panorama und Parkplatz.

Via F. Poeti 1, T 055 59 513, www.hotelvillabonelli.com, DZ/ÜF 80–130 € je nach Zimmerkategorie und Angeboten

Mal ohne Aussicht …

Vinandro: …, dafür bodenständig, freundlich, zentral, rustikal, mit Liebe zum Detail eingerichtet und schmackhaft! Aber auch klein, daher besser vorab reservieren.

Piazza Mino da Fiesole 33, T 055 59 121, www.facebook.com/osteriavinandrofiesole, Di–So April–Okt. 12–22.30, Nov.–März 12–14.30, 18.30–22.30 Uhr, *primi piatti* 7,50–13 €, Hauptgänge ab 11 €

Infos

- **Ufficio Informazioni ed Accoglienza Turistica:** Via Portigiani 3, T 055 59 61 311, März, Okt. Fr–So 10–13, 14–16, April/Mai tgl. 10–13, 14–17, Juni tgl. 10–13, 16–18, Juli–Sept. Fr–Mo 10–13, 16–18, Nov./Dez. Do–Di 10–13 Uhr.
- **Bus:** Zwischen Florenz (Piazza San Marco) und Fiesole (Piazza Mino da Fiesole) verkehrt der Stadtbus Nr. 7. Die Fahrzeit beträgt ca. 20 Min.
- **Estate Fiesolana:** Mitte Juni–Mitte Aug. Open-Air-Konzerte im römischen Theater.

Parco Mediceo di Pratolino

H4

Perfekte Erholung

Wenn es im Arnotal zu heiß und in der Stadt zu stressig wird, flüchten die Florentiner gerne Richtung Apenninen. 15 km nördlich von Florenz erreichen sie den größten Landschaftspark der Toskana, den Parco Mediceo di Pratolino, auch bekannt als Park oder Villa Demidoff. Zwischen Baumgruppen, Wäldern und künstlichen Seen laden Wiesen zum Hinlegen und Träumen oder zum Picknicken ein. Danach eine kleine Wanderung mit schönen Blickachsen und jahrhundertealten Eichen und Kastanien machen – ein perfektes Erholungsprogramm.

Der Koloss von Florenz

Aber Achtung, erschrecken Sie nicht vor dem 14 m hohen, grauen Riesen, der an zentraler Stelle über einem Teich kauert! Gestatten, der Herr Apennin aus Stein und Zement. Der bärtige **Colosso dell'Appennino** des Bildhauers Giambologna entstand 1580. Er würgt eine Schlange, die einst Wasser in den Teich spuckte, in dem Wasserpflanzen gedeihen und über dem Libellen herumschwirren. Dieser Apennin ist hohl, er beherbergt drei Kammern im Inneren. In der obersten, im Kopf, konnten Feuerstellen Rauch erzeugen, den Rohre durch die Nasenlöcher nach außen leiteten. Ein extravagantes Werk!

Vergnügungspark eines Fürsten

Die monumentale Skulptur ist einer von wenigen Resten eines luxuriösen Gartenreichs. Großherzog Francesco I de' Medici hatte es um eine Prunkvilla mit Grottenkellern angelegt. Die ist ebenso verschwunden wie die Flaniermeile unter Wasserbögen – dekadente Spielereien eines Fürsten, der sich eine Traumwelt schuf, um seine Geliebte Bianca Capello zu beeindrucken. Das meiste entsorgte vor 200 Jahren sein Nachfolger, der habsburgische Großherzog Ferdinand III. Damals entstand der **englische Garten.** Auf dem Gelände steht auch die **Villa Demidoff,** die spätere Besitzer gestalten ließen. In der einfachen **Locanda di Villa Demidoff** können Sie sich stärken.

Via Fiorentina 276, Località Pratolino, Vagli, www.cittametropolitana.fi.it/parco-mediceo-di-pratolino, April–Sept. Fr–So 10–20, Okt. Fr–So 10–18 Uhr, Eintritt frei (Locanda geöffnet wie Park)

Bewegen

Hangeln, Klammern, Seilrutschen

Parco Avventura il Gigante: Gegenüber dem Parco Mediceo di Pratolino liegt an der SR 65 ein Kletterpark mit 18 Parcours in fünf Schwierigkeitsstufen.

Via Fiorentina 276, Località Pratolino, Vagli, www.parcoavventurailgigante.it, April Sa/So, Fei 10–19, Mai–Mitte Sept. tgl. 10–19.30, Mitte Sept.–Okt. Sa/So, Fei 10–18.30 Uhr, 20 €/2 Std.

Certosa del Galluzzo

G5

Von Mönchen verlassen

Das Schicksal der **Kartause von Florenz** (Certosa di Firenze) stand 2017 in den Sternen. Die riesige Klosteranlage, die auf einem Olivenhügel über dem Flüsschen Greve thront, wurde von ihren Bewohnern, vier über 70-jährigen Zisterziensermönchen (die Zisterzienser hatten den Komplex 1958 von den Kartäusern übernommen), aufgegeben. Doch es fand sich eine Lösung: Eine moderne Bruderschaft, die Evangelisierung mit Kulturarbeit verbindet, sprang in die Bresche. Dank der **Comunità di San Leolino** lebt die Kartause durch Seminare, Vorträge, Konzerte und Gebetstage.

Ein philanthropischer Stifter

Nur die Gebete hätten die Kartäuser als Orden der Stille früher geduldet. Besucher hätten sie schon gar nicht reingelassen, ausgenommen einen: den adligen Klostergründer Niccolò Acciaiuoli. Der ließ sich extra einen Palazzo in den Eingangsflügel bauen, der ihm als Alterssitz dienen sollte – aber auch einer in der Kartäusertradition einzigartigen Schule für Theologie, Jura und Philosophie! Welch Ironie des Schicksals: Acciaiuoli starb 1365 vor der Realisierung seines Projekts, doch 650 Jahre später verwirklicht die Comunità di San Leolino auf moderne Weise die Pläne des Klosterstifters, Gebet und Kultur zu verbinden.

In der himmlischen Burg

Über den Palazzo Acciaiuoli betritt man die Anlage. Das **Schulgebäude** ist nun eine **Pinakothek,** in der die fünf Fresken von Jacopo da Pontormo herausragen. Der Florentiner Manierist malte von 1523 bis 1525 die Passion Christi an die Wände des großen Kreuzgangs, als er sich auf der Flucht vor der Pest im Kloster aufhielt.

Der Innenraum der Kirche **San Lorenzo** quillt über vor Dekorationen, die sich hier noch an ihren Originalplätzen befinden. Der Raum wurde im Lauf des 16. Jh. komplett umgestaltet zu einem Gesamtkunstwerk, in dem die Künste

Die mächtige Kartause blickt auf eine wechselvolle Geschichte zurück: erst mit politisch bedingten Unterbrechungen Kartäuserkloster, dann 1958 von den Zisterziensern übernommen und seit 2017 von der Bruderschaft San Leolino verwaltet.

der Spätrenaissance und des Frühbarock brillieren. Besonders fein ist das **Chorgestühl** mit seinen Intarsien im Groteskenstil (zu Chimären verschmolzene menschliche und tierische Figuren, oft verflochten mit Blattwerk und Blumen).

Im **Kapitelsaal** zeigt ein **Grabporträt** den Prior Leonardo Buonafede, der um 1500 das Kloster zu seiner aktuellen Größe erweiterte. Die verblüffend realistische Wiedergabe des Kartäusermönchs von Francesco da Sangallo (1545) lässt einen zufriedenen Gönner erkennen.

Via della Certosa 1, Galluzzo, Bus 37 ab Piazza Santa Maria Novella bis Certosa di Firenze, www.certosadifirenze.it, nur mit Führung (ca. 1 Std.) Jan.–Juni, Sept.–Dez. Di–Sa 10, 11, 15, 16, So 15, 16, Juli/Aug. zusätzlich 17 Uhr, 5 €

Essen

Mit literarischem Flair

Chichibio: Wo der Inhaber der Koch ist, können Sie nicht falsch liegen. Sein Lokal liegt über dem Greve-Fluss der Kartause von Florenz gegenüber. Die sehen Sie von der Terrasse besonders schön und genießen gleichzeitig erstklassige toskanische Gerichte, die den etwas höheren Preis wert sind. Der Name des Lokals ist einer Novelle aus Boccaccios »Dekameron« entlehnt. Chichibio heißt der Koch in der vierten Geschichte des sechsten Tages.

Via S. Cristofano 2, Impruneta, T 055 237 49 23, www.chichibio.it, Mi–Mo 12.30–15, 19–23 Uhr, *primi piatti* 12–13 €, *secondi piatti* 13–19 €

Zugabe

Besser leben in Florenz

Die Associazione Via Maggio und ihr Kampf für städtische Lebensqualität – im Gespräch mit Olivia Turchi

Florenz, ein Freilichtmuseum? Ja, schon: für die Touristen *mordi e fuggi* (›Beiß und flieh!‹). So nennt man in Italien die immer zahlreicheren Besucher, die nur für ein paar Stunden reinschnuppern, die Stadt verstopfen und mit ihrer Art des Reisens die Geschäftsstruktur umkrempeln.

Aber nein, Florenz ist kein Freilichtmuseum! Hinter den historischen Fassaden und ihren Begleiterscheinungen – Souvenirständen, Ein-Euro-Läden und McDonald's-Filialen – ist der Stadtorganismus sehr lebendig. Und er wehrt sich gegen seine Zersetzung. Der Widerstand kommt von unten und mit eigenen Ideen, nicht nur gegen den Massentourismus, sondern auch für die Verbesserung des Stadtlebens. Das Schlüsselwort ist *associazionismo*. Der sperrige Begriff bezeichnet das italienische Modell des Vereinswesens. In einer *associazione* tun sich Leute mit gemeinsamen Interessen und Zielen zusammen.

So wie 2009 einige Geschäftsleute, Handwerker und Anwohner um die Via Maggio herum. Die Hauptstraße auf der Südseite des Arno, international bekannt für Antiquitäten und Galerien, erlebte damals ein dramatisches Geschäftesterben und ein horrendes Verkehrsaufkommen: 7000 Autos pro Tag, dazu neu eingeführte zweistöckige Touristenbusse. In der engen Häuserschlucht die wahre Hölle. Die spontan versammelten Betroffenen gründeten die Associazione Via Maggio. Ihre Präsidentin Olivia Turchi sagt: »Die Straße lief Gefahr, ihren Charakter zu verlieren. Wir wollten keine Minimarkets, Infopoints oder Telefonanbieter. Der kulturelle Reichtum stand auf dem Spiel. Wir haben uns dann mit unseren Ideen und der Bitte um Hilfe an die Stadtverwaltung gewandt.«

Mit Erfolg. Die Busse wurden wieder abgeschafft und der Verkehr deutlich reduziert. »Bis vor elf Jahren hat die Politik unsere Probleme nicht wahrgenommen. Sie schafft es nicht, die DNA eines Viertels zu entziffern. Wir ersetzen die Politik, indem wir ihr zuarbeiten«, erklärt Turchi.

Wir treffen sie in ihrem Antiquitätengeschäft, das seit 1942 besteht. Ein Erbe ihres Großvaters. Es ist bis unter die Decke angefüllt mit Holzmöbeln, Ölbildern, Büsten und Schiffsmodellen. Kein typisches Ziel eines Reisenden. Aber zum Florentiner Stadtleben gehört auch dies: schwelgen, stöbern, plaudern. Erinnerungen wachhalten.

Und neue schaffen. Turchi erzählt, welche Initiativen ihre *associazione* entwickelt, um die Lebensqualität und die Geschäftskultur des Viertels zu stärken.

»Bis vor elf Jahren hat die Politik unsere Probleme nicht wahrgenommen.«

Ein Erfolgsmodell ist die Veranstaltungsreihe *Contemporaneamente* im Dezember: Mit Ausstellungen, Konzerten, Performances und Buchvorstellungen beweist der Oltrarno seine kulturelle Relevanz in der Gegenwart. Veranstaltungsorte sind Läden, Lokale und Ateliers, aber auch die anglikanische Kirche Saint Marks und repräsentative Palazzi. Die Events haben, dem Titel entsprechend, zeitgenössischen Charakter. »2011 sind wir mit sechs Galerien gestartet, die kleine Ausstellungen gezeigt haben. Acht Jahre später haben wir mehr als 100 Veranstaltungen an 60 verschiedenen Orten in 15 Straßen des Viertels«, erzählt Turchi stolz.

Natürlich erfordert dies viel Koordination, aber auch die Bildung von Netzwerken ist wichtig. Man arbeitet mit anderen *associazioni* zusammen, mit Künstlern, Autoren, den traditionell im Viertel ansässigen Handwerkern etc. Das Orchester des Musikfestivals Maggio Fiorentino bereichert etwa die Initiative *Maggiolata,* die im Mai stattfindet. Ein fundamentales Anliegen ist die Einbindung der jungen Generation, die man durch die Beteiligung der Goldschmiedeschule oder des künstlerischen Gymnasiums im Viertel gewinnt. »Es sind jetzt zehn Jahre, und unsere Bilanz ist sehr positiv! Wir haben es geschafft, zusammen mit der Kommune, das ganze Viertel in neuem Licht strahlen zu lassen.«

Was Turchi besonders freut: Die *associazione* wird nicht nur von Geschäftsleuten, etwa Antiquaren wie ihr getragen, sondern auch von den *residenti,* den Anwohnern: »Wir versuchen, die Interessen aller zu berücksichtigen, damit unsere Sozialstruktur lebendig bleibt. Unser Viertel würde zu einem Schlafplatz, wenn die Menschen hier nur wohnen würden, oder zu einem großen Warenlager, wenn es nur Geschäfte gäbe. Seine Identität ginge verloren.« ■

Sich mit Freunden treffen, gemeinsam zu Abend essen: Das gehört zum Leben im Florentiner Viertel Santo Spirito auf der Südseite des Arno.

Arezzo und Umgebung

Richtung Auge des Wirbelsturms — wo die mit Kultur und Landschaft protzende Toskana ausläuft und Umbrien sich ankündigt, ist schon etwas von dem tieferen und vergeistigten inneren Italiens zu spüren.

Seite 129

Arezzo

Das dynamische Handelszentrum ist die Heimat des Dichters Francesco Petrarca. Im schönen alten Ortskern werden auch alte Sachen zu Geld gemacht, in unzähligen Antiquitätenläden.

Seite 132

Museo Basilica di San Francesco

Die Fresken von Piero della Francesca in der Hauptchorkapelle der Franziskanerkirche von Arezzo sind Ausdruck einer ganzen Epoche. Die Frührenaissance ist dort in der Legende vom heiligen Kreuz Farbe und Form geworden.

τ

Der Buchstabe Tau markiert den Franziskusweg.

Eintauchen

Seite 134

Mit dem Rad in die Etruskerzeit

Ungestörtes Radeln auf alten Wirtschaftswegen an Kanälen, bis man in einem Etruskergrab landet: auf dem Sentiero della Bonifica von Arezzo zum Parco Archeologico di Cortona (auch: del Sodo).

Seite 138

Felsen wie gemalt

Zwischen bizarren Felsformationen wandern Sie bei Castelfranco di Sopra entspannt durch die jüngere Erdgeschichte – in den Balze des Arnotals.

Seite 140

Croce del Pratomagno

Inmitten von Wäldern und Wiesen liegen auf über 1500 m ein Ausflugslokal und ein Aussichtspunkt über Mittelitalien.

Seite 142

Poppi

Eine famose Burg, das Castello dei Conti Guidi, und ihr hübsches Städtchen mit Laubengängen wachen in Poppi über das junge Arnotal.

Seite 144

Santuario Francescano La Verna ✪

Die Wälder der Apenninen sind alt, groß und legendär: Von Wundern wird berichtet zu Zeiten des hl. Franz, der die Einsiedelei gründete. Bis heute bietet sie stille Einkehr.

&

Seite 146

Cortona

Die Stadt am Berg schlägt aus ihrer Lage Kapital: Die hässlicheren Seiten der Moderne im Tal stören das Image mit Boutiquen, Kunstgalerien und feinen Museen in keinster Weise.

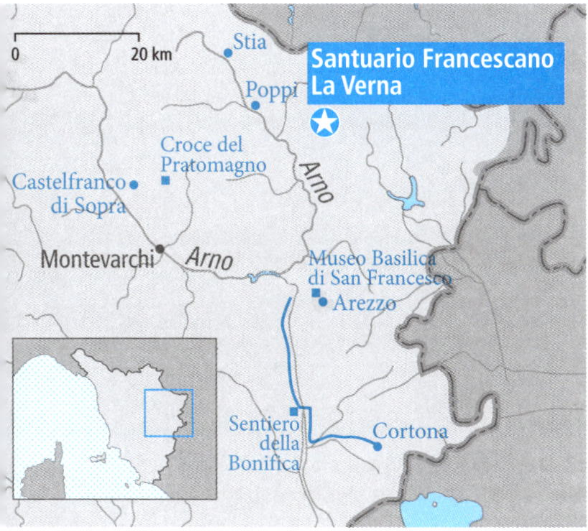

Baden in jungfräulichem Arnowasser ist bei Stia möglich.

Längs oder quer macht den Unterschied in den Tälern der östlichen Toskana. Mal geht's zu Städten und Gewerbegebieten, mal zu abgelegenen Burgen, Mühlen und Klöstern.

erleben

Durch Täler und Wälder

E

Eine Durchgangsregion ist die Provinz Arezzo sicherlich, ein erster Abschnitt auf der Reise von Florenz nach Rom. Schon Goethe fuhr einfach nur durch. Aber dem Geheimrat müssen Sie ja nicht alles nachmachen. Wenden Sie sich in alle Richtungen, dann werden Sie positiv überrascht: Die Toskana ist hier zwar seltener spektakulär, aber sehr harmonisch – und etwas besinnlicher.

Straßen, Pässe und Kanäle …

Wie die Spinne in einem Netz von Verkehrswegen: Arezzo, ein intaktes *centro storico* mit großen Neubaugebieten, liegt in einem Talkessel, von dem mehrere längliche Täler abgehen. Von Nordosten kommt der Arno durch das Casentinotal herunter, um Richtung Florenz weiterzufließen. Nach Osten führen Passstraßen ins obere Tibertal und nach Süden öffnet sich das weite Val di Chiana. Arezzo war seit den Etruskern Provinzhauptstadt und Handelszentrum. Das ist es noch heute, wie an den Gewerbegebieten zu sehen ist, die Sie von der A1 zur Altstadt durchqueren müssen. Die Autobahn hat den Arno als Transportweg ersetzt.

ORIENTIERUNG O

Infos: www.arezzoturismo.it
Verkehr: Bahnverbindungen von Florenz Richtung Rom. Busse von Toskana Mobilità, www.tiemmespa.it.

Einige Outlets haben sich in ihrem Dunstkreis niedergelassen. Der Kanal durchs Chianatal, der die Wasserscheide zwischen Arno und Tiber überwindet, dient dagegen der Entwässerung für eine großflächige Landwirtschaft.

… Wälder und Quellen

Abseits der geschäftigen Achsen steht die Provinz Arezzo auch für Ursprünglichkeit. Sobald Sie einige Höhenmeter hinter sich lassen, wird es in den Wäldern des Pratomagno und der Apenninen ruhig. Sie sind Rückzugsraum für Klöster, die bis heute große Anziehungskraft haben. Das Casentino führt zu einem besonderen Ursprung: der Arnoquelle. Hier ist die Ressource Holz bis heute wichtig, früher wurde sie über den Arno direkt aus den Bergen geflößt. Ohne diesen Rohstoff wäre schon der Dombau in Florenz nicht möglich gewesen. Neben der Waldarbeit ist auch die Steinmetzkunst lebendig, eine Tradition, die viele urige Landkirchen bezeugen.

Arezzo

K7

Piazza Grande und Corso Italia

Ein Platz für alle Feste

Eine junge Familie auf dem Fahrrad, Papa steuert, Mama und der kleine Sohn sitzen auf der Querstange. Auf dem Hauptplatz von Arezzo geht es bergab, die Fahrt wird schnell und riskant, aber die drei haben ihren Spaß. Diese Szene aus dem Film »Das Leben ist schön« wurde 1997 gedreht. Sie spielt im Jahr 1939, als in Italien die Rassengesetze herrschten. Eine riskante Zeit für die Filmfamilie, denn der Vater ist Jude. Auch gesellschaftlich geht es bald rasant bergab … Die grandiose Anlage der schrägen **Piazza Grande** ❶ hat der aus der Umgebung stammende Regisseur Roberto Benigni symbolisch genutzt. Der architektonische Rahmen bildet eine perfekte, historisch gewachsene Kulisse.

Auch wenn kein Filmteam hier arbeitet, ist der alte Marktplatz Dreh- und Angelpunkt des Gemeinschaftslebens. Anfang und Ende des Sommers steigt die **Giostra del Saracino,** das wichtigste Mittelalterfest der Stadt. Es ist ein altes Reiterspiel, dem ein historischer Umzug in farbenfrohen Kostümen vorausgeht. Nach dem Anspruch der Aretiner soll es identitätsstiftend wirken wie der Palio in Siena, ist aber vor allem hübsche Folklore. Ein monatlich wiederkehrendes Ritual ist der große **Antiquitätenmarkt,** der den Platz mit Ständen füllt und in ganz Italien bekannt ist. Antiquitäten sind in Arezzo ein großes Geschäft, mit allen Tücken des Metiers, was die Echtheit mancher Möbel

Zweimal pro Jahr findet auf der Piazza Grande das historische Reitturnier Giostra del Saracino statt. Fahnenschwenker gehören dazu.

betrifft. Einige Händler haben ihre Läden direkt an der Piazza Grande.

Baustilkunde live

Die Piazza ist im Prinzip selbst eine Antiquitätensammlung, und zwar eine echte. Die ältesten Gebäude stammen aus dem 12. Jh.: einige Turmhäuser sowie die **Pieve Santa Maria Assunta** ❹ (s. S. 131), die wichtigste Pfarrkirche der Stadt. Diese wendet ihre romanische Chorapsis mit den Zwerggalerien dem Platz zu. Wer genau hinschaut, bemerkt eine Brechung der einfachen Harmonie: eine geknickte Säule. *Capriccio* oder Steinmetzzeichen? An der Platzecke darüber steht der **Palazzo della Fraternita** (www.fraternitadeilaici.it, tgl. 10.30–18 Uhr, 3 €), der Sitz einer wohltätigen Laienbruderschaft. Der untere Teil ist noch gotisch verspielt, der

Arezzo

Ansehen
❶ Piazza Grande
❷ Loggia Vasari
❸ Palazzo Pretorio
❹ Pieve Santa Maria Assunta (Santa Maria della Pieve)
❺ Duomo San Donato (Cattedrale dei Santi Pietro e Donato)
❻ Passeggio del Prato
❼ Museo Basilica di San Francesco
❽ Museo di Casa Vasari

Schlafen
1 B & B Cento Passi dal Duomo
2 Locanda San Pier Piccolo

Essen
1 La Lancia d'Oro
2 Chiantineria
3 Enogastrobiciteca Tuscanative
4 Basilico Pinsa e Birra

Einkaufen
1 Corso Italia

Bewegen
1 Biking Team

---

obere geht in die elegante Renaissance des 15. und 16. Jh. über. Komplett aus dem 16. Jh. ist die etwas überdimensionierte **Loggia Vasari** ❷ am oberen Platzrand, ein Vermächtnis von Giorgio Vasari, dem Architekten der Florentiner Uffizien, der aus Arezzo stammte. In den Lokalen unter den Arkaden sitzen Sie wie in einer Theaterloge. Der **Palazzo Pretorio** ❸ (Via dei Pileati 8) oberhalb der Pieve geht auf das 14./15. Jh. zurück. Zwischen 1600 und 1926 diente er u. a. als Gefängnis, dann als Museum. Heute beherbergt er die Städtische Bibliothek von Arezzo.

Palazzo della Fraternita: www.fraternitadeilaici.it, tgl. 10.30–18 Uhr, 3 €

Kirchenschmuck
Ein altes Juwel glänzt in der **Pieve Santa Maria Assunta** ❹ (auch: Santa Maria della Pieve). Die geräumige **Hallenkrypta** bewahrt eine Reliquie des alten Bischofs San Donato in einem kostbaren Schrein aus Gold, Silber und Edelsteinen. Er ist als Porträtbüste des Donato gestaltet, so konnten sich die Aretiner ein Bild von ihm machen – auch wenn man nicht wusste, wie er wirklich aussah.

So schön wie die Krypta ist der gesamte **Innenraum** der Kirche, zwar schlicht, aber mit einem angenehmen Raumgefühl. Typisch romanisch sind die kleinen **Rundbogenfenster,** die hübsch als Zweierpärchen auftreten. Das mehrteilige **Altarbild** von Pietro Lorenzetti zeigt im Zentrum die hl. Maria, die in auffällig liebevoller Zuneigung mit ihrem Sohn kommuniziert.

Zurück vor dem Eingang lohnt ein Blick nach oben ins **Portalgewölbe:** Die zwölf Monate sind als Figuren dargestellt, die typische Saisonarbeiten verrichten. Man erkennt noch, dass sie einmal sehr bunt waren – wie vermutlich auch der Innenraum.

Corso Italia 7, tgl. 8–12, 15–19 Uhr, Eintritt frei

Geschäftskultur
Der verkehrsberuhigte **Corso Italia** 1, die Hauptstraße im historischen Zentrum, zieht sich den Altstadthügel hinauf. Schmucke Geschäfte, manchmal in mittelalterlichen Sandsteinmauern, haben ihren besonderen Reiz, ob für Damenmode, Möbel oder Interieur. Hier und in den Seitengassen stellen Sie fest: Arezzo ist eine angenehme, lebenswerte Provinzstadt. Man pflegt Tradition, auch in der Gastronomie, aber hauptsächlich für sich selbst. Touristen kommen näm-

lich nur wenige. Die Aretiner können sich ein gediegenes Leben durchaus leisten, denn Handel und Goldschmiedekunst sorgen für einen gewissen Wohlstand. Allerdings findet man, anders als in Florenz, kaum Juweliergeschäfte im Zentrum. Produktion und Vertrieb finden in der Peripherie statt.

Pieros Farbenpracht

Wenige Schritte vom Corso Italia entfernt steht die **Basilica di San Francesco** ❼, in der Sie mehr originale Wandfarbe als in der Pieve Santa Maria Assunta erleben. Die Basilika ist heute ein **Museum** (s. rechts) – mit Piero della Francescas grandiosem Freskenzyklus.

Domhügel

Pracht für die Bischöfe

Der höchste Punkt der Altstadt gebührt dem Dom. Eigentlich logisch – nicht jedoch, dass der **Duomo San Donato** ❺ (Cattedrale dei Santi Pietro e Donato) ein bisschen verloren wirkt. Es hat damit zu tun, dass die Bischöfe erst im 13. Jh. ins Innere der Stadtmauern zogen. Ihr neuer Dom (ab 1277) entstand an der Stelle der antiken Etruskersiedlung, blieb aber ohne rechten Bezug zu den Häusern der mittelalterlichen Kommune. Äußerlich gibt er sich bescheiden, innen aber hat er einige Schätze zu bieten. Auch hier hat Piero della Francesca gemalt, aber nur eine Figur, die **hl. Magdalena** links neben dem Chor. Unverkennbar ist der feierliche Stil, der Magdalena wie eine Skulptur wirken lässt.

Zwei andere Persönlichkeiten sind deutlich stärker in Szene gesetzt. Links neben Magdalena hat Bischof Guido Tarlati ein riesiges **Wandgrabmal** erhalten (14. Jh.). Tarlati war 1321–28 auch mächtiger Herrscher über die Stadt und pflegte einen ausgelassen weltlichen Lebensstil. Anders sein Vorgänger, der Stadtheilige San Donato: Als zweiter Bischof von Arezzo erlitt er 304 während der Christenverfolgung unter Diokletian das Martyrium. Er erhielt ein großartiges **Marmorgrabmal** am Hauptaltar: eine feingliedrige Gemeinschaftsarbeit aretinischer und florentinischer Bildhauer (14. Jh.).

Piazza del Duomo, tgl. 7–12.30, 15–17.30/18.30 Uhr, Eintritt frei

Grün mit weißem Fleck

Hinter dem Dom können sich Ihre Augen von der kleinteiligen Pracht erholen: Der weite Park **Passeggio del Prato** ❻ mit den rahmenden Bäumen ist wie eine grüne Terrasse über den Dächern und Türmen. Fast etwas störend wirkt das unförmige marmorweiße **Petrarca-Denkmal** für den Dichter Francesco Petrarca (1304–74), auch er ein Sohn der Stadt. Es entstand zu Zeiten Mussolinis und ist so lächerlich bombastisch, dass Roberto Benigni es für seinen tragikomischen Film über diese Zeit schlichtweg ignorierte.

Museen

Pieros Farbenpracht

❼ **Museo Basilica di San Francesco:** 1452–59 malte Piero della Francesca die Hauptchorkapelle der Basilika aus und schuf ein Meisterwerk der Renaissance. Sein **Freskenzyklus** schildert die komplexe Geschichte vom Heiligen Kreuz nach der »Legenda aurea« von Jacobus de Voragine (13. Jh.). Aber wie! Piero war besessen von Mathematik und Geometrie und hat sein Wissen in perfekte Perspektiven und Proportionen einfließen lassen. So strahlen die Bilder eine erhabene Ruhe aus. Nur die beiden unteren Schlachtenszenen scheinen theaterhaft gestellt. Trotzdem müssen sie mit ihrem Realismus auf die Zeitgenossen gewirkt haben wie auf uns Fotografie und Film. Historische Forschungen ergaben, dass der Auftraggeber Giovanni Bacci eine verschlüsselte Botschaft einbringen ließ. In den Schlachten siegt jeweils ein christlicher Herrscher gegen einen ›ungläubigen‹ Rivalen aus dem Osten: der römische Kaiser Konstantin der Große über den Usurpator Maxentius (links), der byzantinische Kaiser Heraclius über Chosrau II., den letzten Großkönig der Sassaniden. Bacci, ein Gelehrter mit besten Verbindungen in päpstliche Kreise, wollte damit wohl die Bemühungen um einen Kreuzzug gegen die Osmanen unterstützen, die 1453 Konstantinopel erobert hatten.

Via San Francesco, www.pierodellafrancesca-ticketoffice.it, Sommerzeit Mo–Fr 9–19, Sa 9–18, So 13–18, Winterzeit Mo–Fr 9–18, Sa 9–17.30, So 13–17.30 Uhr, 8 € (inkl. obligatorischer Reservierung)

Beim Erbauer der Uffizien

8 Museo di Casa Vasari: Wie hat sich wohl ein Künstler des 16. Jh. häuslich eingerichtet? Eine Idee erhalten Sie im originellen Wohnhaus Giorgio Vasaris. Trotz der vielen Aufträge von Herzog Cosimo I de' Medici – u. a. die Uffizien – blieb er seiner Heimatstadt treu und fand noch Zeit, sein Haus selbst auszumalen. Man sieht, dass er von seiner Kunst gut leben konnte. Es gibt sogar ein Dienstgeschoss und einen kleinen Garten im Stil der Renaissance.

Via XX Settembre 55, www.museistatali arezzo.it/museo-casa-vasari, Mo, Mi–Sa 8.30–19.30, So, Fei 8.30–13.30 Uhr, 4 €

Schlafen

Kreativ und zentral

1 B & B Cento Passi dal Duomo: Ob es wirklich 100 Schritte zum Dom sind, wie der Name verspricht? Die vier Zimmer (davon ein Dreibett- und ein Vierbettzimmer) sind jedenfalls ein angenehmer, kreativer Mix aus alt und modern, hell und mit schönen Fensterausblicken. Das Frühstück findet in einem Gemeinschaftsraum mit Balkon statt. Kostenlose Parkplätze liegen nur etwas mehr als 100 Schritte entfernt.

K

FIXIERTER KLANG

Die Note macht die Musik. Doch wer erfand eigentlich die Notenschrift? Guido von Arezzo, ein Benediktinermönch, der im 11. Jh. im Auftrag des Bischofs Tedaldo an der hiesigen Kathedralschule lehrte. Sein **Tetragramm,** das Notationssystem mit ursprünglich nur vier Linien, ziert eine **Gedenktafel** an einer Hauswand der Via Andrea Cesalpino, Ecke Via Montetini. Ob Guido hier auch geboren wurde und wohnte, wie die Tafel behauptet, ist allerdings zweifelhaft.

Via Montetini 13, T 331 761 76 55, www.centopassidalduomo.it, DZ/ÜF 75–80 €

Ruhiges altes Stadtkloster

2 Locanda San Pier Piccolo: Mitten in der Altstadt versteckt sich hinter hohen Mauern ein großer Klosterkreuzgang, der auf zwei Geschossen einfache, aber großzügige, freskierte Zimmer bietet (einige mit Gemeinschaftsbad). Ein faszinierendes historisches Ambiente! Die sympathischen Gastgeber führen im ersten Stock sogar ein Restaurant mit moderaten Preisen. Den Gästen stehen viele Gemeinschaftsräume zur Verfügung.

Via Bicchieraia 32, T 0575 20 792, 328 715 95 52, www.locandasanpierpiccolo.it, DZ/Bad 70–75 €, Frühstück 4 €

Essen

Logenplatz für Genießer

1 La Lancia d'Oro: Das eleganteste Lokal unter der Loggia Vasari zaubert kreative Gerichte, die traditionelle Rezepte hinter sich lassen. Etwa die Pasta mit Kaninchen und einem Dressing aus Mandarinen, Spinatsprossen und Auberginen. Oder Täubchen mit Foie Gras und Kirsch-Quenelle.

TOUR
Mit dem Rad in die Etruskerzeit

Auf dem Sentiero della Bonifica von Arezzo nach Cortona

Selten radelt man in Italien so topfeben und ungestört wie auf dem **Sentiero della Bonifica** (›Weg der Trockenlegung‹). Dem **Canale Maestro** sei Dank: In einem Meer aus Feldern führt der Entwässerungskanal durch das weite Val di Chiana. Der flankierende Wirtschaftsweg für die Instandhaltung ist seit 2010 als Radweg ausgeschildert, 62 km lang, von Arezzo bis Chiusi. Unser Ausflug beschreibt einen Abschnitt, der zu den alten **Etruskergräbern von Sodo** bei Cortona führt.

Der Einstieg bei Arezzo liegt westlich außerhalb der Altstadt, an der **Chiusa dei Monaci,** einer alten Schleuse. Am ersten Kreisel geht es über den **Canale Maestro della Chiana,** dann ist die Beschilderung etwas lückenhaft, aber klar ist: Wir müssen ans **westliche Kanalufer.** Sobald wir in der Spur sind, läuft es wie von selbst. Der Weg wird unbefestigt, das Auge ruht sich aus, die Gedanken kreisen. Etwa um die Frage, warum die meisten Orte auf den Bergrändern liegen, wo doch unten so viel Platz ist. Nun, das Tal war nicht immer so gastlich. In vorgeschichtlicher Zeit kamen ihm zwei Flüsse abhanden, die Sümpfe hinterließen, erst der Arno, dann die namengebende Chiana. Beide fanden einen Abfluss nach Norden. Andere Bergbäche füllten das Tal mit einem See, den noch Leonardo da Vinci um 1500 gezeichnet hat. Dank einer *bonifica,* einer groß angelegten Urbarmachung, sind daraus ab dem 18. Jh. Ackerflächen geworden.

Der Canale Maestro ist das Rückgrat des *bonifica*-Systems. Der Radweg folgt ihm

Unterwegs auf dem Sentiero della Bonifica

schnurgerade. Gemüse, Mais oder Raps ziehen vorüber, ab und zu Hecken, Bäume und einsame Häuser. Nach den ersten 17 km wechselt der Weg über eine **Sichtbetonbrücke der SP 25** auf die **östliche Kanalseite.** Eine kleine Schikane über einen **Seitenkanal** und weiter geht's. Nach weiteren 5 km werden wir dem Sentiero della Bonifica untreu. Statt erneut über den Kanal zu springen, fahren wir geradeaus durch eine Linkskurve, wenig später scharf rechts und über die **SP 28** hinweg. Ab hier ist der **Parco Archeologico di Cortona** (auch: **del Sodo**) ausgeschildert, der nach weiteren 10 km unser Ziel ist.

Oben die Lebenden, unten die Toten: Am Fuß der Berge von Cortona liegt die schönste Nekropole des alten Curtun, die beiden **Tumuli von Sodo** (6. Jh. v. Chr). Der Begriff bezeichnet kreisförmige künstliche Hügel mit Grabkammern. **Tumulus I** können Sie nach der jüngsten Restaurierung auch betreten: Eine Abfolge von acht Kammern diente vielen Generationen einer reichen Großfamilie als Grabstätte. **Tumulus II** ist innen verschüttet, doch besitzt er für die Etruskologen etwas Einzigartiges: einen eleganten treppenartigen Vorbau, der wohl als Opferterrasse diente.

Zurück nach Arezzo gelangen Sie am besten mit einem Regionalzug. 3 km vom Archäologischen Park in Sodo entfernt liegt die **Stazione di Camucia-Cortona.** Von dort verkehren stündlich Regionalzüge nach Arezzo, in denen Sie auch Ihr Fahrrad mitnehmen können.

Wenn Sie sich vor der Rückfahrt noch stärken möchten: Die besten Fischgerichte der Gegend bekommen Sie im **Cantanapoli** (Località Le Piagge 33a, www.cantanapoli.net, T 0575 629 96, Di–So 12–15, 19–23.30 Uhr, Menü 45 €, abends Pizza ab 6 €) an der SR 71 1 km von der Nekropole Richtung Bahnhof Camucia-Cortona.

Infos

Radtour, ca. 35 km (einfach), ca. 2,5 Std. ohne Besichtigung

Start:
Chiusa dei Monaci, Arezzo, K 7

Sentiero della Bonifica:
sentierodellabonifica.it

Parco Archeologico di Cortona:
Località Sodo di Cortona, www.maecparco.it, www.cortonamaec.org, 2019: April–Sept. tgl. 10–14, 15–18, Okt.–März Fr–So 10–14 Uhr, sicherheitshalber nachfragen unter T 0575 63 04 15 (MAEC Cortona)

Piazza Grande 18, T 0575 21 033, www.ristorantelanciadoro.it, Juli–Aug. tgl. mittags, abends, Sept.–Juni Di–Sa mittags, abends, So mittags, *primi piatti* 12–18 €, Hauptgänge ab 16 €

Eng und gemütlich

2 Chiantineria: Wände aus Weinflaschen und antikes Mobiliar empfangen den Gast in der Gasse neben der Pieve-Kirche. In intimer, etwas gedrängter Atmosphäre werden leckeres Tatar, Salbei-Butter-Ravioli und andere Köstlichkeiten nicht nur serviert, sondern wie Gemälde angerichtet. Da kann es schon mal etwas länger dauern. Den Besitzern gehört der Lebensmittelladen Antica Bottega Toscana am nahen Corso Italia. Auch das bürgt für Qualität.

Via di Seteria 10, T 0575 295 843, tgl. 12–23 Uhr, *primi piatti* 8–10 €

Livestylish

3 Enogastrobiciteca Tuscanative: Food & Wine & … Bike! Was das soll, erhellt sich im fulminanten jungen Lokal, wo Rennräder zur Deko gehören. Mit Leidenschaft und moderner Stilsicherheit gehen die jungen Betreiber Marco und Enrico zu Werke, bieten tolle kalte Platten, eine große Weinauswahl und interessante Biere.

Via de' Redi 14, T 0575 21 921, www.facebook.com/tuscanative, Mo, Mi/Do 18.30–23, Fr 18.30–24, Sa/So 12–14.30, 18.30–24 Uhr

Antipasti zum Sattessen

4 Basilico Pinsa e Birra: In einer malerischen Sackgasse, einem Abzweig der Hauptstraße, werden kleine Speisen serviert. Die typische Vorspeise Bruschetta, Weißbrotscheibe mit Belag, gibt es in originellen Varianten, z. B. mit gegrilltem Gemüse und Pecorinocreme. Außerdem im Angebot: Pizza, Hamburger und gutes Bier.

Corso Italia 35/4, T 0575 244 88, www.facebook.com/BasilicoPinsaeBirra, Do–Di, 12–15.30, 19–23 Uhr, Bruschette um 5 €, Pizza ab 7,50 €, Hamburger um 12 €

Einkaufen

Die wichtigste Einkaufsstraße ist der **Corso Italia 1**. **Antiquitätenläden** konzentrieren sich um die **Piazza Grande 1** herum und in den anschließenden Gassen.

Bewegen

Radverleih

1 Biking Team: Straßenräder, Mountainbikes und Rennräder.

Via Fiorentina 59/61, www.bikingteam.it/noleggio-bici, Mo–Fr 9.30–13, 15.30–19.30, Sa 9.30–13, 16–19.30 Uhr, City Bike 15 €/Tag, MTB/Rennrad ab 30 €/Tag

Mit dem Rad in die Etruskerzeit

Sentiero della Bonifica: s. Tour S. 134.

Feiern

- **Giostra del Saracino:** www.giostradelsaracinoarezzo.it, vorletzter Juni-Sa (abends), vorletzter Sept.-So (bei Tageslicht). Reitturnier in mittelalterlichen Kostümen auf der Piazza Grande; s. auch S. 129.
- **Arezzo Wave:** www.arezzowave.com, sechs Tage Mitte Juli. Rockfestival, bei dem bekanntere Musiker wie Ben Harper und Gianna Nannini im Stadion auftreten. Die Bühne im Park Colle del Pionta (Eingang: Via Masaccio) dient jungen, aufstrebenden Gruppen als Sprungbrett. Ihre Konzerte sind in der Regel kostenlos.

Infos

- **Centro di Accoglienza Turistica:** im Rathaus (Municipio), Piazza della Libertà 1, T 0575 40 19 45, März–Sept. tgl. 12–18, Okt.–Feb. tgl. 10–16 Uhr.

• **Centro di Accoglienza Turistica:** vor dem Bahnhof, Piazza della Repubblica 22–23, T 0575 26 850, März–Okt. tgl. 9–13 Uhr.

Arnotal und Pratomagno

Täler und Höhen

Eines der Täler, die vom zentralen Talkessel um Arezzo ausgehen, ist das mittlere Arnotal. Es führt nach Nordwesten Richtung Florenz und lässt links den Chianti mit seiner höchsten Erhebung, dem Monte San Michele (893 m), liegen. Rechts steigt das Pratomagno-Massiv erst sanft, dann steiler bis auf 1592 m an.

Strada Setteponti J5/K6

Kurven für Entdecker

Eine Straße ist hier landschaftlich besonders reizvoll: Die Strada Setteponti (SP 1). Auf gleichmäßiger Höhe führt sie an den unteren Hängen des Pratomagno entlang, durch Olivenhaine und heitere Dörfer sowie an reizenden romanischen Landkirchen, sogenannten Pieven, vorbei. Ob die DDR-Band Karat die Straße kannte? Sie führt nämlich, zumindest dem Namen nach, über sieben Brücken. In Wirklichkeit sind es wohl noch mehr. Die erste von Arezzo aus ist gleich die berühmteste: Im Ort **Ponte Buriano** spannt sich eine **mittelalterliche Steinbrücke** über den Arno, die Leonardo da Vinci im Hintergrund der Mona Lisa verewigt haben soll.

Danach steigt die Strada Setteponti leicht an. 20 km aussichtsreiche Kurven sind es bis **Loro Ciuffenna.** Dort sollten Sie den Abzweig zur **Pieve San Pietro a Gropina** (12./13. Jh.) nicht verpassen, das Kirchlein gehört zu den beeindruckendsten der Toskana! In einfachen Formen strahlt es eine Aura aus, die im Inneren zur vollen Entfaltung kommt. Kanzel und Kapitelle sind mit zahllosen urtümlichen Figuren- und Ornamentreliefs überzogen.

Ca. 10 km weiter liegt am Ortsrand von **Castelfranco di Sopra** die ehemalige **Abbazia San Salvatore di Soffenna.** Ihre Kirche wurde von einem Maler der beginnenden Renaissance dekoriert, den man Scheggia (›Splitter‹) nennt, der Bruder des bekannteren Masaccio. Von Scheggias Arbeiten sind schöne Reste erhalten.

Die Strada Setteponti endet in **Reggello,** in dessen Stadtteil Cascia eine weitere romanische **Pieve San Pietro** (13. Jh.) steht, mit hübscher Fassade und Vorhalle. Innen schmücken Pflanzenornamente und Reiterfiguren die Kapitelle. Die Besonderheit dieser Kirche ist aber im **Museo Masaccio** nebenan untergebracht: ein feines Altargemälde von Masaccio (1422), dem ersten gro-

K

DIE KIRCHE IM DORF LASSEN?

Aber nein, dieser Spruch macht für eine *pieve* keinen Sinn. Der Begriff ist vom Lateinischen *plebs* abgeleitet und bezeichnet eine mittelalterliche Volkskirche. Pieven wurden netzartig über das Land verbreitet und stehen meist abseits der Dörfer. Das war für die Bauern sinnvoller, die im alten Halbpachtsystem auf verstreuten Höfen wohnten. Pieven waren die religiösen Zentren für die Landbevölkerung und sind in der Toskana meist urig und schlicht.

TOUR
Felsen wie gemalt

Wanderung durch die Balze des Arnotals

Infos

ohne Abstecher ca. 1,5 Std., leicht, je 120 Höhenmeter bergab, bergauf

Start/Ziel:
Via Aretina, Castelfranco di Sopra, J 6 (kostenloser Parkplatz zwischen Friedhof und Postamt)

Infos:
www.lamiabellatoscana.it/le-balze-del-valdarno

Bizarr türmen sich ockerfarbene Felswände, bis zu 50 m hoch. Manche sind von Steineichen bekrönt, andere von Besenginster gelb betupft. Eigentlich ist der mittlere Arnolauf zwischen Pratomagno-Massiv und Chiantihügeln stark vom Menschen geprägt. Autobahn und Bahntrasse verbinden Florenz und Arezzo; Gewerbegebiete und Outlet Center bestimmen die Peripherien. Wer sich aber quer zur Hauptachse bewegt, betritt eine Spielwiese der Naturgeschichte. Bevor der Arno hier entlangfloss, füllte ein See die Talmulde. Er trocknete aus, die weichen Ablagerungsschichten wurden von den Bächen des Pratomagno durchschnitten. Regen und Wind taten ein Übriges. So schuf die Erosion spektakuläre Felsformationen, die in der Toskana **Balze** genannt werden (von *balzare*, hochspringen).

Besonders schön erleben wir sie auf einem eineinhalbstündigen Rundweg bei **Castelfranco di Sopra.**

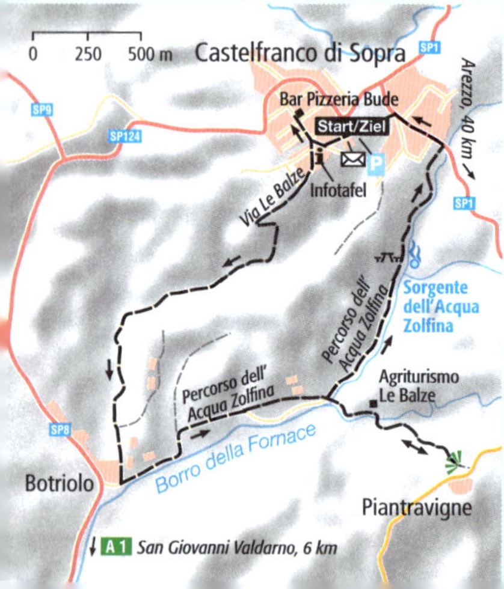

Das beschauliche Städtchen ist eine florentinische Gründung des 13. Jh. Vor seinem südöstlichen Stadttor zweigt links die **Via Le Balze** ab. Dort bildet eine **Infotafel** den gesamten Rundweg in Rot und Blau ab. Praktisch: Kleinere Karten weisen unterwegs an entscheidenden Stellen den Weg. Die Via delle Balze (roter Weg) führt aus dem Ort ins **Tal** hinunter, wo allmählich immer imposantere Felswände auftauchen. Dazwischen liegen Felder und Gärten. Ein älterer Herr ist hergekommen, um sein Gemüsebeet zu pflegen. Kaum sind wir im Gespräch, erzählt er stolz, dass Leonardo da Vinci die Balze im Hintergrund der Mona Lisa gemalt habe.

Rast an den Balze von Castelfranco di Sopra

Uns fällt ein, dass Leonardo tatsächlich hier war, um zu kartografieren ... Wer weiß?

Im weiten Talgrund biegen wir nach einigen Häusern an der **T-Kreuzung** links ab (blauer Weg). Es geht nun leicht bergauf an Weinbergen vorbei. Je höher wir steigen, umso eindrucksvoller wird vor allem linker Hand das Panorama: eine viele Hundert Meter lange Kette vertikal aufragender **Felswände und Felsspitzen,** die je nach Ablagerungsepoche hell- oder dunkelbraun schimmern – ein bisschen wie das Monument Valley im Mittleren Westen der USA. Für den schönsten Fotoblick lohnt sich ein 40-minütiger Abstecher nach rechts, am **Agriturismo Le Balze** (Podere Speranza) vorbei (zusätzlich 70 Höhenmeter auf und ab): Ein Wanderweg steigt steil bis zur Landstraße an, die rechts in den Ortsteil **Piantravigne** führt. Kurz vor dem Ort genießen wir, links neben einem madonnengeschmückten Brunnen, den tollen Überblick über die Felsenkette gegenüber.

Zurück im Tal begleiten uns die Felsen noch eine ganze Weile, bevor der Wanderweg längs eines schwefeligen Baches im Wald verschwindet. Ein weiterer Abstecher nach rechts führt in wenigen Metern zur **Sorgente dell'Acqua Zolfina** zwischen schattigen Eichen (Wegweiser folgen), der ›Quelle des Schwefelbachs‹.

Wieder in **Castelfranco di Sopra,** zieht es uns noch auf die heitere, quadratische **Piazza** im Ortskern, auf einen leckeren *caffè macchiato* in der **Bar Pizzeria Bude** (Piazza Vittorio Emanuele 23, T 055 914 90 16, www.facebook.com/barpizzeriabude, tgl. 7–24 Uhr) – willkommene Stärkung nach dem Gang durch 2 Mio. Jahre Erdgeschichte.

Sie möchten mehr über die einstige Seenlandschaft und vor allem etwas über ihre urzeitlichen Bewohner erfahren? Dann lohnt sich der Abstecher zum **Museo Paleontologico** in Montevarchi (14 km; s. S. 141).

ßen Renaissancemaler von Florenz, der aus dem nahen San Giovanni Valdarno stammte.

Museo Masaccio: www.museomasaccio.it, Di, Do 15–19.30, Sa/So 10–12.30, 15.30–19.30, 5 €

Vallombrosa K6

In Reggello zweigt eine Straße ab, die zum Benediktinerkloster, der **Abbazia di Vallombrosa,** führt. Ihre stattliche Anlage liegt auf ca. 1000 m Höhe in einem dichten, ausgedehnten Nadelwald des Pratomagno. Angegliedert ist ein staatliches **Forstzentrum** mit einem 700 Spezies umfassenden **Arboretum** (nicht öffentlich zugänglich, Infos: T 055 862020, E-Mail: utb.vallombrosa@corpoforestale.it). Dieses ist heute den Carabinieri unterstellt, aber früher betrieben die Mönche selbst Försterei. Der Klostergründer Giovanni Gualberto (995–1073), Spross einer Florentiner Adelsfamilie, war ein Aussteiger des Mittelalters und ist heute der Schutzheilige der Waldarbeiter. In der Folgezeit haben die Vallombrosaner-Mönche großflächig Tannen gepflanzt, die wirtschaftlich bedeutsam wurden. Deshalb erhielt das Kloster über Jahrhunderte Unterstützung verschiedener Herrscher. Das sieht man: Großherzog Peter Leopolds Büste ziert das Tor des mächtigen Eingangsflügels, und die – architektonisch eher einfache – Kirche wurde bis ins 18. Jh. mit Deckenfresken, Stuck und Gemälden effektvoll ausgeschmückt.

Außerhalb des Hauptkomplexes zeigt das **Museum** des Klosters sakrale Kunst.

www.facebook.com/abbaziadivallombrosa; **Abtei/Kirche:** Via San Benedetto 2, tgl. 8–12, 15–18 Uhr, Eintritt frei; **Museum:** Via S. Benedetto 115, tgl. 10–12, 15–18 Uhr, 3 €

Croce del Pratomagno J6

Tierisch schön

›Große Wiese‹ bedeutet der Name dieses Bergrückens auf Deutsch. Das leuchtet Ihnen sicher ein, wenn Sie zum Gipfelgrat hochfahren: Der ist nämlich eine Kuh- und Pferdeweide. Von Vallombrosa aus sind es 22 km (45 Min.), von Arezzo aus 50 km (gut 1 Std.), dann erreichen Sie das beliebte Ausflugslokal **Da Giocondo** mit Plätzen drinnen wie draußen (Località Le Ceraie, T 368 46 94 99, www.dagiocondo.it, tgl. 9–19 Uhr, Hauptgänge um 13 €). Dort zweigt eine Straße ab, die nach 1 km auf einem **Parkplatz** mit Grillhütte endet. Von dort führt ein **Wanderweg** gut 1 km durch Wiesen leicht bergauf zum Gipfelkreuz, dem **Croce del Pratomagno,** wo sich eine herrliche Aussicht über die Landschaft bietet. Wer möchte, kann den freien Kammweg zwischen grasenden Rindern ein Stück entlangwandern. Während der Frühlingsblüte ist das – im wahrsten Sinne – tierisch schön.

San Giovanni Valdarno J6

Gemütliche Provinz

Suchen Sie vielleicht ein heiteres, entspanntes Provinzstädtchen für die Kaffeepause oder den *aperitivo?* Hier ist es! Die geraden, rechtwinkligen Straßen des verkehrsberuhigten Zentrums weisen San Giovanni Valdarno als Reißbrettstadt aus, im Jahr 1299 von der Republik Florenz gegründet, um deren damalige Grenzen zu stärken. Herrlich großzügig wirkt der Hauptplatz, die **Piazza Cavour,** der vom originellen, alten **Rathaus** flankiert wird. Es soll vom Baumeister des Florentiner Doms, Arnolfo di Cambio, errichtet worden sein. Zeitlich wäre es möglich. In einem Eck der Piazza Cavour hat das **Eiscafé Tartarughyna** (Piazza Cavour 9, T 349 778 38 02, Mo–Do 13–20, Fr–So 14.30–20 Uhr) Tische draußen stehen – ideal, um das Provinzleben mit Genuss zu beobachten!

In Sachen Kunst

Kunstinteressierte schauen sicher noch am Corso Italia in der **Casa Masaccio**, dem Geburtshaus des Malers Masaccio, vorbei: Das einfache Wohnhaus, an dem eine Gedenktafel an den Künstler erinnert, dient heute als **Centro per l'Arte Contemporanea** (›Zentrum für Zeitgenössische Kunst‹), und zeigt entsprechende Ausstellungen.

An der Piazza Masaccio hingegen können Sie im kleinen **Museo della Basilica di Santa Maria delle Grazie**, links neben der Basilika, u. a. ein wunderschönes Verkündigungsbild von Beato Angelico (15. Jh.) bewundern. Es könnte auch in den Uffizien hängen, doch hier wirkt es viel besser!

Casa Masaccio: Corso Italia 83, www.casamasaccio.it, Mo–Sa 10–12, 15–19, So, Fei 15–19 Uhr, Eintritt frei;
Museo della Basilica: Piazza Masaccio 8, Mi–So 10–13, 15–18.30 Uhr, 3,50 €

Schlafen, Essen

Ruhe am Berg

B & B Guarda la Luna: Die schön renovierte, gelbe Landvilla aus den 1970er-Jahren liegt am Ortsrand von Pian di Sco über dem Arnotal. Vier farblich unterschiedlich gestaltete Doppelzimmer dienen der Bettruhe, ein Garten mit Bäumen und ein Pool der Entspannung.

Viale Marconi 109, Pian di Sco, J6, T 335 543 72 16, 349 680 01 32, 335 681 13 51, www.guardalaluna.com, DZ/ÜF 70–80 €

Im toten Winkel

Osteria dell'Angelo: In einer überwölbten Altstadtgasse von San Giovanni duckt sich das im Umland beliebte Restaurant neben der Basilica di Santa Maria. Es wird für seinen Rinderschmorbraten gerühmt. Wo es den Einheimischen gefällt, wird es sicher auch Ihnen gefallen.

Via della Madonna 3–5, San Giovanni Valdarno, T 055 94 37 99, www.ristoranteosteriadellangelo.net, Mo/Di 19.30–23, Mi–So 12.15–14.30, 19.15–23 Uhr, *primi piatti* 9–12 €, Hauptgänge 12–18 €

Einkaufen

Shoppt hier der Teufel?

Space, Prada-Outlet: Im Arnotal werden Prada-Schuhe produziert, da passt es, wenn ein Outlet für Prada-Mode zusätzlich Arbeitsplätze schafft. Das Space ist auch ein architektonischer Hingucker und schon von Autobahn und Landstraße aus zu sehen. Hier können Sie ganz im Markendesign schwelgen.

Via Aretina 403, Montevarchi, J6, So–Fr 10.30–19.30, Sa 9.30–19.30 Uhr

Montevarchi J6

Strandgut des Tierlebens

In Montevarchi können Sie der Erdgeschichte nachspüren. Das **Museo Paleontologico** versammelt Knochenfunde von Nashörnern, Tapiren, Urhunden, Säbelzahntigern oder Mammuts. Die Zeugnisse der verschwundenen Seenlandschaft des Arnotals reichen bis zu 3 Mio. Jahre zurück. Das Museum im ehemaligen Franziskanerkloster wurde 2014 nach langjähriger Renovierung wiedereröffnet.

Via Poggio Bracciolini 36–40, www.museopaleontologicomontevarchi.it, Juni–Aug. Do 10–19, Fr–So 10–13, 16–19, Sept.–Mai Do–So 10–13, 15–18, 4. So/Monat 19 Uhr, 6 €

Casentino und Apenninen

Streumuseum

Was tun, wenn die Jugend abwandert und die Entwicklung stagniert? Man ernennt sich zum Freilichtmuseum, zum *ecomuseo.* In diesem Fall ist es weit gestreut: Es umfasst das gesamte Casentino, das Tal des ganz jungen Arno. Viele Menschen leben hier noch als Bauern oder Handwerker – aber auch von der Seelennahrung frommer Einsiedler in den Apenninenwäldern. Es ist eine meditative Landschaft, die von alten Feudalburgen hinaufführt zu den Klöstern Camaldoli und La Verna.

Infos

- **www.ecomuseodelcasentino.it:** Infos zu den Standorten und Routen, ›Antennen‹ (s. u.), Ecomuseo del Casentino.

Poppi

K5

Wächter des Tales

Das **Ecomuseo del Casentino** ist in ›Antennen‹ gegliedert, die charakteristische Orte oder Routen signalisieren. Man muss nicht allen folgen, aber zum **Castello dei Conti Guidi** in Poppi lohnt sich der Weg. Es liegt malerisch auf einem kleinen Hügel im Zentrum der weiten Talmulde. Im 13. Jh. errichtet, ist es eine der besterhaltenen Adelsfestungen der Toskana, mit imposantem Treppenhof, Balkons, Turm und festlich ausgemalten Sälen. Hier lag das Herz der Grafschaft der Guidi, bevor die Republik Florenz die Familie entmachtete.

Die **Altstadt** nimmt den Rest des Hügels ein. Ihre Hauptstraße säumen Arkaden, unter denen sich einige Geschäfte ducken. So etwa der **Alimentari Il Castello** (Via Cesare Battisti 21). Der Einkauf ist dank der frischen Sachen aus der Umgebung ein wahres Vergnügen.

Castello dei Conti Guidi: Piazza del Castello, Mitte März–Juni, Sept./Okt. tgl. 10–13.30, 14.30–18, Juli/Aug. tgl. 10–13.30, 14.30–19, Nov.–Mitte März Do–So 10–13.30, 14.30–17 Uhr, 7 €

Schlafen, Essen

Agriturismo zum Wohlfühlen

Podere La Casaccia: Die Familie Borghini kümmert sich liebevoll um die Gäste auf ihrem Bauernhof. Die Apartments sind schön hergerichtet, mit Sitzgelegenheiten im Freien. Pool und Leihfahrräder.

Località Filetto, T 0575 55 01 68, www.poderelacasaccia.it, Apartments 80–100 €

Ländlich deftig

Ristorante Albergo Casentino: In die Pferdeställe der Burg von Poppi ist ein Hotel (24 Zimmer) mit Restaurant eingezogen. Durch den Vorgarten unter Bäumen, dort sind im Sommer einige Tische eingedeckt, tritt man ein. Die Küche ist typisch fürs Casentino: hausgemachte Pasta und Grillfleisch, z. B. vom Casentino-Schwein.

Piazza della Repubblica 6, T 0575 52 90 90, www.ristorantealbergocasentino.com, DZ/ÜF 75–95 €, Pasta um 10 €, Hauptgänge um 12 €

Castel San Niccolò

J5

Eine Burg als Lebensaufgabe

Eine weitere Guidi-Burg war das Castel San Niccolò im Seitental des Flüsschens Solano. Über dem gleichnamigen Marktdorf an der Landstraße kauert am Berg das steinerne Burgdorf aus dem 12.–13. Jh., in dem noch der gemeinschaftliche Backofen zu sehen ist. 1970 erwarb der Dorfschul-

lehrer Giovanni Biondi die Festung und renovierte sie. Einige Relikte vergangener Jahrhunderte hat er bewahrt, etwa das Renaissance-Uhrwerk des Uhrturms. Sein Sohn oder sein Enkel führen Gäste gerne (auf Italienisch) durch sein Lebenswerk.
T 339 872 48 33, tulbi@libero.it, Mai–Sept., 1 Woche vorher anmelden, eine Spende ersetzt den Eintritt und ist für die Erhaltung herzlich willkommen

Aus der Zeit gefallen

Flussaufwärts im Ortsteil **Pagliericcio** arbeitet, vom Flusswasser betrieben, die alte Getreidemühle **Molino Grifoni** der Brüder Andrea und Fabrizio. Alles ist extrem bio und slow, aber aus einer Zeit, als es diese Begriffe noch längst nicht gab, denn die Müllerfamilie Grifoni existiert seit 1696! Mehl aus Weizen (auch Vollkorn), Dinkel, Mais, Kichererbsen und Kastanien, dazu Bohnen und Linsen: Wenn Sie möchten, nehmen Sie etwas davon mit.
Località Pagliericcio 192, www.molinogrifoni.it, Sommer Mo–Fr 8.30–12.30, 14.30–19, Sa 8.30–12.30, 14.30–17, Winter Mo–Sa 8.30–12.30, 14.30–19 Uhr

Einkaufen

Keramik vom Land

Ceramiche Tapinassi: Die Manufaktur im Solanotal fertigt solides, einfarbiges oder gemustertes Gebrauchsgeschirr und Dekoartikel in raffinierterem Stil, teils in Anlehnung an die Kunst der Region.
Via Borgo delle Case Sparse (SP 70) 9, www.ceramichetapinassi.it, Mo–Fr 9–12, 14–19, Sa/So 9–12, 16–19 Uhr

Pratovecchio

J5

Zwischen alten Wiesen

Einer der lieblichsten Orte des Casentino ist der zu Pratovecchio gehörende Weiler **Romena** auf dem Hang Richtung Consuma-Pass: Zwischen Feldern und kleinen Waldstücken liegen verstreute Höfe, die Pieve-Kirche und weiter oberhalb die Burgruine aus dem 11. Jh.

Burg ohne Mauern

Das **Castello di Romena** gehörte ebenfalls zum Burgensystem der Guidi-Grafschaft und ist heute in Privatbesitz. Sie können es besichtigen. Viel gibt es zwar nicht mehr zu sehen, doch der Ort hat Atmosphäre: Die Hofmauern fehlen komplett, sie sind durch fotogene Zypressenreihen ersetzt worden, durch die Sie reizende Ausblicke ins Tal und zu den Nachbarburgen genießen. Die Sichtverbindung der Kastelle leuchtet hier ein.
Località di Romena, www.castellodiromena.it, April–Juni, 1.–15. Sept. Do–So, Fei 10–13, 14–18, Juli/Aug. tgl. 10–13, 14–19, 16. Sept.–Okt. Do–So 10–13, 14–17 Uhr, 3 €

Einig im Glauben

Die **Pieve San Pietro** unterhalb ist ein Juwel aus dem 12. Jh. Die Säulen im Kir-

F

DER FRANZ ZIEHT IMMER

Täuschen Sie sich nicht: Die spirituellen Orte des Casentino werden auch von jungen Leuten geschätzt, vor allem im Rahmen von Etappenwanderungen. Besonders beliebt: der **Cammino di Assisi,** der Franziskusweg nach Assisi. Er folgt tatsächlichen Wanderungen des großen Friedensstifters und führt über Camaldoli und La Verna. Die beiden Stätten sind zwei Tagesetappen voneinander entfernt. Uralte Wälder und weite Blicke hinterlassen nachhaltige Eindrücke. Die besten Informationen mit Karten, Höhenprofilen und Wegbeschreibung finden Sie hier: www.camminodiassisi.it.

chenschiff und die schöne Gliederung der Apsis folgen einem wohltuenden Rhythmus. Herrlich ungelenk und fabulierend: die figürlichen Kapitelle! Auf einem erkennen Sie vielleicht den hl. Petrus mit seinem Attribut, dem Schlüssel.

Die umliegenden **Steinhäuser** werden von einer Glaubensbruderschaft genutzt, die 1991 von dem Geistlichen Luigi Verdi gegründet wurde. Dieser beabsichtigte, einen Ort der Rast und inneren Einkehr für die Reisenden des Lebens zu schaffen. Eine kleine Bar und ein Laden gehören dazu.

Von der Pieve San Pietro führt die Landstraße in wenigen Minuten in unseren Lieblingsort **Stia** (s. S. 145).

www.romena.it; **Pieve:** Via di Romena 1, www.romena.it/la-fraternita/la-pieve.html, tgl. 7–21 Uhr, Eintritt frei, Spenden willkommen

Infos

• **Ufficio Turistico Pratovecchio:** Via Guido Brocchi 7, 52015 Pratovecchio, T 0575 50 30 29, www.parcoforestecasentinesi.it, Jan.–Juni, Sept.–Dez. Mo–Fr 9–13, Juli/Aug. Mo–Sa 9–13 Uhr.

Camaldoli K5

Wo der Geist sich sammelt

Spirituelle Einkehr ist ein Leitmotiv des Casentino. Ihren Höhepunkt erfährt sie in **Camaldoli,** 1025 vom hl. Romuald in der Waldeinsamkeit gegründet und bis heute aktiv. Hier gilt die benediktinische Regel *ora et labora,* aber Kontemplation ist wichtiger als Arbeit. Genau das macht Camaldoli in unserer hypervernetzten Zeit als Fluchtort attraktiv, noch dazu wo es sich ökumenisch gibt.

Die Mönche leben in zwei architektonischen Komplexen: in der Einsiedelei, dem **Eremo di Camaldoli,** auf 1100 m Höhe, wo auch Meditations- und Yogakurse angeboten werden, und im ca. 3 km talwärts gelegenen **Monastero di Camaldoli,** dessen Gästehaus (Foresteria) neben einem reichen Seminarprogramm auch Schlafplätze bietet.

Die dem Kloster angegliederte **Apotheke** führt viele nach Klosterrezepten hergestellte Köstlichkeiten, dazu allerlei Kosmetika. Die feierliche **Kirche** wurde bis in die Barockzeit erneuert und umgebaut. Im Innern kommt zum Ausdruck, welch starke Wirkung das Kloster bis ins Florenz der Renaissance ausstrahlte: Fünf Altargemälde stammen von dem herzoglichen Hofkünstler Giorgio Vasari (16. Jh.).

Comunità di Camaldoli, www.camaldoli.it, **Einsiedelei:** T 0575 55 60 21, nur geführte Besichtigungen auf Italienisch, Englisch oder Spanisch, Ostern–Juni, Sept./Okt. Sa/So, Juli/Aug. tgl. 10–17.30 Uhr, 5 €; **Kloster:** tgl. 9–13, 14–19.30 Uhr, Eintritt frei

Santuario Francescano La Verna K5

Beim Schöpfungsfreund

Von der Aura des hl. Franziskus umweht, liegt das Santuario Francescano La Verna spektakulär auf einem Felsen des Monte Penna. Die weitläufige, frei zugängliche Einsiedelei umfasst einige besondere Kultorte, wo die Naturmeditation Franz von Assisis spürbar wird: In einer Felshöhle hat er geschlafen und an der Kante über dem Abhang soll er 1224 die Wundmale von Jesus empfangen haben.

In der Wundmalkapelle, der **Cappella delle Stimmate,** sowie in der **Hauptkirche** hängen einige der schönsten glasierten Terrakottawerke der Florentiner Künstlerfamilie Della Robbia (15. Jh.). Sie bringen fröhliche Farbe in das bescheidene Graubraun der Architektur. Auf der Terrasse vor der Basilika scheint es Ihnen,

Lieblingsort

Ein Gasthaus am Ende der Welt

In einer der entlegensten Ecken des Casentino, hinter dem letzten Dorf am Arno, erreichbar nur über einen Fußweg, liegt **La Rana da Filetto.** Ein einfaches Gasthaus wie aus dem Bilderbuch, mit großer, holzgetäfelter Stube, offenem Feuer und alten Panoramafenstern, durch die das Grün der Bäume fast hereinwächst. An großen Tafeln kommen hier am Wochenende Freunde und Familien zusammen und genießen die leckere, urtümliche toskanische Küche, von der *ribollita,* der Brotsuppe, über Pasta mit Steinpilzsoße bis zum Wildschweinkotelett vom Grill. Gegründet hat das Lokal Großvater Filetto, dessen Bild noch immer an der Stubenwand hängt. Wenige Meter unterhalb fließt der Arno, hier fast noch ein Bach. Während die Erwachsenen bei Dessert und *caffè* den Nachmittag verplaudern, baden die Kinder sommers in den kleinen Flussbecken. Eine weitere Familienattraktion liegt nur wenige Hundert Meter weiter oben im Wald: ein toller Kletterpark (**La Rana da Filetto:** Via del Campo Sportivo 10, Località Canto alla Rana, Stia (J 5), Pratovecchio, Zugang über Fußweg vom Parkplatz, Fr 19.30–21.15, Sa/So 12.30–15, 19.30–21.15 Uhr, T 0575 50 45 05).

als schwebten Sie über dem Land: Der Blick vom Felsen über die Bergketten ist himmlisch! Hier werden Sonnenuntergänge zu mystischen Erlebnissen. Vielleicht ein Grund, über Nacht zu bleiben. Auch in La Verna gibt es Schlafplätze für moderne Pilger.

www.laverna.it, tgl. Sommer 6.30–22, Winter 8–18.30, Wundmalkapelle 8–19/17 Uhr

Cortona

Karte 2, L8

Positiv entrückt

Der Ortseingang ist wie ein Flashback in die 1980er-Jahre: »Comune denuclearizzato«, samt Friedenstaube, prangt unter dem Ortsschild von Cortona. Wir sind sicher, dass es stimmt: dass der Provinzort in Panoramalage nichts mit Kernenergie zu tun hat. Die verwinkelte Altstadt scheint sowieso ganz übernatürlich am Berg zu schweben, wer braucht da moderne Technik? Nicht weniger als fünf Konvente, ein Zentrum für Kulturstudien der University of Georgia und eine Akademie für etruskische Kultur machen Cortona zu einer Art lebender Utopie des Geistes.

Ins Wohnzimmer der Stadt

Ein schwebendes Gefühl ereilt Sie auf der **Piazza Garibaldi.** Man könnte mit Reinhard Mey vermuten, dass alle Ängste und Sorgen unten auf der Erde bleiben, das heißt im irdischeren Val di Chiana. Hier oben blicken Sie drüber weg: eine Ecke des Trasimenischen Sees ist zu sehen und westlich des Chianatals erscheint bei guter Sicht der Monte Amiata.

In der Hauptstraße **Via Nazionale** wird es lebendig: nette Boutiquen, Galerien und Cafés bilden eine Achse, die Cortona erdet, sie ist die Visitenkarte der Stadt. Sie zeigt, dass man sich zu einem etwas alternativen Schick entwickelt hat. Die Straße mündet in die **Piazza della Repubblica,** wo sich zu allen Tageszeiten Einheimische und Fremde treffen. Hier erhebt sich der **Palazzo Comunale,** das Rathaus, mit seiner breiten Freitreppe.

Von Platz zu Platz

Einen Platz weiter stehen Sie vor der Barockfassade des **Palazzo Casali.** Im späten Mittelalter residierte hier eine Familie dieses Namens, die Cortona als Statthalter der Republik Florenz regierte. Heute ist der Stadtpalast Sitz des **Museo dell'Accademia Etrusca di Cortona** (s. S. 147), auch vereinfacht Etruskermuseum genannt.

Auch das **Theater** öffnet seine Loggia auf die **Piazza Signorelli,** benannt nach einem bekannten Renaissancemaler. Cortona scheint eine kreative Aura zu haben. Nicht nur Signorelli, dessen Bilder Sie im Diözesanmuseum (s. S. 148) bewundern können, wurde hier geboren, sondern ebenso der Barockmaler Pietro da Cortona und der futuristische Künstler Gino Severini (s. auch Etruskermuseum, S. 147).

Wenige Schritte weiter stehen Sie auf der **Piazza del Duomo** mit der Bischofskirche und dem Diözesanmusem (s. S. 148). Im **Dom** hat Pietro da Cortona an der linken Seite ein Weihnachtsbild hinterlassen, bevor er seine Künstlerkarriere in Rom fortsetzte. Die Kirche selbst, mit ihrem klaren Innenraum, ist ein Beispiel für die kulturelle Vorherrschaft des Florenz der Renaissance, die bis in die Winkel der Provinz reichte. Schade, dass man die Decke im 18. Jh. eingewölbt hat, so ging Helligkeit verloren. Diese können Sie wieder auf dem Domplatz genießen, dessen vierte Seite eine Aussichtsterrasse bildet, Richtung umgebende Olivenberge.

Eine Burg als Stadterweiterung

Wenn Ihnen die Ausblicke von der Stadt nicht reichen, steigen Sie den Berg hoch, an der **Wallfahrtskirche der hl. Marghe-**

Unverkennbar Cortona: Der Treffpunkt des Städtchens ist die Piazza della Repubblica mit ihren Läden und Cafés.

rita vorbei, zur mächtigen **Fortezza del Girifalco.** Die Cortoneser lieben ihre Burg, aktuell läuft ein Restaurierungsprojekt, aber schon jetzt organisiert der Kulturverein Onthemove dort Ausstellungen und Konzerte. Gastronomische Events steigen im neuen Burgbistro **In Fortezza.** Das Lokal wird als eine »Oase außerhalb des Alltags« beworben. Da ist es wieder, das cortonesische Schwebegefühl! Den Bauherrn würde es wundern, aber vielleicht auch freuen, dass man sich so um seine Hinterlassenschaft kümmert: Cosimo I de' Medici ließ die Festung 1556 zur Grenzsicherung seines Territoriums errichten – kurz nachdem die Republik Siena erobert war. Vom Wehrgang aus bekommen Sie, wieder mal, ein besonderes Gefühl für die Landschaft.

Via di Fortezza, www.fortezzadelgirifalco.it, tgl. Mitte März–Mitte April, Okt. 10–18, Mitte April–Mitte Juni/Sept. 10–19, Mitte Juni–Anf. Sept. 10–20 Uhr (bei Abendveranstaltungen länger), 5 €

Museen

Von Fossilien zum Futurismus

Museo dell'Accademia Etrusca di Cortona: Das mit MAEC abgekürzte Haus wird vereinfacht als Etruskermuseum bezeichnet. Das greift eigentlich zu kurz, denn die Ausstellung beginnt mit fossilen Funden der Tierwelt des Val di Chiana vor 2 Mio. Jahren und endet im zweiten Stock mit einem Saal, der dem futuristischen Maler Gino Severini gewidmet ist. Ein kulturelles Sammelsurium der Lokalgeschichte! Die Etrusker nehmen darin den meisten Platz ein. Die reichen Exponate sind nach Fundorten zusammengefasst. Im Ortsteil Sodo liegt der sehenswerte Parco Archeologico (s. Tour S. 134).

Piazza Signorelli 9, www.cortonamaec.org, April–Okt. tgl. 10–19, Nov.–März Di–So 10–17 Uhr, 10 €

Kirchenkunst

Museo Diocesana di Cortona: Das Diözesanmuseum zeigt u. a. Meisterwerke von Luca Signorelli (»Die Kreuzabnahme«) und Beato Angelico (»Die Verkündigung«), von Lorenzetti etc. dazu Reliquien, Paramente und sogar römische Sarkophage.

Piazza del Duomo 1, http://www.diocesiarezzo.it, April–Okt. tgl. 10–18.30, Nov.–März Di–So 10–17 Uhr, 5 €

Mit dem Rad in die Etruskerzeit

Parco Archeologico di Cortona / Sodo: s. Tour S. 134.

Schlafen, Essen

Im alten Zentrum

Le Residenze Ristori: Der aus dem Mittelalter stammende Palazzo liegt nur wenige Meter vom Hauptplatz entfernt. Darin haben Angelo und Francesca mit viel Liebe zum Detail einige Zimmer und kleine Apartments mit urigen Balkendecken renoviert. Manche haben eine Kochzeile, die meisten einen schönen Talblick.

Via del Giardino 10, T 328 843 71 69, www.leresidenzeristori.it, DZ/ÜF 55–85 € je nach Saison

Im kleinen, feinen Tal

Agriturismo Santo Stefano: Ein abgelegener Wohlfühlort! Der Biobauernhof von Antonio liegt in einem Seitental zwischen Arezzo und Cortona. Er produziert Wein, Olivenöl und Honig und hat drei hübsche Ferienwohnungen. Die Gäste können den Garten und den Pool genießen, Wein verkosten, Kochkurse belegen oder bei den Hofarbeiten helfen und ins Leben der Bauernfamilie reinschnuppern.

Località Pieve di Chio 78, Castiglion Fiorentino, T 0575 65 02 61, www.agriturismosantostefano.com, Wochenmiete 700–900 € je nach Größe

Lecker im Zentrum

La Loggetta: Ein mittelalterlicher Palast, der für einen besonderen Gast, Papst Leo X., mit Loggia versehen wurde, ist die Wirkungsstätte dieses Lokals. Pittoresk eingerichtet, bietet es hervorragende toskanische Küche mit persönlicher Note. Der Chef folgt den Jahreszeiten: Im Winter gibt es Tortelloni mit Wirsing und Trüffeln, im Sommer Schafskäse mit karamellisierten Feigen. Tipp für Romantiker: der exklusive Zweiertisch auf dem Balkon über der Piazza della Repubblica, reservieren!

Piazza di Pescheria, www.laloggetta.com, Do–Di 12–15, 19–23 Uhr, *primi piatti* 9–15 €, Hauptgänge 12–24 €

J

JOVANOTTI FOR PRESIDENT

Cortona ist der Wohnsitz des Popsängers Jovanotti alias Lorenzo Cherubini, der hier als DJ seine ersten Schritte machte. Heute ein Star über Italien hinaus, schöpft er in der Provinz Energie. Der Gute-Laune-Musiker engagiert sich von hier aus auch für Frieden und Menschenrechte. Da möchte man ihm wünschen, gemäß einem berühmten Liedtitel, dass er Präsident würde.

Infos

- **InfoCortona:** Palazzo Casali, Piazza Signorelli 9, T 0575 6372 23, Mo–Fr 9–13, 14–18, Sa/So 9.30–13 Uhr.
- **Sagra della Bistecca Chianina:** 15. Aug. *Ferragosto,* Mariä Himmelfahrt, feiert man in Italien – meist –, indem man ans Meer fährt. In Cortona dagegen frönt man beim Steakfest der Lust am Grillfleisch.

Zugabe

Das Tal, aus dem die Steaks kommen

Bistecca fiorentina

Die Chianina-Rinder sind die größte Rinderrasse der Welt und die älteste Italiens. Schon die Etrusker kannten sie.

Das Florentiner T-Bone-Steak, *bistecca fiorentina,* ist in der ganzen Toskana eine Touristenattraktion geworden. Das Rindvieh, aus dem es gewonnen wird, ist ein spezielles: ein Chianina-Rind, weiß und mächtig, benannt nach dem weiten Val di Chiana, südlich von Arezzo. Dort ist es als eingeborene Rasse ursprünglich beheimatet.

Viele Jahrhunderte lang dienten die Chianina-Rinder vor allem als Zugtiere in der Landwirtschaft. Zu Florentiner Steaks wurden sie der Überlieferung nach in der Renaissance unter den Medici. Die reiche Bankiersfamilie stiftete in ihrer Heimatstadt am Tag des hl. Laurentius (10. Aug.) große Volksfeste. Laurentius war wegen seines Glaubens lebendig auf einem Grill verbrannt worden. Nach einer Legende soll er über dem Feuer gesagt haben: »Ihr könnt mich jetzt wenden, auf der einen Seite bin ich schon durch.« Was lag näher, als diese wundersame Standhaftigkeit mit einem Grillfest zu feiern? Also ließen die Medici die besten Rinder aus dem Val di Chiana heranschaffen, in große Stücke schneiden und auf den Plätzen von Florenz grillen.

»Auf der einen Seite bin ich schon durch.«

An einem dieser Laurentius-Tage weilten englische Kaufleute in der Handelsstadt und kamen in den Genuss der leckeren Speise. Überwältigt von deren Qualität verlangten sie lauthals Nachschlag: »Beef Steak, Beef Steak!« Davon waren wiederum die Toskaner beeindruckt, und seither ist der Begriff auch im Italienischen vertreten, einheimischen Zungen angepasst zu *bistecca.*

Acht Minuten auf jeder Seite und fünfzehn Minuten auf dem Knochen, über der heißen Glut: So lautet heutzutage die Grillanweisung für die ideale Zubereitung. In der Heimat der Rinder steigt jedes Jahr an Mariä Himmelfahrt (15. Aug.) in Cortona die *Sagra della bistecca chianina.* Zumindest der 14 m lange Grill hat dann Renaissance-ähnliche Ausmaße. ■

Chianti, San Gimignano und Volterra

Wein- und Naturidylle — Dieser Ruf der Gegend hält, was er verspricht, wenn Sie sich auch auf Entdeckungen einlassen.

Seite 153

Chianti

Eine Landschaft ohne größere Städte, dafür mit Marktdörfern, Weilern, alten Burgen und Klöstern – und Wein!

Seite 156

Weinavantgarde, Weinromantik

Die Antinoris schufen ein Weinimperium mit besten Lagen und einem Superkeller namens Antinori nel Chianti Classico in Bargino. Andere betreiben kleine Familiengüter. Die Azienda Agricola Altiero ist so eines. Beide können Sie im nördlichen Chianti-Gebiet auf einem Roadtrip ab Greve in Chianti besuchen.

Das Symbol des Chianti Classico: der Schwarze Hahn

Eintauchen

Seite 158

Parco Sculture del Chianti

Künstler aus aller Welt haben bei Pievasciata einen Eichenwald mit Skulpturen bestückt.

Seite 159

Castello di Brolio

Burgen gibt es einige im Chianti. Aber keine ist so aufgehübscht wie diese.

Seite 160

San Gimignano

Direkt aus dem Mittelalter herbeigebeamt, so erscheint die Stadt mit den Geschlechtertürmen.

Seite 164

Auf Pilgers Spuren

Durch liebliche Landschaft wandern Sie auf alten Pilgerwegen der Via Francigena von San Gimignano ins Kristallzentrum Colle di Val d'Elsa.

Seite 169

Volterra

Alabaster und eine der schönsten etruskischen Sammlungen der Toskana. Die Nachfahren der Etrusker produzieren exzellenten Schafskäse.

Seite 175

Qualmende Erde, heiße Sohlen

Wie die Erde lebt und arbeitet, erleben Sie in den Colline Metallifere bei Sasso Pisano. Eine Tour mit Wanderstiefeln führt über Schwefelschotter zu dampfenden Erdspalten und kochenden Quellen (Fumarolen).

&

Seite 176

La Pomona

Zwei Frauen, Ingeborg Raspi Jürgens und Tochter Monica Raspi, an der Spitze eines Weinguts, das ist auch heute noch nicht selbstverständlich im Chianti.

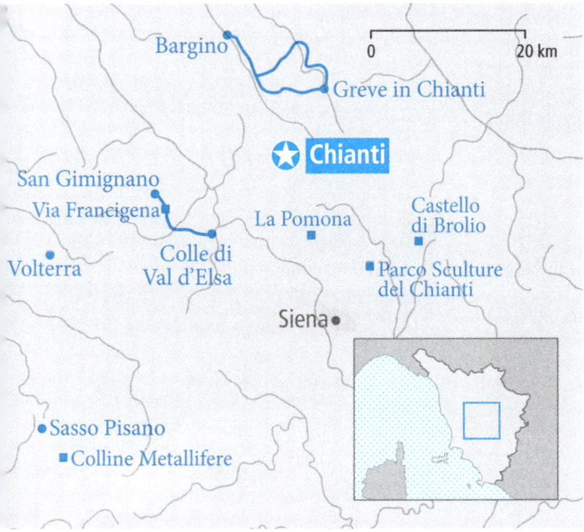

Eine Festung wie eine Krone: Monteriggioni

Selten sind die Straßen im Herzen der Toskana gerade. Sie folgen den Hügeln in Kurven, auf und ab. Manche sind asphaltierte Maultierpfade, andere unbefestigte *strade bianche*.

erleben

Wein, Wald und Wiesen

W

Wein, Wald und Wiesen. Gibt es das, eine Landschaft, die man kennt, bevor man sie gesehen hat? Das ländliche Herz der Toskana hat so eine archetypische Macht: ob urig im Chianti, lieblich um San Gimignano oder einsam erhaben bei Volterra. Südwestlich des Arno klingt das Relief ab und geht in die Hügellandschaft über, für die die Toskana so berühmt ist. Nur am Chianti-Ostrand und in den Colline Metallifere werden noch bergige Höhen erreicht. Dazwischen liegt heute wie damals mit den Weinbergen, Olivenhainen und Getreidefeldern eine wichtige Ernährungsbasis. Im Chianti ist vordergründig alte Burgenromantik erhalten, doch im Weinberg und im Keller herrscht die pure Effizienz. Das Ziel: beste Qualität für einen globalen Brand. Heimelig sind die Marktorte, von denen Greve, Radda und Castellina die bekanntesten sind.

Westlich des Chianti gibt es sogar guten Weißwein, den Vernaccia, dazu historische Leckerbissen aus dem späten Mittelalter wie San Gimignano mit seinen Türmen oder die Festung Monteriggioni. Hier scheint städtebaulich die Zeit stehen geblieben zu sein. Der Tourismus hat diese Orte jedoch aus ihrem Dornröschenschlaf gerissen. Der Handel freut sich und bietet zum Glück hauptsächlich einheimische Produkte aus Kunsthandwerk und Landwirtschaft an. Ebenfalls klein und schön, aber wesentlich älter ist das von den Etruskern gegründete Volterra. In seiner Umgebung machen Wein und Wald den Getreidefeldern und Schafweiden Platz.

ORIENTIERUNG **O**

Internet: www.chianti.com, www.sangimignano.com, www.volterratur.it
Verkehr: im nördlichen Chianti und nach San Gimignano Busse von Busitalia – Sita Nord (www.fsbusitalia.it), im südlichen Chianti und nach San Gimignano Busse von Siena Mobilità (www.tiemmespa.it), nach Volterra Busse der CTT Nord (www.pisa.cttnord.it)

Was der Boden so hergibt

In den Colline Metallifere südlich von Volterra kommt noch ganz anderes aus der Erde, mit dem man Geld scheffeln kann: heiße Luft. Durch unseren Energiehunger und die moderne Technik ist in den Bergen um Larderello herum eine besondere Industrielandschaft entstanden, ein europäisches Erdwärmezentrum. Daneben fördern Alabasterbrüche ein beliebtes Handwerk.

Chianti

Weltbekannt und begehrt

Wo der Name des Chianti herkommt, weiß niemand. Nur, dass er schon immer die Hügelregion zwischen Florenz und Siena prägte. Seit der Gründung des Weinkonsortiums des Chianti Classico 1924 ist das Gebiet der **Colline del Chianti,** der ›Chianti-Hügel‹, klar definiert. Das war damals wichtig für die Schaffung einer Weinmarke, die zum Export bestimmt war. Während bis in die 1970er-Jahre die Masse zählte, ist es seither die Qualität, die längst auswärtige Investoren verlockt, sich im Chianti einzukaufen. Der Chianti ist eine Weinlandschaft ohne größere Städte. Marktdörfer, Weiler, einzelne Höfe, alte Burgen oder Klöster liegen darin verteilt.

Greve in Chianti H6

Wein, Wurst und mehr

Die größte Gemeinde des Chianti ist das Städtchen Greve am gleichnamigen Fluss. Über das Grevetal war der Ort schon immer gut an Florenz angebunden und daher für den Warenumschlag prädestiniert. Alles dreht sich um die **Piazza Matteotti.** Der alte Marktplatz ist vielleicht der schönste seiner Art im Chianti: dreieckig und von Laubengängen gerahmt, die begrünte Balkons tragen. Darunter laden Lokale, Cafés und Läden zum Flanieren, Einkehren und Einkaufen ein.

Die **Antica Macelleria Falorni** (Piazza Matteotti 69, www.falorni.it, Mi–Sa 9–19.30, So 10–19.30 Uhr) der legendären Metzgerfamilie Falorni sorgt mit einer ei-

Über die Piazza Matteotti wacht Giovanni da Verrazzano. Der Entdecker aus der Umgebung von Greve segelte im 16. Jh. als Erster in die heutige Bucht von New York.

genen Schweinezucht und traditionellen Rezepturen für weithin bekannte Qualität. In den verwinkelten Verkaufsräumen hängen Schinken von der Decke, Speck und Braten locken in der Auslage, und überall stapelt sich Salami: mit Fenchel gewürzt *(finocchiona)*, getrüffelt *(salame all'aroma di tartufo bianco)* oder mit Wildschwein *(salame con cinghiale)*. Alles auch eingeschweißt zum Mitnehmen.

Vor dem Laden ziert das **Denkmal für Giovanni da Verrazzano** den Platz. Der adelige Spross stammte von einer nahen Burg und wurde als Seefahrer berühmt, als er die Bucht von New York entdeckte.

Schlafen

Wo andere nur durchfahren

Albergo del Chianti: Das sympathische, zentral gelegene Haus direkt an der Piazza Matteotti wird von freundlichen jungen Wirten geführt. Der kleine Garten mit Pool ist eine Oase der Ruhe.

Piazza Matteotti 86, T 055 85 37 63, www.albergodelchianti.it, DZ/ÜF um 100 €

C

SO VIEL CHIANTIWEIN

Woher kommt der viele Chianti-Wein, der weltweit verkauft wird? So viel Rebfläche hat der Chianti gar nicht! Da hilft die Geschichte: Gutsherr Bettino Ricasoli schuf im 19. Jh. auf der Burg Brolio ein Rezept für einen Cuvée: Der Sangiovese (70 %) wurde mit Canaiolo (20 %) und dem weißen Malvasia (10 %) verschnitten. Durch die Nachahmung dieses Rezepts entstanden in der nördlichen Toskana sieben Anbaugebiete für ›Wein wie im Chianti‹. Die Chianti-Hügel sind als **Chianti Classico** nur eines davon. Im aktuellen Weingesetz ist das Rezept variiert, zugunsten der Qualität: Mindestens 80 % müssen aus der Sangiovese-Traube stammen, der Rest ist Spielraum für die Önologen.

Essen

Lokal produziert

Mangiando Mangiando: Küche beginnt auf dem Feld – so lautet das Credo von Koch Salvatore Toscano. Deshalb wählt er seine Lieferanten penibel aus, alles kommt aus der Umgebung, ob Pasta, Käse oder Olivenöl. Die Wurst ist von der Metzgerei Falorni nebenan (s. S. 153). Herausragend sind die Fleischgerichte, z. B. die Rinderbäckchen in püriertem Gemüse.

Piazza Matteotti 80, T 055 854 63 72, www.mangiandomangiando.it, tgl. 12–15, 19–22 Uhr, Hauptgänge ab 16 €

Omas Küche verfeinert

La Cantina: Im ehemaligen Kohlelager der Eisenbahn, die Greve früher mit Florenz verband, hat sich ein Familienrestaurant eingenistet. Alessandro (im Saal) und Lorena (in der Küche) bieten toskanische Gerichte und Pizza nach alten Rezepten – mit zeitgenössischem Twist. Nach einem Kochkurs mit Lorena können Sie sich im Voraus per E-Mail oder telefonisch erkundigen.

Piazza Trento 3, T 055 85 40 97, www.pizzerialacantina.it, tgl. 10–23 Uhr, Pasta 9–10 €, Fleischgerichte 12–22 €

Die Chiantigiana

Urtypus einer Weinstraße

Man kann einer Landstraße eine Nummer geben, z. B. SR 222. Oder einen Namen, wenn ihr Charakter es erlaubt, wie in diesem Falle: Chiantigiana. Die Straße, die auch Greve durchquert, verbindet Florenz (ab Piazza di Badia a Ripoli) längs durch den gesamten Chianti mit Siena und bietet einige landschaftliche Sahnehäubchen. Etwa den Abschnitt südlich von Greve, über Panzano nach Castellina.

Herzhaftes zum Rebensaft

Die Straße folgt erst dem Grevetal, das sie dann in Kurven durch die Weinberge hinauf verlässt. Links am Wegesrand liegt das Ladenlokal der **Fattoria Vignamaggio** (Via di Montagliari 29, Greve in Chianti, T 055 85 46 61, www.vignamaggio.com, April–Nov. tgl. 10–18.30 Uhr, kalte Platten 10–15 €, Wein glasweise), die vom Weinbau bis zur Schweinezucht biologisch arbeitet. Die Ländereien gehörten einst der Familie der Mona Lisa, den kampfeslustigen Adeligen Gherardini. Die Montagliari-Burg war allerdings schon zu Lisas Lebzeiten zerstört.

Über die nächste Kuppe erreichen Sie das Burgdorf **Panzano.** Bei **Dario Cecchini** (Via XX Luglio 11, www.dariocecchini.com, tgl. 9–16 Uhr) gibt es richtig gute Schinken und Wurstwaren. Man kann hier auch essen und Fleischerkurse besuchen. Manche Gourmets halten Cecchini für die beste Metzgerei der Toskana.

Landschaftsbild mit Burg

Südlich von Panzano fächern sich wunderschöne Weinhänge auf, an deren oberem Rand die Chiantigiana entlangläuft. Auf der Weiterfahrt ist aber auch zu sehen: Eine Wein-Monokultur sind die Chianti-Hügel nicht. Reisende aus dem Norden mögen über den vielen Wald überrascht sein, der als Jagdrevier bis heute wichtig ist und der Tierwelt vom Reh über den Fasan bis zum Stachelschwein Lebensraum bietet. Wein und Wald wechseln mit Olivenhainen ab, die den Hängen eine dritte Grünnote hinzufügen.

Über Tal und Berg geht es weiter nach **Castellina in Chianti.** Der hübsche Ort liegt mit seiner herausragenden Burg auf einem schmalen Hügelrücken. Entlang der Hauptstraße **Via Ferruccio** liegen Bars, Weinhandlungen und Läden von Weingütern. Kurios: Die Parallelstraße **Via delle Volte** verläuft unterhalb fast völlig übertunnelt. Freunde der Etruskerzeit können in der Burg das **Museo Archeologico del Chianti Senese** mit einigen Grabfunden besuchen. Mehr noch wird sie vermutlich das **etruskische Tumulus-Grab** beeindrucken, das auf der bewaldeten Kuppe nördlich des Ortskerns liegt.

Museo Archeologico: Piazza del Comune 17, Castellina in Chianti, www.museoarcheologicochianti.it, April/Mai, Sept./Okt. tgl. 10–18, Juni–Aug. tgl. 11–19 Uhr, 5 €

H

DER SCHWARZE HAHN

Er steht an den Ortseinfahrten und prangt auf den Flaschenhälsen: Der *gallo nero* ist das Markenzeichen des **Chianti Classico** und geht zurück auf eine Sage aus dem Mittelalter: Siena und Florenz wollten ihre Grenzfrage friedlich lösen, sie schickten je einen Reiter beim Hahnenschrei los. Ihr Treffpunkt sollte die Grenze sein. Die Florentiner aber ließen ihren schwarzen Hahn hungern, sodass er viel früher krähte als der weiße Hahn von Siena. So traf der Florentiner Reiter erst 10 km vor Siena auf seinen Konkurrenten – und die Chianti-Hügel gehörten dank des schwarzen Hahns Florenz.

Schlafen

Schönster Sieneser Chianti

Fattoria Tregole: Ein altes, idyllisch gelegenes Herrenhaus in einem winzi-

TOUR
Weinavantgarde, Weinromantik

Roadtrip durch den nördlichen Chianti

Immer neue Ausblicke – das ist normal auf den alten, gewundenen Straßen des Chianti, die oft den Maultierpfaden von einst folgen und nicht immer asphaltiert sein müssen. Von Greve aus lassen sich großartige und gegensätzliche Entdeckungen machen, bei einer Tour durch Weingüter und eine alte Abtei. Also Fenster runter, Motor an und rein ins weinselige Toskana-Herz!

Antinori nel Chianti Classico bietet auch Führungen mit Weinprobe an, allerdings nur nach Voranmeldung (ab 35 €/Pers.). Auf der **Azienda Agricola Altiero** sind Führung und Weinprobe viel persönlicher und günstiger, aber auch hier nur nach Voranmeldung möglich (15 €/Pers.).

Erstes Ziel: der neue **Superkeller der Adelsfamilie Antinori.** Zum Ziel gehört der Weg: Von **Greve in Chianti** geht es nach Norden durch das Grevetal über Passo dei Pecorai zur Abzweigung der SP 92, am **Castello di Gabbiano** vorbei bis in den Ort Quattro Strade. Nomen est omen: Vier Straßen kreuzen sich hier. Nehmen Sie die Via Campoli, schmal, aber sehr malerisch! Nach 3 km rechts und gleich wieder links in die Via di Fabbrica, der Sie ins Pesatal folgen. Dort halten Sie sich rechts, ca. 3 km auf der SP 94 und der SR 2 Richtung Florenz, bis in den Ort **Bargino.** Dort empfängt Sie rechts am Hang das 2012 eingeweihte Weinzentrum des Antinori-Imperiums: **Antinori nel Chianti Classico** (Abb. S. 157). Der futuristische Keller unter dem Weinberg ist als architektonische Attraktion gebaut und wirkt wie eine James-Bond-Kulisse, obenauf der schicke Weinladen hinter einer langen Glasfront und das Restaurant – eines Global Player der Weinwirtschaft würdig. Bei einer Führung mit Weinprobe auf Englisch bekommen Sie – fast – alle Räume gezeigt.

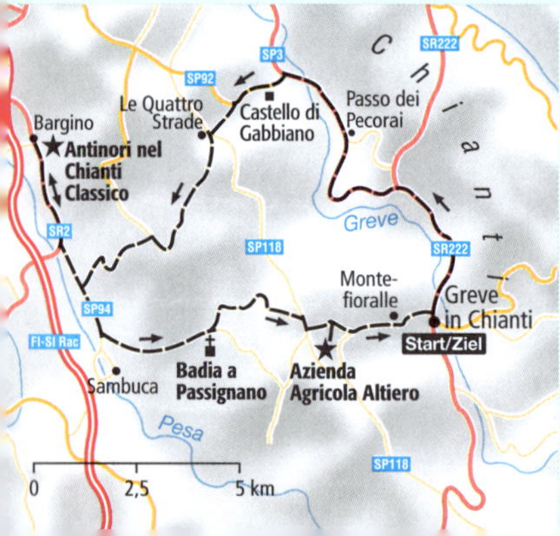

Das komplette Kontrastprogramm erwartet Sie im **Weingut Altiero.** Doch auf dem Weg dorthin liegt noch ein Hingucker älteren Stils: die Abtei von

Infos

36 km, ein halber bis ganzer Tag

Start/Ziel: Greve in Chianti, H 6

Antinori nel Chianti Classico: Via Cassia per Siena 133, Località Bargino, San Casciano Val di Pesa, T 055 235 95, www.antinori.it, April–Okt. Mo–Fr 10–17, Sa/So 10–18 Uhr, Eintritt frei, Restaurant tgl. 12–16 Uhr, s. auch links

Azienda Agricola Altiero: Via S. Cresci 58, Greve in Chianti, T 392 576 01 85, auf Facebook, Mo–Sa 10–18.30 Uhr, nur n. V. (s. auch links)

Passignano. Dafür bleiben Sie auf dem Rückweg im Pesatal ein Stück länger auf der SP 94 und biegen vor Sambuca links ab zur **Badia a Passignano.** Am Ende der schmalen, von Steinmäuerchen gerahmten Straße taucht zinnenbekrönt das über 1000-jährige Kloster auf. Es ist heute mitsamt der umgebenden Weinberge ebenfalls Teil der Antinori-Güter – und sogar noch von einigen Mönchen bewohnt.

Hinter Passignano verschwindet die Strada di Greve im Eichenwald und führt teils unbefestigt zur SP 118 hinauf. Dort halten Sie sich erst rechts und biegen nach ca. 200 m links nach Greve ab. Nach 1,5 km liegt hinter einer Haarnadelkurve rechter Hand die **Azienda Agricola Altiero,** in wunderschöner Lage mit Blick ins Grevetal. Hier hat Paolo Baldini an das Erbe seines Opas Altiero angeknüpft, der als Bauer in fremden Weinbergen gearbeitet hatte. In den 1960er-Jahren kaufte Altiero seinem Padrone ein Stück Land ab, damals für wenig Geld. Enkel Paolo musste den Weinbau erst wiederbeleben. Mit großer Leidenschaft hat er einen feinen Familienhof aufgebaut, von denen es nur noch ganz wenige im Chianti gibt. Mit seiner Frau Samuela bietet er Weinproben und Häppchen, u. U. auch Hofrundgänge, an. Eine schöne Gelegenheit zu persönlichem Kontakt mit Genuss!

Über **Montefioralle** sind Sie nach 3,5 km wieder zurück in **Greve in Chianti.**

gen Weiler 6 km südlich von Castellina in Chianti. Ein Genuss: das Frühstück auf der blumengeschmückten Terrasse.

Località Tregole 86, Castellina in Chianti, T 0577 74 09 91, www.fattoria-tregole.com, DZ/ÜF 140–170 €

Ruhe hinterm Hügel

Casa Landi: Nur zehn Fußminuten durch ein grünes Tälchen trennen das Anwesen vom Ortskern Castellinas. Dazwischen liegt der Hügel mit dem Etruskergrab, in dessen Wald sich manchmal Rehe verirren. Einfache, aber saubere Zimmer oder Apartments und Richtung Tälchen ein Pool.

Località San Martino 26, Castellina in Chianti, T 0577 74 09 02, www.casalandi.com, DZ 80–90 €, Apartment 90–100 €

Badia a Coltibuono H6/7

Edles Paradies

Ein lohnender Abstecher führt über das Ringdorf **Radda,** das auf einem Hügel über ausgedehnten Rebhängen thront, zur einsam gelegenen **Badia a Coltibuono.** Hinter den uralten Steinmauern vor der Waldkuppe erschließt sich in Hof und Garten der ehemaligen Benediktinerabtei ein stilles Paradies: plätschernde Brunnen, geometrische Hecken, Terrassen und Weinlauben. Auch ein Gemüsegärtchen gibt es, das für die Küche und die Kochkurse im feinen **Klosterrestaurant Chianti** genutzt wird. Seit 1810 ist das Kloster in Privatbesitz, nachdem es unter Napoleon aufgehoben wurde. Die heutigen Besitzer haben einen edlen *agriturismo* daraus gemacht. Sie können auch einfach zur Besichtigung mit Weinprobe vorbeikommen. Die ältesten Flaschen des Weinkellers in der ehemaligen Mönchsgruft sind allerdings tabu: Sie haben über 80 Jahre auf dem Buckel.

Località Badia a Coltibuono, Gaiole in Chianti, www.coltibuono.com, Besichtigungen: T 0577 744 81, tgl. Mitte März/April, Okt. 14.30–17.30 (immer zur halben Stunde), Mai–Sept. 14.30–18.30, 10 € (geführte Besichtigung mit Weinprobe, auch auf Deutsch); Restaurant: T 0577 74 90 31, www.ristorante.coltibuono.com, Mitte März bis Anf./Mitte Feb. tgl. 12–14.30, 19–21.30 Uhr, Hauptgänge ca. 17/18 €, Degustationsmenü 58 € inkl. vier begleitende Weine

H

HEROISCH DURCH DEN STAUB

Sie sind so beliebt wie berüchtigt: die staubenden *strade bianche,* die ›weißen‹, unbefestigten Straßen, von denen es in der ländlichen Toskana noch viele gibt. Im Chianti ist ihnen sogar ein Radrennen gewidmet. Die Veranstalter von **L'Eroica** (›Die Heldenhafte‹) wollen damit ganz bewusst die *strade bianche* erhalten. Der Name des Rennens erklärt sich durch eine fundamentale Regel: Es sind nur Radmodelle erlaubt, die vor 1980 gebaut wurden.

Parco Sculture del Chianti H7

Kunst im Eichenwald

Wo früher Zucht-Wildschweine herumliefen, um sich von Eicheln zu ernähren, hat der Galerist und Kunstsammler Piero Giadrossi den **Chianti-Skulpturenpark** gegründet. Das eingezäunte Wäldchen bei Pievasciata (ca. 14 km nördlich von Siena) gehört zu seinem Anwesen. Mit seiner Frau wohnt er in der restaurierten und umgebauten Ziegelei über der Landstraße, inmitten von Kunstgegenständen. Die reichten ihm in den 1990er-Jahren nicht mehr. So begann er, nach und nach

Künstler aus 20 Ländern einzuladen, ortsspezifische Skulpturen zu schaffen, die auf die 7 ha Wald verteilt wurden. Die Künstler suchten sich die Standorte selbst aus. So kam eine bunte, vielfältige Sammlung zustande, ein Minipanorama zeitgenössischer Kunst verschiedener Weltteile im Dialog mit der toskanischen Natur. Den Skulpturenpark können Sie auf einem Rundgang von ca. 1 km erwandern. Eine App leitet auch auf Deutsch hindurch.

Località La Fornace 48/49, Pievasciata, www.chiantisculpturepark.it, tgl. 10 Uhr bis Sonnenuntergang, 10 €

Essen

Straßenlokal

Ristorante Pizzeria Il Ponte: Man fährt leicht dran vorbei, auf der Landstraße im Arbiatal. Ein einfaches, ungezwungenes Lokal mit lokaler und regionaler Küche, ideal für einen spontanen Stopp auf der Durchreise.

Via della Pace 2, Località Pianella, Castelnuovo Berardenga, T 0577 36 34 83, tgl. 10.30–24 Uhr, *primi piatti* um 8 €, Hauptgänge 12–18 €

Castello di Brolio H7

Traumschlösschen

Oft sind mittelalterliche Feudalburgen die logistischen und administrativen Zentren der Chianti-Weingüter, und die Burgkeller werden zumindest noch teilweise für die Weinveredelung genutzt. Das Castello di Brolio (20 km nordöstlich von Siena an der SP 484) ist ein besonderes Exemplar. In den 1830er-Jahren wurde sein damaliger Besitzer Baron Bettino Ricasoli von einem Fantasy-Flash heimgesucht: Die Stammburg, seit dem 12. Jh. ununterbrochen in Familienbesitz, wurde in ein

Der argentinische Bildhauer Xavier Barrera Fontenla fordert mit seinem Werk im Skulpturenpark Pressefreiheit: »Por la libertad de prensa«.

neo-mittelalterliches Traumschlösschen verwandelt. Der studierte Adelsspross ließ seinen Architekten Pietro Marchetti sogar Anleihen aus dem Tudorstil verarbeiten, für ein perfektes Gothic Revival, wie es damals in England beliebt war. Dank Bettino Ricasoli ging vom Castello di Brolio auch ein Revival des Weinbaus aus. Er schuf um 1830 jenes Rezept eines Chianti-Cuvée, das Jahrzehnte später zum Exportschlager werden sollte. Verschiedene Touren führen durch die herrlichen Gärten und die Burg.

Località Madonna a Brolio, www.ricasoli.com, Mitte März–Okt. tgl. 10–18 Uhr, verschiedene Führungen, u. a. Tour Giardino (Garten, Verkostung eines Weines, 1 Std., Start: 10.30 Uhr, 5 €), Tour Classico (Burgführung, moderne Weinfabrik, Weinprobe, 2 Std., Start: 15 Uhr, 30 €)

San Gimignano

F7

Im Schatten der Türme

Zwischen Traumbild und Museumsstadt schwankt der Eindruck von San Gimignano. Wobei Ersteres doch überwiegt, wenn man die vielen Tagestouristen ausblendet. Die Stadt der Geschlechtertürme in märchenhafter Hügellage ist so etwas wie ein Sehnsuchtsort der ländlichen, historischen Toskana geworden. Es ist ein bisschen, als wandle man durch die Grafik eines beliebten Mittelalter-Computerspiels. Auch uns zieht es immer wieder her, um die nächste Runde zu spielen, aus Nostalgie, aus Freude am Genuss oder als moderne Kulturpilger.

Via Francigena

Strapazierter Pfad

Tatsächlich war in San Gimignano schon vor 700 Jahren viel los, weil eine der wichtigsten Pilgerstraßen des Mittelalters die Stadt durchquerte: die Via Francigena, die **Frankenstraße.** Bis heute ist sie im Städtchen in den **Hauptstraßen** Via San Matteo und Via San Giovanni erkennbar, die als Nord-Süd-Achse von der **Porta San Matteo** ❶ zur **Porta San Giovanni** ❷ führen. Auf halbem Weg zwischen den beiden Stadttoren liegt noch heute der Marktplatz, die dreieckige **Piazza della Cisterna** ❸ mit dem steinernen Ziehbrunnen. Wie oft hier gezogen wurde, ist sogar an den Spurrillen am Brunnenrand zu sehen.

Der Name Via Francigena (s. auch Tour S. 164) bezeichnet im engeren Sinn die Pilgerrouten von nördlich der Alpen zu den Gräbern der Apostel Petrus und Paulus in Rom. Mehrere Zweige bündelten sich in der Poebene. Von dort ging es über die Apenninen und längs durch die Toskana, u. a. über Lucca, San Gimignano, Siena und San Quirico d'Orcia, in die ›Ewige Stadt‹. Da die Frankenstraße in ein Wegesystem alter Handels- und Heerstraßen eingebunden war, nutzten sie nicht nur Pilger, sondern vor allem auch unzählige Kaufleute und Kreuzzügler. Der Etappenort San Gimignano wuchs und wuchs. Die Bettelorden ließen sich nieder, Gastwirte und Tavernenbetreiber, Händler und Marktschreier bevölkerten die »Tochter der Francigena«.

Geschlechtertürme

Von der Piazza della Cisterna ist die Hälfte der zwölf erhaltenen Geschlechtertürme zu sehen, die San Gimignanos Skyline prägen. Ursprünglich waren es sogar 72! Sie bezeugen die Macht der Adelsgeschlechter, die im 13. Jh. in die boomenden Städte drängten, um die bürgerlichen Zentren zu beherrschen. Ihre Machtkämpfe wurden nicht selten durch Familienfehden ausgetragen, da bot so ein Turm ähnlich guten Schutz wie ein Bergfried. Noch wichtiger war aber der Prestigeaspekt. Man baute so hoch wie möglich, um Reichtum zu demonstrieren. Geschlechtertürme gab es in den meisten Städten Mittelitaliens, doch anderswo wurden sie für modernere Gebäude abgerissen – während in San Gimignano die Entwicklung stagnierte: Nach der Pest 1348 verlor die Stadt ihre Unabhängigkeit und fiel an Florenz. Die **Torre e Casa Campatelli** (s. S. 163) ist als Museum zugänglich. Die **Torre Salvucci Maggiore** ❹ (Piazza delle Erbe, 5 €) ist innen zwar nicht original, doch ihr können Sie bis aufs Dach steigen, zumindest wenn der Turm nicht als *dimora storica* (›historische Unterkunft‹) an Übernachtungsgäste vermietet ist.

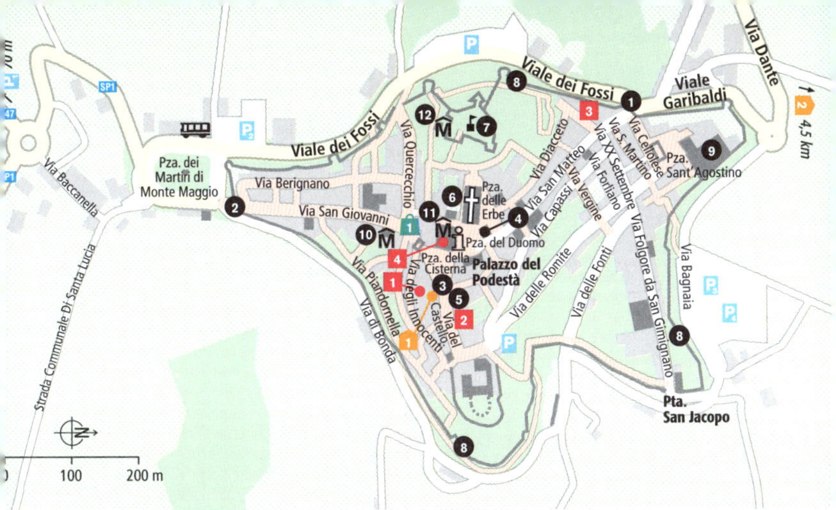

San Gimignano

Ansehen

1. Porta San Matteo
2. Porta San Giovanni
3. Piazza della Cisterna
4. Torre Salvucci Maggiore
5. Galleria Continua
6. Collegiata di Santa Maria Assunta
7. Rocca di Montestaffoli
8. Stadtmauer
9. Chiesa Sant'Agostino
10. Torre e Casa Campatelli
11. Museo Civico / Palazzo del Popolo
12. Vernaccia di San Gimignano Wine Experience La Rocca

Schlafen

1 La Cisterna
2 Il Vecchio Maneggio

Essen

1 Divinorum
2 Osteria del Carcere
3 Osteria delle Catene
4 Gelateria Dondoli

Einkaufen

1 Bazar dei Sapori

Aktuelle Kunstprominenz

Es gibt nicht nur Mittelalter in San Gimignano. Nur ein Katzensprung ist es von der Via Francigena zur **Galleria Continua** ❺. Ai Weiwei, Kiki Smith und Anish Kapoor sind nur die bekanntesten internationalen Künstler, die in den Sonderausstellungen dieser Galerie vertreten sind, eine der bedeutendsten Adressen für zeitgenössische Kunst in Italien. Manche Ausstellungen finden im öffentlichen Raum statt. Keine Angst, falls Sie eine Figur auf einer Turmkante sehen: Es ist bestimmt eine Skulptur von Anthony Gormley.

Via del Castello 11, www.galleriacontinua.com, tgl. 10–13, 14–19 Uhr, Eintritt frei

Piazza Duomo

Höchster Turm und Bibelfresken

Seit über 700 Jahren ringen die zwei wichtigsten Gebäude der Stadt an der Piazza Duomo um Aufmerksamkeit: Das Rathaus mit seinem mächtigen Turm, der Torre Grossa, und die Kollegiatskirche liegen über Eck nebeneinander.

Sehnsuchtsort San Gimignano: Die Stadt der Türme ist ein Touristenmagnet.

Der **Palazzo del Popolo** ⓫ (1288) wurde auch dem Machtstreben der Adelsgeschlechter entgegengesetzt. Mit ihm entstand ein neuer Bautypus für Stadtrat, Regierung und Justiz. Seine stolzen Maße sollten demonstrativ das bürgerliche Gemeinwesen stärken. Ebenso die **Torre Grossa,** die laut Gesetz von keinem privaten Turm überragt werden durfte. Die Salvucci-Familie hat auf der gegenüberliegenden Platzseite getrickst und zwei Zwillingstürme nebeneinandergebaut. Wer hatte nun insgesamt den höchsten? Der Rathausturm ist über das **Museo Civico** (s. S. 163) erklimmbar.

Über einer breiten Freitreppe posiert die **Collegiata di Santa Maria Assunta** ❻. Die schlichte Kalkstein- und Ziegelfassade lässt kaum erahnen, was sich drinnen verbirgt: ein im 14. Jh. fast komplett ausgemalter Kirchenraum. Damals rückten Künstler um Lippo Memmi und Bartolo di Fredi aus Siena an, um das kurz vorher aufgestockte und eingewölbte Gotteshaus zu dekorieren. Die Bilder an den Seitenwänden erzählen Geschichten des Alten und Neuen Testaments (Süd- bzw. Nordseite). Ist da nicht Noah, der die Arche bauen lässt? Daneben drängen schon die Tiere hinein. Manche hat der Künstler wohl nur von Erzählungen gekannt. Besonders schön ist das Neue Testament: Die Figuren wirken lebendig, ihre Gesichter haben Ausstrahlung, ihre Gesten sprechen. Wie Kino fürs Mittelaltervolk!

www.duomosangimignano.it, April–Okt. Mo–Fr 10–19.30, Sa 10–17.30, So 12.30–19.30, Nov.–März Mo–Sa 10–17, So 12.30–17 Uhr, Jan., Nov. je 2 Wochen geschlossen, 4 €

An der Stadtmauer

Abseits des Trubels

Ein Aussichtsplateau, ein Glas Wein, lichtdurchflutete Landschaft: Momente vollendeter Entspannung genießen Sie auf dem Hügel der **Rocca di Montestaffoli** ❼. Hier befindet sich auch das Weinmuseum **Vernaccia di San Gimignano Wine Experience La Rocca** ⓬ (s. rechts). Sie können aber auch einfach nur einen Vernaccia trinken, den berühmten reinsortigen Weißwein des Ortes. An der Museumskasse bezahlen (4–6 €) und mit rausnehmen zu den Tischen.

Wer den Touristenrummel in der Hauptstraße noch weiter hinter sich lassen will, kann die **Stadtmauer** ❽ auf einem Spazierweg umrunden (auf den Stadtplänen der Touristeninformation grün eingezeichnet; 2019 streckenweise gesperrt). Vor allem auf der Ostseite bieten sich herrliche Ausblicke Richtung Elsatal und Chiantihügel.

An der Nordspitze lohnt sich ein Abstecher zur **Chiesa Sant'Agostino** ❾. Im Chor, hinter dem Altar, hat der Renaissancemaler Benozzo Gozzoli aus Florenz in klaren Farben und Formen das Leben des Ordensgründers Augustinus geschildert. Durch die Kirche erreichen Sie einen stillen, mit Palmen und Zypressen bepflanzten Kreuzgang, der die Zeit vergessen lässt.

Chiesa Sant'Agostino: Piazza Sant'Agostino, Jan.–März Mo 16–18, Di–So 10–12, 15–18, April–Okt. 10–12, 15–19, Nov.–Dez. 10–12, 15–18 Uhr, Eintritt frei

Museen

Geschlechterturm

❿ **Torre e Casa Campatelli:** Wie ein Geschlechterturm innen aussah, zeigt die Torre e Casa Campatelli. Sie ist seit 2016 zugänglich und dokumentiert das Leben im Turm und die Geschichte San Gimignanos.

Torre e Casa Campatelli: Via S. Giovanni 15, www.fondoambiente.it/luoghi/torre-e-casa-campatelli, Jan./Feb. Sa/So 10.30–17.30, März Mi–So 10–19, April–Okt. Di–So 10–19, Nov./Dez. Do–So 10.30–17.30 Uhr, 7 €

Politik und Liebe im Rathaus

⓫ **Museo Civico:** Das Stadtmuseum im alten Rathaus (s. S. 162) bietet eine kleine Pinakothek und originale Fresken aus dem 14. Jh. Besonders pikant sind die bunten Geschichten zweier Liebesabenteuer im zweiten Stock, im ehemaligen Gemach des obersten Richters. Eines geht gut aus, das andere schlecht.

Palazzo del Popolo, Piazza del Duomo 2, www.sangimignanomusei.it, tgl. April–Sept. 10–19.30, Okt.–März 11–17.30 Uhr, 9 €

Auf den Spuren des Vernaccia

⓬ **Vernaccia di San Gimignano Wine Experience La Rocca:** Das kleine Weinmuseum neben der Burg führt in die Geschichte, den Anbau und die Produktion des toskanischen Weißweins Vernaccia ein.

La Rocca, Via della Rocca 1, www.sangimignanomuseovernaccia.com, März–Nov. tgl. 11.30–19.30 Uhr, Eintritt frei

Schlafen

Eine Alternative zu den relativ teuren Hotels sind in San Gimignano Privatvermieter (Liste bei der Touristeninformation). Die idyllische Landschaft um San Gimignano macht das Angebot der *agriturismi* sehr attraktiv.

Mittendrin

❶ **La Cisterna:** Das Familienhotel im Zentrum ist in historischen Gemäuern aus dem 13. Jh. untergebracht. Der Speisesaal im zweiten Stock bietet eine herrliche Sicht in die Landschaft. Traumhaft schön

TOUR
Auf Pilgers Spuren

Auf der Via Francigena von San Gimignano nach Colle di Val d'Elsa

Flurbereinigung gibt's um San Gimignano kaum. Zum Glück, so behalten die Hügel ihr historisch gewachsenes Bild und ihren Artenreichtum.

Pilgerwege sind als Mittel der Meditation bewährt. Wenn sie dazu noch durch liebliche Landschaft führen, können sie zum Vergnügen werden. Dies ist bei Etappe 32 der Via Francigena durch die kleinparzellige Landschaft südlich von San Gimignano der Fall. Wir schlagen eine Variante vor, die in Colle di Val d'Elsa endet, mit dessen faszinierender Altstadt und langer Tradition der Glasherstellung.

Die **Via Francigena** (Frankenstraße) war eine mittelalterliche Pilgerroute von den nördlichen Teilen des Frankenreichs nach Rom, wo die Apostelgräber von Petrus und Paulus lockten. Durch den Aufschwung des Handels nach dem Jahr 1000 wurde die Strecke

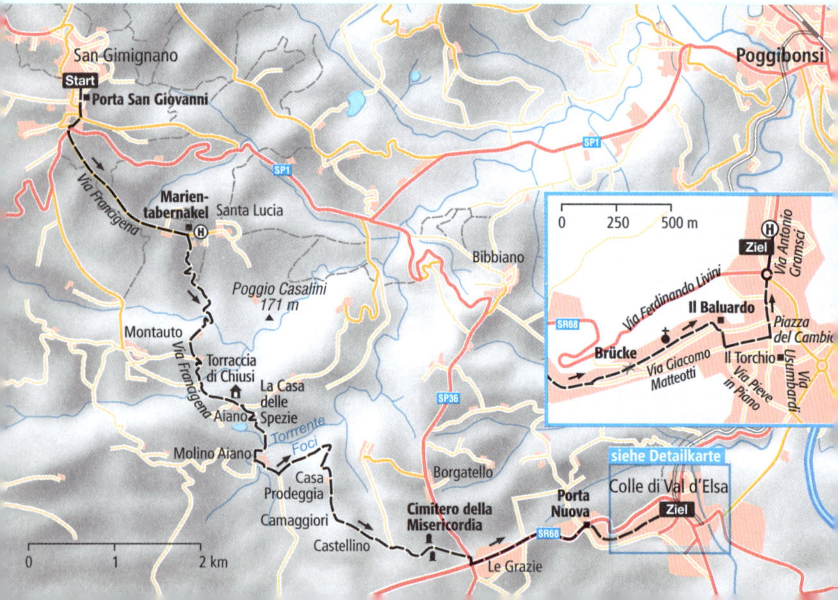

Infos

Wanderung, 12 km, ca. 4,5 Std.

Start/Ziel:
Porta San Giovanni, San Gimignano, F 7 / Colle di Val d'Elsa, G 7

Orientierung:
rot-weiße Markierungen mit Aufschrift »VF« oder Emblem mit gelbem Pilger

Essen:
Ristorante Il Torchio, Via Usimbardi 7 (Seitenstraße der Piazza Arnolfo di Cambio), T 333 801 49 25, Mo–Sa 12.30–15.30, 19–24, So 19–24 Uhr, Pasta ab 8 €, Hauptgänge ab 7 €

Rückfahrt:
Linienbus 130-As ab Via Antonio Gramsci (Colle di Val d'Elsa), z. B. 14.15, 15.50, 17.50 Uhr (www.tiemmespa.it/#orari)

schließlich zu einer der wichtigsten Überlandstraßen Italiens bis in die frühe Neuzeit. Die Region Toskana hat sie als gut markierten Wanderweg ausgebaut.

Nach italienischer Zählung (ab Großer Sankt Bernhard) beginnt **Etappe 32** in **San Gimignano.** Sie führt durch das südliche Stadttor, die **Porta San Giovanni,** am großen Kreisverkehr Richtung Volterra und kurz danach links Richtung Santa Lucia. Nach 1,8 km zweigt von der Straße rechts ein reiner **Wanderweg** ab, vor einem **Marientabernakel** mit Bushaltestelle. Es beginnt der schönste Teil der Etappe, wir tauchen ganz in die Landschaft ein: Abwärts geht es durch ein waldiges **Bachtal,** dann an Feldern entlang bergauf zum Vier-Sterne-Relais **Torraccia di Chiusi.** Über eine Kuppe erreichen wir das Anwesen **Casa delle Spezie,** das längere Zeit ein Landlokal war.

Weiter geht es nochmals durch die **Furt** eines Baches in ein Wäldchen. Ca. 200 m hinter der Furt nehmen wir links den **Abzweig nach Colle di Val d'Elsa** ab (3 km). Durch Feld und Wald erreichen wir nach drei Kurven aufwärts eine **Siedlung** mit asphaltierter Straße, der wir durch Olivenhaine folgen. Auf einer **Hochebene** durch Felder rückt die Zivilisation immer näher, bis sie uns an der großen Kreuzung nach Passieren des **Cimitero della Misericordia** voll erfasst hat.

Links führt die **SR 68** nach 1,2 km zum mächtigen Stadttor der Kristallstadt, zur **Porta Nuova.** Ab hier streckt sich die **Altstadt** auf einem schmalen Sporn ins Elsatal hinein. Entlang der Hauptstraße reihen sich strenge **Palazzi,** eine **Brücke** führt erhaben ins **Burgviertel.** Immer geradeaus gelangen wir zum äußersten Ende des ›Altstadtsporns›, **Il Baluardo.** Von dort bietet sich ein beeindruckender Blick hinab ins Tal. Per **Aufzug** gelangen wir hinunter in die **Neustadt.**

Im Tal liegen auch die **Kristallglas-Fabriken,** die Colle di Val d'Elsa recht wohlhabend gemacht haben. 95 % der italienischen Produktion stammen von hier. Nach Verlassen des Aufzugs halten wir uns links und stehen dann nach ca. 350 m an der lebendigen **Piazza Arnolfo di Cambio.** 300 m nördlich fährt in der **Via Antonio Gramsci** der Linienbus nach **San Gimignano** zurück.

sind auch die Zimmer mit Panoramablick. Man sollte sie gut aussuchen, einige sind recht klein. Angebote im Internet.
Piazza della Cisterna 23, T 0577 94 03 28, www.hotelcisterna.it, DZ/ÜF 100–150 €

Im alten Reiterhof

2 **Il Vecchio Maneggio:** Mit Herz und Elan führt Tiziana ihren Hof 5 km nördlich des Ortskerns. Wein, Öl, Honig und Safran kommen von den eigenen Feldern direkt auf den Tisch. Ein zweistöckiges Bauernhaus in Traumlage hält fünf Doppelzimmer bereit. Entspannen können Sie im Pool mit Blick auf die Geschlechtertürme. Das Besondere sind 20 Pferde (geführte Ausritte).
Località Sant'Andrea 22, T 0577 95 02 32, www.ilvecchiomaneggio.com, DZ/ÜF 70–100 €

Essen

Salat mit Aussicht

1 **Divinorum:** Neben ausgesuchten Weinen werden in dieser *enoteca* kalte Platten (Käse oder Wurst) und schöne Salate serviert. Innen sitzt man unter Backsteingewölben, im Hof unter Weinlaub. Aber die besten Plätze, sofern man sie ergattert, sind die auf der Gasse: mit freiem Blick in die Landschaft.
Via degli Innocenti 21, T 0577 90 71 92, www.divinorumwinebar.com, tgl. 12–21 Uhr, Salate 7–8,50 €, kalte Platten 10–15 €

S

SAFRAN

San Gimignano boomte im Mittelalter nicht nur als Pilgerstation, sondern auch durch einheimischen Safran *(zafferano)*, der als Färbemittel teuer in den Orient verkauft wurde. Da die Felder meistens den Adligen gehörten, heimsten diese die größten Gewinne ein. Nach der Krise im 16. Jh. wurde der Safrananbau erst in den 1990er-Jahren wiederbelebt, diesmal für die Gastronomie. Außer auf den Bauernhöfen finden Sie das ›rote Gold‹ in Geschäften im Zentrum (0,10 g/ca. 5 €).

Bauer oder Signore

2 **Osteria del Carcere:** Wer Rezepte vergangener Zeiten liebt, ist hier richtig. Pasta gibt es nicht, sondern ein reiches Angebot an Suppen aus der Bauerntradition: die Kichererbsencreme *vellutata di ceci* oder den Brot-Gemüse-Eintopf *ribollita*. Aus Adelskreisen stammen die Fleischgerichte, z. B. Truthahn in Pistazien-Orangen-Soße.
Via del Castello 13, T 0577 94 19 05, Fr–Di 12.30–15, 19.30–22, Mi/Do 19.30–22 Uhr, Suppen 9 €, Hauptgänge um 16 €

Im Zeichen der Schnecke

3 **Osteria delle Catene:** Gino und Virgilio betreiben ihr ausgewiesenes Slow-Food-Lokal mit viel Hingabe. Sie bieten leckeres, gesundes Essen zu fairen Preisen. Lokale Erzeugnisse verfeinern die Gerichte: der Safran die Vorspeisen, der Wein die Fleischgänge. Grandios schmeckt das Wildschweinragout.
Via Mainadi 18, T 0577 94 19 66, www.osteriadellecatene.it, Mo/Di, Do–Sa 12–14, 19–21, So 12–14 (in der Hauptsaison auch 19–21) Uhr, Pasta um 10 €, Hauptgänge um 14 €

Eis vom Feinsten

4 **Gelateria Dondoli:** Die Eisdiele im Zentrum hatte schon viel prominenten Besuch, trotzdem sind die Preise normal. Inhaber Sergio Dondoli arbeitet mit den Bauernhöfen der Umgebung Hand in Hand, das bürgt für Qualität. Originelle Kreationen wie Crema di Santa Fina (mit Safran) oder Rosemary-Baby (Himbeer-Rosmarin) machen seinen Laden besonders attraktiv.
Piazza della Cisterna 4, www.gelateriadondoli.com, Sommer tgl. 9–23, Winter tgl. 9–18 Uhr

Sorgfältig von Hand werden die orangeroten Stempelfäden des Crocus sativus, drei je Blüte, herausgezupft. Getrocknet werden sie zu Safran.

Einkaufen

Wer trockenen, aber fruchtigen Weißwein liebt, findet ihn überall in San Gimignano: Den **Vernaccia** gibt es in Läden im Ort oder direkt bei den Winzern der Umgebung. Eine Karte mit Adressen der Weingüter bekommen Sie im Weinmuseum Vernaccia di San Gimignano (s. S. 163).

Von Aceto bis Zafferano

1 **Bazar dei Sapori:** Mittlerweile gibt es viele Läden, die regionale Leckereien verkaufen. Aber dieser hier, am Fuß eines Geschlechterturms, war einer der ersten. Und ist immer noch spitze! Er führt sogar das ›rote Gold‹, den Safran von San Gimignano, der seit 2005 ein offizielles Qualitätssiegel besitzt.

Via S. Giovanni 8, www.bazardeisapori.it, tgl. März–Okt. 9–20, Nov.–Feb. 9–18 Uhr

Infos

- **Informazioni ed Accoglienza Turistica (IAT):** Piazza Duomo 1, T 0577 94 00 08, www.sangimignano.com., März–Okt. tgl. 10–13, 15–19 Uhr.
- **Bus:** häufige Verbindungen nach Florenz und Siena (Umsteigen in Poggibonsi), Fahrzeit jeweils ca. 75 Min.

Monteriggioni G7

Eine Krone als Etappenziel

Die offizielle Etappe 32 der Via Francigena endet seit dem 13. Jh. in Monteriggioni. Die auffällige Ringfestung liegt wie eine Krone auf einem kleinen Hügel, deren Zacken von elf Wehrtürmen (früher 15) gebildet werden. Durch die jüngste Instandsetzung der Via Francigena als Wanderweg ist das Burgstädtchen stärker in den Fokus von Reisenden gerückt und bezaubert durch seine unverfälschte und einzigartige Anlage.

Festung mit Gemüse

Vom Parkplatz vor den Toren sind es 100 m zur **Porta Franca,** die auf die großzügige **Piazza Roma** führt. Niedrige Bauten füllen das Areal innerhalb des Mauerrings nicht völlig aus, es bleibt Platz für auflockernde Gärten. Die waren früher bei Belagerungen für die Versorgung der Eingeschlossenen wichtig. In den Häusern haben sich Läden für Chianti-Wein, Kunsthandwerk und Antiquitäten breitgemacht.

Wirkungsvoller Schutz

Früher waren die Gebäude Soldatenwohnungen und Pilgerherbergen, d. h.: nach 1214, dem Gründungsjahr von Monteriggioni. Auf Wunsch der Republik Siena sollte ein militärisches Bollwerk gegen Florenz her. Die Lage über dem Elsatal und der Via Francigena war bewusst gewählt, um beide kontrollieren zu können. So wuchs die erste sienesische Festung, die komplett am Reißbrett geplant war. Das Bollwerk hielt tatsächlich 340 Jahre allen Angriffen der Florentiner stand, einmal gegen 2500 Soldaten, später gegen Feuerwaffen. Es brauchte schon einen Verrat, damit Monteriggioni 1554 an die Feinde fiel. Danach stand Herzog Cosimo I de' Medici der Weg nach Siena offen. Die Belagerungen können Sie am schönsten nachvollziehen, wenn Sie den Wehrgang ablaufen. Auf Seiten der Belagerer können Sie den Ort auf einem ca. 700 m langen Spazierweg umrunden.

April–Mitte Sept. tgl. 10–13.30, 14–19 Uhr, 4 €, Ticket gilt auch für das Waffenmuseum an der Piazza Roma

Infos

- **Ufficio Turistico:** Piazza Roma 23, T 0577 30 48 34, www.monteriggioniturismo.it, April–Sept. tgl. 10–13.30, 14–19, Okt. tgl. 10–13.30, 14–18, Nov.–März Mi–Mo 10–13.30, 14–16 Uhr.

San Vivaldo F6

Extreme Askese

Heutige Mietpreise können zu den ungewöhnlichsten Wohnprojekten führen. Ob bei dem hl. Vivaldo Ähnliches vorlag, ist uns nicht bekannt. Jedenfalls wählte der Einsiedler um 1300 einen hohlen Kastanienbaum, vermutlich vornehmlich aus religiösen Gründen. Vivaldos Wohnbaum stand im dichten Wald zwischen Montaione und Castelfalfi, wo sich später ein Weiler entwickelte, der nach dem Sonderling benannt wurde.

Franziskaner als Heiligensitter

Der Kern der Siedlung war ein **Kloster der Franziskaner,** das 1500 im Wald entstand. Für die Bettelbrüder war es Gewohnheit, die Meditationsstätten des hl. Franz von Assisi zu Einsiedeleien auszubauen. Analog gingen sie am Sterbeort Vivaldos vor, wo bereits eine ihm geweihte Kirche stand. Diese wurde vergrößert und um Konventsgebäude ergänzt. Vivaldos Reliquien sind in der Kirche in einem Sarkophag mit gläserner Front zu sehen.

Jerusalem in der Toskana

Das Ungewöhnlichste sind aber die vielen **Miniaturkirchen,** die ringsum im Wald verstreut sind und ein **Kapellendorf** bilden. Hier haben die Franziskaner Jerusalem mit seinen biblischen Stätten in klein nachgebaut! Eine der Kapellen stellt etwa das Haus des letzten Abendmahls dar und oben auf einer Anhöhe steht die Grabeskirche mit der abschließenden Rotunde. Die planenden Brüder müssen genaue Kenntnisse von Jerusalem besessen haben, denn die Anlage entspricht der realen Gestalt der Heiligen Stadt. Das seltsame Unterfangen erklärt sich historisch: Nach der Eroberung Kleinasiens durch die Osmanen waren die heiligen Stätten unzugänglich geworden, es musste Ersatz her.

Essen

Wirtshaus im Wald

Ristorante Il Focolare: Den Ausflug nach San Vivaldo können Sie mit einem Essen in den Konventsgebäuden direkt neben der Franziskanerkirche abrunden. Unter den Ziegelgewölben des langen Speisesaals serviert Roberta schmackhafte Landküche. Wenn es frisch ist, wird der Kamin angeheizt.

Via San Vivaldo 7, T 0571 69 84 35, Mitte April–Okt. Mo–Fr 18.30–22, Sa/So 11.30–14.30, 18.30–22, Nov.–Mitte April nur Sa/So 11.30–14.30, 18.30–22 Uhr

Volterra

F7

Vampire?

Über Schafweiden und schroffen Erosionskanten, den *balze,* thront das 2600-jährige Volterra auf einem Bergrücken. Sein Alter, sein trutziges Stadtbild und die Existenz unzugänglicher Etruskergräber in der Umgebung waren 2004 für die US-Autorin Stephenie Meyer sehr verlockend: Sie verortete ihre Vampirsaga »Twilight« teilweise in der toskanischen Stadt. Die Volturi-Vampire sind in Volterra nicht zu sehen, ja nicht einmal die Drehorte der Verfilmung; die liegen nämlich in Montepulciano.

N

NULL KILOMETER

Wie in anderen ländlicheren Orten der Toskana hat sich in Volterra das Versorgungsprinzip des **Chilometro Zero** etabliert: Nahrungsmittel werden ohne lange Transportwege verarbeitet und verzehrt, mit geringeren Kosten bei gleichzeitiger Stärkung der heimischen Wirtschaft. Die Basis ist bestes Olivenöl, Getreide, Gemüse, Fleisch. Zur Krönung kommt aus dem Umland ein hervorragender Schafskäse dazu, der *Pecorino delle Balze.* Läden im Ort führen die lokalen Produkte (s. S. 172).

Filmreif und eindrucksvoll wirken sie dennoch, die engen, mittelalterlichen Straßenzüge mit ihrem rustikalen Charisma. Man merkt der Stadt die neue Popularität durchaus an, denn in den vergangenen Jahren hat sich ihre Geschäftskultur erstaunlich entwickelt.

Alabaster

Einige länger ansässige Geschäfte vermarkten ein altes Kunsthandwerk: die Alabasterverarbeitung. Lampen, Vasen oder Souvenirobjekte – es gibt so ziemlich alles aus diesem Naturgips mit seinem matten Glanz, auch in verschiedenen Stilen. Die ergiebigen Steinbrüche im Umland wurden schon von den etruskischen Stadtgründern in der Antike genutzt. Heute wie damals liegen manche Werkstätten mitten im Zentrum und verkaufen auch direkt (s. S. 172).

Steinpaläste und ein Dom

An der zentralen **Piazza dei Priori** haben reiche Familienclans im 12. Jh. massive Steinpaläste mit Türmen errichtet, die zum Vorbild für das Rathaus, den **Palazzo dei Priori** ❶, gegenüber wurden. Kurios ist, wie sich Rathaus und

Volterra

Ansehen

1. Palazzo dei Priori
2. Duomo di Volterra
3. Fortezza Medicea/ Gefängnis
4. Parco Archeologico E. Fiumi (Area Archeologico dell'Acropoli Etrusca)
5. Arco Etrusco
6. Area Archeologico del Teatro Romano di Vallebuona
7. Museo Etrusco Guarnacci
8. Primi Passi

Schlafen

1. Villa Nencini
2. Agriturismo Podere Fraggina

Essen

1. La Vecchia Lira
2. Dolceria del Corso

Einkaufen

1. Rossi Alabastri
2. L'Emporio del Gusto
3. La mia Fattoria
4. Fattoria Lischeto

Bischofskirche ihre Rücken zukehren, als wollten sie nichts miteinander zu tun haben. Tatsächlich war der Bischof in Volterra sehr dominant.

Dem **Duomo di Volterra** ❷ mit seiner schlichten Fassade aus dem 12. Jh. sieht man die bischöfliche Macht zunächst nicht an. Die Innenausstattung aus der Barockzeit ist schon üppiger. Im linken Querhaus leistete sich der toskanische Flottenadmiral des 17. Jh. Jacopo Inghirami – Spitzname »Geißel der Türken« – eine grandiose Privatkapelle mit Bildern des heiligen Paulus.

Rathaus: Piazza dei Priori 1, Mitte März–Anf. Nov. tgl. 10–17.30, Anf. Nov.–Mitte März 10–17.30 Uhr, 5 €; **Dom:** Piazza San Giovanni, tgl. 8.30–12.30, 15–18 Uhr, Eintritt frei, bei Drucklegung geschlossen, im Lauf des Jahres 2020 Wiedereröffnung geplant

Allein des Alauns wegen

Seien Sie froh, dass Sie die gewaltige Renaissancefestung **Fortezza Medicea** ❸ auf der Altstadtkuppe nicht von innen zu sehen bekommen: Sie ist nach ihrer Konversion im 20. Jh. ein staatliches Gefängnis. Ihre architektonische Form erhielt sie

1474 durch Lorenzo de' Medici. Vorausgegangen war ein grausamer Krieg um die neu entdeckten Alaunminen südlich von Volterra. Die Stadt wollte sie selber ausschlachten statt sie den Florentinern zu überlassen. Doch die brauchten das Mineral Alaun zwingend als Beizmittel in ihrer bedeutenden Tuchindustrie. Also ließ Lorenzo seine Söldner los – die sein Feldherr, Federico da Montefeltro, nicht ganz im Griff hatte. Die Belagerung Volterras lief aus dem Ruder und endete in einer Plünderung und in einem fürchterlichen Gemetzel an der Bevölkerung. Die Festung war gegen die Stadt selbst gerichtet und zwang sie endgültig unter florentinische Herrschaft.

Antike Spuren

Auf dem Festungshügel lag im Altertum der Kern des etruskischen Stadtstaats Velathri. Im **Parco Archeologico E. Fiumi** ❹ (auch: Area Archeologica dell'Acropoli Etrusca) neben der Festung stand der Tempel. Viel zu sehen ist hier heute nicht.

Für erkennbarere antike Bauwerke müssen Sie den Altstadtrand aufsuchen. Am unteren Ende der Via Porta dell'Arco steht der **Arco Etrusco** ❺. Die enormen Quader sind Stadttorreste des Mauerrings aus dem 4. Jh. v. Chr., die im Mittelalter wieder benutzt wurden. Heute fahren hier Autos durch! Der Blick nach Süden reicht zur Bergsilhouette der Colline Metallifere, in denen die Etrusker Eisenerz und Kupfer förderten.

Quer durch die Altstadt erreichen Sie am Nordrand das Römische Theater, die **Area Archeologica del Teatro Romano di Vallebuona** ❻ (Piazza Caduti nei Lager Nazisti). Die reichste Familie Volterras ließ es im 1. Jh. n. Chr. bauen, um Kultur in die Provinz zu holen. Die Bühnenwand wurde teils rekonstruiert und vermittelt einen schönen Eindruck von der Anlage, hinter der auch Thermen-Reste zu sehen sind.

Park und Amphitheater April–Okt. tgl. 10.30–17.30, Nov.–März Sa/So 10–16.30 Uhr, je 5 €

Museen

Urnen, Urnen, Urnen

❼ **Museo Etrusco Guarnacci:** Dieses Haus hält einige der schönsten Erinnerungen an die toskanische Antike bereit. Doch es ist nicht leicht, die Glanzstücke aus dem etruskischen Velathri zu erkennen: Hier ist nicht manches ausgestellt, sondern alles eingelagert! Die riesige Urnensammlung vom 4. bis 1. Jh. v. Chr. ist überwältigend. Zwei Raritäten im ersten Stock: die Terracotta-Urne eines Ehepaars, das verblüffend realistisch porträtiert ist, und die überlange Bronzefigur »Schatten des Abends«. Hier hat sich wohl der Bildhauer Giacometti Inspiration für seine vereinsamten Figuren geholt.

Via Don Minzoni 15, Mitte März–Okt. tgl. 9–19, Nov.–Mitte März tgl. 10–16.30 Uhr, 8 €

Schlafen

Traumhafte Lage

1 **Villa Nencini:** Ein großes altes Naturstein-Wohnhaus wurde hier zum Hotel ausgebaut. Freundlicher Empfang, Swimmingpool im hübschen Garten mit Olivenbäumen: Man fühlt sich in der Villa Nencini gleich wohl. Die Lage am Rand des Stadthügels bietet eine fantastische Aussicht und zum nächsten Altstadttor sind es nur 250 m.

Borgo Santo Stefano 55, T 0588 863 86, www.villanencini.it, DZ/ÜF 75 €

Zwischen Feldern und Felsen

2 **Agriturismo Podere Fraggina:** Vor der beeindruckenden Erosionslandschaft der *balze* liegt nur 2 km außerhalb des Stadtzentrums dieser kleine Familien-*agriturismo*. Es gibt freundliche Apartments mit Kochecke für zwei, vier oder sechs Gäste und einen Panoramapool. Für Spaziergänge durch die reizvolle Landschaft bestens geeignet.

Via della Frana, T 0588 811 30, www.fraggina.it, Apartment ab 70 €

Essen

Chilometro zero

1 **La Vecchia Lira:** Das Null-Kilometer-Prinzip liegt dem sympathischen Lokal von Lamberto Bruchi und seinem Bruder Massimo zugrunde: saisonal frische und aus der Umgebung stammende Zutaten für Qualität zu günstigen Preisen. Mittags gibt es ein Büfett und eine Tageskarte, abends mit Bedienung auch aufwendigere Gerichte. Selten sonst zu finden: Wildschwein mit Kakao und Pinienkernen!

Via Giacomo Matteotti 19, T 0588 861 80, www.vecchialira.com, Fr–Mi mittags ab 11.30, mit Bedienung ab 19 Uhr, Büfettgerichte 6–10 €, abends à la carte ab 10 €

Süßes Schlaraffenland

2 **Dolceria del Corso:** Seit drei Generationen wird in dieser Familienkonditorei gerührt und gebacken. Leider kann man gar nicht so viel essen, wie man probieren möchte: die mit Sahne gefüllten Meringen, die Windbeutel, die Eiercreme-Kringel oder … Am besten entscheiden Sie selbst!

Via Giacomo Matteotti 29, T 0588 861 82, www.dolceriadelcorso.com, Di–So 7.30–20 Uhr

Einkaufen

Alabaster (s. auch S. 169) und Pecorino sind die Verkaufsschlager Volterras. Die reichste Auswahl an Schafskäse gibt es aber immer noch direkt auf den Höfen.

Alabaster

1 **Rossi Alabastri:** Hier können Sie reinspazieren und zuschauen – und auch direkt einkaufen. Wenn Sie den Inhaber Piero Fiumi antreffen, können Sie sich mit ihm problemlos unterhalten – er spricht fließend Deutsch.

Piazza della Pescheria, www.rossialabastri.com, März–Okt. Mo–Sa 10–17.30 Uhr

Lokale Produkte

Zu den Läden im Ort, die regionale Produkte führen, zählen **L'Emporio del Gusto** 2 (Via S. Lino 2, Mo–Sa 7.30–13.30, 16–20 Uhr) oder **La mia Fattoria** 3 (Via Guarnacci 37, Mi–Mo, 9–13.30, 16–19.30 Uhr).

Käse und Lotion vom Schaf

4 **Fattoria Lischeto:** Die biologische Schafskäsefarm von Gianni Cannas liegt 8 km westlich der Altstadt in der weiten, kargen Hügellandschaft. Im Hofladen gibt es Pecorino in allen Reifestufen, Joghurt und Ricotta nach Vorbestellung. Daneben sind Kosmetika aus Bio-Schafsmilch erhältlich. Wer übernachten will, kann sich nach den Apartments erkundigen, der Hof ist auch ein *agriturismo.*

Strada Provinciale del Monte Volterrano, www.agrilischeto.com, tgl. 9–17.30 Uhr

Infos

- **www.comune.volterra.pi.it:** Website der Stadt, unter dem Link »Turismo e Cultura« finden Sie Infos zu den Sehenswürdigkeiten mit Öffnungszeiten, Eintrittspreisen etc.
- **Consorzio Turistico Volterra Valdicecina Valdera:** Piazza dei Priori 20, T 0588 872 57, www.volterratur.it, tgl. 9.30–13, 14–18 Uhr.
- **Volterra Card:** Für den Besuch der archäologischen Stätten und der Museen ist die 72 Std. gültige Volterra Card (16 €) erhältlich.
- **Bus:** tgl. Verbindungen nach Cecina an der Bahnstrecke Pisa–Rom. Mo–Sa tgl. drei Busse nach Colle di Val d'Elsa mit Anschluss nach Siena und Florenz.

Lieblingsort

Toskanische Land Art: Mauro Staccioli

Kunst und Landschaft, auf magische Weise verbunden: Ein monumentales Oval aus Stahl rahmt den Blick auf die Weite von Weiden und Himmel und auf die nahen Gebäude des Weinguts Monterosola (Abb.). Auch die Stadt Volterra rückt in 8 km Luftlinie in den Blick, wenn Sie die Skulptur etwas von der Seite betrachten. Dann scheint sie sich übrigens zu einem Kreis zu stauchen. Jenseits des Altstadthügels hat der Bildhauer Mauro Staccioli (1937–2018) seine ersten Schritte getan. **»Primi Passi«** ❽ (›Erste Schritte‹, 2009) heißt auch sein Werk, mit dem der weltweit vertretene Künstler an seine Kindheit in Volterra erinnerte. Die Stadt erscheint durch das Oval betrachtet unwirklich entrückt, wie ein Erinnerungsort eben. Die Skulptur können Sie besuchen, wenn Sie auf der SR 68 Richtung San Gimignano fahren. 10 km vom Zentrum Volterras entfernt liegt links das Tor zum Weingut Monterosola mit Parkplatz davor. Ein rechter Seiteneingang für Fußgänger steht immer offen, durch eine Bachsenke erreichen Sie das Oval in fünf Minuten.

An zwei Tagen im Jahr quillt Lajatico von Besuchern über, dann, wenn im Teatro del Silenzio die Musik spielt.

Lajatico

E7

Reich im Kornfeld

Es ist nicht selbstverständlich, dass Lajatico mit seinen 1300 Einwohnern überhaupt eine eigene Kommune bildet. Der Clou ist: Seit 2017 ist der Ort die reichste Gemeinde südlich der Apenninen, gemessen am Einkommen der Bewohner! Sogar auf nationaler Ebene liegt man auf einem erstaunlichen sechsten Platz. Dazu trägt sicher auch die eigene genossenschaftliche Volksbank bei, die in der gesamten Umgebung bis nach Pisa präsent ist.

Eine musikalische Landschaft

Der kleine Dorfkern wuchs um eine Grafenburg, die längst verschwunden ist. Die Identität von Lajatico macht heute aber wesentlich seine Lage aus: in einer Landschaft, die mit ihren weiten, flach gestreckten Hügeln zu einer langsamen Vivaldi-Komposition passen würde. Oder zu den Melodien, die ein anderer, lebender Musiker in die Gehörgänge schmeichelt: Andrea Bocelli. Der blinde Tenor wurde tatsächlich hier geboren. Sein Bruder Alberto betreibt im Ortsteil La Sterza die vom Vater geerbte *azienda agricola,* ein renommiertes Weingut (www.albertobocelli.com).

Theater der Stille

Andrea Bocelli selbst ist gerne in seinem Heimatort, manchmal kommt er in Begleitung berühmter Gäste. Für die hat er 2006 eine ganz besondere Idee verwirklicht: ein Freilichttheater in der Hügellandschaft, ca. 500 m östlich der Ortschaft. Nur an zwei Tagen im Jahr, Ende Juli, findet hier ein stimmungsvoller Musikabend statt. An allen anderen Tagen des Jahres ist der Bühnenraum ein künstlicher See, der Wind bläst über die Felder, ansonsten herrscht Stille: Das ist das **Teatro del Silenzio.** Der magische Ort hat seit dem Jahr 2008 auch ein Gesicht: Der polnische Bildhauer Igor Mitoraj stiftete einen seiner melancholisch zerbrochenen Bronzeköpfe. Er wirkt verloren wie ein tragischer Held.

Essen

Originalität auf dem Teller

Il Maramaldo: Toskanische Küche servieren, ohne verwechselbar zu sein? Das schafft dieses Lokal im Ortskern von Lajatico mit individuellem Stil und origineller Kombination von altbekannten Zutaten.

Piazzetta di Borgo 1–2, T 366 117 13 18, www.ilmaramaldo.it, Mi–Mo 12–14, 19.30–22 Uhr

TOUR
Qualmende Erde, heiße Sohlen

Die Fumarolen von Sasso Pisano

Infos

ca. 2 Std., 2 x 150 Höhenmeter

Start/Ziel:
Sasso Pisano,
Karte 2, H8

Biolago:
Buca S. Rocco, www.biolagosassopisano.it, Zeiten s. Website, ab 2 €. Baden im See oder in Becken mit bis zu 36 °C heißem Wasser, erhitzt durch Erdwärme

Es dampft und zischt und brodelt zwischen weißen, roten und schwefelgelben Steinen. Übel riechende Schwaden ziehen durch die Luft. Wer auf den Boden fasst, spürt mancherorts die Hitze der Erde. Im entlegenen Teil der Colline Metallifere bei **Sasso Pisano** dringt heißes Magma ganz nah an die Erdoberfläche (s. auch Larderello, S. 286), und das lässt sich auf unserer zweistündigen Rundwanderung ganz hautnah erleben.

Ca. 400 m westlich des hübschen Ortskerns von Sasso Pisano mit dem Kirchenhügel liegt oberhalb der SP 49 ein unbefestigter Parkplatz mit Infotafel (davor brauner Wegweiser »Fumarole«). Hier beginnt der gut ausgeschilderte Wanderweg, der sich auf einer Höhe zwischen 500 und 650 m erstreckt. Die ersten 45 Minuten geht es meist bergauf. Anstrengend, aber spannend! Acht blanke **Gesteinsfelder** sind über kurze Waldstücke miteinander verbunden. Blaue und rote Pfeile markieren den Pfad über Felsen, Geröll und Erde. Anfangs dampft es nur, aber je höher Sie steigen, desto aktiver wird der Untergrund. Am höchsten Punkt der Wanderung treffen Sie auf **heiße Quellen.** Die Flora ist sehr vielfältig: Um die warmen, kahlen Abschnitte wächst niedere Macchia, dazwischen finden sich Steineichen, Baumheide und Schatten liebende Farne: verschiedene Biotope auf engstem Raum beieinander, ein Ergebnis der besonderen geologischen Situation.

Zurück geht es hauptsächlich bergab durch Wald. Nach gut 1,5 Stunden erreichen Sie die SP 49 auf der östlichen Seite von **Sasso Pisano,** das Sie durchqueren, um zum Parkplatz zurückzukehren.

Zugabe

La Pomona

Frauen als Weinbäuerinnen? Immer noch nicht selbstverständlich im Chianti …

Zum Weingut La Pomona geht es über kleine Chianti-Sträßchen und einen Schotterweg, Auf der einen Seite des Weges schauen wir über die Weinberge ins Tal. Auf der anderen liegt ein schönes altes Steinhaus mit lang gestreckten Nebengebäuden, ein kleiner Hund rennt uns freudig zur Begrüßung entgegen. Sein Gebell lockt schnell auch die beiden Frauen aus dem Haus, die hier das Sagen haben: Die alte Signora Raspi, die das Gut ab 1994 führte, nachdem ihr Mann gestorben war, und die sich heute noch um die zwei Ferienwohnungen kümmert. Und ihre Tochter Monica, die es 2007 übernommen hat.

Zwei Frauen an der Spitze eines Weinguts, das ist auch heute noch nicht selbstverständlich im Chianti. »Bis vor wenigen Jahren wurden wir einfach nur als die Schönen betrachtet, deren Lächeln zu verkaufen hilft. Aber seit ein paar Jahren gibt es immer mehr Frauen, die sich Männerkleider anziehen, den Traktor fahren, sich die Hände schmutzig machen, die Kellermeisterinnen oder Enologinnen werden. Ich selbst arbeite in meinen Reben, auf dem Traktor, im Weinkeller, und wenn es nötig ist, mache ich mich wieder sauber, setze mein schönstes Lächeln auf und verkaufe meinen Wein. Das ist ein großes Glück, weil es eine wunderschöne, dankbare Arbeit ist – aber am Abend bin ich kaputt, tut mir alles weh. Nur die Frauen, die wirklich diese harte Arbeit machen, wie Elisabetta Foradori, Alessandra Divella, oder Angela Fronti, sind für mich echte Weinbäuerinnen.«

Monica führt uns in ihren Weinkeller. Dort sind Wein, Käse und Salami angerichtet – Monica serviert uns eine wunderbare, elegante Riserva 2014, einen ihrer Lieblingsrotweine der vergangenen Ernten. »Das Gut ist alt, mein Urgroßvater hat es Ende des 19. Jh. gekauft«, erzählt die Winzerin in der Probierstube, wo die Wände voller alter Schwarzweißfotos vom Gut und von der Familie hängen. »Davor war es eine Ziegelfabrik. Dieser Urgroßvater besaß auch ein anderes Gut, das an dieses grenzte. Mit beiden zusammen hatte er 90 ha Wald, Felder und natürlich Weinberge und Olivenbäume.«

»In den 1950er-Jahren«, erzählt sie weiter, »wurde dann die *mezzadria*, das Halbpachtsystem, abgeschafft. Jetzt musste man die Arbeiter bezahlen. Meine Großmutter dachte gar nicht daran. Die Arbeiter gingen weg, das Gut wurde

»Ich liebe diesen Ort! Er ist voll von den Kindheitserinnerungen meines Vaters und meinen eigenen Kindheitserinnerungen.«

aufgegeben. Aber in den Achtzigerjahren erbten meine Eltern einen Teil des Besitzes und entschieden sich, wieder Wein anzubauen – erst einen, dann zwei, heute sechs Hektar. Ich habe hier 2007 begonnen. Meine Mutter war alt und allein und müde, der Markt war schwierig. Ich war eigentlich Tierärztin, ich hatte eine Klinik in Castellina. Aber als meine Mutter sagte, wir müssen verkaufen, sagte ich, nein, nein! Ich verkaufe die Tierklinik! Ich liebe diesen Ort! Er ist voll von den Kindheitserinnerungen meines Vaters und meinen eigenen Kindheitserinnerungen.«

Als Monica das Gut übernahm, wusste sie nichts über den Weinanbau. »Die ersten drei Jahre waren ein Alptraum. Aber langsam, langsam lernte ich dazu. Ich habe viele Male Kollegen von anderen Weingütern angerufen. Die wichtigste Entscheidung war 2009, auf organischen Anbau umzustellen. Ich habe gelernt, die Pflanzen ganz genau anzuschauen, sie zu verstehen. Ich liebe es, ihrem Jahreszyklus zu folgen, vom Schneiden der Rebstöcke im Januar bis zur Ernte. Und die Weine sind so viel besser geworden!«

Das ist sehr wichtig: Nur mit Qualität und einer eigenen Note können kleine Weingüter wie La Pomona neben großen Chianti-Weinunternehmen wie Antinori oder Frescobaldi bestehen. »Die Politik in der Weingenossenschaft«, sagt Monica, »wird für die großen Unternehmen gemacht. Wir kleinen Weinbauern überleben durch persönliche Präsenz auf den Messen, durch Leidenschaft, eigenen Arbeitseinsatz auf dem Gut, Naturprodukte und Qualität.«

Übrigens: Sie können in der Villa auch eine Ferienwohnung mieten und den schönen alten Garten mitbenutzen – oder einfach auf eine Weinprobe vorbeifahren (vorher anmelden: Villa Pomona, Località Pomona, 39, Castellina in Chianti, T 0577 7404 73, www.fattoriapomona.it). ■

Ist in die Fußstapfen ihrer Eltern getreten: Monica Raspi führt heute das Weingut der Familie.

Siena und südliches Umland

Toskana vorm geistigen Auge — die schönsten Hügelketten und Zypressenalleen, sie liegen hier, in der Provinz Siena.

Seite 181

Siena ✪

Ein eigenwilliges Stadtvölkchen verbirgt sich hinter den Backsteinfassaden dieser Stadt, zu deren Leben die Contraden gehören. Aber auch Leckereien, Musik, prächtige Gemälde und eine stolze Geschichte.

Seite 185

Piazza del Campo

Zweimal im Jahr taucht der Palio den Platz in ein farbenfrohes Spektakel: Er wird zur Rennbahn des historischen Pferderennens, für drei Runden im Uhrzeigersinn. Die Tiere sind die Stars – im Dienst alter Gesellschaftsriten.

Leckeres Rasseschwein mit Streifen: Cinta Senese

Eintauchen

Seite 188

Wogen aus Weizen und Lehm

Panoramafahrt durch die Crete von Taverne d'Arbia nach Monte Oliveto Maggiore.

Seite 191

Abbazia Monte Oliveto Maggiore

Der Geist des hl. Benedikt ist in diesem Kloster quicklebendig.

Seite 195

Wo der Brunello reift

Beschwingt wandern im Weingebiet, z. B. von Montalcino zur Abbazia di Sant'Antimo.

Seite 194, 200

Val d'Orcia

Schwingende Weite und zypressengeschmückte Bauernhöfe gehören zum Orciatal mit seinen Städtchen wie San Quirico d'Orcia und Pienza. Per Rad können Sie eine der erhabensten Gegenden Italiens erkunden.

Seite 198

Pienza

Mitten in ein bäuerliches Marktdorf baute sich Papst Pius II. seine Utopie der Renaissance.

Seite 207

Monte Amiata

Wandern, klettern, baden – am 1740 m hohen Ex-Vulkan, dem höchsten Berg der Südtoskana, wird Natur aktiv erfahrbar. Die Quellen von Bagni San Filippo führen warmes Wasser, am Monte Labbro treffen Sie auf Hirsche und Mufflons.

&

Seite 211

Iris Origo und La Foce

Hoch über dem Val d'Orcia hat die Schriftstellerin Iris Origo mit La Foce ein sehr persönliches Gartenreich geschaffen, das u. a. von ihrer Tochter Benedetta (Abb.) weitergeführt wird.

Kunstwerke wie »Die Planeten« von Eva Aeppli verteilen sich im Giardino di Daniel Spoerri.

In den südlichen Weiten der Flächenprovinz Siena kann man sich auf einsamen Landstraßen verlieren, aber noch im letzten Winkel sind kleine Schätze und Kuriositäten zu finden.

erleben

Zeitloses Hügelland

S

Siena, die goldrote Backsteinstadt voller Schätze aus dem Mittelalter, umgibt eine unwirkliche Aura. Ihre zeitlose Schönheit scheint unzerstörbar, ihre Traditionen sind lebendiger denn je – wie etwa das urtümliche Pferderennen der historischen Stadtviertel, der Palio der Contraden. Dass Siena mit 55 000 Einwohnern die kleinste Hauptstadt aller zehn toskanischen Provinzen ist, merkt man nicht. Ihre Lage verleiht ihr Erhabenheit: Von der Anhöhe schaut sie über uralte bäuerliche Landschaften, die sie schon vor 700 Jahren als stolze Stadtrepublik beherrschte. Diese sind zur vollendeten Synthese aus Natur und Menschenwerk geworden.

Flüsse, Hügel, Täler

Das Val di Merse leitet südwestlich in die Maremma über. Arbia und Ombrone fließen durch die Hügelketten der Crete-Landschaft nach Süden. Dort schließt sich das weite Val d'Orcia an, das südlich vom heiligen Berg der Toskana, dem 1738 m hohen Monte Amiata, begrenzt wird.

Wie in den Contraden von Siena herrscht auch auf dem Land ein starker sozialer Zusammenhalt, Bäuerin, Gastwirt, Weinhändler und Künstlerin bilden Netzwerke zugunsten echter Lebensqualität. In den Weinregionen des Brunello um Montalcino und des Vino Nobile um Montepulciano kommt ein gewisser Schick hinzu. Die feinen Tropfen locken Weinliebhaber aus der ganzen Welt.

ORIENTIERUNG **O**

Internet: www.terresiena.it, www.valdorcia.it
Verkehr: Busse der Firma Siena Mobilità (www.tiemmespa.it)

Kunst und Kuren

Zwischen Orciatal und Val di Chiana liegen zwei Schmuckstücke der Renaissance: Montepulciano, die Heimat des Vino Nobile, wurde auch architektonisch geadelt, und in Pienza wirkte ein Papst als Bauherr. Lebende Künstler haben sich von der Ursprünglichkeit des Landes inspirieren lassen und im Dialog mit der Natur eigene kleine Welten geschaffen. Dazu lässt es sich am Nordrand des Monte Amiata in ländlichem Ambiente herrlich kuren: Bagno Vignoni oder Bagni San Filippo nutzen ihre heißen Quellen, ohne den Naturraum zu verbauen.

Siena

★ Karte 2, H 7/8

Verborgene Schönheit

Die Schöne auf den drei Hügeln verschleiert ihre Reize, wenn man sich nähert. Es gibt nur wenige Stellen, die einen Fotoblick zulassen. Den schönsten haben Sie vom Belvedere des Viale XXV Aprile: Erhaben lagert der Dom zwischen Erde und Himmel! Hier wird klar, was die Tourismusbehörde unter »Akropolis von Siena« versteht. In der Altstadt sind Sie von strengen Hauswänden umgeben. Bürgersteiglose Gassen münden in die Hauptstraßen, die dem Relief in Kurven folgen. Wie die verwirrende Schale einer Auster halten sie die Perle der Stadt verborgen, den elegant-monumentalen Rathausplatz.

Contraden und ihre Brunnen

Eine dieser Hauptstraßen ist die etwas düstere **Via Stalloreggi** mit urigen Werkstätten und interessanten Lokalen. Sie ist das Herz der **Contrade des Panthers,** eines jener 17 historischen Stadtviertel, die wie eingeschworene Dorfgemeinschaften das Alltagsleben von Siena prägen. Die Straße grenzt südlich an die **Contrade der Schildkröte** und nördlich an die **Contrade des Adlers.** Im alten Sozialsystem von Siena gewöhnt man sich schnell an die esoterische Namensgebung. Haben Sie die Struktur einmal verstanden, haben Sie Siena verstanden (s. S. 280). Eine Orientierung bieten die **Contradenbrunnen.** Früher waren sie für die Wasserversorgung der Stadtteile fundamental, seit dem 20. Jh. haben sie vor allem eine soziale Funktion: Die Con-

Beeindruckend ist schon die Treppenflucht, die hinauf zur nie fertiggestellten gewaltigen Fassade des Duomo Nuovo führt.

traden-Zugehörigkeit eines Sohnes oder einer Tochter wird durch ein kurioses Ritual demonstriert, eine weltliche Taufe am jeweiligen Brunnen, möglich auch für zugereiste Erwachsene! An der Via Stalloreggi bzw. der Piazza Conte ist die **Fontana della Pantera** ❶ ein besonders interessanter Brunnen, das schwarze Raubtier setzt gerade zum Sprung an.

Der Domhügel

Ein Prachtkerl

Zwischen den Contraden des Adlers und des Waldes erhebt sich der **Duomo di Maria Assunta** ❷. Vom 12. bis 15. Jh. wuchs er zu einer gotischen Kathedrale. Eine Premiere des italienischen Kirchenbaus ist die figurenübersäte Fassade. Ein

Siena

Ansehen

- ❶ Fontana della Pantera
- ❷ Duomo di Maria Assunta
- ❸ Krypta
- ❹ Battistero San Giovanni
- ❺ Palazzo Chigi-Saracini (Accademia Musicale Chigiana) / ChiganArtCafé
- ❻ Il Campo
- ❼ Orto de' Pecci
- ❽ Orti del Costone
- ❾ Museo del Duomo
- ❿ Museo Civico / Palazzo Pubblico
- ⓫ Pinacoteca Nazionale

Schlafen

- 1 Villa del Sole
- 2 Hotel Chiusarelli
- 3 Hotel Duomo

Essen

- 1 Trattoria Papei
- 2 Osteria Nonna Gina
- 3 Bar San Paolo
- 4 Pasticceria Nannini

Einkaufen

- 1 La Feltrinelli
- 2 Libreria Senese
- 3 Consorzio Agrario di Siena
- 4 Wochenmarkt

Künstlerteam unter der Leitung von Giovanni Pisano meißelte ab 1285 zwölf Jahre lang Propheten, Könige und Heilige, die wie von einer Himmelsstadt herabschauen (Originale im Dommuseum). Der **Glockenturm** mit seinen schwarz-weißen Marmorstreifen lässt die Farben des Stadtwappens ins Umland leuchten.

Im Innenraum setzt sich die Pracht lückenlos fort: Es bleibt kein leerer Fleck, wo der Teufel sich hätte einnisten können! *Horror vacui,* die Angst vor dem Nichts, nennen Historiker dieses mittelalterliche Phänomen der Fülle. Schon der Marmorfußboden ist ein Kunstwerk: Intarsien in Weiß, Schwarz, Rot und Gelb, alles, was die Steinbrüche von Siena und Prato so hergaben. Die wichtigen Felder sind mit Figurenbildern geschmückt, die biblische Geschichten erzählen oder moralische Botschaften vermitteln. Das Rad der Fortuna etwa mahnt die Besucher, sich nicht auf das Glück zu verlassen.

Die Kanzel mit den Reliefs der Jesusgeschichte stammt von Nicola Pisano (1266). Für eine Taufkapelle links vom Kuppelraum schuf Donatello im 15. Jh. eine eindrucksvolle Bronzestatue Johannes' des Täufers. Das Schönste versteckt sich im linken Seitenraum der **Libreria Piccolomini:** Die leuchtenden Fresken des umbrischen Malers Pinturicchio (1502) schildern in raumöffnenden Perspektiven das Leben des sienesischen Renaissancepapstes Pius II., alias Aenaea Silvio Piccolomini. Die bemalten Gesangsbücher in den Vitrinen darunter stammen aus dessen Bibliothek.

Sienas Turmbau zu Babel

Auf Spuren des Größenwahns stoßen Sie auf der Ostseite der Piazza del Duomo. Die riesigen Mauern und offenen Gewölbe sollten nach 1339 zum **Duomo Nuovo** zusammenwachsen, der größten Kirche der Christenheit. Der bestehende Dom wäre zum Querhaus degradiert worden. Das Projekt scheiterte in erster Linie wegen der Schwarzen Pest, die 1348 die Bauhütte schwächte. Eine Gottesstrafe, nach Lesart der damaligen Bevölkerung! Doch ob die Statik überhaupt funktioniert hätte, ist fraglich. Drei Gewölbe wurden zugemauert, darin befindet sich das **Museo del Duomo** ❾ (s. S. 186), über das Sie den **Facciatone** besteigen können, die halbfertige Riesenfassade. Höher geht es in Siena nur am Rathausturm.

Ungewöhnliche Räume

Eine Verlängerung des Doms gelang immerhin: Im 14. Jh. baute man nach hinten über den Abhang hinweg. An den gewaltigen Stützbauten entlang führt eine Treppe hinunter. Auf halber Höhe liegt der Zugang zur sogenannten **Krypta** ❸. Der Hohlraum wurde erst 1999 entdeckt, er war wohl in Wirklichkeit ein alter Domeingang. Erstaunlich gut haben sich hier Fresken aus dem 13. Jh. erhalten, die die Passion Christi illustrieren.

Von der Krypta führt die Treppe weiter hinunter auf die Piazza San Giovanni. Hier stehen Sie vor dem Unterbau des verlängerten Domchors, der fast genauso schön verziert wurde wie die Domfassade. Der Grund dafür liegt dahinter: Der Stützbau beherbergt das **Battistero San Giovanni** ❹. Die Taufkirche wurde von sienesischen Malern der Frührenaissance dekoriert. Am Taufbecken gaben sich die Bildhauerstars des 15. Jh. ein Stelldichein: Donatello, Lorenzo Ghiberti, Jacopo della Quercia u. a. schufen die Bronzetafeln mit biblischen Geschichten.

Komplex Piazza Duomo: www.operaduomo.siena.it, tgl. März–Okt. 10.30–19 (**Dom:** Sa vor Fei 10.30–18, So, Fei 13.30–18), Nov.–Feb. 10.30–17.30 (**Dom:** Sa vor Fei 10.30–17.30, So, Fei 13.30–17.30), 8 € (**nur Dom:** frei oder 5 €), bei Offenlegung des gesamten Fußbodens 15 € (**nur Dom:** 8 €)

Via di Città

Schauen, schmecken, horchen

Zwischen Dom und Rathausplatz verläuft die **Via di Città** als Verlängerung der Via Stalloreggi. Sie ist eine Hauptgeschäftsstraße: Schöne Leder- und Papierwaren, Schmuck und Keramik sind Teil des vielfältigen Angebots. Deftige Spezialitäten gibt es in der **Pizzicheria De Miccoli,** am bebrillten Wildschweinkopf vorbei. In der Kurve links daneben setzt sich der gewaltige **Palazzo Chigi-Saracini** ❺ (Nr. 89) mit seinen Spitzbogenfenstern in Szene. Dort verwaltete Familie Chigi schon im 14. Jh. Konten und stellte Wechsel aus. Zusammen mit den Familien Salimbeni und Tolomei beförderten sie das damalige Siena zur mächtigsten Bankenstadt neben Florenz. Sie profitierten von den Silberminen der nahen Colline Metallifere. Dank dieser konnte Siena Florenz bis ins 16. Jh. wirtschaftlich die Stirn bieten. Vom Erbe der Chigi haben heute viele etwas: Graf Guido Chigi-Saracini stiftete 1932 die Musikhochschule, die **Accademia Musicale Chigiana,** die den Palazzo für Ausbildung und Konzerte nutzt.

Piazza del Campo

Wo Ruhm und Ehre liegen

Muschel, Fächer, abgeflachtes griechisches Theater: Vergleiche für den Rathausplatz, **Il Campo** ❻, gibt es viele. Theatralisch wird es um den 2. Juli und den 16. August herum, wenn der **Palio** ausgetragen wird, das Pferderennen der Contraden. Schon die Trommeln, Fahnen und Fanfaren des vorausgehenden historischen Umzugs entfalten Sienas magische Aura. Die Stadtviertel befinden sich dann in einem ritualisierten Krieg, der durch Schlachtgesänge ausgetragen wird. Doch auch in *tempi di pace,* in ›Friedenszeiten‹, verzaubert dieser Platz. Raumplanung ist im heutigen Italien nahezu unbekannt, aber wie schön, dass die Stadtoberen um 1300 einen sehr bewussten Plan verfolgten. An einem Hang aus Feldern und Wiesen gestalteten sie eines der imposantesten Ensembles des Mittelalters. Die Rückseiten der Häuser entlang der Hauptstraße wurden in repräsentative Fassaden mit einheitlicher Firsthöhe verwandelt. Vom ursprünglichen Gelände zeugt nur noch der Name des Platzes: *Il campo* bedeutet ›das Feld‹.

Spektakulär, nicht nur beim Palio, ist der weite Campo mit dem hoch aufragenden Rathausturm.

Glaube, Krieg und Herrschaft

Die Kulisse des Campo ist der **Palazzo Pubblico** ❿ (1293–1342), das Rathaus, mit dem zweithöchsten mittelalterlichen **Turm** Italiens: 102 m. Die ältesten Säle bilden als **Museo Civico** (s. S. 186) ein einzigartiges Zeitdokument.

An den Altstadträndern

Felder hinterm Rathaus

Das schlichte Rundbogentor in der Gasse **Via Porta Giustizia** könnte die Paradiespforte sein: Die Bebauung endet abrupt, dahinter leuchtet ein grünes Tälchen mit Obstbäumen und Gärten. Wer hier hin möchte, muss hinter dem Rathaus, wo das Gelände abfällt, nach dem Hinweis **Orto de' Pecci** ❼ suchen (www.orto depecci.it). In den 1980er-Jahren wurde dieses Tal von Mitarbeitern der nahen Psychiatrie gepflegt, die ihre Patienten Gemüse anbauen ließen. Das Projekt wurde als soziale Kooperative für behinderte Menschen selbstständig, nannte sich La Proposta und eröffnete das **Ristorante All'Orto de' Pecci** (Via Porta Giustizia 39, www.ortodepecci.it, T 0577 22 22 01, Di–Sa 12.30–14.30, 19.30–22.30, So 12.30–14.30 Uhr), das am schnurgeraden Hauptweg durch den Talgrund liegt. Im 14. Jh. kam man hier noch nicht gerne entlang, dies war der Weg zum Schafott außerhalb der Stadtmauer. Benannt ist das Terrain nach den Gärten der ehemaligen Besitzer, der Sieneser Familie Pecci.

Nische mit Blick

Diese Adresse muss man schon genau kennen: Via del Costone 9, kurz vor dem Steilhang, der ins Fontebranda-Tal abfällt. Hier wurde ein kirchliches Freizeitgelände in die von der Straße nicht einsehbaren **Orti del Costone** ❽ (Mo–Sa 10.30–17.30 Uhr) umgewandelt: **Urban Gardening** hat das Basketballfeld eingenommen, auf dem Rasen daneben laden aus Holzlatten gezimmerte Bänke und Tische unter Sonnenschirmen zum Ausruhen und Picknicken ein. Auf der gegenüberliegenden Talseite ragt die Kirche **San Domenico** atemberaubend über den Abhang in den Himmel.

In dem Viertel darunter arbeiteten früher die Tuchfärber. Einer von ihnen war der Vater der hl. Caterina von Siena. Sie wurde nach ihrem Tod 1380 in Rom vor lauter Reliquiengier zweigeteilt. Ihr Kopf kehrte in die Heimat zurück, hinter die turmhohen Ziegelmauern der Dominikanerkirche.

W

WÖLFINNEN ÜBERALL

Ob am Rathaus, ob auf Säulen, sie ist in Siena allgegenwärtig: die Wölfin, die zwei Jungen säugt. Es sind tatsächlich Romulus und Remus, die Stadtgründer Roms. Was die hier tun? Das ist eine mittelalterliche Prestigefrage: Je älter, umso bedeutender war eine Stadt. Nur: Siena wusste nicht, wie alt es war. Da traf es sich gut, dass Remus nach der Sage zwei Söhne hatte, von denen einer Senus hieß. Konnte das nicht der Stadtgründer von Siena gewesen sein? Er musste! Durch diese forcierte Interpretation war man praktisch genauso alt wie Rom.

Museen

Farbenrausch und Höhenluft

❾ **Museo del Duomo:** Das Dommuseum wurde bizarr in den unfertigen Riesendom hineingemauert, im Innern sind die schwarz-weißen Eckpfeiler zu erkennen. Im unteren Saal stehen Sie in Augenhöhe vor dem Buntglasfenster, dessen Kopie den Domchor erhellt. Daneben finden Originalfiguren der Fassade musealen Schutz. Der schönste Raum liegt ein Stockwerk höher, dort sind die Altarbilder von Duccio (1311) aufbewahrt, die früher den Hauptaltar schmückten. Ein Farbfeuerwerk! Über die Museumsräume gelangen Sie auf den Aussichtspunkt des Facciatone (s. S. 184).

Piazza Duomo, www.operaduomo.siena.it, tgl. März–Okt. 10.30–19, Nov.–Feb. tgl. 10.30–17.30, 8–15 €

Glaube, Krieg und Herrschaft

❿ **Museo Civico / Palazzo Pubblico:** Zwischen originalen Terrakottaböden, Gewölben und Balkendecken sind die Wände mit bunten Geschichten und Figuren überzogen. Im **größten Saal** des Rathauses versammelte sich der **Stadtrat,** hier malte Simone Martini im 14. Jh. die Himmelskönigin Maria als Schutzherrin. Blattgold und glitzernde Glassteine veredeln das Fresko. Der direkte Draht zum

Himmel, so glaubte man, zahle sich aus. Tatsächlich zogen die sienesischen Soldaten mit Gebeten zur Madonna erfolgreich in den Krieg. Gegenüber dem Marienbild ist die Eroberung der Maremma unter Feldherr Guido Riccio geschildert, dem Simone Martini auch gleich ein Denkmal malte. Zur gleichen Zeit dekorierte Ambrogio Lorenzetti den anschließenden **Sitzungsraum** der Regierung. Wie malt man eine Verfassung? Lorenzetti meisterte die schwierige Aufgabe: An der Stirnwand thront der Herrscher der Guten Regierung umgeben von Tugenden, und gleichberechtigt links daneben Justitia. So wird Gewaltenteilung anschaulich! Ihre Wirkung sehen Sie rechts daneben: Die herrliche Ansicht des damaligen Siena und seines Umlands zeigt blühendes Alltagsleben mit Bauern, Händlern und Handwerkern. Gegenüber: Der Tyrann der Schlechten Regierung hat, umgeben von Lastern, Justitia in Fesseln geschlagen. Seine Herrschaft hinterlässt Gewalt, Verfall und Angst. Wer spricht bei solchen Bildern noch vom dunklen Mittelalter? Das ist leuchtende Moderne! Und der Beweis, dass die Sienesen es schon vor 700 Jahren mit der Republik ernst meinten.

Palazzo Pubblico/Museo Civico: tgl. Mitte März–Okt. 10–19, Nov.–Mitte März 10-18 Uhr, 9 €; **Torre del Mangia (Rathausturm):** tgl. März–Mitte Okt. 10–19, Mitte Okt.–Feb. tgl. 10–16 Uhr, bei Regen geschlossen, 10 €

Bunte Geschichten

⓫ **Pinacoteca Nazionale:** Die Maler aus Siena bildeten um 1300 eine eigene Schule, die anders als die in Florenz mehr an Farbwirkung interessiert war als an Perspektive. Ihre Entwicklung bis zur Renaissance können Sie an den Bilderzählungen von Pietro und Ambrogio Lorenzetti, Simone Martini, Sodoma und Domenico Beccafumi verfolgen.

Via di San Pietro 29, www.pinacotecanazionale.siena.it, Di–Sa 8.15–19.15, So/Mo, Fei 9–13 Uhr, 8 €

P

DIE PLEITEBANK

Siena ist Dienstleistungsstadt, mit Universität, Ausländer-Uni, Verwaltung, Gericht – und einer berühmten Bank: **Monte dei Paschi.** Italiens drittgrößte Bankengruppe ist mit ihrem Geburtsjahr 1472 gleichzeitig die älteste der Welt! Noch älter ist ihr Hauptsitz: Der 700 Jahre alte **Palazzo Salimbeni** (Piazza Salimbeni 1a) gehörte schon zuvor der Bankiersfamilie dieses Namens. Doch können die Sienesen darauf nicht mehr stolz sein, seit Monte dei Paschi wegen Misswirtschaft de facto verstaatlicht wurde, nach der Bankenkrise von 2008.

Schlafen

Die Altstadthotels liegen in der verkehrsberuhigten Zone. Autos dürfen maximal zum Aus- und Einladen vorfahren. Oft müssen Sie in einer Garage am Altstadtrand parken.

Über grünem Tälchen

1 **Villa del Sole:** Das Boutiquehotel liegt sehr attraktiv nur fünf Minuten vom Campo entfernt und doch fast im Grünen. Weiß macht die Zimmer hell und elegant, wenn man das Kunstleder und die etwas kitschigen Bilder nicht so ernst nimmt.

Via del Sole 6a, T 0577 27 58 60, www.villadelsolesiena.com, DZ/ÜF 150–200 €

Von Wandbildern empfangen

2 **Hotel Chiusarelli:** Wo die Drachen-Contrade ihre Palio-Jockeys beherbergt, sind Sie mittendrin im Sieneser Leben. Einige Zimmer bieten einen tollen Ausblick. Gute Angebote auf der Hotel-Website.

Viale Curtatone 15, T 0577 28 05 62, www.chiusarelli.com, DZ/ÜF 60–120 je nach Kategorie, Saison und Buchungsdatum

TOUR
Wogen aus Weizen und Lehm

Panoramastraßen durch die Crete

Infos

Autotour, ca. 32 km (einfache Strecke)

Start:
Taverne d'Arbia, Karte 2, H8

Pause:
Locanda Il Paradiso, Via Porta Senese 25, Chiusure, T 0577 70 70 16, www.facebook.com/locandailparadiso, Di–Sa 12.30–14.30, 19.30–21.30, So 12.30–14.30 Uhr

Wohl dem, der ein Cabrio hat! So viel Himmel wie in den Getreidehügeln der **Crete** südlich von Siena gibt es sonst nur am Meer. Die schönsten Straßen durch die Kornkammer der Toskana führen über Asciano zu einem kleinen irdischen Paradies: dem Kloster Monte Oliveto Maggiore (s. S. 191).

In **Taverne d'Arbia,** ca. 7 km südöstlich von Siena, beginnt die **SP 438,** die nach **Asciano** führt, dem Zentrum der Crete. Der Name der Landschaft bedeutet ›Lehm‹ und bezeichnet den Boden, der aus Meeresablagerungen vor 2,5 Mio. Jahren entstand. Die sanften Hügel verstecken nur in manchen Furchen und Erosionsrinnen kleine Wäldchen, sonst herrscht kilometerweit der Hartweizen für die Nudelproduktion, unterbrochen von Schafweiden. Diese Nutzung taucht das Land je nach Jahreszeit in zarte Farbspiele: grüne Töne im Frühling, gelbe im Sommer, braune im Herbst, wenn die Äcker umgepflügt sind. Einsame Gehöfte und kleine Speicherseen akzentuieren das Bild. Auf den ersten Kilometern laden kleine **Panoramapunkte** zu Fotostopps ein.

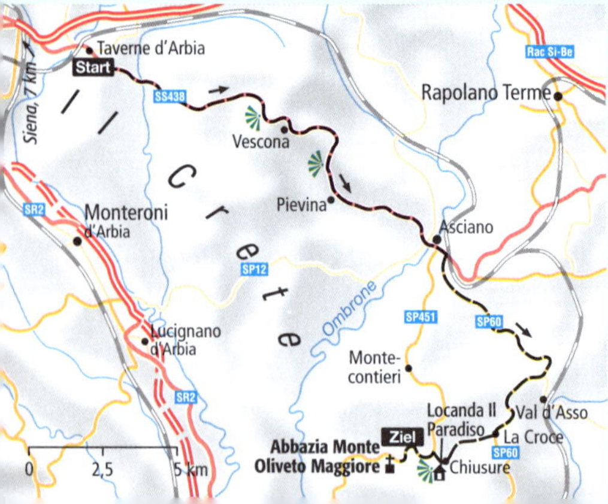

Von Asciano aus nehmen Sie die **SP 60.** Nach ca. 8,5 km biegen Sie rechts ab. Kurz hinter **Chiusure,** wo Sie sich zunächst rechts halten, führt ein Abzweig links zur einsam in einem Zypressenwald liegenden **Abbazia Monte Oliveto Maggiore.** Den stattlichen Benediktinerkonvent erreichen Sie über einen hohen, schmalen Kamm, der in der Erosionslandschaft wirkungsvoll stehen geblieben ist.

Modern in der Altstadt

3 **Hotel Duomo:** Nah beim Dom macht dieses Hotel seinem Namen alle Ehre. In einem stattlichen Palazzo des 18. Jh. liegen modern und komfortabel eingerichtete Zimmer unterschiedlicher Größe, einige mit schöner Aussicht. Eine Dachterrasse mit freiem Blick auf Domhügel und Landschaft versüßt den Aufenthalt.

Via Stalloreggi 38, T 0577 28 90 88, www.hotelduomo.it, DZ 100–140 €, Sonderangebote

Essen

Sienesisch hinterm Rathaus

1 **Trattoria Papei:** Am ehemaligen Marktplatz hinter dem Rathaus mischen sich drinnen wie draußen Touristen und Einheimische. Die Speisekarte bietet typische sienesische und toskanische Leckereien, von den langen, dicken *pici*-Nudeln bis zu Kaninchen mit Salbei und Rosmarin. Auch ausgefallenere Gerichte wie Fasan mit Rosinen und Pinienkernen gibt es.

Via del Mercato 6, T 0577 28 08 94, www.anticatrattoriapapei.com, tgl. 12–22.30 Uhr, Pasta 8 €, Hauptgänge 9–20 €

Hort der Zufriedenheit

2 **Osteria Nonna Gina:** Das urgemütliche Lokal voller Bilder wird im Andenken an Oma Gina von Lella und Dado geführt. Die Rezepte scheinen tatsächlich noch von der Großmutter zu stammen, so gut schmecken die Gerichte.

Via Pian dei Mantellini 2, T 0577 28 72 47, www.osterianonnagina.it, Di–So 12.30–14.30, 19.30–22.30 Uhr, Pasta um 8 €

Pub in bester Lage

3 **Bar San Paolo:** Ein Mix aus englischem Pub und italienischer Sandwich-Qualität macht das Lokal zu einem der lässigsten in der Altstadt. Mit Glück ergattern Sie einen Platz auf dem Balkon – mit dem Campo zu Füßen. Dazu ein gutes Bier und ein Panino – herrlich!

Vicolo San Paolo 2, T 0577 22 66 22, www.facebook.com/sanpaolopub, Mo–Sa 10.30–2, So 10.30–24 Uhr, Panini um 6 €

Klassik meets Cocktails

5 **ChiganArtCafè:** Im Innenhof der Chigiana ist ein Café mit Musikuntermalung eingerichtet, rein klassisch, wie es sich für die Akademie gehört. Eine kleine Cocktailauswahl (um 7 €) umrahmt die Mittagssnacks wie Panini, Salate und Pasta. Im Barraum werden CDs und DVDs von gregorianischem Gesang bis Astor Piazzolla verkauft. Dahinter liegt ein digitaler Konzertsaal: Per Touch erklingt das Orchester.

Via di Città 89, T 0577 22 09 28, März–Mai, Sept./Okt. tgl. 10–19, Juni–Aug. tgl. 10–20, Nov.–Feb. Fr–So 10–19 Uhr, Panini 6–8 €, Salate/Pasta 10–13 €

Süßes unter großem Namen

4 **Pasticceria Nannini:** *Ricciarelli, cavallucci, panpepato:* Wenn Sie diese Vokabeln mühelos aussprechen können, sind Sie in Siena angekommen. Die typischen Süßigkeiten liegen bei Nannini frisch aus. Nannini? Richtig, das Geschäft wurde von den Eltern der Sängerin Gianna und des Rennfahrers Alessandro gegründet. Mittlerweile ist es verkauft, aber der Name bleibt, genauso wie die Qualität der sahnegefüllten Windbeutel und kleinen Törtchen.

Via Banchi di Sopra 24, T 0577 23 60 09, www.pasticcerienannini.it, Mo–Do 7–21.30, Fr 7–22.30, Sa/So 7–23.30 Uhr

Einkaufen

Die Hauptstraßen **Via Banchi di Sopra** und **Via di Città** sind auch die wichtigsten Einkaufsmeilen, etwa für Kleidung und Kunsthandwerk. **Deutsche Bücher** mit regionalem Bezug gibt es bei **La Feltrinelli** 1 (Via Banchi di Sopra 52, www.lafeltrinelli.it, Mo–Fr 9–19.45, Sa 9.30–20, So 10.30–13.30, 15.30–19.30 Uhr) oder bei der **Libreria Senese** 2 (Via di

PER DAMPFLOK AB SIENA

D

Er dampft und stampft durch die Crete, das Orciatal und das Val di Chiana, an wohlklingenden Ortsnamen vorbei: Dank des historischen Zuges **Treno Natura** (www.terresiena.it/trenonatura, weitere Infos: T 0577 480 03) bleiben die alten Bahnlinien in der Südtoskana erhalten. Die Touristenattraktion hat einen festen Jahreskalender mit thematischen Ausflügen ab Siena. Alles ist auf der Website nachzulesen und gegebenenfalls zu buchen.

Città 62–66, www.libreriasenese.it, Mo–Sa 9–20. So 15–20 Uhr).

Feinstes vom Feld

3 **Consorzio Agrario di Siena:** Der Imbissladen ist das Aushängeschild der Landwirtschaftskooperative, die seit 1901 existiert. Sie hilft den Bauern der Provinzen Siena und Arezzo, ihre Produkte zu vermarkten: regional produzierte Pasta, Brot und Bier aus alten Getreidesorten, Salami von der alten Schweinerasse Cinta Senese, Schafskäse und, und, und.

Via Pianigiani 9, www.capsi.it, Mo–Sa 8–20.30, So 9–20 Uhr

Markt

Mittwochs 8–13 Uhr findet im Park La Lizza und in den Straßen rund um die Fortezza Medicea der **Wochenmarkt** 4 statt.

Infos

- **Informazioni Turistiche:** Piazza del Duomo 1, T 0577 28 05 51, tgl. 9–18 Uhr.
- **Palio:** 2. Juli, 16. August. Traditioneller Pferdewettstreit der Contraden auf dem Campo; s. S. 185.

Buonconvento

Karte 2, H9

Zur Zwischenrast

Viele lassen Buonconvento links liegen, auf dem Weg zur Abtei Monte Oliveto Maggiore, s. S. 191) oder zu bekannteren Zielen. Warum eigentlich? Der kleine Ort am Zusammenfluss von Arbia und Ombrone (1192 erstmals urkundlich erwähnt) hat einen hübschen mittelalterlichen Kern mit steinernen Häusern und engen Gassen, samt Stadtmauer. Was hier fehlt, sind die Touristenströme. Und Autos, die sind im historischen Zentrum nicht zugelassen. Im Mittelalter machten in Buonconvento Reisende auf der Via Francigena Halt, heute rasten wir gerne ein Weilchen und entdecken kleine Schätze und Geschichten.

Museen

Buntes fürs Volk

Museo d'Arte Sacra della Val d'Arbia: An der hübschen Hauptstraße Via Soccini liegt der elegante Jugendstil-Palazzo Ricci Soccini. Allein schon die hübschen Wanddekorationen sind sehenswert, aber auch die darin ausgestellte Kirchenkunst: Altarbilder von Duccio oder Pietro Lorenzetti aus der Sieneser Malschule wirken in diesem Provinzmuseum eindrucksvoller als im eh schon kunstvollen Siena.

Via Soccini 18, T www.museisenesi.org/musei/museo-darte-sacra-della-val-darbia.html, April–Okt. unregelmäßig, meist Mi 10–13, Fr–So 10–13, 15–18 Uhr, 3 €

Opas und Omas Landleben

Museo della Mezzadria Senese: Im urigen früheren Getreidelager an der Stadtmauer wird an das Halbpachtsystem erinnert, das in ganz Mittelitalien jahrhundertelang Landschaft und soziales Leben prägte. Auf großen Landgütern wirtschafteten bis Mitte des 20. Jh. Halbpächter, die ihrem *padrone* die Hälfte ihrer Ernte abgeben mussten. Als Zeugnisse dieses Lebens sind im Museum Gerätschaften, großformatige Fotos und Texte ausgestellt.

Piazza Giuseppe Garibaldi 10, www.museisenesi.org/musei/museo-della-mezzadria-senese.html, April–Okt. unregelmäßig, meist Mi 10–13, Fr–So 10–13, 15–18 Uhr, 3 €

Abbazia Monte Oliveto Maggiore

Karte 2, J8

Klosteralltag

Diese Abtei brummt und lebt. Über 30 Olivetaner, wie die Benediktinermönche hier genannt werden, beten und arbeiten: Sie pflegen die Bibliothek mit ca. 40 000 Bänden, schuften in der Wein- und Ölproduktion, produzieren Schnäpse und Liköre, die sie mit anderen Waren im Laden hinter der Kirche oder im Internet verkaufen, und beherbergen Reisende in ihrem Gästehaus, der Foresteria. Das prächtige Backsteinensemble im Zypressenwäldchen mit seinen Kunstwerken ist weniger als Museum zu erleben, sondern vielmehr als Teil des mönchischen Alltags.

Aussteiger des Mittelalters

Angefangen hat alles vor 700 Jahren. Geld, Macht, Krieg – davon hatte Bernardo Tolomei damals genug. Der Bankierssohn aus Siena zog sich auf ein einsames Landstück der Familie zurück, Freunde kamen mit. Sie schworen dem weltlichen Leben mit seinen Verwicklungen ab. Das ging damals nur mit religiösem Backup: Damit sie nicht in üble Nachrede gerieten, wählten sie für ihr Zusammenleben die Regel des hl. Benedikt. Es entstand das ›Kloster auf dem Großen Olivenhügel‹, die **Abbazia Monte Oliveto Maggiore.**

Hochkultur in der Wildnis

So hat Tolomei die Abtei noch nicht gekannt: Über dem mächtigen **Eingangstor** hinter der **Zugbrücke** thront in einer Nische eine glasierte Terracotta-Madonna der Künstlerfamilie della Robbia (15. Jh.). Auf der Innenseite wacht der hl. Benedikt über dem Klosterlokal. Ein gepflasterter Fußpfad verschwindet im **Zypressenwald** und erreicht, am Fischbecken vorbei, nach 170 m den Platz vor der barocken Backsteinkirche mit einer riesigen **Marmorskulptur des Giovanni Tolomei** (Massimo Lippi, 2009). Hier gleitet der Blick weit in die Landschaft.

Um die Kirche herum gelangen Sie in den **Renaissance-Kreuzgang,** der durch die Fresken von **Sodoma** (Giovanni Antonio Bazzi) und **Luca Signorelli** berühmt ist. Bazzis sehr viel bekannterer Spitzname Sodoma entstand wahrscheinlich aufgrund seines skandalösen, aber stolz praktizierten Liebeslebens. Ausgerechnet der Sodomit durfte 1505–08 die meisten Szenen aus dem Leben des hl. Benedikt an die Wände malen. Wenn man die durch ihren Realismus bestechenden Bilder sieht, versteht man, warum er so gefragt war. Eine Spitze gegen die keuschen Mönche hat er sich in der Verführungsszene durch den Teufel erlaubt. Dieser erscheint Benedikt in Gestalt einer kaum verschleierten Frau – eine perfide Herausforderung! Über den anschließenden **kleinen Kreuzgang** können Sie einen Blick ins Refektorium im Erdgeschoss sowie in die alte Bibliothek und Apotheke (Obergeschoss) werfen.

Die **Kirche** ist über den großen Kreuzgang zugänglich, während der Messe können Sie dem gregorianischen Gesang der Mönche lauschen.

Abbazia Monte Oliveto Maggiore, Asciano, www.monteolivetomaggiore.it, **Abteigebäude:** Sommerzeit 9.15–12, 15–18, Winterzeit 9.15–12, 15.15–17 Uhr, Eintritt frei

Schlafen, Essen

Klosterstille

Foresteria Abbazia Monte Oliveto Maggiore: Übernachtungen auf dem Klosterareal sind vor allem für Gäste gedacht, die sich zurückziehen möchten. Im Gästehaus finden die Besucher einfache, aber angenehme Unterkunft. Die Einzelzimmer teilen sich die Gemeinschaftsbäder, die meisten Doppel-, Drei- und Vierbett-Zimmer haben ein privates Bad.

Località Monte Oliveto Maggiore 2, Asciano, T 0577 70 76 52, www.monteolivetomaggiore.it/lavoro/ospitalita, Anmeldung auch über casaospiti@monteolivetomaggiore.it, man zahlt mit einer Spende

Im Torturm der Abtei

Ristorante La Torre: Das Klosterlokal liegt direkt am Eingang und hat großzügig Platz, unter den Backsteingewölben drinnen sowie draußen auf der Terrasse. Es gibt Pasta und Fleisch vom Grill. Auch für Kaffee- und Kuchenfreunde ist gesorgt.

Località Monte Oliveto Maggiore 2, Asciano, T 0577 70 70 22, Restaurant Mi–Mo 12–15, 19–21.30, Bar Mi–Mo 8–22 Uhr, *primi piatti* 8–12 €, Hauptgänge 8–15 €

Montalcino

Karte 2, H 9

Rebenhafter Ruhm

Von Osten her erscheint der Weinort auf seinem Hügel weit entrückt, als ob er gar nicht zur Erde gehöre. Obwohl er gerade daraus seinen Ruf zieht: aus dem Blut der Erde und der Reben, dem berühmten Brunello. Der wächst unterhalb an den Hängen, in einem der feinsten Weinbaugebiete Italiens. Auch die stillen Nachbartälchen gehören dazu, wo der Qualitätslandbau weites Terrain findet und die zauberhafte Klosterkirche Sant'Antimo zur Betrachtung und Meditation einlädt.

Wie in anderen alten Bergstädtchen ist zu beobachten: Die mittelalterliche Stadt bleibt in ihren Umrissen bestehen, die Neubauviertel liegen auf dem angrenzenden Hügel und kommen dem alten Stadtbild nicht in die Quere. Was für ein Glück, die gewachsene Struktur hat viel Atmosphäre. Da spielt es keine Rolle, dass es, mit Ausnahme der Burg, keine besonderen Sehenswürdigkeiten gibt.

Von Turm zu Wein

Ein herausragendes Wahrzeichen gibt es allerdings schon: den schlanken und hohen, früher mal aufgestockten **Glockenturm** des alten Rathauses, des **Palazzo dei Priori.** Er liegt an der schmalen **Piazza del Popolo,** wo sich die historische Weinstube **Fiaschetteria Cantina del Brunello** (tgl. 7.30–24 Uhr) bis auf den Platz ausbreitet. 1888 gegründet, hat das Lokal mit seinen Spiegeln und roten Plüschsitzen seinen Charme bis heute bewahrt. Hier können Sie Brunello glasweise probieren oder auch nur einen Kaffee trinken.

Am Rathausturm rechts vorbei gelangen Sie auf die **Piazza Garibaldi** mit mehreren **Weinhandlungen.** Spätestens hier kommen Sie nicht mehr umhin, sich mit den Feinheiten des **Brunello** zu beschäftigen. Der Name des Brunello kommt übrigens von *bruno,* dem italienischen Wort für ›braun‹. Er bezeichnet im lokalen Dialekt die recht dunkle Sangiovese-Traube, die reinsortig ausgebaut wird. Der Wein muss mindestens zwei Jahre im Eichenfass reifen und darf erst fünf Jahre nach der Weinlese in den Verkauf. Auf diese Weise ist er einer der langlebigsten Weine Italiens: Er kann 20 Jahre im Weinkeller ruhen. Der Brunello hat einen kleinen Bruder, den **Rosso di Montalcino.** Der einfacher ausgebaute Rotwein ist jünger trinkbar und günstiger zu haben.

Ruhige, romanische Harmonie strahlt die Benediktinerabtei von Sant'Antimo in einem Tal nicht weit vom Städtchen Montalcino aus.

Von Wein zu weitem Horizont

Die bestsortierte Weinhandlung ist zugleich die interessanteste Lokalität: Die **Enoteca La Fortezza** (Piazzale Fortezza, T 0577 84 92 11, www.enotecalafortezza.com, tgl. 9–20 Uhr) nimmt das Eckgebäude der mittelalterlichen Festung ein, die am Südrand der Altstadt aufragt.

Nachdem Sie sich dort vielleicht durch die Brunello-Weine getrunken haben, bietet der Aufstieg zum Wehrgang der **Fortezza** (Di–So 9–18 Uhr, 4 €) eine gute Möglichkeit zur Ausnüchterung – wobei das Panorama wieder schwindeln lässt. Seit 1361 patrouillierten hier Soldaten der Sieneser Republik, um die südlichen Eroberungen zu sichern. Ab 1555 erlebte die Burg ihre wichtigste Zeit: Nach der Eroberung Sienas durch Cosimo I von Florenz diente sie als Fluchtort einer republikanischen Exilregierung. Die hielt vier Jahre, dann fegten kaiserliche Truppen für Cosimo I den Widerstand hinweg.

Schlafen, Essen

Alter Schinken

Hotel dei Capitani: Das erste Haus am Ort ist ein alter Palazzo am Altstadtrand mit Blick ins weite Tal. Suchen Sie das Zimmer gut aus, es gibt große Unterschiede! Schönes Plus: der Panoramapool.

Via Lapini 6, T 0577 84 72 27, www.deicapitani.it, DZ/ÜF ab 100 €

Für Romantiker

La Sosta: Im Bioladen können Sie auch essen – Crostini, kalte Platten und Salate. Ideal für romantische Abende ist die Terrasse: Sie geht nach Westen raus, wo sich hinter nahen Pinien und ferneren Bergen tolle Sonnenuntergänge abspielen.

Via Ricasoli 48a, T 0577 84 82 30, www.facebook.com/lasostamontalcino, tgl. 10–22.30 Uhr

K

KLOSTERWEISHEITEN

Tiefer eintauchen in das Erlebnis Sant'Antimo: Die Abtei bietet eine Reihe interessanter Kurse an, in gregorianischem Gesang, in Buchmalerei, Ikonenmalerei sowie klösterlicher Kräutermedizin und Kosmetikherstellung. Die Kursteilnehmer wohnen im Gästehaus des Klosters im Weiler Castelnuovo dell'Abate in Sichtweite der Kirche. Dort ist auch willkommen, wer einfach nur eine Pause vom Alltag machen möchte.

Einkaufen

Kunst aus Papier

Carlotta Parisi: Die Illustratorin aus Montalcino, die u. a. für UNICEF arbeitet, ist auch Schöpferin von bunten Pappmaché-Skulpturen. Ihr Werkstattladen liegt nahe der Kathedrale von Montalcino.

Via Spagni 57, www.carlottaparisi.it, unregelmäßig geöffnet

Abbazia di Sant' Antimo

Karte 2, H 9

Ein Bild des Friedens

Einsam liegt die **Abtei** zwischen Wald, Feldern und Olivenbäumen. Bienen summen im Klostergarten, auf den Wiesen wachsen wilde Blumen. Die Mönche des Benediktinerordens bauten ihre Klöster weitab vom städtischen Trubel, und dieses kleine Tal sieht immer noch aus wie ein perfekter Rückzugsort. Nur der Parkplatz ist ein Hinweis darauf, dass die Kirche von Sant'Antimo berühmt ist, als eines der besterhaltenen Zeugnisse romanischer Klosterbaukunst in Italien (Abb. S. 193). Ob Karl der Große, dessen Soldaten hier von der Pest befallen wurden, die Abtei gründete? Die Legende hält sich, weil ein berühmter Stifter nun mal besser wirkt. Tatsächlich haben die fränkischen Kaiser die Abtei schon im 9. Jh. gefördert. Im 12. Jh. wurde die Kirche aus Travertin und Alabaster neu gebaut. Die Vorbilder sind eher französisch als italienisch, sichtbar am Chorumgang mit seinem Kranz von Kapellen – er erinnert an das benediktinische Musterkloster im französischen Cluny. Durch die Chorfenster flutet das Licht in den schlichten, schönen Innenraum, der eine meditative Kraft ausstrahlt. Fabel- und reale Tiere zieren manche Kapitelle. Ausdrucksstark an der zweiten Säule rechts: die Geschichte von Daniel in der Löwengrube.

Castelnuovo dell'Abate, Montalcino, www.antimo.it, tgl. April–Sept. 10–19, Okt. 10–18, Nov.–März 10.30–17 Uhr, Eintritt frei, Empore, Krypta und karolingische Kapelle 6 € plus 3 € Videoguide

Val d'Orcia

Karte 2, J 9

Schwingende Weite

»Einer der schönsten Orte der Welt«, wird das Orciatal in der italienischen Filmchronik »La meglio gioventù« (2003) genannt. Wo die Filmfamilie nach Jahrzehnten gesellschaftlicher Verwicklungen ein Landhaus bezieht, kommt so manche Seele zur Ruhe. Getreidefelder, Kleewiesen und Schafherden folgen den sanften Wellenbewegungen der Hügel zwischen der Höhe von Pienza im Norden und dem Vulkankegel des Monte Amiata im Süden. Von den Rändern schauen Dörfer wie von Tribünen herab.

TOUR
Wo der Brunello reift

Wanderung zur Abbazia di Sant'Antimo

Infos

3 Std. (eine Strecke)

Start:
Fortezza di Montalcino, Karte 2, H9

Rückfahrt:
Bus, Mo–Fr 14.25, 16.55, Sa 14.25 Uhr

Ausblicke über Hügel und Weinberge des Brunellogebiets und am Ende einer der schönsten romanischen Bauten der Region: Eine herrliche Wanderung verbindet Montalcino mit der Klosterkirche Sant'Antimo. Der Weg ist gut markiert. Vom Zielort Castelnuovo dell'Abate fahren Linienbusse (Monte Amiata Scalo–Castelnuovo dell'Abate–Montalcino) zurück.

In **Montalcino** geht es an der **Fortezza** los. Sie nehmen die Straße nach Grosseto, dann bald darauf rechts die **Via del Poggiolo** und passieren den **Friedhof.** Ab hier ist der Weg markiert (rot-weiß, Nr. 2). Sie folgen ihm auf und ab, mit schönen Blicken auf Montalcino. Etwa 100 m hinter einem **Anwesen** (Schild: »Vendita diretta vino«) heißt es aufpassen: Die Markierungen weisen auf einen Pfad nach links. Durch ein Wäldchen kommen Sie zum Weingut **Il Poggiolo.** Weiter geht es bis zu einem Sträßchen, hier nach links aufwärts und bald wieder links auf einen Weg, der – nochmals die Straße kreuzend – die **Landstraße Montalcino–Grosseto** erreicht.

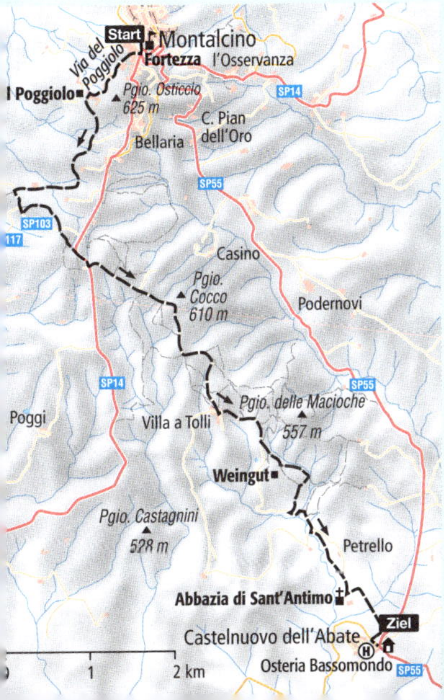

Sie folgen ihr kurz nach rechts, biegen dann links in einen breiten Fahrweg zum Weiler **Villa a Tolli** ein. Am Weiler halten Sie sich links und biegen nach zehn Minuten vor einem **Weingut** links ab. Nun beginnt der Abstieg zur **Abbazia di Sant'Antimo** (s. S. 194).

Zurück können Sie ab **Castelnuovo dell'Abate** den **Bus** nehmen (Bushaltestelle schräg gegenüber der **Osteria Bassomondo,** Via Bassomondo 7, T 0577 83 56 19, Mo geschlossen).

San Quirico d'Orcia

Karte 2, J9

Tuffstädtchen

Auf der westlichen Anhöhe des Orciatals liegt dieser ruhige Ort mit freundlicher Altstadt und nahezu intakter Stadtmauer, an der man gemütlich entlangspazieren kann. Die netten Bars und Geschäfte an der Hauptstraße sind noch vorwiegend in der Hand der Einwohner. In Ruhe können Sie die urtümlich verzierten Portale der Stiftskirche **Collegiata dei Santi Quirico e Giulitta** (12./13. Jh.) oder den barocken **Palazzo Chigi** (1679) betrachten. Ganz anders ging es in Mittelalter, Renaissance und Barockzeit zu. Da machten hier an der Via Francigena Kaiser Barbarossa, Kaiser Friedrich II., Päpste und ganze Heere Halt. Bischöfe stritten um den Besitz der strategisch günstig gelegenen Stadt, und San Quirico herrschte über ein großes Gebiet vor seinen Mauern.

Von vergangener Pracht erzählen die **Horti Leonini** im Herzen der Stadt: Ein klassischer italienischer Garten aus dem 16. Jh. mit geometrischem Buchsbaumparterre geht in einen steileren, geheimnisvollen Wald aus Steineichen über. Sein Schöpfer Diomede Leoni hatte es in Rom zu Wohlstand gebracht, wo ihm 1564 eine besondere Ehre zuteil wurde: Er war eine von drei Personen am Sterbebett Michelangelos. Ob da ein Zusammenhang mit dem Garten besteht? Leoni schenkte sein Werk den Bürgern von San Quirico. Der erste öffentliche Stadtgarten war geboren!

Einkaufen

Direkt beim Schäfer

Fattoria di Pianporcino: Der Hof von Giuseppe Bussu, 12 km südlich von Pienza (Località Pianporcino 109, Pienza, www.fattoriapianporcino.it), hat einen kleinen Käseladen, wo Sie sich auch für eine Verkostung anmelden können. In San Quirico d'Orcia finden Sie seinen Stadtladen.

Via Dante Alighieri 113b, www.fattoriapianporcino.it

Bagno Vignoni

Karte 2, J9

Beruhigendes Becken

Diese Piazza hat sich verflüssigt. Der Dorfmittelpunkt, der sonst Kindern als Bolzplatz und Senioren als Alltagstheater dient, ist hier ein großes **Thermalbecken** aus dem Mittelalter. Dem ruhigen Zauber dieses Anblicks konnte sich schon der russische Regisseur Andrei Tarkowski nicht entziehen, als er den Film »Nostalghia« (1983) drehte. Die wenigen, gedrungenen Natursteinhäuser ringsherum bilden den idyllischen alten Kurort. Hier lässt es sich herrlich an den Cafétischen entspannen.

Promioase der Renaissance

Die Quellen von Bagno Vignoni sind leicht schwefelhaltig und treten mit 50 °C aus der Erde. Das Becken aus dem Mittelalter ist nur noch Denkmal, die heißen Quellen werden heute von drei Kurhotels genutzt, von denen eines stolz am Hauptplatz steht: das familiengeführte **Hotel Le Terme.** Das einzige größere Gebäude des Zentrums entstand für den Piccolomini-Papst Pius II., Schöpfer der Idealstadt Pienza. Der hatte dadurch einen Standortvorteil gegenüber anderen berühmten Kurgästen, die vom 14. bis 16. Jh. den Ort besuchten: die hl. Caterina da Siena (Katherina von Siena), Lorenzo de' Medici, der seine Arthritis linderte, und später der französische Philosoph und Politiker Michel de Montaigne.

Bad zwischen Macchia-Büschen

Zur nahen Orcia hin fällt der Hang erst langsam, dann steil ab. Hier entstand

Hatte schon eine Filmrolle: die Piazza von Bagno Vignoni mit ihrem mittelalterlichen Thermalbecken.

nach 2000 ein archäologischer Park, der **Parco dei Mulini,** in dem das warme Quellwasser durch alte, restaurierte Wasserleitungen rinnt. Sie können Ihre Füße darin laben. Die Leitungen führten früher zu einer **Duschanlage** aus dem 18. Jh. und zu zwei **Speicherbecken,** die vom 17. bis 20. Jh. vier **Getreidemühlen** am Abhang betrieben. In übereinanderliegenden **Höhlen** konnten die Mühlen das Wasser ohne Verschwendung das ganze Jahr lang nutzen. Die Höhlen sind über einen Spazierweg zugänglich, der durch Macchia in den Mühlenpark hinunterführt. Am Hang bilden die Ablagerungen des Quellwassers bizarre **Sinterterrassen.** Geübte Kletterer in Badehose lieben den kleinen **Wasserfall** an der oberen Klippe. Andere Badelustige steigen unten in das große **Sammelbecken.**

Via del Gorello, frei zugänglich

Schlafen, Essen

Im Palazzo des Papstes

Albergo Le Terme: Das freundliche Hotel der Banchettis, das auch Dorfbar, Restaurant und Spa ist, nutzt den Kurpalast Papst Pius' II. Die Gäste dürfen das Thermalbad im Anbau umsonst mitbenutzen.

Piazza delle Sorgenti 13, T 0577 88 71 50, www.albergoleterme.it, Preise sehr unterschiedlich, je nach Angebotspaket

Zwischen Fuchs und Hase

Agriturismo La Moiana: Über einige Kilometer *strade bianche* erreichen Sie den einsam gelegenen Hof der Familie Piva. Gäste werden sehr persönlich empfangen und bewirtet. Mit Pool.

Località Ripa d'Orcia, Castiglione d'Orcia, T 0577 89 73 95, www.agriturismolamoiana.com, DZ/ÜF 65–95 €

Kur für den Gaumen

Il Loggiato: Links neben der Kirche geht's ins Souterrain zwischen alte Mauern. Die frischen Gerichte (auch Salate) schmecken dafür überirdisch.

Via delle Sorgenti 36, T 0577 88 89 73, www.illoggiato.com, Fr–Mi 12.30–15, 19.30–22 Uhr, Salate, Pasta ab 10 €, Hauptgänge 25–30 €

Pienza

Karte 2, J9

Renaissancejuwel

Das kleine Pienza liegt in grandioser Lage über dem Orciatal. Es wäre wohl einer unter mehreren alten Marktplätzen geblieben, die von oben auf die Felder blicken, wenn nicht … Wenn nicht ein mächtiger Mann es zum Erbe seines kulturellen Vermächtnisses erkoren hätte: Papst Pius II. aus der Sieneser Familie Piccolomini. Er wurde 1405 als Aenaea Silvio in diesem Ort geboren, der damals noch Corsignano hieß. Diesen Heimatort sollte er gewaltig umbauen lassen. Sogar der Name wurde geändert in Pienza, ›Stadt des Pius‹.

Die schmalen, verwinkelten Gassen und die Stadtmauer des ehemaligen Corsignano sind malerisch erhalten und liebevoll gepflegt. Doch nähert man sich dem Kern der Altstadt wird das Werk Pius' II. erkennbar. Dort glänzt eine Architektur, die deklamiert: Ich bin groß und schön, hell und klar!

Eine Piazza für den Papst

Die Epoche der Renaissance hatte zwar noch keinen Namen für sich selbst, wusste aber ganz genau, wie sie sein wollte. Enea Silvio Piccolomini war seit seiner Jugend ein Gelehrter und Verehrer der antiken Kultur, bevor er sich, ziemlich spät, zum Priester weihen ließ. Nach seiner Papstwahl 1458 hatte er nur sechs Jahre Zeit, um einen Renaissancetraum zu verwirklichen: die ideale Stadt zu bauen. Tausende Bauarbeiter fielen ein. Der Architekt Bernardo Rossellino kam aus dem kulturell führenden Florenz. Römische Kardinäle wurden erpresst, sich finanziell an dem Projekt zu beteiligen. Das Ergebnis dieser Anstrengungen ist die **Piazza Pio II.** Bis zu Rossellinos Tod 1465 entstanden das neue **Rathaus** ❶ (Corso Rossellino 61), der **Bischofspalast** ❷ (Palazzo Borgia), der **Duomo di Santa Maria Assunta** ❸ und der imposante **Palazzo Piccolomini** ❹, Familienpalast und Wohnsitz des Papstes. Da der Platz recht klein war, musste Rossellino mit perspektivischen Tricks hantieren, um den Eindruck von Weite und Grandezza zu erzielen: durch abnehmende Geschosshöhen und auseinanderstrebende Platzseiten. Der Dom drückt mit seiner Travertinfassade und durch die Südausrichtung das Ideal der Helligkeit aus.

Jung, reif, gepfeffert … Pecorino!

Die Hauptstraße **Corso Rossellino** ❺ präsentiert sich als Einkaufsmeile, heute vor allem für die zahlreichen Touristen. Und sie riecht nach Schafskäse! Was hier als **Pecorino di Pienza** oder als **Cacio di Pienza** verkauft wird, stammt aus dem Orciatal und den Crete, der Ort selbst war immer nur Marktplatz. Das berühmteste Produkt der Gegend wird mit einer eigenen Messe geehrt, der **Fiera del Cacio,** die am ersten Septembersonntag stattfindet und eine lange Tradition hat: Schon vor Jahrhunderten kamen Ende des Sommers die Schäfer von den Gütern der Umgebung zusammen, um ihren überschüssigen Käse zu verkaufen. In den Läden haben Sie die Wahl: Die hellen Käse sind jünger, die gelberen reifer und würziger. Manche sind mit Pfeffer oder Walnüssen verfeinert, in Trester oder in Lorbeerblätter

Pienza

Ansehen

- ❶ Rathaus
- ❷ Bischofspalast (Palazzo Borgia)
- ❸ Duomo di Santa Maria Assunta
- ❹ Palazzo Piccolomini
- ❺ Corso Rossellino
- ❻ Via del Casello
- ❼ Viale Santa Caterina

Schlafen

- 1 Relais il Chiostro di Pienza
- 2 Piccolo Hotel La Valle

Essen

- 1 La Buca delle Fate
- 2 Idyllium

Einkaufen

- 1 La Bottega del Naturista
- 2 Aracne

Bewegen

- 1 Cicloposse
- 2 e-Bike Tuscany

eingelegt. Die meisten Verkäufer lassen Sie gerne kosten.

Soweit das Auge reicht

Genauso beeindruckend wie seine Architektur sind Pienzas Ausblicke auf die weiten Felder und die Zypressenreihen des Orciatals. Die gesamte südliche **Stadtmauerpromenade** ist ein Genuss. Der Abschnitt der **Via del Casello** ❻ führt links vom Dom zur **Bar Il Casello** (Mi–Mo 9.30–1 Uhr), die Tische nach draußen gestellt hat. Hier schmeckt der *aperitivo* doppelt so gut! Viele kleine Gerichte zwischen 3 und 10 € laden auch zum Essen mit Aussicht ein. Für einen längeren Spaziergang bietet sich die Promenade **Viale Santa Caterina** ❼ an, die an der südwestlichen Ecke der **Piazza Dante Alighieri** beginnt.

Schlafen

Edel im alten Stadtkloster

1 **Relais il Chiostro di Pienza:** Der Franziskanerkonvent wurde zum schmucken Hotel mit Panoramagarten, Restaurant und Pool. Dennoch erschwinglich.

Corso Rossellino 26, T 0578 74 81 29, www.anghelhotels.it/relaischiostrodipienza, DZ/ÜF ab 80 € je nach Nachfrage (übers Internet)

Geniale Lage

2 **Piccolo Hotel La Valle:** Das erste moderne Haus Pienzas liegt gegenüber dem Altstadtrand. Östlich fällt unter der Frühstücksterrasse ein Olivenhain ab.

Via di Circonvallazione 7, T 0578 74 94 02, www.piccolohotellavalle.net, DZ/ÜF 110 € (Standard), 150 € (mit Panoramabalkon)

TOUR
»Ein Ort des Traums«

Per Fahrrad durch die weiten Hügel um das Orciatal

Schon wieder gereihte Zypressen, die wie Models auf dem Laufsteg posieren. Die Finger zucken Richtung Kamera, aber die strampelnden Beine fürchten um ihren Rhythmus. Tatsächlich ist diese Radrundtour auf meist kleinen Straßen wie die Fahrt durch einen Toskana-Bildband. Ein paar mittelschwere Steigungen und der Staub unbefestigter Wege machen uns bewusst, dass wir wirklich ›da‹ sind.

Von **Pienza** (s. S. 198) geht es in Richtung Siena 1,4 km aus dem Städtchen hinaus. Dann folgen wir gut 4 km der Landstraße nach Trequanda, anfangs mit Blick über gewellte Felder, später von Steineichen und Zypressen eingerahmt. Am Abzweig nach Siena und Cosona biegen wir links auf eine unbefestigte Straße ein – aber halt, wollten wir nicht zu Juliette? Einen guten Kilometer weiter liegt das ehemalige Benediktinerkloster **Sant'Anna in Camprena.** Für uns als Kinofans ein Grund für einen Abstecher: Hier wurde 1996 »Der englische Patient« mit Juliette Binoche gedreht. Heute ist der ehemalige Konvent des Olivetanerordens ein *agriturismo* in Traumlage.

Jetzt aber die unbefestigte SP 71. Sie folgt 10 km den sanft geschwungenen Hügeln, am **Castello di Cosona** vorbei, das auf halber Strecke liegt. Getreidefelder, Schafweiden, Olivenbäume, Zypressen – und ab und zu ein

Haus: Eigentlich eine ganz einfache Landschaft, doch durch das Auf und Ab des Geländes mit starker Aura. Der toskanische Dichter Mario Luzi beschrieb sie als »eine Erde, die wirkt wie der tiefe Grund des Gedächtnisses oder ein Ort des Traums« (in: Klaus Wagenbach, Mein Italien, kreuz und quer, Berlin 2007). Und links am Horizont zieht der Vulkankegel des **Monte Amiata** das Auge magisch an.

Auf dem Weg retour nach Pienza – mit dem Monte Amiata im Rücken

Kurz nachdem die Straße wieder asphaltiert ist, fahren wir an der T-Kreuzung links auf die SP 137 Richtung San Quirico. Die Landstraße führt durch einen Talgrund. Nach der Kuppe erscheint der Kirchturm von **San Quirico d'Orcia** (s. S. 196), unserem nächsten Zwischenziel. Das Städtchen aus verwinkelten Tuffsteinhäusern lädt zur Trinkpause auf der heiteren **Piazza della Libertà** ein.

Durch das Stadttor **Porta ai Cappuccini** gelangen wir auf die Landstraße nach Pienza – die wir aber nach einem knappen Kilometer verlassen, rechts runter zum Agriturismo La Buca. Links am Anwesen vorbei geht es kurzzeitig auf den ausgeschilderten Wanderweg, der ein Wäldchen durchquert. Danach steigt er als breiterer Wirtschaftsweg einige Meter steil an, aber auf der Kuppe wartet ein Schmuckstück: die **Kapelle der Madonna di Vitaleta,** kunstvoll eingefasst von – natürlich, Zypressen!

Hinter der Kapelle biegen wir links auf eine unbefestigte Kammstraße ab, die in schönen Schwüngen mit Pienzablick zur Landstraße SP 146 führt. Dieser folgen wir etwa 800 m und nehmen dann rechts die – nun wieder unbefestigte – ruhigere Abkürzung. Allerdings mit Steigung, die letzte für heute. Oben stoßen wir wieder auf die SP 71 und und freuen uns schon auf eine Stärkung in **Pienza,** wo uns auf der Hauptstraße, dem Corso Rossellino, der Duft von Schafskäse entgegenweht.

Infos

32 km, mittelschwere Radrundfahrt (250–490 m über Normalnull)

Start/Ziel:
Piazza Dante Alighieri, Pienza, Karte 2, J9

Pause:
Bar Centrale, Piazza della Libertà, San Quirico d'Orcia, tgl. 7.30–1.30 Uhr

Radverleih:
s. S. 202

Essen

Alltagstrattoria

1 **La Buca delle Fate:** Die ›Feenhöhle‹ ist bei den Einheimischen zu Recht beliebt, sogar der Pfarrer lässt sich hier zum Mittagessen verführen. Die Gerichte sind bodenständig. Hausgemachte *pici*, die dicken Nudeln, gibt es in allen gebräuchlichen Soßen, die selbst gemachten Gnocchi schmelzen auf der Zunge.

Corso Rossellino 38a, T 0578 74 84 48, www.labucadellefate.com, Di–So 12.30–14.30, 19.30–21.30 Uhr, Pasta 6–11 €, Hauptgänge 8–15 €

Junge Bar über uraltem Land

2 **Idyllium:** Die angesagte Bar liegt herrlich unter der Gartenterrasse des Palazzo Piccolomini. Drei junge Männer haben sie 2016 ins Leben gerufen, mit modernem Styling und Tischen im Freien. Für den kleinen Hunger gibt es Tatar, Aufschnittplatten, Salate oder Süßes und dazu Cocktails.

Via Gozzante 67, T 0578 74 81 76, www.facebook.com/idylliumbar, tgl. 12.30–2 Uhr, Caprese-Salat 9 €, Cocktails 5–8 €

Einkaufen

Delirium für die Nase

1 **La Bottega del Naturista:** Wer diesen Laden betritt, wird von einer Pecorino-Duftwolke eingehüllt. Die Käserei der Familie Di Mario verkauft hier hauptsächlich die eigenen Waren. Die Vielfalt des Pecorino ist umwerfend, daneben gibt es auch Ziegenkäse und Salami.

Corso Rossellino 16, www.pecorinopienza.it, tgl. 9–13, 15–19 Uhr

Alles in Tüchern

2 **Aracne:** 2011 hat die Leidenschaft gesiegt: Die Weberin Paola Perugini machte ihren eigenen Werkstattladen auf, unterstützt von ihrem Sohn Mattia. Seither gestalten sie Kleider, Schuhe, Decken, Taschen oder Handtücher in hochwertigem Material und alles in Handarbeit.

Via Dogali 25, www.aracnepienza.it, Mo–Sa 10–13, 15–19 Uhr

Bewegen

Fahrräder aller Art

Marco Tornaghi und Giuliana Mulas von **Cicloposse** 1 bieten geführte Radtouren an, verleihen aber auch Tourenräder, Rennräder und E-Bikes. Alternativ können Sie Mountain- und Gravelbikes bei **e-Bike Tuscany** 2 ausleihen.

Cicloposse: Via I Maggio 27 (3 km Richtung Montepulciano), www.cicloposse.com, Mitte März–Mitte Nov. tgl. 9.30–18.30 Uhr, vorherige Anmeldung (T 0578 74 99 83) sinnvoll, da Personal vor allem Sa/So oft unterwegs, Tourenrad 30 €/Tag, 180 €/Woche, Rennrad/E-Bike 40 €/Tag, 240 €/Woche; **e-Bike Tuscany:** Via della Buca 23, www.e-biketuscany.com, Mitte März–Okt. tgl. 8–20 Uhr, MTB 20 €/Tag, E-MTB 45 €/Tag, Gravelbike 59 €/Tag, inklusive Wasser, Helm, Schloss, Flickzeug

Montepulciano

Karte 2, K9

Nobles Städtchen

So viele stattliche Palazzi aus Renaissance und Barockzeit gibt es in der Südtoskana selten auf einem Fleck. Sie posieren entlang der Hauptstraße von Montepulciano, die sich lang und stetig den Altstadthügel hinaufzieht, und oben an der Piazza Grande. Alles ist hier nobler als in den Städtchen der Umgebung. Sogar der hiesige Rotwein, der die Auslagen der vielen Spezialitätenläden dominiert, wird *vino nobile* genannt. Die Lage auf dem 600 m hohen Tuffsteinberg rundet das erhabene Bild ab.

Steigen gehört dazu …

…, egal auf welchem der acht Parkplätze das Auto steht. Seien Sie froh, dass Sie nicht noch ein leeres Weinfass den Berg hochrollen müssen. Das geschieht nämlich beim **Bravìo delle Botti,** Ende August, einem Wettkampf von Zweierteams der acht Altstadtviertel. Das traditionelle Fassrennen verläuft quer durchs Zentrum, beginnt an der Löwensäule auf der Piazza Savonarola und endet 1,7 km später und 74 m höher vor dem Dom.

Säule, Fassaden, Turm

Die **Säule der Piazza Savonarola** trug früher eine sienesische Wölfin, bevor Florenz ab 1390 seine Herrschaft nach Süden ausdehnte und seinen Löwen hier platzierte. Ein paar Schritte höher beginnt die **Via di Gracciano** durch das gleichnamige Viertel. **Familienpaläste** aus dem 16. und 17. Jh. prägen die ersten 50 m. Kurios: der **Palazzo Bucelli** (Nr. 73), das Heim eines Antikensammlers, der etruskische Steinurnen in der Fassade vermauern ließ. Woher die vielen noblen Familien kamen? Vielleicht gründeten sie in der Völkerwanderung hier eine Fluchtburg, jedenfalls sind sie schon während der Langobarden-Herrschaft im 8. Jh. bezeugt. Sie besaßen das Land ringsherum und das Geld, um namhafte Architekten zu beschäftigen. Etwa den Florentiner Michelozzo, der im 15. Jh. die anschließende Kirchenfassade von **Sant'Agostino** baute. Gegenüber läutet Pulcinella aus der Commedia dell'Arte jede Stunde die Glocke des **Pulcinella-Turms.**

Hollywood was here

Auf der **Piazza Grande** haben pubertierende Töchter ihren Eltern etwas voraus: Den schönen **Travertinbrunnen** mit den Florentiner Löwen und dem Medici-Wappen kennen sie schon, aus den Verfilmungen der »Twilight«-Saga mit Kristen Steward und Robert Pattinson. Viele andere Filmteams sind hier aufmarschiert. Das verwundert kaum, bei der Renaissancekulisse! Zu den prächtigen **Palästen der Contucci** und der **Tarugi** gesellen sich das Rathaus und der Dom.

Das Äußere des Doms ist am unansehnlichsten, da weder Fassade noch Turm fertig wurden. Innen ist er zwar mächtig, aber durch das Tonnengewölbe sehr dunkel. Das dekorative **Altarbild** mit Marias Himmelfahrt von Taddeo di Bartolo (um 1400) wirkt etwas verloren.

Die Krönung des Platzes bildet der **Palazzo Comunale.** Der Baukörper des Rathauses entstand im Stil der Frührenaissance, doch sein Turm wirkt mittelalterlich, wie eine Miniaturkopie des Rathausturms von Florenz. Kein Wunder, der Architekt Michelozzo kam aus der toskanischen Hauptstadt. Sein Werk können Sie besteigen, schönere Rundblicke gibt es selten: Über zauberhafte Weinhänge reicht der Blick vom Trasimenischen See bis zum Monte Amiata.

JUGEND FÜR DIE MUSIK

M

Der **Palazzo Ricci** in Montepulciano ist ein besonderer Ort. Der Komponist Hans Werner Henze (1926–2012) hat hier eine internationale Musikschule gegründet, die jedes Jahr unter bekannten Dirigenten eine Konzertreihe einstudiert, den **Cantiere Internazionale.** Eine tolle Belebung des Kulturlebens durch die Jugend Europas in der sonst sehr weinseligen Provinz.

Eine Stadt trinkt Rot

Wie ein roter Faden zieht sich die Weinkultur durch die Stadt. Von den Läden an der **Porta al Prato** bis zur neuen **Enoliteca** des Konsortiums des Vino

Lieblingsort

Caffè mit Aussicht

Der Blick weit über das Val di Chiana ist einmalig, *caffè* und Törtchen exzellent, die Jugendstilarchitektur und das Dekor der Säle beschwören alte Zeiten herauf: Das **Caffè Poliziano** in **Montepulciano** (Karte 2, K9) ist ein – selten gewordenes – Beispiel italienischer Kaffeehauskultur. Das Poliziano ist ein Künstlercafé, wie es im Buche steht, seit 1868 Treffpunkt von Intellektuellen, Schriftstellern, Musikern und Malern. Wer keinen Platz auf den Balkonen mit ihrem spektakulären Ausblick erwischt hat, sitzt auch drinnen sehr gemütlich zwischen alten Gemälden, Skulpturen und Regalen voller Tees und Spirituosen. Im größeren Saal steht ein Flügel bereit, in blitzblanken Glasvitrinen ist eine riesige Sammlung von Kaffeetassen ausgestellt. In die heutige Zeit gerettet haben das Caffè nach einer Periode des Verfalls die heutigen Betreiber Marisa Bernini und Claudio Borgoni, die es in den 1990er-Jahren liebevoll restauriert haben (Via Voltaia nel Corso 27/29, www.caffepoliziano.it, T 0578 75 86 15, Mo–Fr 7–21, Sa/So 7–22 Uhr, auch Mittag- und Abendessen, Pasta um 10 €, Hauptgänge um 18 €, Beilagen um 7 €).

Nobile (Fortezza di Montepulciano, Via S. Donato 21, www.consorziovinonobile.it) in der restaurierten **Festung** am höchsten Punkt der Stadt. Die Enoliteca ist ein gelungenes Beispiel für das moderne Marketing des Konsortiums. Alle 76 Mitglieder sind mit ihren Produkten präsent, die mit Blick in die Landschaft verkostet werden können. Der ›noble Wein‹ wurde so genannt, weil er auf den Feldern der Adelsfamilien für ebendiese reifte. Die Herstellung folgt bestimmten Regeln, über die das Konsortium wacht.

Viele Keller liegen mitten in der Altstadt, eine Besonderheit für die Toskana. Der Tuffstein des Hügels wurde schon von den Etruskern durchhöhlt. Diese Räume wurden erweitert und wegen ihres idealen Klimas für die Weinreifung genutzt. So eröffnen sich unter den Adelspalästen sagenhafte Kellerreiche. In das der **Cantina Contucci** können Sie einfach reinspazieren. Übrigens: Neben dem Vino Nobile ist der einfacher ausgebaute Rosso di Montepulciano die günstigere Alternative.

Cantina Contucci: Via del Teatro 1, www.contucci.it, tgl. 9.30–18 Uhr, Mo Mittagspause

Kirche und Landschaft

Montepulcianos Altstadt geht fast nahtlos in malerische Landschaft über. Am schönsten im Westen, wo am Ende der Via dei Grassi ein Stadttor hinausführt zur 500 m entfernten Wallfahrtskirche **San Biagio.** Natur und Kunst wurden von dem Architekten Antonio da Sangallo d. Ä. in besonderer Weise verbunden: Die Proportionen der Kuppelkirche sind ähnlich wohlgefällig wie die der Hügel und Weinberge. 1540 wurde San Biagio fertig; damals war in Rom der Petersdom im Bau, den Sangallo sicher verfolgt hat. Möglicherweise hat er sich dort an paar Anregungen geholt. Durch das Travertingestein und die helle Ausleuchtung wirkt die Kirche trotz ihrer Wucht sehr heiter.

Schlafen, Essen

Zwischen Weinbergen

Agriturismo Il Palazzo dei Diavoli: In schöner Lage mit Blick auf die Kirche San Biagio und den beeindruckenden Altstadthügel verwöhnt Maria Teresa ihre Gäste.

Via delle Colombelle 3, T 0578 71 65 65, www.agriturismoilpalazzodeidiavoli.it, DZ/Apartment für zwei Personen 80–90 €

Feines mit Dekorum

Ristorante degli Archi: Unter Balkendecken und Ziegelbögen, zwischen Klavier und alten Radios verfeinert die Einrichtung zusätzlich die allein schon gute Küche wie Gnocchi mit Walnuss-Ricotta-Pesto. Freundlicher Empfang.

Vicolo di San Cristofano 2, T 0578 75 7739, www.facebook.com/RistoranteDegliArchi, Fr–Mi 12–15, 19–22 Uhr, Menü um 35 €

Einkaufen

Das Renommee als schöner Weinort hat viele Boutiquen nach Montepulciano gelockt, die entlang der Hauptstraßen liegen.

Chiusi

Karte 2, K9

Früher war mehr los

Ein faschistisches Theatergebäude, eine futuristische Rundfassade und der klassizistische Museumstempel für die archäologische Sammlung: Diese architektonische Gemengelage empfängt Sie in der Altstadt von Chiusi. Das winzige Zentrum auf einem Tuffsteinplateau war mal eine wichtige Etruskerstadt. Was heute kaum noch vorstellbar ist, erleben Sie dank eindrucksvoller Überreste unter und über der Erde.

Dorfplatz der besonderen Art

Die **Piazza Carlo Baldini** (Piazza Duomo) erinnert an einen Dorfplatz, da wirkt die Bezeichnung **Dom** oder **Kathedrale** ziemlich übertrieben. Im Inneren der Kirche haben recycelte römische Säulen bis heute eine tragende Rolle. Die dekorativen Ausmalungen stammen aus dem 19. Jh.

Kurios wird es nebenan: Über die bischöflichen Gärten des Museo della Cattedrale gelangen Sie in ein unterirdisches Stollensystem. Ist es das sagenhafte **Labirinto di Porsenna,** das Labyrinth jenes Lars Porsenna, der im 6. Jh. Chiusi beherrschte? Der etruskische Priesterkönig soll auf diese Weise sein Mausoleum geschützt haben. Nun, schon vor 100 Jahren wurden die Hoffnungen der Archäologen auf einen Grabschatz enttäuscht: Die Hohlräume sind ein antikes Kanalsystem für die Wasserversorgung, das in 10 m Tiefe in den Tuffstein gehauen wurde. 120 m können Sie davon ablaufen, bis zu einer antiken Zisterne, und am Ende von innen in den Domturm steigen.

Kathedrale: tgl. 9–18 Uhr (Licht nach Münzeinwurf); **Museum/Labyrinth:** Piazza Carlo Baldini 7, www.museodellacattedrale.it, Feb.–Mitte April Sa/So, Fei 10–12.10, 15–16.30, Mitte April–Mitte Okt. Di–So 10–12.45, 14.30–16.45, Mitte Okt.–24.12. Mo–Fr 10–12.10 Uhr, Führungen durchs Labyrinth ca. alle 45 Minuten, 5 €

Etruskisches Jenseits

Das einzige bemalte und begehbare Etruskergrab der Toskana ist das ›Affengrab‹, **Tomba della Scimmia,** etwa 3 km außerhalb von Chiusi. Die Besichtigung ist nur an drei Tagen pro Woche möglich, aber es lohnt sich! Ein Kustode des Museo Nazionale Etrusco e Tombe verabredet sich mit Ihnen zu vorgegebenen Uhrzeiten am Parkplatz vor dem Grab. Dann tauchen Sie in die Jenseitsvorstellungen des 5. Jh. v. Chr. ein: Ringkämpfer, Reiter, Festspiele mit Zuschauern, Kampfrichtern und einem Musiker. Eine fremde Welt unter altem europäischem Boden. Seinen Namen hat das Grab von einem Äffchen rechts neben einer Ringkampfszene. Von dem zentralen, bemalten Raum zweigen drei Nebenräume ab. Alle Wände sind von Felsbänken mit steinernen Kissen gesäumt, auf denen die Toten, so dachte man, zum Festmahl lagern konnten.

Di, Do, Sa, März–Okt. 11, 16, Nov.–Feb. 10, 14.30 Uhr, nur nach Anmeldung im Museo Nazionale Etrusco e Tombe, 3 €

Museen

Etruskische Bildwelten

Museo Nazionale Etrusco e Tombe: Fabelwesen tauchen oft unerwartet auf. In Chiusi ist es eine elegante, wunderbar erhaltene Sphinx aus Stein. Die ehemalige Grabwächterin ist heute der Star des kleinen, aber tollen Museums. Einen Einblick in die Festmahlkultur der etruskischen Oberschicht geben die Kalksteinurnen mit feinen Relieffiguren. Die Darstellungen zeigen, wie die Etrusker sich das Jenseits wünschten! Originell sind auch die nur in Chiusi anzutreffenden Porträturnen auf Sesseln, die sogenannten Kanopen.

Via Porsenna 93, www.prolocochiusi.it/museo-nazionale-etrusco-e-tombe, tgl. 9–20 Uhr, 6 €

Essen

Ab vom Schuss

Ristorante Al Casale: Nur Eingeweihte finden hierher, von Chiusi sind es ca. 15 km Richtung Chianciano. Das Restaurant ist vor allem bei Italienern am Wochenende und für Feste beliebt. Es bietet aber auch sonst eine sehr gute Küche. Beispiel: Nudeln mit Perlhuhnsoße.

Via Cavine e Valli 36, Chianciano Terme, T 0578 32 01 03, www.alcasalechianciano.it, Fr–Mi 12.30–14, 19.30–22.30 Uhr, *primi piatti* 9–12 €, Hauptgänge 10–16 €

Monte Amiata

Karte 2, H/J 10

Alter Feuerspucker

Aktiver Vulkanismus war hier einmal. Seine Spuren finden sich in den Hauswänden aus ockerfarbenem Tuff, einem gut dämmenden Naturbaustoff. Doch auch die Form des Monte Amiata verrät seine Geschichte: Er ist ein typischer Vulkankegel mit weiten, kluftigen Ausläufern. Durch seine Höhe von 1738 m umfasst er mehrere Vegetationszonen: In den Senken sind Eichen zu Hause, darüber Kastanien, im oberen Drittel dehnen sich Buchenwälder aus. Einsame, wilde Natur wechselt mit urigen Bergdörfern ab. Vielerorts trifft man auf kauzige Lebensgeschichten.

Bagni San Filippo

Karte 2, J 10

Kuren am Waldesrand

Wenn man sich dem Dorf nähert, lässt sich schon von Weitem der schwefelige Geruch der natürlichen Quelle wahrnehmen, die mit 52 °C aus den Tiefen des Vulkangesteins hervorsprudelt. Angenehm temperiert bahnt sie sich anschließend als **Fosso Bianco** den Weg durch das stille Tal.

Bagni San Filippo ist so klein, dass die Ortsdurchfahrt, von oben nach unten, eine Einbahnstraße ist. Die wenigen Wohnhäuser gruppieren sich um die ebenfalls sehr kleine **Kirche** und das Kurhotel **Hotel Terme** (2020 Renovierung) neben dem **Thermalbad** (Einfahrt unterhalb des Ortes). Immerhin gibt es zwei Osterien mit vorzüglicher einheimischer Küche und zwei typische Läden, in denen die Einwohner auch ihren Kaffee trinken.

Gegenüber der Bar Cascata führt ein Fußweg in wenigen Metern zum **Fosso Bianco,** der als Wildbach frei zugänglich ist. An einem kleinen Abhang hat ein Wasserfall Kalkablagerungen gebildet, die wegen ihrer spektakulären Form **Balena Bianca,** ›Weißer Wal‹, genannt werden. Vermutlich badeten im Altertum hier schon Etrusker und Römer. Heute steht die Balena Bianca mit ihren Becken unter Naturschutz, wer baden möchte, muss mit dem Wasser in den etwas kühleren Becken des Bachlaufs vorliebnehmen.

Entdeckt und erstmals schriftlich erwähnt wurde die Quelle 1271 von Filippo Benizi, einem Prior aus Florenz. Er zog das Leben in religiöser Einsiedelei den Verpflichtungen im Vatikan vor und floh vor seiner möglichen Papstwahl in das damals noch unzugängliche Tal. Er verbarg sich in einer Grotte, die auch heute noch in Richtung Campiglia d'Orcia vorzufinden ist. Später wurde er heiliggesprochen; sowohl der Ort, die Kirche als auch die Grotte sind nach ihm benannt.

Bewegen

Warmes Nass

Terme San Filippo: Das kleine, einfache Thermalbad wird durch einen direkten Zulauf beständig mit heißem Quellwasser gespeist. Von Mai bis November können Sie hier in ca. 38 °C warmem Wasser relaxen.

Via delle Terme, www.termesanfilippo.com, 10 € inklusive Liege, Sonnenschirm, Umkleide und Duschen, bis 2020 wegen Renovierung geschlossen

Der Amiata-Gipfel

Karte 2, J 10

Gipfelsturm

Im Frühling und im Herbst herrscht an den Hängen des Amiata emsiges Treiben. Dann werden die Einheimischen zu Sammlern von wildem Spargel, Kräutern,

Kastanien und Pilzen. Der Wald ist auch heute noch als Nahrungsquelle beliebt. Richtung Gipfel, wo riesige Buchenwälder dominieren, nimmt die Biodiversität ab, doch wirken die Abertausend Stämme unter dem lichten Blätterwerk imposant. Am **Gipfelkreuz** verhindern sie einen Rundumblick, doch die Aussicht von der kleinen Terrasse ist trotzdem toll. Sie schauen Richtung Süden, meistens ist der 30 km entfernte Lago di Bolsena zu sehen.

Dem höchsten Punkt können Sie sich auf verschiedenen Straßen nähern. Die **Strada Provinciale Vetta Amiata** (*vetta* = ›Gipfel‹) führt von Osten ab Abbadia San Salvatore an einem Skigebiet vorbei bis zum obersten Parkplatz. Andere Straßen münden aus anderen Richtungen in die Gipfelstraße. Wo das Auto stehen bleiben muss, liegen drei **Hotels** und die Berghütte **Rifugio La Vetta.** Ab hier sind es noch ca. zehn Fußminuten bzw. 70 Höhenmeter. Eine Alternative ist der **Sessellift ab Pian delle Macinaie,** der die letzten 350 Höhenmeter bis ganz nach oben fährt.

Bewegen

Zwischen Blätterwerk

IndianaPark Amiata: Am Pian delle Macinaie, gegenüber der Talstation der Sesselbahn, bietet ein Kletterpark fünf verschiedene Parcours an.

Pian delle Macinaie, T 334 243 20 44, https://amiata.indianapark.it, Mitte Juni–Mitte Sept. tgl. 10–19.30, Mitte Sept.–Anf. Nov. (Öffnung tel. überprüfen) Sa ab 14, So ab 10 Uhr jeweils bis Sonnenuntergang, 17 € (2,5 Std.)

Monte Labbro

Karte 2, H 10

Italienische Bergsteppe

Einer der wildesten Orte der Toskana trägt Züge einer Bergsteppe: der Monte Labbro. Der kleinere Nachbar des Monte Amiata ist ein Kalkberg, freie Wiesen wechseln mit kleinen Waldstücken, Felsen mit Tümpeln und Bächen. Wunderschöne Panoramen reichen vom Amiata im Osten bis zur Maremma Richtung Sonnenuntergang.

Wandern zwischen Tieren

An der Nordflanke des Monte Labbro wurde der gut 200 ha große Wildpark **Parco Faunistico del Monte Amiata** angelegt, der von der SS 323 über eine holprige Straße zu erreichen ist. Hirsche, Damwild, Rehe, Mufflons und Gämsen laufen frei herum, alle gehören zur ursprünglichen Fauna der Apenninen. Dies gilt auch für den Star des Parks, den Wolf, der ein fest eingehegtes Gelände bewohnt. Ihn können Sie, mit etwas Glück, von einem Aussichtsturm beobachten. Ein **Naturlehrpfad** führt durch den unteren, waldigeren Teil und am Onazio-Bach entlang. Mit festen Schuhen und etwas Ausdauer benötigen Sie dafür zwei Stunden (ein Plan ist am Eingang erhältlich, dazu gibt es hölzerne Wegweiser).

Rufer in den Bergen

Zentrum des Parks ist das **Direktionshaus** inmitten ehemaliger Weiden und Felder, wo Sie auch einkehren können. Wer eine längere Wanderung unternehmen möchte, besteigt von hier aus den Labbro-Gipfel (1192 m, 200 Höhenmeter, ca. 3 Std. hin/zurück). Oben stößt man auf die Reste der **Einsiedelei** des Propheten vom Monte Labbro, David Lazzaretti (1834–78). Der Bauernsohn und Freidenker aus Arcidosso hatte durch charismatische Predigten eine Glaubensgemeinschaft gegründet, die christlichen Mystizismus mit sozialistischen Ideen verband. Er starb während einer Prozession nach Arcidosso durch die Kugeln eines Soldaten, der in ihm einen gefährlichen Unruhestifter sah.

Park: Località Podere dei Nobili, Arcidosso, www.facebook.com/ParcoFaunisticoAmiata, Di–So 8–19 Uhr, 3,50 €

Große Waldgebiete bestimmen die Landschaft am Monte Amiata. Wer sich auskennt, sammelt hier Pilze, Kräuter und vieles mehr.

Giardino di Daniel Spoerri

Karte 2, J10

Garten eines Künstlers

»Hic Terminus Haeret«: »Hier liegt das Ziel.« Das ist ein schönes Motto für einen Alterssitz, ganz zu schweigen von dem Ort, einem 16 ha großen Berghang oberhalb von **Seggiano.** Den wählte sich 1992 der Schweizer Maler und Bildhauer Daniel Spoerri (geb. 1930) nach einem erfüllten Künstlerleben, das ihn u. a. nach New York, Düsseldorf und Paris geführt hatte. Doch wer Alter mit Untätigkeit verbindet, irrt. Fünf Jahre später eröffnete Spoerri auf dem Gelände seinen **Skulpturenpark,** zu dem er zig Freunde eingeladen hatte, mit beizutragen. Die mittlerweile über 100 Installationen sind dem Geist des Ortes angepasst und verteilen sich auf dem großzügigen Gelände, ohne dessen natürliche Aura zu stören. Es ist Kunst zum Erleben, nicht zum Verstehen. Erfreuen Sie sich einfach an den originell verspielten Ideen eines Jean Tinguely, einer Eva Aeppli oder eines Daniel Spoerri selbst! Mal riesig oder mal klein und obskur, sind sie aus kreativen Köpfen gepurzelt und Form geworden. Auch für das leibliche Wohl wird gesorgt (Café).

Strada Provinciale Pescina, Seggiano, www.danielspoerri.org, Mitte April–Ende Okt., Di–So 11–18 Uhr, 10 €

Val di Merse

Karte 2, G8

Stilles Tal

Neben so viel selbstdarstellerischer Landschaft wirkt das waldige Mersetal eher introvertiert. Aber stille Wasser sind tief, Sagen und Legenden lassen auch heutige Geister nicht los. Nur wenige Fremde kommen hierher, als Reisender ist man mit den Einheimischen meist unter sich, kann mit ihnen in der Dorfbar seinen Kaffee schlürfen und sich treiben lassen. In das einfache Leben als Bauer, Holzfäller oder Köhler brachte nur die Religion ein wenig Abwechslung. Ihre Spuren bleiben beeindruckend.

Am Grund der Existenz

In **Orgia** ist das einfache Leben museumswürdig geworden. Der winzige Ortsteil von **Sovicille** beherbergt das **Museo Etnografico del Bosco**, das mit Arbeitsgeräten das Leben der Waldarbeiter und Köhler dokumentiert. Es bietet auch eine Karte mit markierten **Wanderwegen** durch die Umgebung, vorbei an Mühlen, Trockenhütten für Kastanien und Köhlerei.

Via dei Pratini, Orgia, www.museisenesi.org/musei/museo-etnografico-del-bosco.html, März–Sept. Fr/Sa 9–13, Okt.–Feb. Sa 9–12.30 Uhr, 2 €

Sagenhafte Brücke

Im benachbarten Soviciller Ortsteil **Rosia** an der SS 73 spannt sich über den Rosia-Bach ein 800 Jahre alter Brückenbogen, den hier alle als **Ponte della Pia** kennen. Ihn soll Pia dei Tolomei aus Siena im 13. Jh. überquert haben, nachdem sie von ihrem Mann wegen Ehebruchs verbannt worden war. Ziel: ein einsamer Familienbesitz in der Maremma. Man kennt einige Varianten der Geschichte, doch alle halten Pia für unschuldig, Dantes »Göttliche Komödie« vorneweg. Nach Dante wurde Pia schließlich von ihrem Ehemann in den Tod gestürzt. Ein Frauenschicksal, wie es leider noch heute in italienischen Gazetten vorkommt.

Die Artussage rückwärts

Besser endet die Legende des Ritters Galgano Guidotti aus **Chiusdino.** In den dauernden Kämpfen zwischen Adelsfamilien des 12. Jh. um die territoriale Vorherrschaft tobte sich Galgano zunächst hemmungslos aus, brandschatzte und vergewaltigte. Bis ihn eines Tages der Erzengel Michael zu einer Kapelle auf den **Montesiepi** im oberen Mersetal führte, wo ihm in einer Vision Jesus und Maria ein Leben als Eremit nahelegten. Als Galgano ein zweites Mal zur Kapelle kam, glitt sein Schwert von selbst mit der Klinge in einen Felsen und bildete ein Kreuz, das sich nicht mehr lösen ließ. Die heutige **Cappella di San Galgano** auf dem Montesiepi soll Galgano selbst gebaut haben, kurz vor seinem Tod 1181. Einzigartig ist ihre runde Form, wunderschön die gewölbte Decke aus konzentrischen Streifen aus Backstein und Travertin!

Località Montesiepi, Chiusdino, tgl. 9 Uhr bis Sonnenuntergang (So 11.30 Uhr Messe), Eintritt frei

Kirchengerippe voll Aura

In enger Nachbarschaft zur Kapelle des hl. Galgano liegt im Tal die eindrucksvolle Ruine der größten Zisterzienserabtei Mittelitaliens, die **Abbazia di San Galgano.** Geradezu mythisch wirkt die Anlage aus dem 13. Jh. Gras wächst dort, wo früher gregorianische Gesänge widerhallten: Dach und Fenster fehlen. Die ausgefeilten Wandvorlagen trugen mal die ältesten gotischen Gewölbe der Toskana. Allein die Ausmaße verdeutlichen, wie reich das Kloster bis ins 15. Jh. dank ausgedehnter Ländereien war. Der Abt von San Galgano operierte zeitweise als Finanzbeauftragter der Republik Siena. Doch Kriege und Plünderungen trieben die Abtei in den Ruin. Die suggestive Atmosphäre nutzt man heute für sommerliche Konzertreihen.

Località San Galgano, Chiusdino, www.abbaziasangalgano.it, tgl. April/Mai 9–18, Juni, Sept. 9–19, Juli/Aug. 9–20 Uhr, Okt.–März 9–17.30 Uhr, 3,50 €

Zugabe

Iris Origo und La Foce

Ein sehr persönliches Gartenreich

La Foce blüht weiter: Iris Origos Tochter Benedetta und deren Sohn, der Cellist Antonio Lysy, haben das Musikfest Incontri ins Leben gerufen.

Verschwenderische Kaskaden von Glyzinien, friedliches Grün von englischem Rasen, dunkle geometrische Ornamente aus Buchsbaum und Zypresse: Der Garten der Schriftstellerin Iris Origo hoch über dem Orciatal ist das poetische Werk einer außergewöhnlichen Frau.

Iris Origo war eine kultivierte Weltbürgerin der ersten Hälfte des 20. Jh., aus bester Familie und mit genug Geld, um ein Leben nach eigenen Vorstellungen zu führen. Die Tochter einer irischen Adeligen und eines Sprösslings der New Yorker High Society reiste als Kind mit den Eltern um die halbe Welt und wuchs schließlich in der berühmten Villa Medici in Fiesole auf: zwischen englischen Rosen und Olivenbäumen, zwischen den Intellektuellen der englischen Kolonie und den Partys der eleganten Florentiner Gesellschaft.

Kaum verheiratet (mit dem Florentiner Antonio Origo) entdeckte das Paar ein vernachlässigtes Anwesen, eine baumlose Mondlandschaft, im Orciatal. Gut und Garten sind ihr abgetrotzt: Dank Iris' amerikanischer Großmutter konnten sie eine Wasserleitung anlegen, die Wasser aus einer 10 km entfernten Quelle nach La Foce brachte.

Gut und Garten sind ihr abgetrotzt.

Den Garten legte Iris ab den 1920er-Jahren mit dem Gartenarchitekten Cecil Pinsent im englisch-italienischen Stil an. Symmetrische, von Buchsbaum- und Lorbeerhecken umrahmte Flächen füllte sie mit englischem Rasen, mit Blumen und blühenden Sträuchern. Ein langer Laubengang voller Glyzinien führt zu einem weiteren geometrischen Gartenkunstwerk Pinsents. Angelehnt an den Renaissancegarten in San Quirico d'Orcia, liegt es zu Füßen einer prächtigen Treppe. Von deren Balustrade eröffnet sich ein dramatischer Blick: Über Buchsbaumornamente und eine Mauer aus dunklen Zypressen schaut man weit hinunter ins Orciatal und in seinen weiten Himmel. Und versteht spätestens jetzt, warum ein junges, reiches Paar aus Florenz in diesem verlassenen Tal sein Leben lang schuften wollte (Strada della Vittoria, 61, Chianciano Terme, www.lafoce.com, auch Übernachtungsmöglichkeiten und die Termine des allsommerlichen Musikfestivals). ■

Die Maremma, Elba und Giglio

Dünn besiedelt, von Natur beherrscht — doch voller Geschichte und Traditionen in überraschender Landschaft.

Seite 218

Parco Archeologico di Baratti e Populonia

Versunkene Stadt, verlassene Fabriken, leere Gräber: Eine Etruskermetropole wurde von der Natur zurückerobert.

Seite 220

Castiglione della Pescaia

Eine alte Burg schaut auf kilometerlange Bade-Infrastruktur.

Seite 223

Grosseto

Einheimische dominieren die ruhige Provinzhauptstadt hinter ihrem Stadtmauerring.

Der typische Hut der Maremma-Cowboys

Eintauchen

Seite 226, 227

Parco Naturale della Maremma

Feuchtgebiete, Dünen, Pinien- und Eichenwälder oder Macchia, Tiere von Zugvögeln bis zu Stachelschwein und Damhirsch können Sie in der wilderen Maremma erleben. Starten Sie per Rad, zu Fuß, zu Pferd in Alberese – oder unternehmen Sie eine Kanutour auf dem Ombrone.

Seite 229

Giardino dei Tarocchi

Die Künstlerin Niki de Saint-Phalle hat sich Ende des 20. Jh. eine bunte Fantasiewelt erbaut.

Seite 231

Sovana

Blumenidylle im Städtchen und etruskische Felsengräber in wildromantischen Tuffsteintälern rundherum.

Seite 232

Zu Pferd durch antike Hohlwege

Vom Agriturismo Il Calvone reiten Sie durch Weinberge und *vie cave*, ›Hohlwege‹, durch die Landschaft rund um Sovana. Ein Abstecher zur Necropoli di Sovana inklusive.

Seite 237

Elba

Die Hauptinsel des Toskanischen Archipels war schon einmal komplett abgeholzt. Heute ist sie ein Urlaubsparadies. Im Hafen von Porteferraio ankerten Kriegsschiffe, heute fahren Fähren vor. Wo Minenarbeiter schufteten, können Sie famos wandern und baden.

&

Seite 240

Das letzte Gebirge vor Frankreich

Eine Wanderung am höchsten Berg Elbas, dem Monte Capanne, führt von Marciana über alte Maultierpfade durch Wald und Macchia, an Granitfelsen vorbei ins entlegene Pomonte.

Kaiser von Elba: Napoleon hat die Insel mal regiert.

Charmehotel mit Sternwarte und Yogaräumen: Der Plan dreier Schwestern für den Leuchtturm von Capel Rosso auf Giglio scheiterte bislang an der italienischen Bürokratie.

erleben

Wilder, einsamer Süden

W

Weiter Himmel, Cowboys, urwüchsige Natur und Berge mit Adern aus kostbarem Metall: Im ›Wilden Süden‹ erleben Sie eine ganz andere Toskana, geprägt vor allem von Natur und Landwirtschaft. Das geheimnisvolle Volk der Etrusker hat hier große Städte erbaut und Minen erschlossen, die bis ins 20. Jh. ausgebeutet wurden und die Berge durchlöcherten. Die Maremma ist komplex und einfach zugleich. Und wer das Meer liebt, findet in der Maremma sowie auf den Inseln Elba und Giglio richtig schöne Strände.

Der Begriff Maremma bezeichnet das teils flache, teils hügelige Küstengebiet von der livornesischen Costa degli Etruschi bis nach Latium hinein. Den Nordteil bilden die Colline Metallifere mit dem ehemaligen Bergbauzentrum Massa Marittima. Richtung Osten sind in den südlichen Ausläufern des Monte Amiata faszinierende Tuffsteinlandschaften um Pitigliano und die heißen Quellen von Saturnia zu finden. Die Provinzhauptstadt Grosseto liegt in der zentralen Küstenebene, umgeben von den Hügeln einstiger Etruskerstädte. An den abwechslungsreichen Küsten lassen sich viele schöne Buchten entdecken.

ORIENTIERUNG

O

Provinzen: südliche Provinz Livorno, Provinz Grosseto
Infos: www.provinciagrosseto.com, www.museidimaremma.it

Die sieben Hauptinseln des Toskanischen Archipels, eines Nationalparks, bilden eigene kleine Welten. Administrativ gehören sie zur Provinz Livorno, liegen aber vor der Küste der Maremma. Elba und Giglio sind touristisch die interessantesten.

Nach der goldenen Etruskerzeit wurde die Maremma immer rückständiger. Die Zentren verlagerten sich nach Norden, es folgte eine Zeit des Verfalls: Kanäle wurden nicht instand gehalten, der Sumpf und damit die Malaria breiteten sich aus. Bis ins 20. Jh. blieb die Gegend das Aschenputtel der Toskana. Inzwischen ist auch hier das lange schlummernde touristische Potenzial erwacht. Ein neuer Impuls für die Landwirtschaft kam in den 1980er-Jahren ausgerechnet von Auswanderern aus dem Norden. Deutsche und Schweizer entdeckten die Maremma als Aussteigergebiet und führten den Biolandbau ein. Heute liegen sie voll im Trend. Der Weinbau lotet neue Anbauflächen aus und auch Lavendel oder Hanf werden mittlerweile kultiviert.

Massa Marittima

Karte 2, F9

Postindustrielle Schrumpfung

Ungestört blickt man vor dem westlichen Stadttor, der **Porta al Salnitro,** über die Landschaft, als hätte sich diese schöne Stadt seit dem 14. Jh. nicht weiterentwickelt. Die modernen Viertel wuchsen nämlich deutlich abgegrenzt südlich der Altstadt. Massa liegt am Südwestrand der Colline Metallifere, wo die Hügel zur Meeresküste hin abfallen. Fallend ist auch der demografische Trend, schon seit Mitte des 20. Jh. Von den Bodenschätzen der umliegenden Berge wurde der Pyrit noch bis 1994 abgebaut, doch dann war für das Bergbaustädtchen endgültig Schluss. Die Minen waren nicht mehr rentabel.

Bodenschätze und ihre Folgen

Però (›wow‹)! Die **Piazza Garibaldi** ist eine prächtige Überraschung. Ein kurzer Aufstieg vom Parkplatz vor der Porta al Salnitro, schon öffnet sich die Gasse zu einem wunderschönen weiten Platz. Auf der Talseite thronen der lichte Dom und der Bischofspalast auf hohen Treppen. Schräg gegenüber liegen mächtige Palazzi des goldenen Mittelalters.

Eigentlich müsste man von einem silbernen und kupfernen Mittelalter sprechen, solche Metalle wurden zusammen mit Alaun nach der ersten Jahrtausendwende in den nahen Bergen abgebaut und bescherten Massa Marittima Reichtum. Dieser erlaubte es den Bürgern, sich vom Bischof abzunabeln und 1225 eine eigene Republik zu gründen, die sich in Stein manifestierte: Der **Palazzo del Podestà** mit den Wappen an der Fassade stammt aus den Gründungsjahren und war Sitz

Zweimal im Jahr marschieren Armbrustschützen auf die Piazza Garibaldi, um ihren Wettstreit auszutragen.

der Gerichtsbarkeit. 1311 wurde hier eines der ältesten Bergbaugesetze formuliert, um die Minenarbeit zu regulieren. Etwas jünger ist der von Zinnen bekrönte **Palazzo Comunale.** Er wurde aus alten Familientürmen zusammengestoppelt und beherbergt noch heute das Rathaus von Massa. Um die 10 000 Menschen lebten hier, bevor die Pest 1348 und später die Malaria die Einwohnerzahl im 16. Jh. auf etwa 500 reduzierte. Erst im 19. Jh., nach der Trockenlegung der Sümpfe und der Wiedereröffnung vieler Minen, zog in Massa neues Leben ein. Heute ist man erneut unter die Zahl der mittelalterlichen Blütezeit gefallen, auf gut 8000 Einwohner.

Architektonisches Juwel

Zum bedeutendsten Zentrum der Maremma wurde Massa schon im 11. Jh. durch Bischof Tegrino von Populonia. Dieser flüchtete vor Seeräubern und Malaria aus dem Küstenort nach Massa und richtete einen neuen Bischofssitz ein. Seine Nachfolger ließen den **Duomo San Cerbone** (11.–13. Jh.) bauen. Dessen Mauern schimmern in hellem Travertin und erinnern mit ihrem romanischen und gotischen Bauschmuck an die Pisaner Kirchen. Kein Wunder, war doch die Seerepublik Pisa lange Zeit Schutzmacht von Massa. Im Hintergrund erhebt sich der schöne **Campanile** mit rhythmisch angeordneten Fensteröffnungen.

Innen wirkt der Dom, ein dreischiffiger Säulenbau, ebenfalls freundlich, Freskenfragmente an den Wänden deuten an, dass es früher mal bunter zuging. Beeindruckend ist das mächtige **Taufbecken** aus einem einzigen Travertinblock mit Szenen aus dem Leben Johannes' des Täufers. Es ist sogar datiert (1267) und signiert von einem gewissen Giroldo da Arogno. Andere Reliefs wirken modern: Die auf dem **Sarkophag des hl. Cerbonius** hinter dem Hauptalter erzählen vom Leben des Bischofs von Populonia aus dem 6. Jh. Wirklich modern sind der neue **Altartisch** und das **Lesepult** des slowakischen Bildhauers Ivan Theimer (2007). Die Schildkröten darunter sind vom Bischof gewollt, da sie im Tagesverlauf dem Licht nachwandeln, von Ost nach West.

Merkwürdig

In der Via Ximenes treffen Sie auf ein kurioses Wandgemälde aus dem 13. Jh.: Die Rückwand der alten, dreibogigen Brunnenanlage **Fonti dell'Abbondanza** ziert die (leider etwas schlecht erhaltene) Darstellung eines phallusgeschmückten Fruchtbarkeitsbaums.

Zweigeteilte Stadt

Der lange Dornröschenschlaf der frühen Neuzeit hat dafür gesorgt, dass das alte Stadtbild wunderbar erhalten ist. Hinter der **Rathausloggia** am oberen Ende der Piazza Garibaldi beginnen zwei malerische Gassen mit hübschen Geschäften und Lokalen. Die **Via della Libertà** führt durchs Zentrum, während die **Via Moncini** zur Festung ansteigt und sich am Ende zu einem Treppenweg wandelt. Auf dem oberen Plateau entstand schon im 14. Jh. ein typisches Neubauviertel mit Stadtmauer, die regelmäßige **Città Nuova.**

Zwischen beiden Stadtteilen liegt die Festung **Cassero Senese,** errichtet 1337 von den Sienesen, nachdem sie Massa erobert und der Republik Massa ein Ende gesetzt hatten. Von der Vorgängerburg ist der Wehrturm **Torre del Candeliere** von 1228 erhalten, den die Sienesen um ein Drittel kürzten. Von oben reicht der Ausblick bis zum Meer und zur Insel Elba.

Turm: Di–So 11–13, 15–18 Uhr, 3 €

Museen

Unter Tage

Museo della Miniera: Massas Geschichte ist untrennbar mit dem Bergbau verbunden, am besten erlebbar in diesem

ehemaligen Travertinsteinbruch unmittelbar südlich der Altstadt. Mit fachlicher Hilfe ehemaliger Minenarbeiter wurde darin ein Bergwerksstollen rekonstruiert, der die Arbeitswelt der Kumpels anschaulich macht.
Via Filippo Corridoni, www.museidimaremma.it (dort: Link Musei, Link Colline metallifere), April–Okt. Di–So, Nov.–März Sa/So, 45-minütige Führungen 11, 12, 15, 16, 17 Uhr (Italienisch/Englisch, Audioführer in weiteren Sprachen), Tickets 10 Min. vorher, 5 €

Alte Häuser und Höhlen

Museo Archeologico: Im alten Palazzo del Podestà sind antike Funde der Colline Metallifere sowie der etruskischen Siedlung am nahen Lago dell'Accesa ausgestellt. Ein Sonderling ist die primitive Stelenfigur aus Vado all'Arancio. Die Rekonstruktion zweier prähistorischer Höhlen ist kurios und attraktiv für Kinder.
Piazza Garibaldi 1, Website s. Museo della Miniera, April–Okt. Di–So 11–13, 15–18, Nov.–März Sa/So 10–13, 15–17 Uhr, 3 €

Die Haie danken

Aquarium Mondo Marino: Ein kleines Organisationswunder ist das rein privat finanzierte Aquarium im Vorort Valpiana, das sechs italienischen Universitäten zu Forschungszwecken dient. Es zeigt die Meereswelt in 38 Becken, eine Fossiliensammlung und 20 Dinosauriermodelle in Lebensgröße. Es ist nicht mit kommerziellen Aquarien zu vergleichen, dafür kommt das Eintrittsgeld der Haiforschung zugute.
Via della Cava, Località Valpiana, Website s. Museo della Miniera, Juni–Mitte Okt. tgl. 10–19, Mitte Okt.–Mai Di–So 10–13, 15–18 Uhr, 9,50 €

Schlafen

Abseitiger Gutshof

Tenuta del Fontino: Ein herrschaftliches Haus des 19. Jh. ist der Kern eines 700 ha großen *agriturismo,* zu dem Weinberge, Olivenhaine, Wiesen, Wald und ein See gehören. Ein Pool mit Blick ins Grüne liegt direkt vor der Haustür. Gastgeberin Heidi kommt aus der Schweiz und hilft gern beim Radverleih und der Planung von Radtouren.
Località Fontino 1, T 0566 91 92 32, www.tenutafontino.it, DZ/ÜF 150–200 € je nach Saison

Essen

Kleiner Bacchus

Enoteca Il Bacchino: Wenige Schritte von der Piazza Garibaldi entfernt führen der Sommelier Magdi und seine Frau einen Wein- und Spezialitätenladen mit viel Liebe zum Detail. Ihre gemischten Platten mit Salami, Mortadella, *prosciutto,* Käse und Trüffel sind wärmstens zu empfehlen, am besten zu einem Glas Wein.
Via Moncini 8, T 0566 940 229, April–Okt. tgl. 9.30–22.30, Nov.–März Di–Sa 10–13, 16–20 Uhr

Fabelhaft

Il Gatto e la Volpe: ein gemütliches Lokal mit Innenhof in einer kleinen, ruhigen Seitengasse. Schmackhafte Maremma-Küche mit Zutaten vom Land wie vom Meer, z. B. Kichererbsensuppe mit Garnelen oder geschmorte Ente.
Vicolo Ciambellano 12, T 0566 903 575, www.facebook.com/ristoroilgattoelavolpe, Mo, Do 12–14.10, Di/Mi, Fr–So 12–14.10, 19–22 Uhr, *primi piatti* 9–13 €, Hauptgänge 12–17 €

Etwas außerhalb

Giardino dei Medici: Wunderschön servierte toskanische Gerichte in freundlicher Atmosphäre, z. B. gefüllte Zucchini, Krustentiere, Spaghetti nach Art der *butteri,* der Cowboys der Maremma.
Viale delle Ferriere 1 (Eingang neben der Minenverwaltung mit dem Medici-Wappen), Località Valpiana, T 0566 91 99 40, Di–So 10–23 Uhr

Infos

- **Ufficio Turistico Comune di Massa Marittima:** Via Todini 5, T 0566 90 65 54, April–Okt. Mo–Sa 10–13, 16–19, So 10–13, 16–18.45, Nov.–März Fr–So 10–13, 15–17 Uhr, www.turismomassamarittima.it.
- **Giostra del Girifalco:** 4. Mai-So, 2. Aug.-So. Wettschießen der drei historischen Stadtteile mit mittelalterlichen Armbrüsten auf der Piazza Garibaldi.

Piombino-Halbinsel

Karte 2, D9/10

Industrie und Geschichte

Piombino, der zweitgrößte Hafen der Toskana, prägt mit seinen Industrieanlagen die Südseite eines ins Meer ragenden Küstenbergs. Als das Kreuzfahrtschiff Costa Concordia nach seiner Havarie vor Giglio 2012 zerlegt werden sollte, machte sich Piombino kurz Hoffnungen, den Auftrag – im wahrsten Sinne des Wortes – an Land zu ziehen. Doch das Schiff ging nach Genua. Auf der schönen Nordseite lockt um **Populonia** herum eine fast unberührte Landschaft, die dank ihrer archäologischen Bedeutung den Bauspekulationen der 1960er-Jahre trotzen konnte.

Piombino

Karte 2, D 10

Auf zu den Inseln

Die Hafenstadt hat touristische Bedeutung vor allem als wichtiger Ausgangshafen für die Schiffe zu den Inseln des Toskanischen Archipels (s. S. 237, 244, 259). Das Archäologische Museum der Stadt zeigt die Funde aus Populonia.

Museen

Die schönsten alten Stücke

Museo Archeologico del Territorio di Populonia: Alle Funde aus Populonia, sofern nicht von Napoleon verschleppt oder von Grabräubern entwendet, sind hier versammelt. Darunter ein Mosaik mit Meerestieren aus dem römischen Nymphäum und die feine Silberamphore von Baratti.
Piazza Cittadella 8, www.parchivaldicornia.it, Juni–Sept. Di–So 10–18 Okt.–Mai Sa/So 10–18 Uhr (Abweichungen s. Website), 7 €

Populonia

Karte 2, D9

Entvölkerte Stadt

Der Berg von Populonia und der Golf von Baratti sind wie zwei Seiten einer Medaille, nur dass man sie als herrliche Landschaft gemeinsam zu sehen bekommt. Für die alten Etrusker bildeten sie eine Einheit, ihr Hafen lag in der Bucht und belieferte die Werkstätten an den unteren Hängen, wo Güter für die Siedlung auf der Bergkuppe produziert wurden. Die antike Siedlung hatte wegen wiederholter Überfälle im Mittelalter keinen Bestand. Die letzten Flüchtlinge gründeten im 9. Jh. die neue Hafenstadt Piombino.

Auf der Bergkuppe fällt heute zuerst das **Burgdorf** (15. Jh., Eintritt frei) auf. Dort residierte die Fürstenfamilie Appiani, die eine **Festung** im Stil der Renaissance errichten ließ. Von der Wehranlage genießen Sie einen herrlichen Rundumblick.

Parco Archeologico di Baratti e Populonia

Karte 2, D9

Antike Metropole

Schaut man auf den waldigen Hügel von Populonia, mutet es bizarr an: Vor

Zum Parco Archeologico gehört auch die Necropoli delle Grotte aus hellenistischer Zeit.

2500 Jahren lagen hier eine der zwölf bedeutendsten Etruskerstädte und eines der wichtigsten Industriegebiete des antiken Italien. Die Relikte, darunter auch römische Ruinen, sind durch einen landschaftlich reizvollen Park geschützt, der bis nach Baratti hinunterreicht.

Località Baratti, www.parchivaldicornia.it, Kernöffnungszeit Di–So 10–17, im Sommer länger (s. Website), letzter Einlass 2 Std. vor Schließung, **Akropolis** 12 €, **Nekropole San Cerbone** 10 €, **Kombiticket** 17 €

Akropolis im Grünen

Das heutige Populonia würde mehr als fünfmal in die etruskisch-römische Stadt hineinpassen. Die Reste der **Akropolis** von Populonia sind gegenüber der Appiani-Festung zugänglich und bei einem archäologischen Trekking erlebbar. Von den Überresten der Römerstadt (Tempel, Thermen, Nymphäum, Zisterne) leitet antikes Pflaster zur alten Stadtmauer. Am höchsten Punkt des Berges öffnen sich Blicke auf Elba und Korsika. Schließlich erreichen Sie Siedlungsreste der etruskischen Polis. Ein Projekt experimenteller Archäologie hat dort eine Wohnhütte rekonstruiert, die **Casa del Re** (Haus des Königs).

Gräber unter Abraumhalden

Im Tal von Baratti liegt der Haupteingang zum Park (großer Parkplatz), der direkt zur **Necropoli di San Cerbone** führt. Noch vor 100 Jahren lagerten gigantische Schlackenberge über dem Küstenstreifen und bedeckten die etruskische Gräberstadt. Sie stammten aus dem antiken Industriegebiet, in dem jahrhundertelang Eisenerz von der Insel Elba verhüttet wurde. Unter dem Faschismus mit seiner Autarkie-Ideologie wurden ab 1921 die Schlacken weiterverarbeitet – sie enthielten noch 60 % verwertbares Metall! 3000 t Eisenschrott wurden weggeräumt. Dabei wurden die Gräber und die alten Schmelzöfen entdeckt. Ein gutes Dutzend Hügel- oder Hüttengräber sowie zwei Industriebauten sind heute auf einem kompakten Gelände sichtbar. Dazwischen liegen noch heute einzelne Schlackenstücke herum.

Geschichtswanderungen

Vier Spazier- und Wanderwege verschiedener Dauer und Schwierigkeit (1,5–2,5 Std.) verbinden die weiter auseinanderliegenden Stätten des Parks von Populonia und Baratti. Die Via della Cava führt zur **Necropoli delle Grotte** weiter oben. Hier wurden Gräber in die Felswand eines antiken Steinbruchs gehauen.

Auf halbem Weg wurde das **Centro di Archeologia Sperimentale Davide Mancini** eingerichtet. Wer mag, kann hier Workshops zu Bastflechten, Mosaiktechnik oder etruskischer Schrift belegen (Infos: T 0565 22 64 45 oder www.parchivaldicornia.it/en/ideas/eventi2.html). Eine Karte der Wanderwege ist im Besucherzentrum am Haupteingang erhältlich.

Golfo di Baratti

Karte 2, D 9

Alte Verladebucht

Nördlich von Populonia zieht sich die sanft geschwungene Bucht von Baratti hin, mit der **Spiaggia di Baratti,** einem der schönsten Strände der Toskana. Der füllt sich im Sommer sehr, daher sei zu antizyklischem Baden geraten, morgens, spätnachmittags und eher an Wochentagen. Der feine Sand hat eine dunklere Färbung: Das Entladen des Eisenerzes von der Insel Elba im Altertum hat mineralische Spuren hinterlassen.

Wilde Alternativen

Versteckte Buchten erreichen Sie mit etwas Anstrengung ganz in der Nähe. Dazu gehen Sie am Hafen von Baratti vorbei, die Straße mündet in einen Wanderweg, der leicht über der wilden Küste verläuft: die Via dei Cavalleggeri (Markierung 302). An einigen Punkten ist ein Abstieg zu mal felsigen, mal mit Kieseln bedeckten, einsamen Badestellen möglich.

Schlafen, Essen

Veredeltes Landhaus

Condominio Lo Stellino: Wo der Baron aus der nahen Ufervilla seine Tagelöhner unterbrachte, können Sie sich nun wohlfühlen. Nach 1990 wurde das zweistöckige Bauernhaus in 19 Apartments umgewandelt, mit Parkplätzen, Pool und schönem Garten. Standortvorteil: Zu den Stränden von Baratti oder San Vincenzo ist es nur ein Katzensprung.

Località Torrenuova 2, Piombino, www.lostellino.it, 2er-Apartments mit Kochzeile 330–1000 €/Woche je nach Saison

Aperitivo unter Pinien

Il Giardino della Taverna: Rechts vom Stadttor von Populonia liegt das herrlich chillige Areal, wo toskanische Häppchen zu Cocktails, Wein oder Bier serviert werden. Oft gibt es Livemusik und tolle Sonnenuntergänge über dem Meer.

Via San Giovanni, Località Populonia, Piombino, T 0565 295 41, www.facebook.com/giardinotavernapopulonia, tgl. 8–0.30 Uhr, Aperitif 8 €

Castiglione della Pescaia

Karte 2, F 11

Sonnenbad mit Burgschatten

Betriebsam, touristisch, mit hübschem **Burgberg** direkt über dem **Strand** und dem kleinen **Jachthafen** an der Bruna-Mündung: So präsentiert sich Castiglione, der beliebteste Badeort der südtoskanischen Küste. Das ansprechende Stadtbild ist ein Mehrwert für die schönen bzw. langen Strände der Umgebung. Die sind zwar weniger mondän und aufgeregt wie jene von Viareggio, im Sommer aber dennoch ziemlich voll.

Après-Bain

Von der **Piazza della Repubblica** über den verkehrsberuhigten **Corso della Libertà** schlägt die Lebensader des Badezentrums. Hier flaniert man abends nach dem Strandtag und sucht sich ein nettes Plätzchen zum Essen an einem der Tische auf der Straße. Viel Rummel und viel Geschiebe in der Hauptsaison, kein Wunder bei der bescheidenen Größe des Ortes.

Für romantische Momente

Wo es anstrengender wird, ist es gleich deutlich ruhiger: Die Straße zum Burgberg hoch ist ziemlich steil, dafür lassen Sie den Trubel hinter sich. Durch das mittelalterliche Stadttor erreichen Sie in nur fünf Minuten die Kuppe: über die Via della Fortezza oder über die äußere, auf der Festungsmauer verlaufende Via delle Mura. Die Aussichtsterrasse **Piazza Georg Solti** ist so recht für Liebespärchen am Abend.

Das **Castello** auf dem höchsten Punkt hat eine bewegte Geschichte: Aus einem einfachen mittelalterlichen Wachturm der Pisaner wurde im Lauf der Jahrhunderte eine Burg der Aragonesen (15. Jh.), eine Festung der Medici-Herzöge (16. Jh.) und schließlich, im 20. Jh., der Wohnsitz des Architekten Lorenzo Porciatti. Bis heute ist es in Privatbesitz.

Strandvergnügen

Westlich und östlich des Ortskerns erstrecken sich lange, flache **Sandstrände** mit Pinienwäldern im Rücken. Dort verteilen sich Feriendörfer, Campingplätze und **Strandbäder.** Letztere haben den Strand nicht lückenlos mit Sonnenschirmen und Liegen besetzt, es gibt mehrere freie Strandabschnitte, wo Sie umsonst baden können.

7 km nordwestlich endet der Sandstrand und geht an der burgbekrönten Felsnase **Le Rochette** in einen herrlichen **Felsenstrand** über.

Im Südosten führt die SP 158, von einem Radweg flankiert, 8 km durch den monumentalen Pinienwald **Pineta del Tombolo** (s. S. 224) bis nach Marina di Grosseto. An einigen Stellen gibt es, teilweise etwas verwachsene, Zugänge zu **freien Strandabschnitten.**

Der schönste Strand im Land?

Das ist für die Toskana schwer zu sagen und außerdem eine Geschmacksfrage.

B

DIE BUTTERI VON SCARLINO

Ein typisches Maremma-Rind mit seinen langen Hörnern ist ein glückliches Tier, d. h. es darf sich frei auf den großen, sumpfigen Weiden der südtoskanischen Küste bewegen. Doch es braucht die Aufsicht der hiesigen Kuhhirten, der berühmten *butteri*. Die haben ihr altes Berufsbild bewahrt, treiben die Tiere von Weide zu Weide, markieren die Kälber und züchten ihre eigenen maremmanischen Rassepferde. Die **Associacione Butteri d'Alta Maremma** stellt im Sommer regelmäßig in der **Fattoria Ponte alle Catene** (Gemeinde Scarlino) ihr Können zur Schau, beim Zureiten der Pferde oder beim Einfangen der Kälber (www.butteri-altamaremma.com).

Geigenklänge am Strand? Angeblich erklingen in der Cala Violina, wenn Sie dort barfuß über den Sand gehen, Töne, die an eine Violine erinnern.

Per Ausschluss bleibt am Ende vielleicht übrig: die **Cala Violina** (Karte 2, E 10). Die kleine Bucht 9 km nördlich von Punta Ala ist nach einem dreißigminütigen Fußmarsch durch den Wald von einem Parkplatz bei der SP 158 erreichbar. Abgeschirmt durch flache Niederwaldhügel, bildet sie eine Badeoase mit feinem Sandstrand und glasklarem Wasser. Zieht im Sommer aber viele Leute an. Also doch ein Makel!

Schlafen, Essen

Glamping

PuntAla Camp & Resort: Die Landspitze von Punta Ala, einem ca. 20 km vom Hauptort entfernten Ortsteil von Castiglione, ist gespickt mit exklusiven Villen des 20. Jh. Nördlich davon existiert ein gutes Campingangebot. Diese Anlage in Pinienhainen bietet Wohnen in voll eingerichteten Mobile Homes, Wohnzelten oder modernen Silverfield-Caravans. Alternativ gibt es die klassischen Stellplätze. Schatten ist reichlich vorhanden, das Meer höchstens 300 m entfernt.

Strada Vicinale di Pian d'Alma, Località Punta Ala, T 0564 92 22 94, www.campingpuntala.it, Mobile Homes je nach Saison und Tarif 80–260 €, Stellplatz 20–80 €

Fisch satt

Pane e Vino: Eines der unaufdringlicheren Lokale in der Hauptstraße am Fuß der Altstadt, in rustikal-alternativem Stil. Und mit hervorragender Meeresküche! Kaum ein Wunsch bleibt unerfüllt, von der Fischsuppe *Cacciucco* (22 €)

über frittierte Fischplatte bis zu frischen Austern.

Corso della Libertà 23, T 0564 93 95 79, 333 40 80 871, www.osteriadimarepaneevino.it, Mi–Mo 11–15, 18–24 Uhr, Antipasti und Pasta um 12 €, Hauptgänge um 15 €

Bewegen

Radverleih

Easybike Maremma: Kompetent, freundlich und hilfsbereit, alle Arten von Rädern bis zu E-Bikes, plus Ausrüstung.

Via Cesare Battisti 2, www.easybikemaremma.it, www.facebook.com/easybikemaremma, Mo–Sa 9–13, 15.30–19, So 9–13 Uhr

Strandbäder

Sie sind kleiner und etwas familiärer als an der Küste bei Viareggio. Auch hier kosten Sonnenschirme und Liegen ab 15 €/Tag.

Infos

- **Ufficio Informazioni e Accoglienza Turistica:** Piazza Giuseppe Garibaldi 6, T 0564 93 36 78, www.turismocastiglionedellapescaia.it, April/Mai Mi–Mo 9–13, 15–19, Juni–Sept. tgl. 9–21, Okt. Mi–Mo 9.30–12.30, 15–18, Nov.–März Mi–Sa 9–13, 13.30–16, So 9–13 Uhr.

Grosseto

Karte 2, G 11

Was für eine Mauer!

Die Altstadt von Grosseto verschanzt sich bis heute hinter einer mächtigen **Stadtmauer,** die ihr im 16. Jh. von den Medici-Großherzögen spendiert wurde. Sternförmig umfasst sie die Altstadt, gekrönt von sechs Bastionen.

Als die Medici Grosseto erobert hatten, waren sie sich dessen strategischer Bedeutung am Südrand ihres Staates bewusst. Großherzog Francesco I ließ daher die Mauer errichten. 1593 war sie fertig. 1944 indessen war sie längst nutzlos, da wurde die Stadt von Bombern der Alliierten stark zerstört. Die traditionsbewussten Bewohner bauten ihre *mura* jedoch schnell wieder auf. Heute ist der imposante Mauerring ähnlich wie in Lucca begehbar, schön restauriert und von Grünanlagen gesäumt. Außerhalb der Backsteinwand franst Grosseto in alle Richtungen in die Ebene aus.

Sieg über die Malaria

Die Geißel der Maremma, die Malaria, machte vor allem der sumpfigen Ebene von Grosseto jahrhundertelang zu schaffen. Bei der Einigung Italiens 1861 wohnten in der Stadt nicht mal 5000 Menschen! Die Entwässerungsmaßnahmen, *bonifica* genannt, endeten erst im 20. Jh.: im Ersten Weltkrieg mit landlos gewordenen Veteranen aus dem Veneto durchgeführt, schließlich unter Benito Mussolini mit Häftlingen, begleitet von massiver Propaganda. Um 1950 machte DDT dem Malariaerreger endgültig den Garaus. Seither hat Grosseto seine Einwohnerzahl auf 82 000 mehr als verdoppelt. Heute ist Grosseto Provinzhauptstadt des Maremmagebiets und ein lebhaftes wirtschaftliches und kulturelles Zentrum.

Die Altstadt

Krumme Straßen, weiter Platz

Grosseto hat keine großen Schätze aus der Vergangenheit zu bieten. Die heimelige, aber unregelmäßige Bebauung des **historischen Zentrums** verrät: Hier hat kein Römer geplant. Grosseto entstand erst, als die Langobarden um 600 anrückten und Flüchtlinge aus dem spätantiken Roselle in die Ebene

HANF ALS GESCHÄFTSMODELL

Die steigende Nachfrage nach Cannabisprodukten hat in der Maremma zu der Idee geführt, ein Netzwerk zu bilden: Das große landwirtschaftliche Potenzial der Region kann die Nachfrage bedienen, man braucht dazu aber die Abnehmer und den Vertrieb der Produkte. Man fand sie bei Textildesignern, Kosmetikaproduzenten und Bierbrauern. Außerdem haben sich neun Bauernhöfe, die die alte Kulturpflanze wieder anbauen, zusammengetan und 2019 die Eröffnung eines Ladens in Grosseto gefeiert, der die Endprodukte aus ihrem Hanf verkauft, von Öl über Tee bis zu Gin (**Maremma Canapa**, s. S. 225).

trieben. Die neue Stadt wuchs um ein kleines Kastell an der Via Aurelia, das später die Grafenfamilie Aldobrandeschi bezog. Einen ersten bescheidenen Aufschwung erlebte die Stadt im 12. Jh. – dank ihrer Salinen – nur um wenig später zunächst von der Pest und dann von der Malaria heimgesucht zu werden. 1745 harrten nur noch 648 Einwohner in der Stadt aus.

Dem großen Helden im Kampf gegen die Malaria begegnen Sie gleich auf dem zentralen Platz der Altstadt, der weiten **Piazza Dante**. Hier ist dem Habsburger Großherzog **Leopold II.** ein **Denkmal** gesetzt. Er hatte im 19. Jh. ein groß angelegtes Projekt zur Trockenlegung der Maremmasümpfe gestartet. Dazu ließ er Kanalsysteme bauen und das Gebiet mit Pinienwäldern aufforsten. Die **Pineta del Tombolo,** die sich von Marina di Grosseto im Süden bis zum nördlicheren Castiglione della Pescaia erstreckt, ist ein eindrucksvolles Zeugnis.

Vorgetäuschtes Mittelalter

An der Piazza Dante stehen auch die architektonischen Zeugen des Aufschwungs der Stadt im 19. Jh. Die Provinzverwaltung hat ihren Sitz im neogotischen **Palazzo della Provincia.** Er wurde um die Jahrhundertwende errichtet, nachdem zuvor der mittelalterliche Palast der Aldobrandeschi-Grafen abgerissen worden war.

Der **Duomo di San Lorenzo** aus dem 13. Jh. hat in Wirklichkeit nur noch wenige originale Bauteile. Ab 1840wurde er intensiv im historisierenden Stil restauriert. Seine Fassade wurde komplett gotisch ›erneuert‹.

Bummeln wie die Einheimischen

Um in den entspannten Alltag der Provinzhauptstadt einzutauchen, machen Sie es am besten wie die Grossetaner: Schließen Sie sich am Nachmittag der *passeggiata* (›Spaziergang‹) an. Diese italienische Tradition aus dem 16. Jh. ist hier noch sehr lebendig. Man spaziert gemächlich durch die Gassen der Stadt, schaut sich die Schaufenster an, macht hier und da Halt, um ein Wort mit Freunden und Bekannten zu wechseln. Hauptschauplatz dafür ist der **Corso Giosuè Carducci** mit seinen vielen Geschäften und Lokalen – die es in dieser Konzentration in der restlichen Maremma kaum gibt. Auch einige schöne Jugendstilfassaden sind dort zu entdecken.

Museen

Schätze aus dem Altertum

Museo Archeologico e d'Arte della Maremma: Nicht weit vom Corso entfernt liegt der alte Gerichtspalast aus dem 19. Jh. Hier ist eine große Sammlung frühgeschichtlicher Fundstücke und mittelalterlicher sienesischer Kunst ausgestellt. Besonders lohnt sich ein Besuch aber wegen der antiken Exponate, die aus den etruskisch-römischen Städten Roselle und Vetulonia stammen: Steinskulpturen, Vasen und Goldschmuck.

Piazza Baccarini 3, http://maam.comune.grosseto.it, April/Mai, Mitte Sept.–Okt. Di–Fr 10.30–17, Sa/So, Fei 10–13, 16–19, Juni–Mitte Sept. Di–Fr 10–19, Sa/So, Fei 10–13, 17–20, Nov.–März Di–Fr 9.30–13.30, Sa/So, Fei 10–13, 16–19 Uhr, 5 €

Schlafen, Essen

Mittendrin

B & B Via Ricasoli: Im gemütlichen Grosseto zu wohnen ist keine schlechte Idee. Dann aber am besten ganz zentral! Wie etwa hier, in dem freundlichen und farbenfrohen Bed & Breakfast von Leonardo, gleich um die Ecke der Piazza Dante. Der Gastgeber bietet auch Kochkurse an.

Via Ricasoli 3, www.bebviaricasoli.it, DZ/ÜF 60–70 €

Kunstwerke zum Verspeisen

L'Etrusco: Die Teller des kleinen, aber feinen Lokals sind optisch gefällig und geschmacklich hervorragend, ob Schweinefilet mit Brandy und grünem Pfeffer oder Tagliatelle mit Trüffel. Der Koch hat keine Angst vor Transparenz: Er arbeitet hinter der Glasscheibe seiner Schauküche.

Via dell'Unione 17, T 328 419 85 28, www.facebook.com/letruscogrosseto, Di–So 12–15, 18.30–23 Uhr, *primi piatti* 9 €, Hauptgänge 10–16 €

Einkaufen

Hanf als Geschäftsmodell

Maremma Canapa: Kosmetik, Öl, Tee und Bier aus Hanf von regionalen Produzenten und Bauernhöfen (s. auch Kasten S. 224).

Via San Martino 47, www.maremmacanapa.com, Mo–Sa 10.30–13, 16–20 Uhr

Infos

- **Ufficio Informazioni Turistiche:** Corso Carducci 5, T 0564 48 85 73, www.quimaremmatoscana.it, tgl. April–Sept. 9.30–13.30, 14–18, Okt./Nov. 10–13, Dez.–6. Jan. tgl. 10–16, 7. Jan.–März 10–13 Uhr.

Roselle

Karte 2, G 10

Durch Ruinen und Jahrhunderte

11 km nördlich von Grosseto liegen die einzigartigen archäologischen Ausgrabungen von Roselle. Das antike Rusellae war eine über tausendjährige Stadt und florierte vom 7. Jh. v. Chr. bis 600 n. Chr. Verschiedene Epochen haben Spuren hinterlassen. Von der 3,2 km langen **Stadtmauer** aus dem 6. Jh. v. Chr. steht noch ein stolzer Teil aus riesigen, 5 m hoch getürmten Quadern. Von der Fläche her war die Stadt größer als die heutige Altstadt von Grosseto.

Der **Rundgang** steigt vom **Kassenhaus** über eine **antike Straße** an, in die sich Wagenspuren eingefressen haben. Oben erreichen Sie zwischen zwei Kuppen das **Forum** der Augustuszeit. Nicht nur Grundmauern, auch übermannshohe Wände vermitteln einen guten Eindruck von der Stadt. Gut erkennbar sind die **Thermen** aus der Kaiserzeit. Manchmal ist die originale Wandverkleidung aus rautenförmig gesetzten Steinen (Opus reticulatum) noch erhalten. In der **Casa dei Mosaici** liegt noch der alte Mosaikfußboden. Die nördliche Kuppe wird vom **Amphitheater** bekrönt, dessen vier Zugänge zum Teil noch von Bögen überwölbt sind.

Via dei Ruderi 46, Località Roselle, Grosseto, www.archeotoscana.wordpress.com/about/roselle-area-archeologica, tgl. April–Okt. 10.15–18.45, Nov.–Mitte März 8.30–16.45 Uhr (Zeiten können sich ändern), 4 €

Parco Naturale della Maremma

F/G 11/12

Menschen nur mit Ticket

Dass eine so schöne Küste so unberührt blieb, ist keine Selbstverständlichkeit. Die Rückständigkeit der Maremma ragte bis in die Zeit hinein, in der schon ein Bewusstsein für Naturschutz existierte. Seit 1975 genießen Flora und Fauna den Schutz dieses **Naturparks.** Wind, Wellen, Strand und Buschwald – und kein bewohntes Haus auf 70 km². In den Park gelangen Sie über das **Centro Visite** im kleinen, übersichtlichen Ort **Alberese** am nördlichen Rand des Schutzgebiets.

Ursprüngliche Vielfalt

Zweigeteilt ist die Landschaft des Parco Naturale della Maremma. Der flache Küstenabschnitt um den Unterlauf des Ombrone umfasst verschiedene Biotope: bewirtschaftete Wiesen, Dünen, Feuchtgebiete und ausgedehnte Pinienwälder. Die bis 417 m hohen Hügel, auch **Monti dell'Uccellina** genannt, sind vor allem mit knorrigen Eichenwäldern und typischer Macchia bedeckt. Fleckenhaft, duftend und manchmal widerborstig wachsen hier Erdbeerbaum, Wacholder, Myrte, Ginster, Rosmarin, Zistrose etc. Im Mai und Juni blüht es besonders schön. Zahlreiche Zugvögel sind Gäste im Park, wie Schlangenadler und Rohrweihe. Doch viele Tiere leben immer hier, etwa Wanderfalke, Damhirsch, Stachelschwein oder Sumpfschildkröte.

R

SYMPATHISCHE RÜCKENFLOSSEN

Es kommt nicht oft vor, aber hin und wieder erblickt man einen **Delfin** vor der toskanischen Küste. Die geselligen Tiere sind sogar weit verbreitet. 2016 schwamm einer den Arno rauf bis ins Stadtgebiet von Pisa. Sorgen bereitete 2019 ein mysteriöses Delfinsterben mit über 30 Opfern. Forscher vermuten u. a. ein Bakterium, das bei hohen Wassertemperaturen floriert.

Radtouren zum Meer

Lust auf Radeln plus Baden? Dann parken Sie das Auto am Besucherzentrum in Alberese, leihen sich beim Noleggio biciclette Alberese (Seite 229) ein Rad. Dann haben Sie zwei Möglichkeiten: Wählen Sie die etwas komfortablere, strampeln Sie dem Radwegweiser folgend 10 km topfeben über die **Strada del Mare** bis zum Meer. Erst geht es durch weite Wiesen, wo langhornige Maremma-Rinder weiden. Später begleitet Sie duftender Pinienwald auf schnurgerader Strecke bis zum Strand von **Marina di Alberese,** wo etwas Infrastruktur für Bequemlichkeit sorgt (Restauration, WC). Falls Sie noch bequemer sind: Auch per Auto oder mit Linienbus 17 (ab Alberese) können Sie diese Strecke zurücklegen.

Die interessantere Radstrecke führt über die **Strada degli Ulivi:** Mit leichten Steigungen geht es mitten durch die Hügel zum Strand unterhalb der auf einem Felsen thronenden **Torre di Collelungo.** Hier ist es naturbelassen schön.

Natur hautnah

Wer noch tiefer in die Natur eintauchen möchte, tut dies per pedes. Das Besucherzentrum hält Karten mit verschiedenen Routen bereit. Zum Startpunkt der **interessantesten Wege** (A1–A4) fährt der Linienbus 17, Haltestelle Pinottolai. Der Weg führt zunächst auf allen Routen 1,6 km durch Pinienhain, um sich dann an der hölzernen Brücke über den

TOUR
Fluss des natürlichen Lebens

Kanufahrt auf dem Ombrone

Infos

Kanutour, 6 km, 2 Std.

Start/Ziel:
Ponte Ombrone, La Barca, Parco Naturale della Maremma, Karte 2, G 11

Anmeldung/Info: Cooperativa Silva (T 375 58 28 328), **Centro Visite di Alberese** (s. S. 229), 9.30/10, 16/17 Uhr, Minimum 5 Pers., 18 €/Pers., zahlbar vorab im Centro Visite, am selben Tag gültig für den Park

Essen:
s. S. 228

Träg und ruhig fließt der Ombrone auf seinen letzten Kilometern dahin. Der zweitlängste Fluss der Toskana hat einen beachtlichen Weg hinter sich, seit er in den Hügeln zwischen Siena und Arezzo entsprungen ist. Er hat die Crete durchquert, das Wasser des Arbia, des Merse und der Orcia aufgenommen, hat Montalcino und Grosseto passiert, ohne von Industrie belästigt zu werden. Hier, kurz bevor er sich ins Meer ergießt, schlägt er noch fünf große Bögen. 30 m ist er nun breit. Wir ›erfahren‹ seinen letzten Bogen am Rand des **Parco Naturale della Maremma** in einem zehn Personen fassenden Boot. Zwei Kanadier wurden so zusammengebastelt, dass sie wie ein Katamaran maximale Stabilität bieten.

An der Fahrradbrücke **Ponte Ombrone** legen wir ab. Alle müssen paddeln, auch die Führerin, die uns die Geschichte des Ombrone erzählt hat. Ulmen, Erlen und Weiden ziehen vorüber. Etwas zurückversetzt ragen Schirmpinien auf, die mit ihren Wurzeln den Boden stabilisieren, ihm Wasser entziehen. Sie stehen dort, wo Land gesichert werden sollte. »Manchmal«, sagt unsere Führerin, »sieht man sogar Damwild.« So viel Glück haben wir heute nicht. Einmal fliegt eine bunt gefiederte Blauracke im Ufergebüsch auf. Silber- und Graureiher sind immer wieder zu sichten. Und sogar ein Turmfalke lässt sich blicken.

6 km später legen wir wieder unter der **Ponte Ombrone** an. Heute waren wir Richtung Meer unterwegs, weil der Fluss so schön ruhig war. Wenn er mehr Wasser führt, fährt die Ausflugsgruppe flussaufwärts – um bei der Rückfahrt nicht so stark paddeln zu müssen. Wir freuen uns auch so schon auf ein gutes Craft-Bier bei Frank & Serafico (s. S. 228).

Nicht nur Wiesen, Dünen, Feuchtgebiete und Pinienwälder charakterisieren die Maremma. Durch die weite Landschaft ziehen sich auch von Pinien gesäumte Wirtschaftswege.

Canale Scoglietto Collelungo zu teilen. **Route A1** (6 Std.) ist die schwierigste, aber auch die schönste. Sie führt zu den eindrucksvollen **Ruinen der Abbazia di San Rabano.** Von dort können Sie, statt die Rundtour abzulaufen, über die Variante A1b direkt nach Alberese hinunterwandern.

Eine weitere Option ist eine **Kanufahrt auf dem Ombrone** (s. Tour S. 227).

Essen

Ein Gefühl von Freiheit

Frank & Serafico: Auf einer Schotterstraße rumpelt man zu dieser Farm am Waldrand auf einem alten Weingut. Von der Terrasse blickt man über das weite Ombronetal. Kalifornischer Lifestyle mischt sich mit Maremma-Feeling, Craft-Bier und alte Weinsorten netzen den Gaumen, Burger und kleine Gerichte mit Zutaten aus dem Garten stärken Körper und Seele.

Via Spergolaia, Località Alberese (Tourkarte S. 227), T 0564 41 84 91, www.frankeserafico.com, Hauptsaison Di–So 18–1, Nebensaison Fr/Sa 17–24, So 11–20 Uhr, 9–15 €

Unauffällig am Weg

Il Mangiapane: Ein sympathisches, kinderfreundliches Straßenlokal mit Garten und Terrasse. Die ursprüngliche Maremma-Küche serviert u. a. Wildschwein oder Gulasch nach Art der *butteri* (mit Wacholder gewürzt) und reichhaltige Nachtische. Nette Bedienung, guter Wein und Gespräche mit den Tischnachbarn.

Strada Cerretale 1, Località Alberese (Tourkarte S. 227), T 0564 40 72 63, 340 534 5770, auf Facebook, Fr–Mi 12.15–14, 19.45–21.30, Pasta um 10 €, Fleischgerichte ab 12 €

Bewegen

Radfahren

Noleggio bici Alberese: Hier können Sie z. B. Mountain- oder Cityräder mit Korb und Satteltasche ausleihen.

Via del Bersagliere (am Parkplatz gegenüber Besucherzentrum), T 0564 41 78 58, www.noleggiobicimaremma.it, März–Okt. tgl. 8.30–19 Uhr, Winter n. V., Citybike 10 €/Tag, mit E-Unterstützung 25 €, E-MTB 35–40 €

Kanutour

Kanufahrt auf dem Ombrone: s. Tour S. 227.

Infos

- **Centro Visite di Alberese:** Via del Bersagliere 7–9, Località Alberese, T 0564 40 70 98, 0564 39 32 38, www.parco-maremma.it, Mitte Juni–Mitte Sept. tgl. 8.30–20 Uhr, wegen Waldbrandgefahr nur geführte Touren, Zeiten vorab erfragen; sonst je nach Saison tgl. 8.30–14/16/18 Uhr, 10 € inklusive Führungen und Linienbus; an Wasser, Essen, Sonnen- und Mückenschutz denken, keine Hunde!

Capalbio

Karte 2, H 13

Giardino dei Tarocchi

Wer auf der Küstenstraße kommt, sieht sie schon von Weitem durch das Laub der Steineichen und Ölbäume schimmern: Sonne und Mond, Engel und Teufel, Narr und Kaiser – die Figuren der Tarotkarten als fantastische, knallbunte Riesenskulpturen. Die französisch-schweizerische Künstlerin Niki de Saint-Phalle (1930–2002) hat sie in den Jahren 1978 bis 1998 geschaffen und so Garavicchio im südlichsten Zipfel der Toskana einen Zaubergarten beschert.

Feuerwerk der Fantasie

Die bis zu 15 m hohen Figuren des Tarotgartens sind aus Eisenzement, bedeckt mit farbiger Keramik, Spiegeln und Glas. Niki de Saint-Phalles Ehemann und Künstlergefährte Yves Tinguely sowie eine Künstlergruppe vor Ort halfen, das glitzernde Märchenreich zu erschaffen: z. B. die mysteriöse, spiegelnde Wohnhöhle der sphinxartigen Herrscherin, eine **Kaiserin** oder Muttergöttin, wie Saint-Phalle sagte, die sogar mal darin gewohnt hat.

In gerader Linie vom Parkeingang aus gesehen, stürzt aus dem Mund der **Hohepriesterin** ein Wasserfall in ein Becken. Dort dreht sich als **Rad des Schicksals** eine Kunstmaschine von Jean Tinguely.

Die **Sonne** ist gestaltet wie ein Vogel aus den Legenden indigener Völker Amerikas, die **Welt** steht im Garten als eine »Landkarte des glanzvollen Innenlebens«. Tarotmystik, Legenden alter Kulturen und persönliche Symbolik greifen im Garten vielfältig ineinander. Ihr Tarot sei eine »Fantasiemaschine«, so Saint-Phalle – jeder könne hinter den symbolischen Bildern etwas anderes sehen.

Der Skulpturengarten wird heute von lokalen Künstlern gepflegt, die teils schon beim Aufbau mit dabei waren.

Garavicchio, Pescia Fiorentina, Capalbio, T 0564 89 51 22, www.ilgiardinodeitarocchi.it, April–Mitte Okt. tgl. 14.30–19.30 Uhr, 12 €, Nov.–März 1. Sa/Monat 9–13 Uhr, Eintritt frei

Cimitero di Capalbio

Rebellentum oder Mafia?

Der Fall des Domenico Tiburzi (1836–96) ist brisant: Der berühmteste Bandit

Lieblingsort

Schwefelbad im Nirgendwo

Trotz aller Abgelegenheit: Ein Geheimtipp sind sie beileibe nicht mehr. Und doch bleiben die kleinen Wasserfälle und Schwefelbecken bei **Saturnia** ein einmaliger Ort. Wo außer in den **Cascate del Mulino** kann man völlig umsonst ein so herrliches Thermalbad in freier Natur genießen? Mit einer Temperatur von 37 °C fällt der Gorellobach neben einer alten Mühle ein paar Meter ab, bevor er 4 km weiter in den Albegna mündet. Der mitgeführte Kalk hat über Jahrtausende natürliche Sinterbecken gebildet, in denen sich das schwefelhaltige Wasser sammelt. In den kälteren Jahreszeiten dampft es, und die Sonne scheint mystisch durch den Nebel. In der Nebensaison nehmen auch die Besucher ab, dann lässt sich die magische Atmosphäre am besten genießen. Ideal wären ein sonniger Märzmorgen oder ein goldener Spätnachmittag im Oktober. Wie so oft in der Toskana muss man nur ein wenig antizyklisch denken (Saturnia, Karte 2, H 11).

der Maremma brachte es im 19. Jh. zu ähnlichem Ruhm wie Robin Hood, indem er eine Paralleljustiz gegen die ungerechte Gesellschaft der Grundbesitzer schuf. Von ihnen forderte er Schutzgeld, das er teilweise den ärmsten Landarbeitern zukommen ließ. In der Maremma lebt sein Mythos bis heute, z. B. auf dem **Friedhof von Capalbio:** Eine Säule, an die sein Leichnam nach der Erschießung gebunden wurde, trägt eine hölzerne Gedenktafel.

Essen

Gastrokultur

Bar Ristorante Il Frantoio: Nicht nur die tolle Bar, die feine Küche und der Sommergarten machen das Lokal zu einem Erlebnis. Im Obergeschoss ist auch eine Galerie für zeitgenössische Kunst beheimatet, die von dem Kunsthistoriker Philippe Daverio angeregt wurde. Außerdem locken eine Bibliothek mit Regalen aus Weinkisten und ein angegliedertes Weingeschäft.

Via Renato Fucini 10, Capalbio, T 0564 89 64 84, www.frantoiocapalbio.com, Mitte März–Juni, Okt. Mi 19.30–23, Do–So 12.30–14.30, 19.30–23, Juli–Sept. Di/Mi 12.30–14.30, Do–So 12.30–14.30, 19.30–23, Nov./Dez. Fr–So 12.30–14.30, 19.30–23 Uhr, *light lunch* 25 €, 4-Gänge-Menü 45 €

Sorano

Karte2 , J11

Uraltes Felsennest

Spektakulär klebt die **Altstadt** von Sorano am Hang über der Schlucht des Lente. Der Fluss entspringt im Gemeindegebiet und hat sich nach wenigen Kilometern schon tief in den Tuffstein gefressen. Die weichen Felswände wurden von den Etruskern für Grabanlagen und in der Römerzeit für Taubenzuchtstätten genutzt. Erstere sind nur schwer zugänglich, die Öffnungen der antiken Taubenschläge sind von der Landstraße SP 22 zu sehen, die die Schlucht durchquert.

Zur Kontrolle der Talenge

Wie ein steinerner Schiffsbug mit Kommandoturm ragt der **Masso Leopoldino** auf einem Sporn über die Schlucht. Die Festungsanlage aus dem hohen Mittelalter hatte von Beginn an einen Wachturm, die später umgebaute und restaurierte **Torre dell'Orologio**. Von der Terrasse davor ist die Lente-Schlucht schön zu überblicken. Später bauten die hier herrschenden Grafen Aldobrandini aus Sovana und ihre Nachfolger, die Orsini aus Pitigliano, modernere Festungen auf der Hügelkuppe darüber. Die **Fortezza Orsini** ist größtenteils erhalten, ihr Hof ist frei zugänglich. Den Masso Leopoldino ließ Großherzog Leopold II. zum Schutz gegen Erdrutsche im 19. Jh. restaurieren.

Sovana

Karte 2, J 11

Jeder kennt jeden

Die Einwohnerzahl schwankt um die 400. Ist man drüber, freut man sich in Sovana, ein Gefühl von Wachstum macht sich breit. Wird die 400 unterboten, drückt das die Stimmung. Wie viele mögen es vor 2300 Jahren gewesen sein? Nach den archäologischen Zeugnissen der Etrusker zu urteilen sicher mehr. Deren verwilderte Totenstädte in romantischen Tuffsteintälern locken entdeckungsfreudige Besucher an. Auch der hübsche Ort selbst ist nach dem Geschmack von Reisenden, die das Besondere suchen.

Unterwegs im Mittelalter

Die winzige **Altstadt** besteht im Wesentlichen aus einer langen Hauptstraße, die

TOUR
Zu Pferd durch antike Hohlwege

Die ›Vie Cave‹ bei Sovana

Infos

Reitausflug, 3,5 Std.

Start: Agriturismo Il Cavone, Sovana, Karte 2, J 11

Agriturismo Il Cavone: Località Pian della Madonna, Sovana, T 0564 61 61 81, 349 842 98 41 (Sergio Stefani), www.ilcavone.it, 40 €/Pers., Minimum 2 Gäste, Mindestalter 4 Jahre, lange Hose erforderlich

Schafe, Schweine, Hühner und Kaninchen haben die Stefanis sowieso, dazu Esel und Pferde. Ihr Bauernhof **Il Cavone,** 3 km außerhalb von Sovana, ist ein echter Allrounder, denn zur Tierhaltung kommen noch Wein-, Oliven- und Gemüseanbau hinzu. Und Fremdenzimmer für Feriengäste, denn man ist ein *agriturismo.* Da müssen nicht nur alle Familienmitglieder mithelfen, sondern oft auch Freunde. Aber nur einer aus der Familie besitzt eine Lizenz für Pferdeführungen: Juniorchef Sergio Stefani.

Er bietet eine besondere Pferdewanderung an, die durch die eindrucksvollsten Winkel der Südtoskana führt: die **etruskischen Hohlwege,** die *vie cave.* Doch erst einmal müssen Sie aufsitzen. Zweifelnde Gäste beruhigt Sergio sofort: kein Galopp und noch nicht einmal Trab. Nur im Schritt wird geritten, mit ihm an der Seite. Allerdings muss er manchmal bis zu acht Pferde beaufsichtigen. Auch das gelingt, nur die bravsten Tiere aus dem Stall sind dabei.

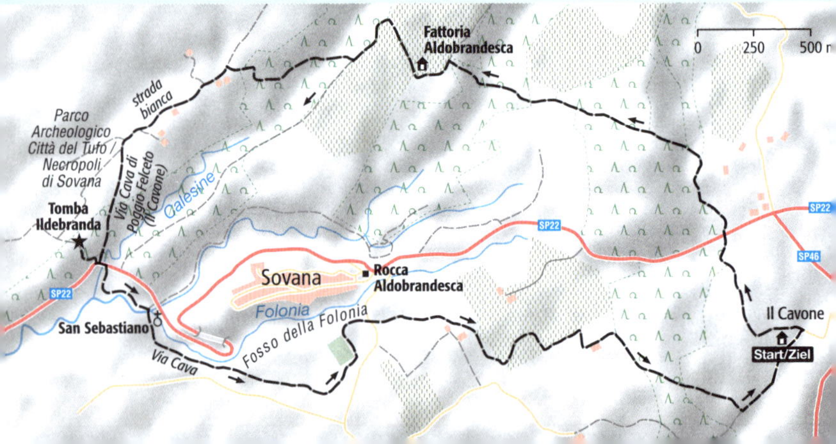

Hoch zu Ross durchqueren Sie nun zuerst ein Waldstück und gelangen anschließend in die abgeschiedenen **Weinberge der Fattoria Aldobrandesca.** Das Weingut gehört den Antinori aus Florenz. Unglaublich, wo diese Weinimperialisten überall ihre Ländereien haben! Über ein Stück *strada bianca* gelangen Sie zum **Hohlweg von Poggio Felceto,** auch bekannt als **Il Cavone,** nach dem der *agriturismo* der Stefanis benannt ist. Während der Weg nahezu eben bleibt, ragen die Tuffwände beiderseits immer höher, bis die mit Wald überwachsenen Kanten über 10 m hoch liegen. In der Breite misst der Weg höchstens 4 m. Über viele Jahrhunderte wurde der Hohlweg geschaffen, die Arbeitsspuren verraten sogar einzelne Epochen. Die Etrusker schürften als Erste, um die Transportwege über die Tuffsteinrücken zu vereinfachen. Im Mittelalter wurde weitergegraben. Kleine **Nischen** im Abstand von ca. 100 m waren damals für Heiligenbilder vorgesehen, sogenannte Teufelvertreiber, die die ängstlichen Passanten schützen sollten. Die besondere ökologische Nische hingegen wird von der Pflanzenwelt genutzt: Farne in großer Vielfalt bedecken die Wände der *via cava.*

Auf dem Gebiet des Parco Archeologico verläuft nicht nur Il Cavone, sondern auch die Via Cava Poggio Prisca.

Nach ca. 600 m läuft der Hohlweg aus und mündet in der etruskischen **Necropoli di Sovana** (Parco Archeologico Città del Tufo; s. S. 234). Hier ist ein Zwischenstopp an der **Tomba Ildebranda** Pflicht. Dann geht es weiter, durch das Tal des Baches **Calesine** und durch einen **zweiten Hohlweg.** Durch das anschließende Tal **Fosso della Folonia** umrunden Sie den **Altstadthügel von Sovana** bis unter die **Rocca Aldobrandesca.** Ein alter Verbindungsweg von Sovana nach Pitigliano führt Sie schließlich zum **Agriturismo Il Cavone** zurück, wo ein üppiges Essen (Menü 20 €) aus hofeigenen Produkten den Hunger stillt.

Falls Sie pferdescheu sind: Sie können den Hohlweg **Il Cavone** auch allein zu Fuß in Angriff nehmen, vom Parkplatz der Nekropole hin und zurück benötigen Sie 40 Minuten.

den Kamm eines Hügelrückens entlangläuft. Gedrungene, blumengeschmückte Häuser aus braunem Tuffstein und streunende Katzen malen das Bild eines dörflichen Idylls. Am östlichen Ende ragen die ruinösen Mauern der Adelsburg **Rocca Aldobrandesca** gen Himmel. Von hier aus herrschte die Grafenfamilie der Aldobrandeschi vom 10. bis 14. Jh. über weite Teile der Umgebung.

An der zentralen **Piazza Pretorio** birgt die Kirche **Santa Maria Maggiore** (12. Jh.) einige Freskenreste. Am Altarbaldachin aus dem 9. Jh. sprechen flache Reliefs mit Sonnenrädern und Weinranken eine dekorative Symbolsprache. Ein besonderes Haus steht in der Via del Duomo 47, die **Casa Natale di Papa Gregorio VII** (oder: di Ildebrando). Dort kam Papst Gregor VII. als Ildebrando Aldobrandeschi zur Welt. Er zwang 1077 in Canossa Kaiser Heinrich IV. zum Bußgang.

Den krönenden Abschluss der Hauptstraße bildet der Dom von Sovana, die (Con-)**Cattedrale dei Santi Pietro e Paolo,** die im 13. Jh. erneuert wurde. Ihre schweren Steingewölbe ruhen auf einem perfekt danach ausgerichteten Stützensystem. Das zweite Kapitell links trägt urig einfache Figuren, in denen man Abraham und Isaak sowie Adam und Eva erkennen kann.

Dom: tgl. April–Juli, Sept./Okt. 9–13, 14.30–19, Aug. 9–19, Nov.–März 10–13, 14.30–17.30 Uhr, 2,50 €

Parco Archeologico Città del Tufo / Necropoli di Sovana

Ockerfarbene Grabstätten

Keine zwei Straßenkilometer Richtung Semproniano parken Sie im Talgrund auf einem großzügigen Parkplatz. Von dort erreichen Sie die verstreuten Grabanlagen der Etrusker zu Fuß. Der Calesine-Bach rinnt durch das Tal, Karten und Wegweiser führen vom hölzernen Kassenhäuschen an die bewaldeten Talränder zu ockerfarbenen Felsen, aus denen beeindruckende Gräber herausgemeißelt wurden: schachtartig, würfelförmig oder in Form großer Tempelfronten.

www.leviecave.it, April–Sept. tgl. 10–19, Okt. tgl. 10–18, Nov.–März Sa/So 10–17 Uhr, 5 €

Verblasster Gigant

Die größte Grabanlage, **Tomba Ildebranda** (3.–2. Jh. v. Chr.) genannt, besteht aus einer **unterirdischen Grabkammer** und darüber einer **Opferterrasse** mit Treppen, die zu einem stark verwitterten **Säulentempel** hinaufführen. Dieser wurde akkurat aus dem Fels gehauen. Vermutlich einst bunt bemalt, muss die Grabanlage gigantisch gewirkt haben.

Steinkreaturen im Wald

Ca. 50 m weiter links sind vom **Tomba dei Demoni Alati** wunderbare Skulpturen erhalten: ein geflügeltes Frauenwesen mit Schlangenschwänzen, Wächterlöwen und in der Grabnische eine kopflose Figur – das bei Tisch liegende Grabporträt, mit erkennbaren Farbresten. Eine Opferweinschale in der ausgestreckten Hand weist auf die Frömmigkeit des Verstorbenen hin. Die Totenwelt als Festmahl, wundersame Jenseitsvorstellung vor 2200 Jahren!

Schlafen, Essen

Tempel im Garten

Sovana Hotel & Resort: Das gepflegte Resort gegenüber dem Dom war früher ein Bauernhof. Vier Zimmerkategorien bieten viel Auswahl. Ein Traum ist der Garten mit Olivenhain, Heckenlabyrinth und antiken Ruinen, z. B. eines etruskischen Tempels.

Via del Duomo 66, T 0564 61 70 30, www.sovanahotel.it, Standard-DZ/ÜF 89–154 € je nach Saison

In Pitigliano finden Sie aussichtsreiche Straßen am Rand des Örtchens und im Inneren kleine Sträßchen mit Läden und Lokalen wie die Via Roma, die zwischen Kathedrale und Piazza Repubblica verläuft.

Kleine Köstlichkeiten

Vino al vino: Eine sympathische Weinhandlung mit ganz wenigen Tischen auf der Hauptstraße. Vittorio und Stefania bewirten mit Spaß an der Arbeit und persönlicher Hingabe: nett angerichtete kalte Platten (15 €) mit exzellenten Käse- und Wurstsorten. Und dazu ein Wein mit Beratung!
Via del Duomo 10, T 0564 61 71 08, www.facebook.com/enoteca.vinoalvino, Di 9–21, Mi, Fr–So 10.30–21, Do 10.30–20 Uhr

Infos

- **Ufficio Turistico Sovana:** Palazzo Pretorio, Piazza del Pretorio 12a, T 0564 61 40 74, www.leviecave.it, April–Sept. Fr–Mi (Aug. tgl.) 10–13, 15–19, Okt. Fr–Mi 10–13, 15–18, März, Nov., 26. Dez.–6. Jan. Sa/So 10–13, 14–17 Uhr.

Pitigliano

Karte 2, J 12

Annäherung

Man kann an Pitigliano auf der eintönigen Hochebene vorbeifahren, ohne es zu bemerken. Biegt man aber richtig ab, z. B. von Süden auf die SR 74, ändert sich das Bild dramatisch. Langsam schneidet sich die Straße als Hohlweg ins Gelände. An der Steilkurve bei **Madonna delle Grazie** legen Sie automatisch einen Halt ein. Dort genießen Sie den schönsten Blick auf die gesamte Altstadt von Pitigliano, die auf der anderen Talseite aus dem Tufffelsen herauszuwachsen scheint.

Die unvermittelt spektakuläre Landschaft lässt Pitigliano größer wirken, als die 3700-Seelen-Gemeinde ist. Auf drei Seiten wird der lange Felssporn der Altstadt von Schluchten mit kleinen Flussläufen umgeben. An der schmalen Verbindung zur Hochebene liegt der Zugang zum alten Zentrum. Die steilen Zufahrtsstraßen aus dem Tal sind gesäumt von durchhöhlten Tuffwänden, die von den Einwohnern als Keller, Vorratslager und Garagen genutzt werden. Was heute nützlich ist, war es auch im Altertum, vermutlich sind einige Geräteschuppen schon von den Etruskern ausgehoben worden.

Piazza der Grafen

Die Etrusker besiedelten das Plateau über die Schmalstelle, wo heute die **Via Cavour** verläuft. Diese wird von einem abenteuerlich an den Hang gebauten **Aquädukt** flankiert, das an der **Piazza della Repubblica** mit der eleganten **Fontana delle Sette Cannelle** endet. Hier konnte die Stadtbevölkerung gutes Quellwasser schöpfen. Begonnen hatte das Versorgungswerk kurz nach 1500 Graf Niccolò Orsini, der als Feldherr wichtigerer Renaissanceherren seinen Sold verdiente. Er war der berühmteste Vertreter der Grafen von Pitigliano. Ein Vorfahr hatte die letzte Tochter der Aldobrandini-Grafen aus Sovana geheiratet und um 1300 die Residenz der Grafschaft nach Pitigliano verlegt.

Der **Palazzo Orsini** war über 200 Jahre lang das Zentrum eines Pufferstaats zwischen Siena bzw. der Toskana und dem Kirchenstaat – bevor Giannantonio Orsini 1604 sein Land an das Großherzogtum Toskana verkaufte und damit die aufgehäuften Schulden tilgte. Die Orsini der Hochrenaissance ließen ihren Herrschaftssitz von Antonio da Sangallo umbauen, dem Hofarchitekten der Päpste. Das prächtige Ergebnis können Sie vor allem im Innenhof besichtigen. Die 21 Säle beherbergen heute ein **Museum für Sakralkunst,** tragen aber auch noch Spuren der Grafschaft. Einige wurden von den Bischöfen von Sovana ausgeschmückt, die ab 1777 hier wohnen durften.

Piazza Fortezza Orsini 25, www.palazzo-orsini-pitigliano.it, Sommerzeit Di–So 10–13, 15–18 (Aug. tgl. 10–20), Winterzeit Di–So 10–13, 15–17 Uhr, 5 €

Das kleine Jerusalem

Jüdische Kultfeste werden nur noch für nostalgische Ausländer gefeiert, dabei besitzt Pitigliano im Vicolo Marghera eine sehr schmucke **Synagoge,** die auf eine Gründung von 1598 zurückgeht. Im 16. Jh. flohen viele Juden aus dem Kirchenstaat und fanden direkt hinter der Grenze bei den Orsini-Grafen Schutz. Diese waren immer knapp bei Kasse und ließen die Juden sogar eine Bank gründen. Die große Freiheit endete erst, als Pitigliano unter Medici-Herrschaft geriet.

Großherzog Ferdinando II ließ 1622 ein **Getto** einrichten, die Juden wurden in das Viertel um die **Via Zuccarelli** gezwungen, wo sie alte Tuffsteinhöhlen, teilweise aus der Etruskerzeit, als Gemeinschaftsräume nutzten. Diese steinzeitlich anmutenden Räume sind in **La Piccola Gerusalemme** zu begehen. Sie steigen hinunter ins alte Ritualbad, die **Mikwe,** in die **Tuchfärberei,** den koscheren **Weinkeller,** die **Metzgerei** oder die **Bäckerei,** wo das ungesäuerte Brot für das Pessachfest gebacken wurde.

Via Zuccarelli, Ecke Vicolo Marghera, T 0564 61 42 30, www.lapiccolagerusalemme.it, So–Fr April–Sept. 10–13, 14.30–18, Okt.–März 10–12.30, 14–15.30 Uhr, 5 €

Kirche mit Kaiser

Nachdem die Bischöfe von Sovana schon 1777 ins lebendigere Pitigliano gezogen waren, wurde 1845 dessen Hauptkirche **San Pietro e Paolo** zur Kathedrale ernannt. Die interessantesten Stücke hinter

der barocken Fassade sind zwei große Historienbilder links und rechts des Altars. Der maremmanische Maler Pietro Aldi stellte in den 1880er-Jahren zwei Szenen aus dem Leben des Aldobrandeschi-Papstes Gregor VII. dar. Das linke Bild zeigt ihn, wie er den büßenden Kaiser Heinrich IV. in Canossa empfängt.
Piazza S. Gregorio VII 87

Tolle Aussichten
Von der Piazza Petruccioli führt der Treppenweg Via dei Lavatoi zu der eben verlaufenden **Strada Panoramica** hinunter. Sie umrundet den Altstadtfelsen einen knappen Kilometer lang und bietet herrliche Blicke auf Pitigliano und ins Tal. Durch die Porta di Sovana leitet sie wieder in die Stadt zurück.

Schlafen, Essen

Schwalbennest
Un Giardino nel Tufo: Das B & B direkt am Felsabhang vermietet drei Zimmer in einer Wohnung. Gastgeber Federico hat sie geschmackvoll eingerichtet. Der Gemeinschaftsraum, das Wohnzimmer mit dem Kamin, bietet eine intime Atmosphäre. Bezaubernd ist der kleine Garten über der Schlucht mit Blick auf die Panoramastraße.
Vicolo Marghera 30, T 349 193 16 17, www.ungiardinoneltufo.it, DZ/ÜF 60–75 €

Maremma-Küche pur
Hostaria del Ceccottino: Signora Chiara Bernardi kocht, ihr Mann Alessandro bedient. Produkte aus der Gegend, nicht selten auch Slow-Food-Zutaten werden zu maremmanischer Brotsuppe *Acquacotta* oder zu Lammeintopf verarbeitet.
Piazza San Gregorio VII 64, T 0564 61 42 73, www.ceccottino.com, Fr–Mi 12.30–15, 19–21.30 Uhr, *primi piatti* um 12 €, Hauptgänge 16–18 €

Elba
Karte 2, B–D 10/11

Eine Perle im Meer
Eine toskanische Legende erzählt, der Liebesgöttin Venus seien nach ihrer Geburt aus dem Schaum des Mittelmeers einige Perlen aus ihrem Diadem gefallen. Sie bildeten die Inseln des Toskanischen Archipels. Dieser schönen Geschichte werden nur die Zyprer widersprechen, die den Strand der Venus für sich beanspruchen. Kleine Perlen sind die toskanischen Inseln tatsächlich, und die größte darunter ist Elba. Eine Insel *a misura d'uomo*, ›nach menschlichem Maß‹, mit extrem abwechslungsreicher Landschaft und perfekt für Bade-, Aktiv- oder Genießerurlaub.

Portoferraio und das Inselzentrum
Karte 2, C 10

Die Musterstadt
Die Bucht von Portoferraio ist prädestiniert für einen Hafen, vom offenen Meer abgeschirmt durch den schützenden Arm einer Halbinsel. Auf deren äußerstem Zipfel bildet die Altstadt ein U um das älteste Hafenbecken. Die Uferfassaden sind nicht prächtig, ergeben zusammen aber ein schönes, geschlossenes Bild, das einen reizt, dahinterzugucken.

Man betritt die Altstadt durch die **Porta a Mare,** die einzige Öffnung im Scheitelpunkt des Häuserbogens. Schon hier erkennt man, dass Portoferraio bewusst geplant wurde. Auch im Inneren sind die Straßen zu einem lichten Stadtbild um die **Piazza della Repubblica** geordnet. Was fast modern wirkt, ist als Garnisonsstadt im 16. Jh. gegründet worden. Großherzog Cosimo I reformierte damals seine Flotte, die als Ritterorden des hl. Stefan

Die Altstadt umschließt als U das alte Hafenbecken von Portoferraio. Hier liegen heute Jachten und kleinere Privatboote. Die Fähren vom Festland legen im neuen Hafen gleich um die Ecke an.

ihren Verwaltungssitz in Pisa erhielt. In Cosimos neuer Hafenstadt, damals Cosmopoli genannt, sollte ein Teil der Flotte stationiert werden. Die Piazza della Repubblica war der Exerzierplatz. Nordöstlich und westlich rahmten die Stadt zwei gewaltige Festungsanlagen, Forte Stella und Forte Falcone.

Gegen die Türken

Im sternförmigen **Forte Stella,** wo auch der **Leuchtturm** des 18. Jh. steht, haben Sie von den Bastionen mit den Kanonenstellplätzen herrliche Blicke über Elbas Nordosten: Die Bergkette gegenüber reicht über 500 m hoch.

Der **Wehrgang Via di Falcone** verbindet die Festung über den Hügelgrat mit ihrer Schwester, dem riesigen **Forte Falcone.** Dort waren auch Zisterne, Vorratslager, Waffenkammern und Gefängnisse untergebracht. Die Anstrengungen galten den Türken, die im 16. Jh. ins westliche Mittelmeer vordrangen. Tatsächlich widerstand man 1553 dem Angriff des türkischen Korsaren Dragut. Forte Falcone fällt in mehreren **Terrassen** zum Hafen hin ab, die heute zu romantischen Spaziergängen mit Meerblick einladen.

Forte Stella: tgl. 10–13, 15–18 Uhr, mit leichten Variationen über das Jahr, 2 €;
Forte Falcone: tgl. Ostern–Mitte Juni, Mitte Sept.–Okt. 10–16.30, Mitte Juni–Mitte Sept. 10–20 Uhr, 5 €

Beim Kaiser von Elba

An der Via di Falcone liegt die **Palazzina dei Mulini** über dem Felsabhang. Das Gebäude aus dem 18. Jh. wählte Napoleon als Residenz während seiner ersten Verbannung. Nach der Niederlage in der Schlacht bei Paris 1814 war er zum Abdanken gezwungen worden. Allein den Kaisertitel durfte er behalten. Nur noch 10 000 Untertanen hatte er nun, doch die waren ihm für seine Reformen durchaus dankbar. Die Stadtresidenz ließ er nach seinem klassizistischen Geschmack ausmalen. Die heute hier ausgestellten Möbel und Devotionalien kaufte die Gemeinde jedoch im 20. Jh. neu zusammen. Erhalten hat sich einzig die **Bibliothek des Kaisers** – Napoleon vermachte sie der Stadt Portoferraio. Ein Ort zum Träumen ist der **Garten,** den der Kaiser selbst mitgestaltete. Wie oft mag er von hier sehnsüchtig Richtung Frankreich geschaut haben?

Piazzale Napoleone / Via Falcone, T 0565 91 58 46, April–Okt. Mo, Mi–Fr 8.30–19 (letzter Einlass), Sa/So 8.30–13 (letzter Einlass), Nov.–März Mi–Mo 8.30–13 Uhr (letzter Einlass), 5 €

Napoleons Landsitz

Auch eine Privatvilla besaß Napoleon während seiner 299 Elbaner Inseltage. 5 km außerhalb von Portoferraio fügt sich die **Villa di San Martino** an leicht erhöhter Stelle in ein grünes Talende. Hier gilt es vor allem, die Aura des Ortes zu genießen. Das Innere ist nach Bonapartes Geschmack gestaltet. Der ägyptische Saal verrät, woran Napoleons nostalgische Erinnerungen hingen, doch die amüsante Dekoration ist eher pseudoägyptisch.

Unterhalb der eigentlichen Villa hat der russische Diplomatensohn Anatoli Demidoff 1851 die klassizistische **Galleria Demidoff** anbauen lassen. Er hatte das Anwesen durch seine Heirat mit der Napoleon-Nichte Matilde Bonaparte geerbt.

Località San Martino, T 0565 91 46 88, April–Mitte Okt. Di, Do, Sa/So 8.30–13.30, Mi, Fr 14–19.30, Mitte Okt.–März Di–So 8.30–13.30 Uhr, 5 €

Strände zum Wohlfühlen

Elba ist voller guter Bademöglichkeiten. Das breiteste Angebot findet man an der **Südküste** zwischen Marina di Campo und Capoliveri. Hier bilden der **Golfo di Lacona** und der **Golfo Stella** große geschützte Becken mit hervorragender Wasserqualität. Viele Ferienwohnungen haben hier ihren Privatstrand.

Schlafen

Die Übernachtungspreise sind höher als auf dem Festland, Preis und Leistung stehen in einem ungünstigeren Verhältnis. Dafür bieten viele Gastgeber Rabatte für die Fähren.

Feudal im Park

Hotel Villa Ottone: Die Anlage unter alten Bäumen ist gepflegt wie ein Adelssitz. Die edelsten Zimmer liegen in der Villa aus dem 19. Jh., direkt am Meer. Dahinter sind weitere Hotelzimmer oder Cottages buchbar. Zwei Lokale und ein Wellnessbereich runden das exklusive Angebot ab. Vom hoteleigenen Strand schauen Sie über die Bucht von Portoferraio.

Località Ottone, Portoferraio, T 0565 93 30 42, www.villaottone.com, DZ/ÜF 150–580 € je nach Kategorie und Saison

Biohof am Meer

Orti di Mare: Der ökologische Bauernhof von Britta und Vittorio liegt knapp 400 m vom Strand von Lacona entfernt. Auf dem Gelände ist Platz für Camping, Glamping und zwei Apartments. Eine Relaxzone, ein Gemeinschaftsraum und ein Bistro mit Pergola sorgen für Wohlgefühl und Geselligkeit.

Via dei Vigneti 552, Località Lacona, Capoliveri, T 331 5 6 78 05, www.ortidimare.it, Apartments Nov.–Mitte Mai 315 €/Woche, Mitte Mai–Mitte Juli, Mitte Sept.–Okt. 490 €/Woche, Mitte Juli–Aug. 665 €/Woche, Mindestaufenthalt im Sommer 1 Woche (So–So), im Winter 2 Nächte

TOUR
Das letzte Gebirge vor Frankreich

Zu Fuß durch das Massiv des Monte Capanne

Infos

Wanderung, 4,5 Std., 370 Höhenmeter bergauf, 785 Höhenmeter bergab

Start:
Piazzale della Fortezza, Marciana, Karte 2, C 10/11

Einkehr:
Baba Yaga Pub, Piazza Santa Lucia 4, Pomonte, T 347 28 01 543, tgl. 6–1 Uhr

Rückfahrt:
Bus 116 ab Pomonte

Hier ein Adler, da ein Nashorn und dort vielleicht ein Büffelgesicht? Die verwitterten Granitformationen am **Monte Capanne** regen die Fantasie an, besonders im sogenannten **Labirinto dell'Aquila** (›Labyrinth des Adlers‹), einem natürlichen Felsenpark auf der Nordwestseite des Gebirges. Die Tiererscheinungen und andere raue Naturschönheiten erleben Sie auf einer ausgiebigen Wanderung von Marciana nach Pomonte an der steilen Westküste. Ausdauer ist gefragt, ansonsten ist der Weg angenehm begehbar. Er folgt nämlich einem alten Maultierpfad, der bis in die 1960er-Jahre die einzige Verkehrsverbindung zu dem entlegenen Küstenort war.

Los geht's am höchsten Punkt von **Marciana,** am **Parkplatz** vor der **Fortezza Pisana.** Sie verlassen die Piazza della Fortezza nach Norden und biegen nach ca. 100 m gegenüber der Via della Madonna links in den Wald ab zum **Santuario della Madonna del Monte** (brauner Wegweiser). Ein ausgebauter Pilgerpfad führt in ca. 30 Minuten durch Kastanienwald zur Wallfahrtskirche. Das Heiligtum ist die bekannteste Pilgerkirche Elbas und enthält einige schöne Fresken (15.–18. Jh.). Napoleon hat hier 1814 einige Tage auf der Jagd verbracht.

Weiter geht es rechts an der Kirche vorbei über den Fernwanderweg **Grande Traversata Elbana** (G.T.E., **Weg 3**). Wenige Meter weiter lichtet sich der Wald. Rechts

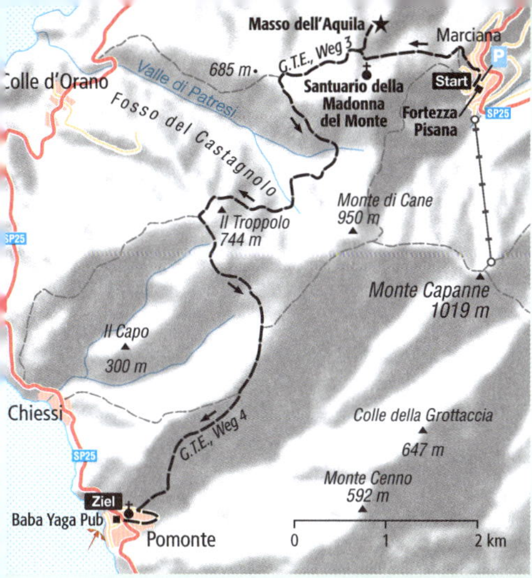

vom Weg erreichen Sie nach einem kleinen Abstecher von 150 m den **Masso dell'Aquila,** wo die Erosion Steinmetz gespielt hat; der **Adler** *(aquila)* ist ihr markantestes Werk in diesem Felslabyrinth. Weiter folgt der Wanderweg 3 den Höhenlinien durch nun vorherrschende Macchia. Im Westen ist Korsika zu sehen. Nach der Durchquerung eines waldigen Bergeinschnitts, des sogenannten **Fosso del Castagnolo** (›Kastaniengraben‹), folgt ein stärkerer Anstieg zum felsigen höchsten Punkt der Wanderung mit tollem Panorama: **Il Troppolo.** Danach geht es grundsätzlich bergab, etwa zwei Stunden bis zum Ziel. Abzweigungen nach Chiessi lassen Sie rechts liegen bzw. wechseln nach einer guten Stunde an einer Gabelung auf **Weg 4** nach Pomonte hinunter. Der Weg steigt in Serpentinen in das bewaldete **Valle di Pomonte** hinab und führt Sie am Ende an einem Granitsteinbruch entlang in das Küstendorf **Pomonte.**

Empfangen werden Sie am Ortseingang von kleinen steinigen Weinbergen. Und nun stehen Sie am *pie del monte* (›Bergfuß‹) oder *post montem* (›hinter dem Berg‹), wie der Ursprung des Ortsnamens Pomonte wohl lautet. Dass sich hier, am Ende der Welt, überhaupt eine Siedlung erhalten hat, ist einem kleinen, schon im Mittelalter existierenden Hafen und Salinen zu verdanken, die den Ort wirtschaftlich attraktiv machten. Einen Überfall des türkischen Piraten Dragut hat man 1553 schmerzhaft überstanden. Durch das Zentrum des Dorfes verläuft die Strada Provinciale 25. Hier fährt vor der Kirche **Santa Lucia** der Linienbus 116 nach **Marciana** zurück. Vorher aber können Sie sich an der Piazza Santa Lucia im **Baba Yaga Pub** stärken.

Wenn Sie vor der Rückfahrt noch ein erfrischendes Bad nehmen möchten: Pomonte hat auch eine Reihe kleinerer **Strände.**

Essen

Fisch am Badestrand

Ristorante di Pesce Le Viste: Den Weg muss man schon genau kennen: Links der Palazzina dei Mulini folgen Sie den Hinweisschildern »Spiaggia le Viste«. Ein steiler Fußweg führt zu einer versteckten Bucht mit Strandlokal. Dort gibt es u. a. gefüllte Miesmuscheln in Tomatensoße oder fangfrischen Fisch.

Spiaggia delle Viste, T 0565 91 44 05, www.ristoranteleviste.com, Ende April–Mitte Sept. tgl. 12.30–14.30, 19.30–22.30 Uhr

Bewegen

Tauchen, ohne nass zu werden

Motonave Nautilus: Die Nautilus ist ein Glasbodenboot, im Unterdeck können die Passagiere durch große Fenster die Unterwasserwelt beobachten. Eine Küstenfahrt dauert zwei Stunden. Das Boot startet zwischen Ende Juni und der ersten Septemberwoche um 10.30 Uhr von Portoferraio, Mitte/Ende April bis Ende Juni und zweite Septemberwoche bis Ende September um 15.30 Uhr ab Marciana (s. S. 243).

www.aquavision.it, 20 €

Infos

- **Info Park:** Viale Elba 4 (gegenüber Mole 5 des Fährhafens), T 0565 91 46 71, www.infoelba.it, www.visitelba.info.
- **Fährverbindungen:** s. S. 259.

Elbas Osten

Karte 2, D 10/11

Bergstädtchen und Minen

Das lebendigste der hübschen Elbaner Bergstädtchen ist **Capoliveri.** Hier locken auch einige Geschäfte den Touristen das Geld aus der Tasche. Aber allein der Blick von der **Piazza Matteotti** auf die Halbinsel Lacona ist ein Traum – Sie können ihn in einer der Bars am Platz nachwirken lassen. Der Ort lebte lange Zeit vom Bergbau.

Die gesamte Halbinsel um den **Monte Calamita** (›Magnetberg‹) herum war von den Etruskern wegen ihrer Eisenvorkommen ausgebeutet worden. Hämatit, Limonit, Pyrit und das namengebende Magnetit, all das ist heute noch zu finden aber geschützt. Eine Besichtigung der Mine **Galleria del Ginevro** ist ein kleines Abenteuer. Ein holpernder Bus bringt die Gäste vom Besucherzentrum zum Mineneingang an der Küste. Erst kurz nach 1900 wurde hier der über 70 % Eisen enthaltende Magnetit abgebaut. 1970 wurde die Untertagemine fertig, die bis 54 m unter den Meeresspiegel reichte – um 1981 wegen Unwirtschaftlichkeit wieder zu schließen.

Mine: Località Calamita (6 km südlich von Capoliveri), www.minieredicalamita.it, Zeiten s. Website, 18–24 €

Die schönsten Bergstraßen

Die **nordöstliche Halbinsel** zwischen Porto Azzurro und Cavo lässt sich wunderbar mit dem Auto erkunden. Nördlich von **Porto Azzurro** biegt von der SP 26 links eine Straße ab, die nach 1,5 km Steigung die abenteuerlich gelegene kleine Wallfahrtskirche **Madonna di Monserrato** (Juni–Sept. tgl. 9.30–12.30, 15–19 Uhr, Okt.–Mai auf Nachfrage bei der Pfarrei, T 0565 950 75, Eintritt frei) erreicht. Ein spanischer Gouverneur ließ sie 1606 nach dem Vorbild der gleichnamigen Heiligenstätte bei Barcelona bauen. Damals stand Porto Azzurro unter einem winzigen spanischen Protektorat, das einzelne toskanische Küstenabschnitte besetzt hielt.

Auf der SP 26 zurück fahren Sie Richtung Norden in großen und kleinen Kurven durch eine märchenhafte Bergwelt mit immer neuen Blicken. Links erscheint der Höhengrat der Halbinsel mit der 516 m hohen **Cima del Monte.** Schließlich kommen Sie nach **Rio nell'Elba**, einem Bergnest mit urigen Gassen.

Wieder ein Stück zurück, dann biegen Sie auf die SP 32 Richtung Portoferraio ein. Die Straße überquert den Berggrat: Ein herrlicher Blick bis über die Bucht von Portoferraio tut sich auf. Im linken Vordergrund ragt das **Castello del Volterraio** in den Himmel, eine pisanische Burg des 11. Jh. gegen Sarazenenangriffe. Daran vorbei geht es wieder in die Bucht von **Portoferraio** hinab.

Bewegen

Über Stock und Stein

Rent Elba Bike: Der Fahrradladen mit Werkstatt verleiht auch verschiedene modernste Mountainbikes. Damit können Sie über den Monte Calamita düsen. Der Verein Capoliveri Bike Park (www.capoliveribikepark.it, Tourenvorschläge) hat dort einige Strecken ausgewiesen und hält sie in Schuss.
Piazza del Cavatore 1, T 392 96 06 114, www.rentelbabike.it, April–Okt. tgl. 8–19.30 Uhr, 15–45 €/Tag je nach Modell

Monte Capanne Karte 2, C 11

Granitener Riese

Ein schroffer Berg aus Granit ist der bis zu 1018 m hohe Monte Capanne (s. Tour S. 240), der das westliche Drittel Elbas einnimmt. Als Wetterscheide ist er auf der Nordseite mit dichten Kastanien- und Steineichenwäldern bewachsen, während die Südseite nur lichte Macchia trägt.

Südlich außerhalb des Städtchens Marciana startet eine **Seilbahn** (Cabinovia Monte Capanne) zum Gipfel. In kleinen Metallkörben stehend fahren Sie über die Baumgrenze und überwinden 643 Höhenmeter in nur 18 Minuten.

Lorentrassen unter Tage in der Galleria del Ginevro (Miniere Calamita)

Oben genießen Sie einen fantastischen Rundumblick.
Seilbahn: Località Pozzatello 1, T 0565 90 10 20, www.cabinovia-isoladelba.it, tgl. April–Juni, Okt. 10–13, 14.20–17 (letzte Auffahrt), Juli–Sept. 10–13, 14.20–17.30 Uhr (letzte Auffahrt), 12 €, hin/zurück 18 €

Malerisches Städtchen

Am Nordhang des Monte Capanne schaut das malerische **Marciana** aus seiner Panoramalage aufs Meer hinaus. Die Hauptstraßen folgen den Höhenlinien und sind durch Treppenwege miteinander verbunden. Südlich startet die Seilbahn auf den Monte Capanne.

Essen

Eigenkreationen

Bar Birreria La Porta: Neben dem alten Stadttor sitzt es sich herrlich auf der verkehrsfreien Aussichtspromenade, etwa bei einem guten Kastanienbier aus der eigenen Hausbrauerei. Zu essen gibt es frische, reichhaltige Salate und selbstgemachte Kuchen.

Piazza Umberto I, Marciana, T 0565 90 12 75, auf Facebook, tgl. 6–2 Uhr

Bewegen

Tauchen, ohne nass zu werden

Motonave Nautilus: s. S. 242.

Giglio

Karte 2, F13

Insel mit drei Orten

Auf Giglio erleben Sie echtes Inselfeeling. Das Leben reduziert sich auf das Wesentliche, die Uhren laufen anders. Zwischen den drei Siedlungen der Granitinsel verlaufen zwei Straßen: Die längere verbindet **Giglio Porto** mit **Campese,** dem Badeort auf der Westseite; die zweite biegt auf halber Strecke nach **Giglio Castello** ab, dem verwinkelten Hauptort auf der Inselkuppe, mit seiner Stadtmauer wie aus einem Historienfilm. Die Aufregung um das gekenterte Kreuzfahrtschiff Costa Concordia 2012 hat sich längst gelegt. Die Wasserqualität ist traumhaft wie zuvor.

Strände

Die allesamt schönen Strände von Giglio sind im Sommer zum Teil sehr voll. In **Campese,** wo mehr Platz ist, verteilt es sich auch besser. An der Ostküste ist südlich von Giglio Porto die **Cala delle Caldane** ein weniger überlaufenes Ziel. Die kleine, von Felsen gerahmte Bucht ist von Giglio Porto und dann über einen 20-minütigen Fußweg von der benachbarten Cala delle Cannelle aus zu erreichen.

Schlafen, Essen

Im Traum das Meer sehen

Le Poste di Simplicio: ein sehr persönlich geführtes B & B in leicht erhöhter Lage direkt am Meer. Jedes der sechs Zimmer hat einen eigenen Strandzugang und eine großzügige, exklusive Terrasse, auf der morgens das Frühstück serviert wird.

Via di Mezzo Francco 12, Campese, T 347 174 48 09, www.lepostedisimplicio.it, DZ/ÜF 100–200 € je nach Kategorie und Saison

Genuss vor Kulisse

Ristorante da Santi: Reservieren lohnt sich, dann aber unbedingt einen Terrassenplatz für abends. Die herrliche Sicht auf Sonnenuntergänge und Giglio Castello untermalt ein vorzügliches Essen, natürlich auf der Basis von Fisch.

Via Santa Maria 3, Giglio Castello, T 0564 80 61 88, März–Okt. tgl. 12.30–14.30, 19.30–23 Uhr, Nov. auf Nachfrage, *primi piatti* um 15 €, Hauptgänge 18–20 €

Infos

- **Internet:** www.giglioinfo.it
- **Anreise:** Schon die Anreise nach Giglio verlangsamt den Reiserhythmus. Auf dem Festland erst vom beschaulichen Orbetello über die Landzunge der Lagune zum Monte Argentario, der mit Villen von VIPs gespickt ist. Am weniger exklusiven, hübschen **Hafen von Porto Santo Stefano** (www.toremar.it, s. S. 259) wartet man auf die Fähre. Die Überfahrt dauert eine volle Stunde. Und eventuell geht es von **Giglio Porto** noch mal weiter zu Ihrer endgültigen Destination.
- **Auf Giglio:** Hier können Sie aufs Auto verzichten. Ein **Linienbus** fährt 10 x pro Tag über die Insel. An der Endhaltestelle in der Via Umberto I 27 in Giglio Porto gibt es auch einen Schalter, Fahrkarten (2 €) und Fahrpläne. Infos zu Linien und Zeiten auch auf www.giglioinfo.it.

Zugabe
»Maremma amara«

Ein Volkslied und seine Geschichte

Die Fabricca delle Cataratte oder Casa Rossa (Mitte 18. Jh.) bei Castiglione della Pescaia steuerte den Wasserfluss zwischen Sumpfgebiet und Meer.

Wer heute die Maremma durchquert, genießt das etwas wilde, weite Land und die ruhigen Provinzstädtchen. Aber einige offene Wasserflächen, Sumpfgras oder Entwässerungskanäle erinnern hier und da an eine dramatische Vergangenheit: Die Maremma war lange eine der berüchtigtsten Sumpflandschaften Italiens. Bis ins 20. Jh. starben die Feldarbeiter reihenweise in jungem Alter an der Malaria. Die Not war so groß, dass der Name Maremma noch heute in toskanischen Flüchen die heilige Madonna ersetzt.

Einige Großherzöge der Toskana unternahmen große Anstrengungen, um die Gegend urbar zu machen. Die Ärmsten der Armen aus toskanischen Bergdörfern wurden mit dem Versprechen auf ein besseres Leben in der Maremma angesiedelt. Sie sollten mit der Trockenlegung der Sümpfe den Menschen zum Sieg über die Natur verhelfen. Später ließ Benito Mussolini sogar Häftlinge aufmarschieren, um die begonnenen Kanalbauten zu vollenden.

Die Klagen der zurückbleibenden Angehörigen waren groß, ahnten sie doch, dass sie ihre Lieben nie wiedersehen würden. Davon handelt eines der bekanntesten Volkslieder der Toskana, »Maremma amara«. Die Melodie kommt mit wenigen Noten aus und verleiht der »Bitteren Maremma« eine schlichte Erhabenheit. Caterina Bueno, Musikerin aus Fiesole, die in den 1960er-Jahren viele Volkslieder wiederbelebte, hat das Stück vielleicht am schönsten gesungen. Gianna Nannini, die viele Kindheitserinnerungen an die Maremma knüpft, hat auf Konzerten in ihrer Heimat auch rockigere Versionen geliefert. Hier der Text der ersten Strophe:

»Alle sagen mir Maremma, Maremma.«

»Tutti mi dicon' Maremma, Maremma / Ma a me mi pare una Maremma amara / L'uccello che ci va perde la penna / Io c'ho perduto una persona cara.«

»Alle sagen mir Maremma, Maremma / Aber mir scheint sie eine bittere Maremma / Der Vogel, der dort hinfliegt verliert sein Federkleid / Ich habe dort eine teure Person verloren.« ■

Das Kleingedruckte

Nicht wegzudenken aus der Küche der Toskana: Olivenöl

Anreise

... mit dem Flugzeug

Die Toskana hat zwei internationale Flughäfen: den **Aeroporto Amerigo Vespucci** in Florenz und den **Aeroporto Galileo Galilei** in Pisa. Außerdem erreicht man die Region gut über den **Flughafen Bologna** (Züge nach Florenz alle 10–35 Min.). Sehr günstig (zumindest außerhalb der Hauptreisezeit) können Sie mit Easyjet und Ryanair (Flughafen Pisa) in die Region gelangen. An den Flughäfen sind zahlreiche Mietwagenfirmen vertreten (wenn Sie gleich raus aufs Land wollen), aber auch mit Zug, Bus und (in Florenz) Tram kommen Sie schnell weiter (vor allem in die städtischen Zentren).

Aeroporto Amerigo Vespucci (Aeroporte di Firenze-Peretola): www.aeroporto.firenze.it
Aeroporto Galileo Galilei (Aeroporto di Pisa-San Giusto): www.pisa-airport.com
Aeroporto Guglielmo Marconi (Aeroporto di Bologna-Borgo Panigale): www.bologna-airport.it

... mit der Bahn

Gute Bahnverbindungen nach Florenz, zum Hauptbahnhof Santa Maria Novella, gibt es u. a. von München, Basel, Zürich, Innsbruck und Wien. Auskunft auch für die italienischen Strecken (allerdings ohne Preisangaben) am verlässlichsten auf www.bahn.de. Die Website der italienischen Staatsbahnen gibt die Preise an, unterschlägt aber gern preisgünstigere Verbindungen: www.trenitalia.com.

... mit dem Auto

Aus Südwestdeutschland und der Schweiz führt die Strecke über den Gotthard und Mailand (ab Basel 700 km), aus Bayern und Österreich über den Brenner, Verona und Modena nach Florenz (ab München 750 km). Die Anreise verläuft ausnahmslos auf Autobahnen (in Italien gebührenpflichtig, ca. 7 €/100 km). Für die Schweiz muss die ganzjährig gültige Autobahnvignette erworben werden (38,50 €), bei der Anreise via Österreich ist sowohl eine Autobahnvignette zu erwerben (10 Tage 9,20 €, zwei Monate 26,80 €, ein Jahr 89,20 €) als auch die Mautgebühr für die Brenner-Autobahn zu zahlen (einfache Fahrt 16,80 €).

STECKBRIEF

Lage: Die Toskana wird im Norden von Ligurien und der Emilia-Romagna begrenzt. Östliche Nachbarn sind die Marken und Umbrien. Südlich liegt das Latium, im Westen erstrecken sich das Ligurische und das Tyrrhenische Meer.
Größe: Die Toskana bedeckt eine Fläche von rund 22 990 km^2.
Einwohner: ca. 3,8 Mio.
Größte Städte: Florenz ca. 380 100 Einwohner (Großraum/ Metropolstadt: ca. 1 011 350), Prato ca. 194 600, Livorno ca. 158 300, Arezzo ca. 99 300, Lucca ca. 90 400, Pisa ca. 89 500
Staat und Politik: Die Hauptstadt der Toskana ist Florenz (Firenze). Die Region Toskana gliedert sich in neun Provinzen und die *città metropolitana* Firenze.
Beschäftigung: Die Arbeitslosigkeit lag 2017 bei 8,6 %.
Vorwahl Italien: 0039
Zeitzone: MEZ (wie in Deutschland)

Kartenmaterial: Gut ist die Toskana-Straßenkarte des Touring Club Italiano, Maßstab 1:200 000 (im deutschsprachigen Raum von Kümmerly & Frey verlegt).

Bewegen und Entschleunigen

Fahrradfahren/Mountainbiking

Radtouren in der Toskana können großen Spaß machen, allerdings sollten Sie sich dafür kleine Landstraßen aussuchen. Da es keine Radwege gibt, wird auf den Hauptstraßen der Autoverkehr oft unangenehm. Im Hügelland kann es wegen der Steigungen anstrengend werden! Mit dem **Mountainbike** können Sie auf den zahlreichen *strade bianche,* ungeteerten Fahrwegen, gut dem Autoverkehr ausweichen. Auch für Radfahrer nützlich ist die Straßenkarte Toskana des Touring Club Italiano (s. oben). Besonders gut radeln lässt sich in der weiten, dünn besiedelten Landschaft der **Südtoskana,** etwa bei Montalcino, Pienza, Montepulciano. **Fahrradverleihe** gibt es u. a. in Florenz, Lucca, Massa Marittima, Montalcino und Pienza (s. bei den jeweiligen Orten im Reiseteil).

Reiten

Zahlreiche Reitschulen und *agriturismo*-Unterkünfte bieten Möglichkeiten zum Reiten, besonders in der **Maremma,** dem Land der *butteri,* der berühmten Maremma-Cowboys. Informationen über Reitställe und Vorführungen der *butteri* gibt es bei Equinus in Grosseto. Für andere Regionen der Toskana fragen Sie am besten bei den regionalen Touristenbüros an (s. bei den jeweiligen Orten im Reiseteil) oder schauen im Angebot der *agriturismi* (s. S. 256) nach .

Segeln, Surfen, Kanufahren

Segeln – unter eigener Flagge oder mit gecharterten Booten – können Sie an der gesamten Küste, **Segel- und Surfschulen** gibt es in fast allen Orten am Meer. **Mieten** lassen sich Segelboote (auch mit Skipper) in Viaréggio, Pisa, Livorno, Punta Ala und Talamone. Auch **Kanufahrten** werden immer beliebter, z. B. in der Maremma.

Strandleben

In der Toskana lässt sich auch wunderbar am Strand liegen und italienisches Dolce Vita genießen! **Im Norden,** zwischen Carrara und Viaréggio, sind bekannte traditionelle Seebäder dem städtisch geprägten Küstengebiet der **Versilia** vorgelagert. Die ruhigeren Küstenabschnitte liegen südlich von Livorno, an der **Costa degli Etruschi** und der **Maremmenküste.** Im Hochsommer ist es allerdings fast überall ziemlich voll! Oft müssen Sie hier auch nach einem freien Strand *(spiagga libera)* suchen, an dem nicht für Sonnenschirm und Liegestuhl bezahlt werden muss. Ein paar kleine Tipps für *spiagge libere:* **Marina di Castagneto-Donorático** oder **Marina di Vecchiano** mitten in einem Naturpark. Am kleinen **Golf von Baratti** liegt die hübscheste Badebucht des toskanischen Festlands direkt neben der etruskischen Nekropole von Populonia. An der dünn besiedelten Maremmenküste weiter südlich finden Sie die schönen **Sandstrände von Punta Ala.** Ein Tipp für Ruhesuchende ist außerdem der schöne **Strand am Naturpark der Maremma.**

Wandern

In der Toskana können Sie tolle Wanderungen im **Hügelland** und in den Bergregionen des **Apennin** unternehmen. Die besten **Jahreszeiten** dafür sind Frühjahr (April–Mitte Juni) und Herbst (Mitte Sept./Okt.). Wegmarkierungen und Kartenmaterial sind allerdings oft unzuverlässig. Für wirklich schöne Touren lohnt sich auch ein Wanderführer (z. B. »DuMont aktiv: Wandern in der Toscana«). Die am besten erschlossenen Wandergebiete sind die **Chianti-Region** zwischen Florenz und Siena und die **Crete** südlich von Siena, außerdem das **Hochgebirge der Apua-**

nischen Alpen und die **Apenninen.** Relativ neu erschlossen und sehr gut dank einer App mit GPS-Daten nachzuwandern (oder teils auch mit dem Fahrrad zu befahren) sind die alten Wege der **Via Francigena** (Infos/Wege-App: www.viefrancigene.org; s. auch Tour S. 164).

www.italienwandern.de: Hier finden Sie auch Informationen zu Wanderungen in der Toskana.

www.terresiena.it/en/trekking/gli-itinerari/la-transumanza: Infos zu spannenden Touren um Siena und im oberen Arnotal (auf Italienisch).

www.caivaldarnosuperiore.it/category/percorsi-trekking/crete-val-dorcia: Der italienische Alpenverein (Club Alpino Italiano) stellt hier auf Italienisch Wanderungen im Bereich der Crete vor, u. a. im Val d'Orcia.

Wellness und Thermalorte

In der Toskana sprudelt eine große Zahl von Thermalquellen – rund 50 Kurorte gibt es in der Region. Manche davon sind klassische Heilbäder mit Dutzenden von Hotels und Kuranlagen, andere haben nur ein kleines Thermalhotel und liegen versteckt in einsamer Landschaft. Besonders beliebt geworden sind in letzter Zeit die **Schwefelquellen von Saturnia.** Wunderschön ist es auch in und um **Bagno Vignoni** und **Bagni di San Filippo** südlich von Siena. Gesamtüberblick im Internet unter **www.termeitaliane.com** oder **www.visittuscany.com.**

Einreisebestimmungen

Ausweispapiere: Bürger aus der EU und der Schweiz müssen einen gültigen **Personalausweis** oder **Reisepass** mitführen. Das gilt auch für Kinder und Jugendliche. **Autofahrer** brauchen außerdem den nationalen Führerschein und den Kfz-Schein. Die Mitnahme der internationalen grünen Versicherungskarte ist empfehlenswert.

Radeln auf kleinen Landstraßen, wie hier bei Bolgheri im Hinterland der Costa degli Etruschi, hat seinen Reiz.

Zollvorschriften

Im privaten Reiseverkehr innerhalb der EU dürfen Waren zum eigenen Verbrauch unbegrenzt mitgeführt werden. Richtmengen zur Abgrenzung zwischen privater und gewerblicher Verwendung: 800 Zigaretten, 400 Zigarillos, 200 Zigarren, 1 kg Rauchtabak, 10 l Spirituosen, 20 l andere alkoholische Getränke bis 22 % Alkoholgehalt, 90 l Wein (davon max. 60 l Schaumwein) und 110 l Bier. Nicht-EU-Mitglieder dürfen u. a. 200 Zigaretten, 1 l Spirituosen und 2 l Wein mitführen.

Essen und Trinken

Essen gehen

Traditionell war das *ristorante* das Lokal mit der gehobeneren Küche, die *osteria* eher gutbürgerlich, die *trattoria* bot eine einfache Küche an. Heute sind die Grenzen längst verschwommen. Und eigentlich können Sie in der Toskana überall sehr gut essen, auch in ganz einfachen Restaurants! Wer dabei das volle Programm mitmacht, tafelt eine ganze Weile. Mit dem *antipasto,* der Vorspeise, geht es los. Es folgen *primo* (erster Gang), *secondo* (zweiter Gang), *dolce* (Dessert) und Kaffee. Beim ersten Gang gibt es oft Pasta oder Risotto, beim zweiten Fleisch oder Fisch. Doch kaum jemand bestellt noch das komplette Menü. Wer Magen und Portemonnaie etwas schonen will, kann zwei oder drei Gänge nach Belieben kombinieren; auch ein einzelner *primo* oder *secondo* ist kein Affront mehr für das Lokal.

Öffnungszeiten von Restaurants: üblicherweise etwa 12–14.30 und 19–22 Uhr.

Nicht nur wer selbst kochen möchte, sollte sich in der Toskana Zeit für den Besuch eines Wochenmarkts nehmen.

Selbst kochen

Wer selbst kochen möchte, kann fast überall gut einkaufen. Sogar ganz normale **Supermärkte** bieten oft leckerste regionale Spezialitäten an, gerade an der Wurst- oder Käsetheke. Ebenso die kleinen **Lebensmittelläden,** die *alimentari,* die manchmal sogar Lebensmittel vom Bauern nebenan verkaufen. Sehr beliebt – nicht nur bei Privatleuten, sondern auch bei Restaurants – ist in der Toskana aktuell das Prinzip **Chilometro 0,** Lebensmittel aus der nahen Umgebung.

Wein und **Öl** finden Sie überall, direkt auf den unzähligen Weingütern oder im Fachgeschäft. Es lohnt sich auch, die Augen aufzuhalten und *vini sfusi,* offene Weine, in kleinen Ladengeschäften in Flaschen abfüllen zu lassen: günstig und gut!

Ladenöffnungszeiten: Geschäfte und Apotheken meist Mo–Sa 9–13, 16–19.30 Uhr. In den Touristenzentren haben die Läden oft über Mittag auf. Mittwochnachmittag sind viele Lebensmittelgeschäfte geschlossen. Alle Öffnungszeiten, selbst wenn Sie auf der Restaurant-Website oder am Laden stehen, sind mit Vorsicht zu genießen, sie werden gerne flexibel gehandhabt!

Feiertage

1. Jan.: Neujahr *(Capodanno)*
6. Jan.: Hl. drei Könige *(Epifania)*
Ostermontag *(Pasquetta/Lunedi di Pasqua)*
25. April: Tag der Befreiung vom Faschismus *(Festa della liberazione)*
1. Mai: Tag der Arbeit *(Festa del lavoro)*
2. Juni: Nationalfeiertag *(Festa della Repubblica Italiana)*
15. Aug.: Mariä Himmelfahrt *(Ferragosto)*
1. Nov.: Allerheiligen *(Ognissanti/Tutti i Santi)*
8. Dez.: Mariä Empfängnis *(Immacolata Concezione)*
25./26. Dez.: Weihnachten (25. Dez. *Natale,* 26. Dez. *San Stefano*)

Informationsquellen

ENIT – Staatliche italienische Touristeninformation
www.enit.de, www.italia.it

… in Deutschland
Barckhausstr. 10, 60325 Frankfurt a. M., T 069 23 74 34, frankfurt@enit.it
… in Österreich
Mariahilferstraße 1b/XVI, 1060 Wien, T 01 505 16 39, vienna@enit.it

Touristeninformation in der Toskana
Vor Ort sind die dortigen **Fremdenverkehrsämter** zuständig. Die Adressen finden Sie im Reiseteil dieses Buches bei den jeweiligen Orten.

Im Internet
www.discovertuscany.com: gut recherchierte Seiten für Toskana-Urlauber mit vielen Buchungsoptionen, auf Englisch und Italienisch.
www.intoscana.it: sehr informative Seite mit aktuellen Terminen, Neuigkeiten und Tipps zum Leben und Reisen in der Toskana. Hier werden u. a. alle aktuellen *sagre*, also die vielen Volksfeste der Region, angekündigt! Nur auf Italienisch.
www.sagretoscane.com: Noch eine Seite zu den toskanischen Volksfesten, leider ebenfalls nur auf Italienisch.
www.tuscanypeople.com: »Lifestyle, Schönheit und Exzellenz« ist das Motto dieses Toskana-Blogmagazins, das viele aktuelle Infos zu Kunst, Genuss, Ausflugszielen, aber auch zu Politik und nachhaltigen Themen zusammenträgt.
www.visittuscany.com: die offizielle Tourismusseite der Region Toskana. Lohnt sich, denn hier gibt es viele Infos und Tipps zu Sehenswürdigkeiten, Unterkünften, Geschichte, Veranstaltungen, Thermalbädern u. a. Besonders interessant sind die aktuellen Blogs (auf Englisch und Italienisch) und App-Angebote. Auf Deutsch und Italienisch.
www.mtvtoscana.com: für Weinliebhaber. Viele Adressen, Events und Neuigkeiten rund um den toskanischen Weinbau, auf Englisch und Italienisch.
www.toscana-online.de: private deutschsprachige Seite mit Hintergrundinformationen und Reisetipps vor allem zur westlichen Toskana (Lucca, Pisa, Montecatini Terme, Küste der Versilia).
www.theflorentine.net: englischsprachige Seite mit News und Artikeln für Toskana-Liebhaber.

STROM KOMMT AUS DER STECKDOSE, ABER …

Die Stromspannung beträgt 220 V. Flachstecker passen problemlos, Schukostecker nur, wenn sie zwischen den Steckkontakten ein Loch besitzen. Für manch ein Laptop-Ladegerät wird ein Adapter benötigt, erhältlich im Elektrofachhandel.

Internetzugang

Landeskennung Italien: .it
In Italien ist offenes WLAN in Cafés oder Bars bisher nicht ganz so häufig zu finden wie in Deutschland. Fragen Sie aber in Lokalen und Geschäften danach und nach dem entsprechenden Passwort! In manchen Städten gibt es auch WLAN-Zonen (z. B. Pisa, Florenz), die auf Stadtplänen oder in der Stadt gekennzeichnet sind. Manchmal sind diese allerdings etwas kompliziert einzurichten. Wenn Sie eine Daten-Flatrate in Deutschland haben, können Sie diese normalerweise inzwischen auch in Italien ohne Aufpreis (Wegfall der Roaming-Gebühren) nutzen – Details erhalten Sie bei Ihrem Mobilfunkanbieter.

Kinder

Die Toskana ist ein wunderbares Familienreiseland! Die sprichwörtliche Kinderliebe der Italiener ist nicht erfunden und wir können aus eigener Erfahrung sagen, dass es unkompliziert und oft sogar ein Riesenvorteil ist, hier mit Kindern unterwegs zu sein. Das **Restaurant** macht noch schnell einen Tisch frei, der halbe Teller Spaghetti auf Boden und Tischdecke ist überhaupt kein Problem und für Kontakt mit den Einheimischen ist auf jeden Fall gesorgt. Denn jeder wird einen kleinen Plausch mit Ihren *bimbi* halten und Ihnen Komplimente für den Nachwuchs machen wollen.

Am meisten Spaß macht der Familienurlaub in einem **Agriturismo** (meist mit Pool) oder **am Meer.** Ein Geheimtipp ist auch die **Maremma:** Dort gibt es zwar einiges zu besichtigen, aber auf jeden Fall geht es einige Takte ruhiger zu – und Maremma-Cowboys oder Reiterhöfe halten schöne Angebote für Kinder bereit.

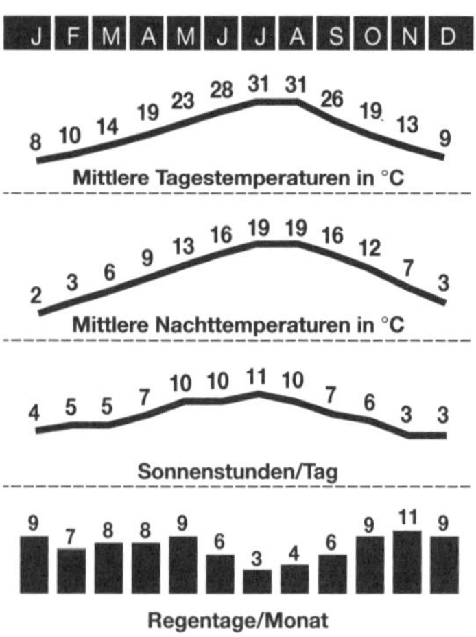

So ist das Wetter in Florenz.

Kleiner Nachteil: Das uralte Pflaster vieler toskanischer Städte ist nicht besonders kinderwagengeeignet, in einigen schönen Parks kommen Sie mit dem Kinderwagen gar nicht weiter – lieber eine Trage mitnehmen!

Klima und Reisezeit

Die Toskana ist immer wieder ein schönes Ziel, um den deutschen Winter zu verkürzen: Der **Frühling** beginnt hier spätestens im März und ist, wenn nicht gerade Frühlingsstürme toben, strahlend hell und voller Blumen. Jetzt können Sie auch entspannt die Küste genießen und Altstädte und Museen besuchen. Denn **ab Ostern** und dann **im Mai** wird es an den wichtigen touristischen Zielen extrem voll, außerdem ab **Juni** auch überall sehr heiß. Um diese Zeit **bis Ende September** lieber ans Meer oder aufs Land fahren, am besten in die ruhige Südtoskana – ohnehin ein absoluter Geheimtipp! Allerdings machen während der **italienischen Sommerschulferien** (Anfang/Mitte Juni–Mitte Sept.) auch viele Einheimische Urlaub, auch im eigenen Land, und fliehen aus der Hitze der Städte ans Meer. **Ab Oktober** wird es dann wieder ruhiger, das Wetter milder und Sie können in der Toskana entspannt einen langen Sommer ausklingen lassen. Außerdem ist der **Herbst** Genießerzeit! Weinlese, Trüffelsuche, Safranernte, Kastanien, Jagdwild haben jetzt Saison ... Auch im **Winter** gibt es Schönwetterperioden mit milden Temperaturen und die Kunststädte – vor allem Florenz – lassen sich dann wesentlich ungestörter besichtigen.

Lesetipps

Belletristik

Toscana Mia, Gernhardt, Robert: Gernhardt hat seit den 1970er-Jahren einen Großteil seiner Zeit im toskanischen

Montaio verbracht. Diese posthum aus Tagebuchaufzeichnungen und Skizzen des Autors herausgegebene Sammlung gibt Einblicke auch in die Toskana hinter der Bilderbuchlandschaft.
Goldene Schatten. Aus meinem Leben, Iris Origo: auf Deutsch nur antiquarisch erhältlich (Originaltitel: »Images and Shadows. Part of a Life«). Spannende Autobiografie einer ungewöhnlichen Frau. Mit interessanten Passagen über das Florenz und die Südtoskana im ersten Teil des 20. Jh. – und über Origos Lebensprojekt, Gut und Garten von La Foce (s. S. 211).
Bitterer Chianti, Paul Grote: literarisch nicht besonders anspruchsvoller, aber gut recherchierter Krimi, der tatsächliche Problematiken der Chianti-Region beschreibt und nebenbei einiges über den Weinbau lehrt.
Der Palio der toten Reiter, Carlo Fruttero / Franco Lucentini: surrealer Krimi rund um das historische Pferderennen in Siena mit seiner magischen Atmosphäre.

Sachbücher

Osterie d'Italia. Italiens schönste Gasthäuser: Die Italienbibel für Genießer, mit über 1000 Adressen in ganz Italien und sehr guten Restaurantipps in der Toskana, jährlich aktualisiert.
Nach Italien! Anleitung für eine glückliche Reise, hrsg. von Klaus Wagenbach: Das Lesebuch hält, was der Titel verspricht.
Das Geld der Medici, Tim Parks: gut lesbarer, spannender Einblick in die Gesellschaft und ihre Geldgeschäfte zur Zeit der Medici.

Reisen mit Handicap

Ein Serviceangebot für Behinderte gibt es in der Toskana nicht. Auch Informationen über behindertengerechte Unterkünfte sind leider nirgendwo zentral zusammenstellt.

S

SUCHMASCHINEN

Bei Suchmaschinen nicht vergessen, sowohl **Toskana** als auch **Toscana** einzugeben!

Reiseplanung

Florenz ist im Mai, Juni und September extrem voll, es droht der Touristenkollaps. Im Juli und August müssen Sie sich auf große Hitze gefasst machen, in diesen Monaten besser Land- und Strandaufenthalte planen. Für alle Strände gilt im Sommer: eher wochentags, eher vormittags oder spätabends.

Stippvisite: Die Toskana zum Kennenlernen

Nur wenig Zeit? Dann entscheiden Sie am besten je nach Interesse.

Florenz ist die Hauptstadt der **Kunst,** das urbane Zentrum der Toskana. Hier erwarten Sie **Kultur** und **Weltgeschichte.** Nördlich liegen **historische Zentren** wie **Pisa** und **Lucca** und die **Marmorberge von Carrara.**

Zwischen Florenz und Siena lockt die Traumlandschaft des **Chianti** mit Weinbergen, kleinen alten Städten und malerischen Landgütern. Eine Tour in die schöne Mittelalterstadt **Siena** (unser heimlicher Städtefavorit) und in die **Südtoskana** führt zu grandiosen Hügellandschaften und in geschichtsträchtige alte Orte.

Sie haben Lust auf einen ruhigen **Landaufenthalt,** mit viel Ruhe und Genuss an Ort und Stelle? Fahren Sie in das **Val d'Orcia** oder in das weite Gebiet der **Maremma** im Südosten der Toskana! Hier lernen Sie eine ganz andere Toskana kennen, sehr bäuerlich, trotz vieler Sehenswürdigkeiten viel weniger touristisch als der Norden. Die Maremma ist auch ein gutes Ziel für **Landurlaub in**

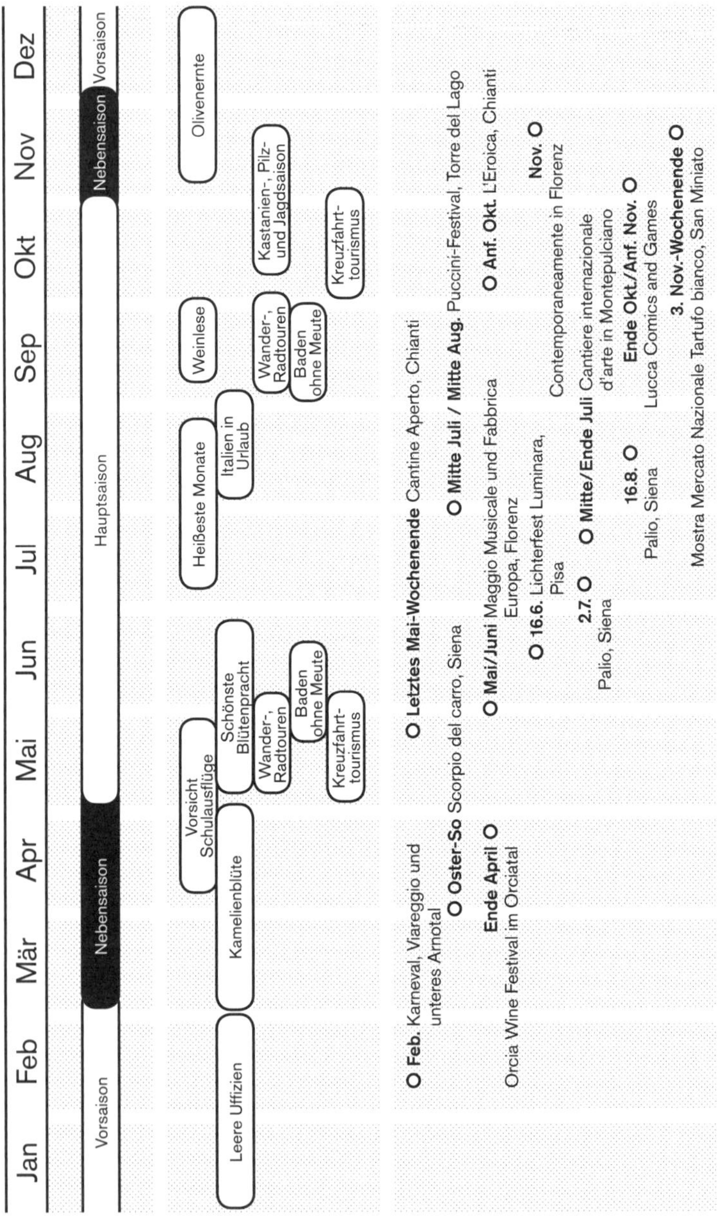
Jan
Feb
Mär
Apr
Mai
Jun
Jul
Aug
Sep
Okt
Nov
Dez
Vorsaison
Nebensaison
Hauptsaison
Nebensaison
Vorsaison
Leere Uffizien
Kamelienblüte
Vorsicht Schulausflüge
Schönste Blütenpracht
Wander-, Radtouren
Baden ohne Meute
Kreuzfahrt-tourismus
Heißeste Monate
Italien in Urlaub
Weinlese
Wander-, Radtouren
Baden ohne Meute
Kastanien-, Pilz- und Jagdsaison
Kreuzfahrt-tourismus
Olivenernte
Feb. Karneval, Viareggio und unteres Arnotal
Oster-So Scorpio del carro, Siena
Ende April Orcia Wine Festival im Orciatal
Letztes Mai-Wochenende Cantine Aperto, Chianti
Mitte Juli / Mitte Aug. Puccini-Festival, Torre del Lago
Mai/Juni Maggio Musicale und Fabbrica Europa, Florenz
Anf. Okt. L'Eroica, Chianti
16.6. Lichterfest Luminara, Pisa
Nov. Contemporaneamente in Florenz
2.7. Palio, Siena
Mitte/Ende Juli Cantiere internazionale d'arte in Montepulciano
16.8. Palio, Siena
Ende Okt./Anf. Nov. Lucca Comics and Games
3. Nov.-Wochenende Mostra Mercato Nazionale Tartufo bianco, San Miniato

Strandnähe – und für alle, die die Region auf den **Spuren der Etrusker** und jahrtausendealter **Bergwerksgeschichte** erkunden wollen.

Standorte für Besichtigungstouren

Gut als Standorte in der **nördlichen Toskana** geeignet sind **Florenz, Pistoia** und **Lucca.** In der Nordtoskana können Sie besonders viel mit öffentlichen Verkehrsmitteln unternehmen. Wenn Sie lieber in einer ländlicheren Region wohnen möchten, eignet sich das **Chiantigebiet** und die **Umgebung von San Gimignano** für den Besuch der toskanischen Kunststädte am besten. Die besten Zugverbindungen gibt es zwischen Florenz und Pisa, Florenz und Arezzo, Florenz und Viareggio (über Prato, Pistoia, Lucca). Auch in der **südlichen Toskana** kann man – etwa von **Siena, Montepulciano** oder **Pienza** aus – viele Touren unternehmen.

Sicherheit und Notfälle

Die Toskana hat eine relativ niedrige Kriminalitätsrate, auf besondere Vorsichtsmaßnahmen können Sie deshalb normalerweise verzichten. Allerdings sollten Sie Wertsachen besser nie im Auto zurücklassen! Aufpassen heißt es auch in Florenz und Pisa sowie in den Sommermonaten an der Küste, wenn dort Taschendiebe aktiv werden. Einen mit Reisegepäck beladenen Wagen sollten Sie in diesen Orten nur auf einem bewachten Parkplatz abstellen.

Notrufnummern

Carabinieri/allgemeiner Notruf: T 112
Polizei: T 113
Feuerwehr: T 115
Unfall/Erste Hilfe/Krankentransport: T 118
Pannenhilfe: T 116
ADAC-Notruf, München: T 0049 89 22 22 22 (auch für Nicht-Mitglieder)

M

MÜCKEN

Wenn Sie im Sommer reisen, sollten Sie sich vielerorts auf heftige Mückenangriffe gefasst machen. Also unbedingt Mückenschutzmittel einpacken und eventuell in einem Supermarkt vor Ort einen ›Anti-Mücken-Herd‹ *(fornello antizanzare)* für die Steckdose samt den dazugehörigen Flüssigkeiten oder Verbrennungsplättchen kaufen (Firmen: z. B. Vape oder Raid).

Sperrung von Handys, Bank- und Kreditkarten: T 0049 116 116, T 0049 30 40 50 40 50
Deutsches Konsulat: T 055 234 35 43, florenz@hk-diplo.de
Österreichisches Konsulat: T 055 26 54 222, cons.austria@alpiworld.com
Schweizerisches Konsulat: T 055 22 24 34, firenze@honrep.ch

Telefon

Internationale Vorwahlen

Italien: 0039
Deutschland: 0049
Österreich: 0043
Schweiz: 0041

Übernachten

Sie haben die Wahl: Die Toskana hat ein Riesenangebot an Hotels, *agriturismi,* Privatunterkünften (Bed & Breakfast, Airbnb) und Ferienwohnungen.

Preise und Reservierung

Zwischen April und Oktober sollten Sie Ihre Unterkunft möglichst im Voraus reservieren, viele Hotels sind dann langfristig ausgebucht. Auch während der örtlichen Feste

Die Idylle täuscht über die harte Arbeit hinweg, die Olivenbauern leisten müssen, bis wir gutes Öl bekommen.

ist es oft unmöglich, am jeweiligen Ort kurzfristig eine Unterkunft zu bekommen. Ein Doppelzimmer (DZ) in einem schönen, komfortablen Mittelklassehotel kostet zwischen 100 und 150 €, in angenehmen einfachen Häusern gewöhnlich ab 60 €. Bei airbnb.com gibt es Zimmer und auch ganze Wohnungen schon ab 25–30 €. Die im Buch angegebenen Preise beziehen sich, wenn nicht anders angegeben, auf ein Doppelzimmer mit eigenem Bad und Frühstück. Einzelzimmer kosten etwa ein Drittel weniger. Die Preise schwanken stark je nach Saison und Nachfrage. Für die Suche nach Sonderangeboten ist die Website www.trivago.de hilfreich: Sie filtert die jeweils günstigsten Internetangebote.

Hotels

Die Hotels werden von den staatlichen Tourismusbehörden klassifiziert (1–5 Sterne); diese Einordnung geht nach Ausstattung und Komfortstandard, sagt aber oft wenig über den Stil des Hauses aus, über Sauberkeit, Freundlichkeit und Atmosphäre. Es lohnt sich, auf Portalen wie booking.com noch einmal in den Bewertungen und Kommentaren nachzulesen. Da viele Hotels alte Bausubstanz haben, sind Zimmer oft sehr unterschiedlich zugeschnitten, was einheitliche Preisangaben schwierig macht. Viele kleinere Häuser haben zwei oder drei ›Zimmer‹-Stars (mit Balkon, Aussicht etc.), nach denen Sie sich gezielt erkundigen können.

Dimora storica

Nicht klassifizierbare ›historische Unterkunft‹ in einem besonderen alten Gebäude (Geschlechterturm, Burg, Speicherhaus), Preise je nach Einrichtung und Komfort bzw. nach Marktlage.

Agriturismo

Agriturismo (›Urlaub auf dem Bauernhof‹; s. auch S. 266) ist eine gute Idee, wenn Sie das toskanische Landleben kennenlernen möchten. Viele toskanische *agriturismi* sind schön renovierte Ferienwohnungen, die dazugehörigen Bauernhöfe oft Weingüter. Sehr gut ist häufig auch die Verpflegung: Wer möchte, genießt einen guten Tropfen von den umliegenden Weinbergen, einen Schafskäse aus hauseigener Produktion oder selbst gemachte *pici* (s. S. 296). Bei kleineren *agriturismi* mit Familienanschluss können Sie auch mal beim Abfüllen des Weines oder bei sonstigen Arbeiten mithelfen. Eine große Auswahl an Adressen findet sich auf **www.landreise.de, www.agriturist.it** (beide deutschsprachig) oder **www.turismoverde.it, www.campagnamica.it** (beide auf Italienisch).

Bed & Breakfast

Oft preiswerter als Hotels sind die von Privatvermietern geführten Bed & Breakfast. Einen sehr guten Überblick finden Sie im Internet auf **www.bedandbreakfast.it/de** oder auch auf der italienischsprachigen Website **www.bbitalia.it**.

Ferienwohnungen und Airbnb

Ferienwohnungen gibt es in der Toskana in großer Zahl, darunter viele wunderschöne Unterkünfte in restaurierten Häusern auf dem Land. Zu den professionellen Anbietern zählen z. B. **www.italia-casale.de, www.toscana-forum.com** oder **Sempre Italia** (www.sempre-italia.de). Auch bei **airbnb.com** gibt es mittlerweile eine große Auswahl an Zimmern oder auch Ferienwohnungen aller Preisklassen, interessant sind hier die häufig sehr entspannten Stornobedingungen!

Jugendherbergen

Jugendherbergen gibt es u. a. in Florenz, Siena, Pisa, Arezzo, Cortona, Marina di Carrara und in Tavarnelle Val di Pesa (Chiantigebiet). Im Allgemeinen werden dort Mehrbettzimmer angeboten. Infos und Buchungen über **www.aighostels.it/de** (italienischer Verband, deutschsprachige Website), **www.hihostels.com** (internationaler Verband, englischsprachige Website). Wenn Sie einen **Jugendherbergsausweis** besitzen, den Sie auf www.jugendherberge.de beantragen können, erhalten Sie günstigere Konditionen.

Camping

An der **toskanischen Küste** gibt es zahlreiche Campingplätze, die schönsten unter ihnen liegen im Süden, ab Donoratico. Insbesondere bei Punta Ala am Golf von Follonica gegenüber der Insel Elba gibt es ein vielfältiges Angebot.

Im **Binnenland** werden Sie vor allem in den wichtigeren Touristenorten fündig: Florenz, Siena, San Gimignano, Volterra und Pisa.

Infos erhalten Sie u. a. auf **www.camping.it** (auf Deutsch).

U

DER UMWELT ZULIEBE – NACHHALTIG REISEN

Fortbewegung: Die Anreise in die Toskana ist weit, aber wer das Klima schützen möchte, kann sich dennoch für die Anreise mit dem Zug entscheiden – oder beim Fliegen die Projekte von atmosfair unterstützen (www.atmosfair.de). Einmal vor Ort, lässt sich die Toskana gut mit öffentlichen Verkehrsmitteln bereisen. Das Liniennetz ist dicht, praktisch alle Orte werden von Bus oder Bahn bedient und die Preise liegen niedrig. Kleinere Orte erreicht man allerdings oft nur mühsam und mithilfe Einheimischer oder der Fremdenverkehrsämter, da es nur wenige Verbindungen gibt und diese oft schwer zu recherchieren sind.

Slow Food und Chilometro Zero: Regional produzierte, hochwertige Lebensmittel stehen in der Toskana hoch im Kurs und tun auch der Umwelt gut: Die Slow-Food-Bewegung (www.slowfood.de) hat hier ihren Ausgang genommen und ist unter Restaurants und Lebensmittelproduzenten weiterhin gut vertreten. Interessant ist auch das neuere Stichwort Kilometro Zero, das für nachhaltige Küche und Lebensmittelproduktion mit Zutaten aus der nächsten Umgebung steht.

Biowein: Auch viele kleinere Winzer setzen inzwischen wieder auf traditionelle und biodynamische Anbaumethoden, allerdings sind deren Weine wegen der komplizierten Zertifizierung oft nicht als Bioweine ausgezeichnet. Aber in den Weingütern erzählt man Ihnen gerne mehr!

Verkehrsmittel im Land

Autofahren/Verkehrsregeln

Autobahnen: sind in Italien gebührenpflichtig (ca. 7 €/100 km). Kostenlos befahrbar sind aber z. B. die Superstrada Firenze–Siena und die Autostrada 3 bis in den Nordosten der Region sowie die FI-PI-LI Florenz–Pisa mit Abzweig nach Livorno.

Zulässige Höchstgeschwindigkeiten: auf Autobahnen 130 km/h, auf Schnellstraßen 110 km/h, auf Landstraßen 90 km/h und in Ortschaften 50 km/h.

Promillegrenze: 0,5!

Parken: Wichtig ist es, sich an die Parkmarkierungen zu halten, sonst wird es schnell teuer. **Blaue Parkplätze** sind gebührenpflichtig, **gelbe** sind bestimmten Gruppen vorbehalten (Behinderten, Krankenwagen, Taxen oder auch Hotelgästen), **weiße** sind kostenlos. **Aber aufgepasst:** Manche weißen Parkplätze liegen innerhalb einer verkehrsberuhigten ZTL *(zona traffico limitato)*, dann haben Sie die elektronische Schranke im Stadtzentrum übersehen.

Konzentration ist gefragt, nicht nur, wenn Sie über die toskanischen Landstraßen fahren.

Zufahrt zu historischen Zentren: Die meisten Zentren sind verkehrsfrei, Hotelgäste dürfen oft nur zu bestimmten Zeiten kurz bis zur Unterkunft vorfahren.

Fahren mit Licht: Außerhalb geschlossener Ortschaften muss auch tagsüber das Abblendlicht eingeschaltet werden!

Gut zu wissen: Italienische Autofahrer halten sich nicht unbedingt an die Verkehrsregeln, fahren aber generell sehr aufmerksam. Oft ist die spontane Einschätzung der Situation wichtiger als die strenge Einhaltung der Vorschriften.

Mietwagen

Mietwagen finden Sie an den Flughäfen Florenz und Pisa sowie in Arezzo, Grosseto, Livorno, Lucca, Pisa, Prato, Siena, Viareggio.

Bahn

Die Bahn ist in der Nordtoskana eine sehr gute Alternative zum eigenen Auto! Sehr günstig fahren Sie mit etwas Glück, wenn Sie rechtzeitig auf www.trenitalia.com oder mit der trenitalia-App (bis zu drei Monate im Voraus) reservieren. **Tickets für Regionalzüge** sollten Sie im Land kaufen, sie sind dort billiger. Lösen Sie Fahrkarten unbedingt vor Fahrtantritt am Schalter oder Automaten! Nachlösen im Zug ist sehr teuer. Alle Fahrkarten müssen vor Reisebeginn an **Stempelautomaten** abgestempelt werden.

Informationen: www.bahn.de (verlässlich auch für inneritalienische Verbindungen, ohne Preisangaben), www.trenitalia.com.

Bus

Busse verkehren zwischen größeren Orten (z. B. Siena–Florenz, Florenz–Lucca u. a.) sowie von den Provinzhauptstädten (Arezzo, Florenz, Grosseto, Livorno, Lucca, Massa-Carrara, Pisa, Pistoia, Siena) in alle

Orte der jeweiligen Provinz. **Fahrkarten** sind meist nicht im Bus erhältlich, sondern müssen am Schalter des Busbahnhofs erworben werden, in kleineren Orten in *tabacchi* oder Bars. Die **Fahrpreise** sind denen der Bahn vergleichbar. An **Sonn- und Feiertagen** *(giorni festivi)* fahren die Busse oft nicht oder jedenfalls erheblich seltener als werktags *(giorni feriali)*.

Fahrpläne/Fahrplanauskunft: telefonisch auf Italienisch und mit etwas Glück auch auf Englisch, im Internet nur auf Italienisch. Unter *orari* finden Sie auf den Websites der jeweiligen Busgesellschaft die Abfahrtszeiten. Eventuell müssen Sie auch auf *linee extraurbane* klicken, um die aus der Stadt herausführenden Buslinien zu finden.

... in der Provinz Florenz mit Prato und Chiantigebiet
CAP (www.capautolinee.it), Lazzi (www.lazzi.it), Sita (www.sitabus.it)

... in den Provinzen Siena, Grosseto und Arezzo
T 800 922 984 (aus dem Festnetz), T 199 168 182 (mobil), www.tiemmespa.it

... in den Provinzen Pisa und Lucca
CTT Nord, www.cttnord.it

Taxi

Taxen sind in den Städten gewöhnlich leicht zu bekommen, Rufnummern finden Sie im Internet unter dem Suchbegriff *taxi* und *radio-taxi*. Der **Fahrpreis** beträgt rund 2 €/km (Mindestgebühr um 5 €; Zuschläge für Gepäck, Fahrten an Sonntagen, Nachtfahrten). Taxifahrer sind bei Stadtfahrten verpflichtet, den Taxameter einzuschalten. Auf dem Land erfahren Sie in Hotels, Restaurants oder Bars die Adresse des örtlichen Taxifahrers – sofern es einen gibt.

Überfahrt auf die Inseln des Toskanischen Archipels

Für die Überfahrt mit der **Fähre von und nach Elba** sollten Sie während der Hochsaison (Ostern, Pfingsten, Juli/Aug.) unbedingt rechtzeitig Tickets buchen. Die wichtigste Schiffsverbindung ist **Piombino–Portoferraio,** aber auch kleinere Ortschaften auf Elba werden angefahren: **Moby Lines** (www.moby.it), **Blu Navy** (www.blunavytraghetti.com/de) oder **Toremar** (www.toremar.it). Die Überfahrt dauert nach Elba eine Stunde. Mit dem **Tragflügelboot** geht es schneller (30–40 Min.), ist aber auch etwa doppelt so teuer.

Hinüber nach Elba geht es ganz einfach mit der Fähre.

Die kleineren Inseln des Archipels werden von **Toremar** angefahren: Nach **Giglio** fahren kleine Autofähren (1 Std.) ab Porto Santo Stefano. Am besten lassen Sie aber Ihr Fahrzeug in Porto Santo Stefano und nehmen auf Giglio öffentliche Verkehrsmittel. Von Porto Santo Stefano gelangen Sie auch nach **Giannutri, Gorgona** und **Capraia** werden von Livorno aus angesteuert, **Pianosa** ab Piombino oder ab Rio Marina auf Elba.

Sprachführer Italienisch

A

AUSSPRACHE

Allgemeines
In der Regel wird Italienisch so ausgesprochen wie geschrieben. Treffen zwei Vokale aufeinander, so werden beide einzeln gesprochen (z. B. E-uropa). Die Betonung liegt bei den meisten Wörtern auf der vorletzten Silbe. Liegt sie auf der letzten Silbe, wird ein Akzent verwendet (z. B. città, caffè).

Konsonanten
c vor a, o, u wie k, z. B. conto; vor e, i wie tsch, z. B. cinque
ch wie k, z. B. chiuso
ci vor a, o, u wie tsch, z. B. doccia
g vor e, i wie dsch, z. B. Germania
gi vor a, o, u wie dsch, z. B. spiaggia
gl wie ll in Brillant, z. B. taglia
gn wie gn in Kognak, z. B. bagno
h wird nicht gesprochen
s teils stimmhaft wie in Saal, z. B. museo; teils stimmlos wie in Haus, z. B. sinistra
sc vor a, o, u wie sk, z. B. scusi; vor e, i wie sch, z. B. scelta
sch wie sk, z. B. schiena
sci vor a, o, u wie sch, z. B. scienza
v wie w, z. B. venerdì
z teils wie ds, z. B. zero; teils wie ts, z. B. zitto

Allgemeines

Guten Morgen/Tag	Buon giorno
Guten Abend	Buona sera
Gute Nacht	Buona notte
auf Wiedersehen	arrivederci
entschuldige(n Sie)	scusa (scusi)
hallo/grüß dich	salve/ciao
bitte	prego/per favore
danke	grazie
ja/nein	sì/no
Wie bitte?	come?/prego?

Unterwegs

Haltestelle	fermata
Bus/Auto	autobus/macchina
Ausfahrt/-gang	uscita
Tankstelle	stazione di servizio
rechts/links	a destra/a sinistra
geradeaus	diritto
Auskunft	informazione
Bahnhof/Flughafen	stazione/aeroporto
alle Richtungen	tutte le direzioni
Einbahnstraße	senso unico
Eingang	entrata
geöffnet	aperto/-a
geschlossen	chiuso/-a
Kirche/Museum	chiesa/museo
Strand/Brücke	spiaggia/ponte
Platz	piazza/posto

Zeit

Stunde/Tag	ora/giorno
Woche/Monat	settimana/mese
Jahr	anno
heute/gestern	oggi/ieri
morgen	domani
Montag	lunedì
Dienstag	martedì
Mittwoch	mercoledì
Donnerstag	giovedì
Freitag	venerdì
Samstag	sàbato
Sonntag	doménica

Notfall

Hilfe!	Soccorso!/Aiuto!
Polizei	polizia
Arzt/Zahnarzt	medico/dentista
Apotheke	farmacia
Krankenhaus	ospedale
Unfall	incidente

Schmerzen	dolori
Fieber	febbre
Panne	guasto

Übernachten

Hotel	albergo
Pension	pensione
Einzelzimmer	camera singola
Doppelzimmer	camera doppia
mit/ohne Bad	con/senza bagno
Toilette	bagno, gabinetto
Dusche	doccia
mit Frühstück	con prima colazione
Halbpension	mezza pensione
Gepäck	bagagli

Einkaufen

Geschäft/Markt	negozio/mercato
Bäckerei	panificio
Kreditkarte	carta di credito
Geld	soldi
Geldautomat	bancomat
Lebensmittel	alimentari
Größe	taglia
bezahlen	pagare

Zahlen

1	uno	18	diciotto
2	due	19	diciannove
3	tre	20	venti
4	quattro	21	ventuno
5	cinque	30	trenta
6	sei	40	quaranta
7	sette	50	cinquanta
8	otto	60	sessanta
9	nove	70	settanta
10	dieci	80	ottanta
11	undici	90	novanta
12	dodici	100	cento
13	tredici	101	centuno
14	quattordici	150	cento-cinquanta
15	quindici		
16	sedici	200	duecento
17	diciassette	1000	mille

W

WICHTIGE SÄTZE

Allgemeines

Sprechen Sie … Deutsch/Englisch?	Parla … tedesco/inglese?
Ich verstehe nicht.	Non capisco.
Ich spreche kein Italienisch.	Non parlo italiano.
Ich heiße …	Mi chiamo …
Wie heißt du/ heißen Sie?	Come ti chiami/ si chiama?
Wie geht es dir/Ihnen?	Come stai/sta?
Danke, gut.	Grazie, bene.

Unterwegs

Wo ist bitte …?	Scusi, dov'è …?
Könnten Sie mir bitte … zeigen?	Mi potrebbe indicare …, per favore?

Notfall

Können Sie mir bitte helfen?	Mi può aiutare, per favore?
Ich brauche einen Arzt.	Ho bisogno di un medico.
Hier tut es weh.	Mi fa male qui.

Übernachten

Haben Sie ein freies Zimmer?	C'è una camera libera?
Wie viel kostet das Zimmer pro Nacht?	Quanto costa la camera per notte?
Ich habe ein Zimmer bestellt.	Ho prenotato una camera.

Einkaufen

Wie viel kostet …?	Quanto costa …?
Wann öffnet/ schließt …?	Quando apre/ chiude …?

Im Restaurant

Die Speisekarte, bitte.	Il menu, per favore.
Die Rechnung, bitte.	Il conto, per favore.

Kulinarisches Lexikon

Allgemeines

antipasto/ primo piatto	Vorspeise
contorno	Beilagen
dessert/dolce	Nachspeise
lista dei vini	Weinkarte
menù del giorno	Tagesgericht
minestra/zuppa	Suppe
pepe	Pfeffer
piatto principale	Hauptgericht
sale	Salz
zucchero/saccarina	Zucker/Süßstoff

Zubereitung

al forno	aus dem Backofen
alla griglia	gegrillt
allo spiedo	am Spieß
amabile/dolce	süß
arrostato/-a	geröstet
arrosto/-a	gebraten
bollito/-a	gekocht
caldo/-a	warm
con/senza	mit/ohne
freddo/-a	kalt
fritto/-a	gebacken
gratinato/-a	überbacken
stufato/-a	gedünstet

Vorspeisen und Suppen

alici	sauer eingelegte Sardinen
antipasti del mare	Vorspeisenplatte mit Fisch/ Meeresfrüchten
antipasti misti	gemischte Vorspeisen
bruschetta	geröstetes Weißbrot mit Knoblauch und Öl
cannellini	weiße längliche Bohnen, ungewürzt
carciofi	Artischocken
cozze ripiene	gefüllte Muscheln
fagiolini bianchi	weiße Bohnen
insalata di polpo	Tintenfischsalat
melanzane alla griglia	gegrillte Auberginen
minestrone	Gemüsesuppe
peperonata	gemischtes geschmortes Gemüse
prosciutto	Schinken
salame di cinghiale	Wildschweinsalami
vitello tonnato	Kalbsbraten mit Thunfischpaste
zucchine alla griglia	gegrillte Zucchini
zuppa di pesce	Fischsuppe

Pasta und Co.

cannelloni	gefüllte Nudelröhren
fettuccine/tagliatelle	Bandnudeln
formaggio	Käse
gnocchi	Kartoffelklößchen
lasagne	Nudelauflauf mit Hackfleisch, Tomaten, Bechamelsoße
paglia e fieno	gelbe und grüne Bandnudeln
pasta fresca (fatta in casa)	frische (hausgemachte) Pasta
pasta ripiena	gefüllte Pasta, meist mit Spinat und Ricotta
polenta	Maisbrei
risotto ai funghi	Pilzrisotto
risotto alla marinara	Risotto mit Meeresfrüchten

Fisch und Meeresfrüchte

anguilla	Aal
aragosta	Languste
aringa	Hering
cozza	Miesmuschel
frutti di mare	Meeresfrüchte

gamberetto	Garnele
gambero	Hummer
orata	Dorade/ Goldbrasse
ostrica	Auster
pesce persico	Barsch
salmone	Lachs
seppia	Tintenfisch
sogliola	Seezunge
tonno	Thunfisch
trota	Forelle

Fleisch

agnello	Lamm
anatra	Ente
arrosto	Braten
brasato	Rinder- schmorbraten
capra/capretto	Ziege/Zicklein
carne	Fleisch
cinghiale	Wildschwein
coniglio	Kaninchen
coscia/cosciotto	Keule
faraona	Perlhuhn
lepre	Hase
maiale/porco	Schwein
manzo	Rind
oca	Gans
pernice	Rebhuhn
pollo	Hähnchen
quaglia	Wachtel
salumi	Wurstwaren
spezzatino	Gulasch
tacchino	Pute
vitello	Kalb

Gemüse und Beilagen

bietola	Mangold
carota	Mohrrübe
cavolfiore	Blumenkohl
cavolo	Kohl
cipolla	Zwiebel
fagioli/fave	Bohnen
finocchio	Fenchel
fungo porcino	Steinpilz
insalata mista	gemischter Salat
melanzana	Aubergine
pane	Brot
patata	Kartoffel
pisello	Erbse
polenta	Maisbrei
pomodoro	Tomate
porro	Lauch
riso	Reis
sedano	Sellerie
spinaci	Spinat
zucca	Kürbis

Nachspeisen und Obst

albicocca	Aprikose
anguria	Wassermelone
cantuccino	Mandelgebäck
cassata	Eisschnitte mit kandierten Früchten
fico	Feige
fragola	Erdbeere
frutta	Obst
gelato	Eiscreme
lampone	Himbeere
macedonia	frischer Obstsalat
mela	Apfel
melone	Honigmelone
panna cotta	gekochte Sahnecreme
tiramisù	Löffelbiskuit mit Mascarponecreme
torta (di frutta)	(Obst-)Torte
zabaione	Eierschaumcreme

Getränke

acqua (minerale)	(Mineral-)Wasser
… con gas/gassata	… mit Kohlensäure
… senza gas/liscia	… ohne Kohlensäure
birra (alla spina)	(Fass-)Bier
caffè (corretto)	Kaffee (mit Grappa)
(cubetti di) ghiaccio	Eis(würfel)
granita di caffè	Eiskaffee
grappa	Branntwein
latte	Milch
liquore	Likör
spumante	Sekt
succo	Saft
tè	Tee
vino bianco	Weißwein
vino rosso	Rotwein

Das

Magazin

Vor Beginn des Palio werden Ross und Reiter in Siena gesegnet.

Ein Stück Herz bleibt hier …

Der Agriturismo — ist in der Toskana eine Erfolgsgeschichte, für das Land wie für unzählige Urlauber. Wir besuchen die Familie Ciappi von der Casa alle Vacche, die in den letzten 20 Jahren ihr Weingut in einen *agriturismo* umgebaut hat.

Die Lady aus Großbritannien kommt seit 20 Jahren jeden Sommer. Sie trinkt mit Uroma Ciappi Tee im schattigen Garten zwischen Hof und Swimmingpool. Sie genießt den Sommer in den Weinbergen, den Blick auf die Türme von San Gimignano, die Pasta von Francesco, den exzellenten Wein von den umliegenden Hügeln. »Wenn sie mal nicht mehr herkommt, dann nur, weil sie die Reise nicht mehr machen kann«, sagt Valentina Ciappi, Tochter des Hauses.

Wie alles begann

Als die Lady das erste Mal über den staubigen Wirtschaftsweg zur Casa alle Vacche (www.casaallevacche.it) fuhr, hatte der kleine *agriturismo* bei San Gimigniano gerade erst eröffnet. Ein wunderschönes Stück Land, Weinberge, Olivenbäume, Gemüsegärten, alte Wirtschaftsgebäude. Es gab noch keinen Swimmingpool, keine Sonnenterrasse, keinen Anbau mit Ferienwohnungen. Fernando Ciappi und sein Bruder hatten eben erst begonnen, den Bauernhof ihrer Eltern in einen *agriturismo* zu verwandeln und den Hof in ein echtes Weingut.

Wie viele aus ihrer Generation hatten sie davor in einer Fabrik in der Stadt gearbeitet. Der Hof konnte gerade mal die Eltern ernähren. »Am Wochenende kamen wir dann immer zum großen Familienessen her und träumten von einem Leben hier draußen. Ein Leben mit der Erde, mit den Jahreszeiten.« Fernando erzählt das im Herz des heutigen *agriturismo,* in dem von ihm entworfenen Wohnzimmer-Restaurant. Durch ein großes Panoramafenster geht der Blick auf die Weinberge. In einer Ecke gibt es einen großen Kamin, Sofas und Bücher, in der Mitte eine kleine Bar, drum herum gedeckte Tische. Wir sitzen mit der ganzen Familie beim Mittagessen: Fernando und Fiorella Ciappi und ihre

Ob alte oder junge Lady, ein Glas hauseigenen Weins mit Blick ins Grüne genießt im Agriturismo jede gern.

Fernando Ciappi und Tochter Valentina: stolz auf den eigenen Wein

Kinder Francesco und Valentina. Auf dem Tisch stehen Platten mit Antipasti, Zwiebelmarmelade aus eigener Produktion, Brot mit Olivenaufstrich. In der Küche kocht Francesco *pici,* dicke Schnüre Pasta mit Wildschweinsoße. Fernando schenkt den selbst gekelterten Wein ein.

Wider die Landflucht ...

Fernando und sein Bruder hatten Glück. In den 1980er-Jahren beschloss die italienische Regierung, etwas gegen die Landflucht der jungen Generation und den Bankrott der traditionellen Landwirtschaft zu tun. Grundlage war ein *agriturismo* nach dem Vorbild von Nachbarländern wie Frankreich oder Österreich. »Wer Feriengäste auf seinem Hof aufnahm«, erzählt Fernando, »und ihn dafür mit Gästezimmern und Ferienwohnungen ausstattete, konnte für die nötigen Umbauten und den strukturellen Neuanfang staatliche Hilfe beantragen.« Das sollte den Bauern einen Nebenverdienst ermöglichen und gleichzeitig dringend benötigte neue Unterkünfte für Touristen schaffen. »Das war eine gute Sache, in den Neunzigerjahren ist es vielerorts gelungen, die alten *fattorie* und *abitazioni* wiederherzustellen. Viele junge Leute sind in der Landwirtschaft geblieben. Es gibt sogar jetzt wieder einen neuen Boom – der *agriturismo* ist einer der wenigen Sektoren, wo es noch Wachstumsmargen gibt.«

Für die Ciappi-Brüder war das neue Gesetz der Anstoß, ihr Leben und das ihrer Familien komplett auf den Kopf zu stellen. Fernandos Kinder, damals gerade mit der Schule fertig, waren von Anfang an mit dabei, wie auch Fernandos Bruder und sogar die Groß- und Urgroßmutter. Nach und nach entstand am Ende der staubigen Straße zur Casa alle Vacche ein *agriturismo*, der für viele Gäste zur Ferientradition geworden ist.

... und für die Zukunft

Parallel haben die Ciappis ihre Weinproduktion neu aufgestellt. Während die Großeltern noch einen einfachen Landwein kelterten, der in bauchigen 50-l-Flaschen verkauft wurde, hat Fernando alte regionale Trauben und Anbaumethoden wieder eingeführt. Er kümmert sich intensiv um die Alchemie seiner Sorten und produziert Qualitätsweine mit ganz eigenem Charakter. Sogar die Etiketten mit poetischen Beschreibungen vom Wein und seinem Boden hat er selbst entworfen.

Die Mischung aus Ferienort und echtem Landwirtschaftsbetrieb, wo die Gäste auch mal Wein mit abfüllen oder direkt auf dem Weinberg mehr über alte Anbaumethoden lernen können, kommt bei den Gästen gut an. Manche Familien kommen schon in der zweiten Generation. »Wir haben uns sofort zu Hause gefühlt«, schreibt ein italienischer Gast auf der Facebook-Seite des Hofes. »Es ist der perfekte Ort für Ferien im Zeichen von gutem Wein, allerbestem Essen, wunderbaren Spaziergängen. Wir kommen bald mit der ganzen Familie wieder! Bis dahin: Ein Stück Herz bleibt hier ...« ■

Verlassene Dörfer

Leere Dörfer, verwilderte Olivenhaine — immer mehr Dörfer werden von ihren Bewohnern verlassen. Ist das Dorfsterben in der Toskana noch aufzuhalten?

Die Dorfstraße liegt verlassen, von Grün überwuchert, vollkommen still. Nur Vogelgezwitscher ist zu hören, Motoren aus weiter Ferne. Die alten gemauerten Häuser stehen leer. Durch einige Dächer ist der Himmel zu sehen. Steine sind von den Wänden in die Zimmer gebröckelt. Auf Stillleben aus alten Möbeln, Flaschen und Küchengeräten liegt der Schmutz von Jahrzehnten. Toiano ist ein Geisterdorf. Die Straße ist noch da, die Brücke, der Friedhof. Die Bewohner sind verschwunden, seit den 1960er-Jahren schon. Der kleine Ort aus dem Mittelalter, hoch oben in den Hügeln bei Volterra, ist nur eines von zahlreichen *paese fantasma*, ›Geisterdörfern‹, der Toskana. Immer wieder wird die Politik aufgefordert, zu retten, zu bewahren, vorzubeugen – bisher ist wenig passiert. »Das ist eine traurige Realität für so viele kleine Dörfer in unserem schönen Italien, die richtig im Herzen wehtut«, kommentierte 2015 ein Leser der Zeitung La Stampa. »Was auch immer man versucht, um Vernachlässigung und Zerfall aufzuhalten – es sind keine befriedigenden Lösungen in Sicht.«

Dorfsterben

Das Phänomen ist gewaltig, seit Jahrzehnten aktuell und in weiten Teilen Italiens kaum aufzuhalten. In ganz Italien soll es über 5000 Geisterdörfer geben. Viele weitere Dörfer sind vom Aussterben bedroht, auch in der Toskana. Schon 2013 sagte ein Bewohner des toskanischen Appenninen-Dörfchens Stagno im Fernsehen verzweifelt, er würde sein Haus sogar verschenken. Wenn er nur jemanden fände, der bereit wäre, hierher in die Einsamkeit zu ziehen! Kürzlich erst waren wir zu Besuch in einem schönen alten Ort in den Bergen bei Viareggio, eigentlich mitten im reichen Küstengebiet der Toskana. Aber jedes zweite Haus steht dort zum Verkauf. Mit jedem Alten, der stirbt, wird das Dorf kleiner. Die alten Häuser sind den jungen Familien zu unpraktisch, der Weg zur Schule und zur Arbeit zu weit – in steilen Serpentinen geht es gute 20 Minuten den Berg hinunter bis ins nächste Zentrum.

Toiano in der Provinz Pisa ist eines der toskanischen Geisterdörfer.

Pompeji des 20. Jh.

Begonnen hat das große Dorfsterben in den Sechziger- und Siebzigerjahren des 20. Jh. Auf der Suche nach einem besseren Leben, nach geregelter Arbeit in den Fabriken und kurzen Wegen zogen ganze Ortsgemeinschaften in die Städte. Sie hinterließen Häuser, Einrichtung, Kaufläden, landwirtschaftliches Gerät. Wer die leeren Orte besucht – einige von ihnen, wie Toiano, sind beliebte Ausflugsziele – findet sich wie in einer Zeitkapsel: »Das ist wie eine Reise in die Vergangenheit, in ein Italien, das es nicht mehr gibt«, sagt Fabio di Bitonto, der die viel besuchte Geisterdörfer-Website www.paesifantasma.it betreibt. »Jedes dieser Dörfer ist eine Momentaufnahme von einem ganz bestimmten Ort, an dem die Zeit stehen geblieben zu sein scheint.« Als »Pompeji des 20. Jh.« werden die verlassenen Orte deshalb gerne bezeichnet und von Wanderern besucht. Nur, dass sie keinerlei Schutz als Kulturgut genießen.

Wiederbelebung

Aber in der Bevölkerung nimmt das Bewusstsein zu, dass hier etwas unwiederbringlich verloren zu gehen droht. Allein über 1800 sterbende oder leere Dörfer sind bei der italienischen Denkmalschutz-Stiftung FAI registriert – als Orte, die verschiedenste Initiativen gerne erhalten wollen. Aber wie? Vereinzelt kaufen Privatleute oder Tourismusunternehmen die verlassenen Orte, um sie wiederherzustellen, zuletzt spektakulär im Fall des Toskana-Dorfes Castelfalfi.

TOSKANISCHE GEISTERDÖRFER BESUCHEN

G

Toiano (bei Palaia, Provinz Pisa): Die Geschichte Toianos geht bis auf das Mittelalter zurück – heute ist es eines der meistbesuchten Geisterdörfer der Region. Am besten zu Fuß über die Strada Comunale di Toiano bei Palaia erreichbar.
Col di Favilla (bei Stazzema, Provinz Lucca): »Col di Favilla, heute traurig verlassen, war wirklich das Ende der Welt«, schrieb ein italienischer Ethnologe schon vor Jahrzehnten über dieses Gespensterdorf. Früher kam hier jeder vorbei, der diesen einsamen Teil der Versilia besuchen wollte. Heute ist es komplett verlassen, bleibt aber über verschiedene Wege erreichbar: Von Isola Santa aus laufen Sie etwa eineinhalb Stunden auf dem Wanderweg CAI (Club Alpino Italiano) Nr. 9. Ein anderer Weg beginnt bei Foce di Mosceta.
Fornello (bei Vicchio, Provinz Firenze): Zentrum des kleinen Ortes war einmal die gleichnamige Station auf der Eisenbahnlinie zwischen Borgo San Lorenzo und Marradi. Genutzt wurde sie vor allem von Minenarbeitern auf dem Weg zu ihrer Arbeit und um Material ins Tal zu transportieren. Interessantes Zeugnis alter Eisenbahngeschichte! Ab Gattaia dem Fluss Muccione folgen, Abzweig nach links in den Wald nehmen.
Mirteto (San Giuliano Terme, Provinz Pisa): An den Hängen des Monte della Conserva liegt dieses alte Klosterdorf, dokumentiert seit 1150, mit seiner berühmten Kirche Santa Maria di Mirteto. Viele Gebäude sind nicht zugänglich, aber allein die Kirche lohnt einen Ausflug. Von Asciano Pisano aus nehmen Sie den CAI-Wanderweg Nr. 119 durch den unteren Teil des Valle delle Fonti. Später geht es über eine kleine Brücke über einen Bach auf den CAI-Weg Nr. 121, der direkt nach Mirteto führt.

Es wurde zum Luxusresort umgebaut. Für einige Dörfer gibt es die Idee, Freilichtmuseen aus ihnen zu machen. Echte Lösungen sind das nicht. Es muss auch eine andere Politik her, sagen viele. Bei einer Umfrage des Senders RAI3 äußerten 83 % der Zuschauer, es mangele »an einer Politik der Wertschätzung und der Wiedergewinnung dieser Reichtümer«. Claudia aus Pisa, deren Eltern die Wohnung der Großeltern im Umfeld von Massa verwalten, meint: »Solange die Steuern für einen Zweitwohnsitz so hoch sind, kann es sich kaum eine Familie leisten, das Haus der Großeltern in den Bergen zu erhalten.«

Zurück ins Dorf zu ziehen ist in einigen Regionen Italiens, vor allem im Norden, wieder ein Trend. Dort machen Tourismus und nahe Industrie die Bergdörfer zu beliebten Rückzugsorten. In der Toskana funktioniert das bisher kaum. Und bald wird es für viele Dörfer zu spät sein. Denn ein guter Erhaltungszustand ist Voraussetzung für eine Wiederherstellung, befindet zumindest Marco Magnifico, Vizepräsident der FAI: »Nur wenn man in einem Dorf noch wohnen kann, macht das Sinn.« Schätzungen zufolge wäre ein Wiederaufbau von etwa 40 % der verlassenen Dörfer möglich. Aber wer macht das, wer will überhaupt aufs Land zurückziehen? Enrico Borghi, Präsident der nationalen Vereinigung der Bergregionen *(Unione Nazionale communi ed enti montani)* kritisiert: »Es gibt dafür keine nationale Strategie. Alle Initiativen kamen bisher von Regionen und Kommunen, von Privatleuten oder aus der Tourismuswirtschaft. Eine gezielte Politik der Re-Bevölkerung und die Möglichkeit, vor Ort arbeiten zu können, würde dazu beitragen, Umwelt und Territorium zu bewahren und zu retten.« Wie viele Italiener ist er sich sicher, dass sich das lohnt: »Diese Dörfer sind ein Erbe der Umwelt, der Geschichte, der Landschaft, aber auch ein Erbe der Lebensqualität.« ■

Zerfallene Häuser und verwilderte Landschaft begegnen einem in Mirteto (oben). Ein ganz anderes Bild finden Besucher in Castelfalfi: Hier fand eine Umnutzung zum Luxusresort inklusive Golfplatz statt (unten).

FAI – Für alle, für immer

Die Stiftung italienische Umwelt — widmet sich seit 1975 drei Hauptzielen: Schutz der Natur- und Kunstgüter, Sensibilisierung der Mitbürger, Mobilisierung für den Schutz bedrohter Lebensräume. Wir treffen zwei Aktivisten in Livorno.

Lange Menschenschlangen warten vor der alten Accademia Navale, der Marine-Akademie von Livorno. Geduldig stehen die Livorneser vor der monumentalen Anlage aus dem 19. Jh., bis sie durch das hohe schmiedeeiserne Gitter gelassen werden. Heute ist in ganz Italien Tag der offenen Denkmäler – jedes Mal wieder eine Riesenattraktion. Zweimal im Jahr organisiert der FAI (Fondo Ambiente Italiano, Stiftung italienische Umwelt) solche Aktionstage. Außerdem macht die Stiftung das ganze Jahr über Programm an spannenden alten Orten – vom Sommerabendkonzert bis zum Kunstkurs. Fast alles wird von Freiwilligen organisiert, unter dem Motto: »Für immer, für alle«. Der partizipative Ansatz kommt gut an. Sehr beliebt bei der Bevölkerung sind beispielsweise die FAI-Herzensorte, die *luogi del cuore*. Wir treffen uns mit Susanna Renzini und Lorenzo Rossi von der Livorneser Ortsgruppe des FAI an einem solchen *luogi del cuore*, der alten holländisch-deutschen Kirche in der Altstadt.

Was hat es mit den ›Luogi del Cuore‹ auf sich?

Lorenzo: Alle zwei Jahre organisiert der FAI einen Wettbewerb und bittet die Bevölkerung, ihre Herzensorte zu wählen – Orte, Bauten oder Objekte, die nicht genutzt werden oder sogar Ruinen sind, die aber ein Erbe für die Stadt oder die Provinz bedeuten. Diese Kirche hat 2012 mehr als 20 000 Stimmen bekommen. Wir haben daraufhin Geld gesammelt, um die Fassade und später auch den Innenraum zu restaurieren. Warum gerade diese Kirche? Sie steht für die weltoffene, tolerante Identität der Stadt. Livorno als

Nördlich von Lucca ließ die FAI das Teatrino di Vetriano aus dem Jahr 1890 restaurieren: Als kleinstes historisches Theater (97 Plätze) der Welt steht es seit 1997 im Guinness-Buch der Rekorde.

MACHEN SIE MIT!

www.fondoambiente.it: Auf dieser italienischsprachigenWebsite erhalten Sie Informationen zu den im Frühjahr und Herbst stattfindenden *giornate FAI* sowie zahlreichen weiteren Events.
App FAI: Hier finden Sie alle Infos, Orte und Events (auf Italienisch).
Spenden oder adoptieren? Sie möchten allgemein an den FAI spenden, ein italienisches Denkmal oder einen Baum adoptieren? Auch das können Sie über die Website: www.fondoambiente.it/sostienci.

Hafenstadt war immer ein Melting Pot mit ganz verschiedenen religiösen und nationalen Gemeinschaften. Da konnte neben der griechisch-orthodoxen, der armenischen und der jüdischen auch eine evangelische Gemeinde bestehen.

Die ›Luoghi del Cuore‹ sind der Bevölkerung ein echtes Anliegen. Wofür steht die FAI außerdem?

Lorenzo: Wir machen uns stark für die Wertschätzung und den Schutz der italienischen Kulturgüter. Wir möchten den Bürgern den Wert unseres künstlerischen Erbes nahebringen und wie wichtig es ist, es zu bewahren und zu erhalten. Das Erbe der Vergangenheit ist einfach enorm in Italien. Es gelingt dem Staat allein nicht, es in seiner Gesamtheit zu schützen und zu verwalten. Deshalb muss ein Bürgersinn dafür geweckt werden. Vor allem in den letzten Jahren ist der FAI dabei neben dem Schutz von Gebäuden auch zum Schutz von Landschaften übergegangen. Eines unserer Projekte ist der Wald von Assisi, wo sich Franz von Assisi als Pilger aufhielt. Das ist wirklich ein Wald, kein historisches Gebäude – ein historischer Wald, die Bäume sind Hunderte, ja tausend Jahre alt …

Geburtsstunde des FAI war 1975 in Mailand, die Idee stammt aus dem reichen Milaneser Großbürgertum und dem Milaneser Adel. Einige der Gründungsmitglieder haben dem FAI auch die ersten Güter übergeben, beispielsweise ein sehr schönes Kloster in Ligurien, die Abbazia di San Fruttuoso. Später hat sich die Organisation schrittweise in Richtung Süden ausgebreitet. Heute unterhält der FAI Landes- und Ortsgruppen in ganz Italien. Die Stiftung hat über 60 Denkmäler gerettet, verwaltet viele weitere, ist verantwortlich für mehrere Millionen Quadratmeter Gärten, Parks, Wälder und landwirtschaftliche Flächen.

Wie wird das alles finanziert?

Lorenzo: Unsere Finanzierung stammt ausschließlich aus privater Hand. Die Kommunen helfen aber beispielsweise, indem sie Orte zur Verfügung stellen, die wir dann für das Publikum öffnen können. Uns hat die Kommune von Livorno sogar ein Büro zur Verfügung gestellt.

Susanna: Es ist eine Besonderheit des FAI, dass er eine private Stiftung ist, die jedoch sehr oft mit den öffentlichen Stellen zusammenarbeitet, z. B. mit dem Ministerio dei Beni Culturali, dem Ministerium für Kulturgüter.

Lorenzo: Es gibt einen jährlichen Mitgliedsbeitrag – wir haben italienweit über 170 000 Mitglieder. Dieses Geld geht zu 70 % in die Restaurierung und Instandsetzung sowie in die Administration der von uns verwalteten Kulturgüter. Von den restlichen 30 % werden die Teams in Mailand bezahlt, etwa 100 fest angestellte Mitarbeiter, die sich z. B. um administrative Aufgaben und Werbung kümmern, um das Fundraising, die Architekten und die Restauratoren.

Susanna: Fast alle unsere Aktivitäten, ob in den Orts- oder den Landesgruppen, werden aber von Freiwilligen organisiert, das gilt vor allem für die großen Veranstaltungen im Frühling und im Herbst, dazu unsere Aktivitäten in den Schulen.

Lorenzo: Ein schönes Element unserer Arbeit ist, dass während der großen nationalen Aktionen in ganz Italien Schüler der Oberstufe als Führer durch die Sehenswürdigkeiten eingebunden werden. Das wird vorher von den Lehrern und Freiwilligen des FAI intensiv vorbereitet. Es trägt sehr oft dazu bei, dass die Schüler anfangen, sich für das kulturelle Erbe ihrer Stadt zu interessieren. Es bringt auch mehr Publikum! Hier in Livorno haben wir im letzten März für den großen Tag des offenen Denkmals die Accademia Navale geöffnet, und wir waren 20 Freiwillige von der Ortsgruppe und dazu drei Klassen der Oberstufe, 40 oder 50 Schüler!

Susanna: Es ist ein wichtiger Teil unserer Arbeit, Kinder und Jugendliche möglichst früh zu involvieren und ein Interesse für das kulturelle Erbe zu wecken.

Wie sieht die Arbeit in einer Ortsgruppe aus, z. B. hier in Livorno?

Lorenzo: Hier in Livorno sind wir 25 aktive Mitglieder. Wir sehen uns alle ein, zwei Wochen, machen irgendwas Nettes, gehen zusammen essen. Das Schöne an diesen Treffen ist für mich, dass jeder über das redet, was er kennt und weiß, die Orte, die er entdeckt hat. Wir teilen unser Wissen über die Kulturschätze unserer Region. Wir organisieren auch gemeinsame Exkursionen, besichtigen Denkmäler und Ausstellungen. Man braucht dafür natürlich Leidenschaft und den Willen, ein paar Opfer zu bringen. Die Zeit, die wir für die Arbeit des FAI investieren, haben wir nicht für unsere eigentliche Arbeit, für unsere Familien … Aber es ist ein Engagement, das uns mit anderen Menschen und unserem Erbe verbindet! ■

›Herzensort‹ Tempio della Congregazione Olandese Alemanna: Mit Geldern der FAI, der Stadt Livorno und weiterer Sponsoren konnte u. a. die Fassade der alten holländisch-deutschen Kirche gesichert werden.

Das zählt

Zahlen sind schnell überlesen — aber sie können die Augen öffnen. Nehmen Sie sich Zeit für ein paar überraschende Einblicke. Und lesen Sie, was in der Toskana zählt.

3

Kilogramm Safran werden jährlich in der Gemeinde San Gimignano produziert. Das klingt nicht viel, hat aber einen Marktwert von ca. 15.000 Euro! Ein schönes Sümmchen für die Bauernhöfe.

20

Rennen in 13 Jahren: Die intensivste Palio-Karriere des 20. Jh. lieferte der Hengst Panezio. Er gewann achtmal das berühmte Rennen von Siena – eine Bestmarke, die er mit Kollege Folco hält.

45

Kubikmeter Erde wurden 1999–2001 am Schiefen Turm von Pisa entnommen, um ihn vor dem Einsturz zu retten und sogar wieder etwas aufzurichten. Sein Neigungsüberhang wurde um 43 cm reduziert.

630

Kilometer Dämme schützen die Äcker des Val di Chiana, das von einer Seenlandschaft der vergangenen Jahrhunderte in eines der fruchtbarsten Täler südlich der Poebene verwandelt wurde.

397

Kilometer Küste nennt die Toskana ihr Eigen. Dazu kommen 236 Kilometer Inselküsten.

22

Jahre wartet der Architekt Arata Isozaki bereits auf die Verwirklichung seines modernen Entwurfs für den Uffizien-Ausgang. Er hatte 1998 einen Wettbewerb gewonnen.

109

Wolfsrudel leben nach einer Studie von 2018 in der Toskana, das entspricht einer geschätzten Gesamtpopulation von 550 bis 600 Tieren.

150 Mio.

Liter Qualitätswein werden jährlich in der Toskana produziert. Zwei Drittel davon sind Chiantiweine.

27

Besucher sind die wenigsten, die ein toskanisches Museum 2017 nach offiziellen Zahlen begrüßen konnte: das Mineralienmuseum von Semproniano in der Provinz Grosseto.

15.000.000

Olivenbäume liefern die kleinen ovalen Früchte, aus denen in der Toskana hauptsächlich *olio extra vergine,* Olivenöl bester Qualität, gewonnen wird.

241

Kilometer legt der Arno auf seinem Weg zum Tyrrhenischen Meer zurück. Südlich des Apenninenkamms ist er der zweitlängste Fluss nach dem Tiber.

300.000

Kunstwerke sind in den staatlichen Museen von Florenz insgesamt ausgestellt. Da braucht es mehr als eine drei Tage gültige Firenze Card.

1.086.000

Hektar Wald entsprechen 47 Prozent der Fläche der Region – deutlich über dem Schnitt, denn ganz Italien ist zu 34,7 Prozent von Wald bedeckt.

2

Mal gewann die Fiorentina, der AC Florenz, die italienische Fußballmeisterschaft, 1956 und 1969. Sie ist der einzige Fußballclub der Toskana, der jemals italienischer Meister wurde.

110,5

Kilogramm Papier pro Kopf recycelte die Provinz Pistoia 2017 – und war damit Spitzenreiter in Italien. Lucca, das wichtigste Zentrum der Papierindustrie, belegt mit 98,3 Kilogramm den 4. Platz.

3.730.000

Einwohner zählt die fünftgrößte Region Italiens.

284

Ladestelen für Elektroautos sind in der Toskana zu finden (Stand: Dezember 2019). Apps und Websites listen sie. Unter den italienischen Provinzen hält Florenz den Rekord.

7.000

Euro pro Tonne ist der Spitzenpreis für einen perfekten Marmorblock aus Carrara, d. h. wenn er schön weiß und fest ist. Bei einem Maximalgewicht von 800 Tonnen kann das teuer werden.

40.000

Flüge starten pro Jahr vom Flughafen Pisa. Durch die Billigfluglinien ist er zum wichtigsten Flughafen zwischen Mailand und Rom geworden.

29,2

Prozent der 30- bis 34-jährigen Toskaner hatte 2018 einen Hochschulabschluss – über dem italienischen Schnitt (26,2 Prozent), aber deutlich unter dem EU-Mittelwert (39,1 Prozent).

Wege aus der Krise?

Arbeitslosigkeit in der Toskana — Die Krise im ohnehin krisengeschüttelten Italien hat auch vor der Toskana nicht Haltgemacht. Kann das gut gehen? Wir haben nachgefragt.

Arbeit für die jüngeren Generationen, die Menschen im Alter zwischen 15 und 45 Jahren, gibt es auch in der vergleichsweise stabilen Toskana nicht genug, weder in der Wirtschaft noch im öffentlichen Dienst. Niedrige und unregelmäßige Einkommen, trübe Karriereaussichten und wachsende finanzielle Abhängigkeit von den Eltern setzen der jüngeren Generation zu. Viele gut ausgebildete Hochschulabsolventinnen und -absolventen, Dienstleister oder Fachkräfte verlassen ihre italienische Heimat. Andere versuchen auf eigene Faust, einen Weg aus der Krise zu finden.

F

RETTUNGSANKER FAMILIE

Eine 2017 veröffentlichte Studie der Wirtschaftsstiftung Fondazione Bruno Visentini zeigt, dass junge Italiener immer später finanziell unabhängig werden und von zu Hause ausziehen. Das heißt, sie haben oft weder ein Heim noch ein stabiles Einkommen, das etwa die Gründung einer eigenen Familie ermöglichen würde. Im Jahr 2004 erreichten dies Italiener im Durchschnitt als 30-Jährige. Die Prognose für 2020 liegt bei 38 Jahren, diejenige für 2030 nochmals 10 Jahre höher.

Claudia (45):

»Ich habe Geschichte studiert, aber wenn ich an der Universität hätte arbeiten wollen, hätte ich ins Ausland gehen müssen. Hier sind die Universitätsstellen unterbezahlt, sehr schlecht finanziert, immer abhängig von Geldgebern. Aber meine Familie ist hier, meinen Kindern geht es hier gut, ich kann jetzt nicht einfach ins Ausland gehen. Ich arbeite in einigen freien Webprojekten für die Universität – machmal werde ich dafür am Ende bezahlt, manchmal nicht. Rente werde ich keine bekommen, so wie viele, viele andere, die frei arbeiten. Die Perspektiven sind nicht gut. Mein Ziel ist es eigentlich, zu überleben, bestmöglich zu überleben.«

Chiara (36):

»Ich habe zwei Kinder. Das macht es für mich am Arbeitsmarkt sehr schwer. Es gibt in der Toskana wie in ganz Italien das Problem der Frauenarbeitslosigkeit. Die Frauen arbeiten weniger auf dem offiziellen Arbeitsmarkt, ihnen fällt automatisch der Mammutanteil an der Familienarbeit zu. Außerdem werden sie grundsätzlich schlechter bezahlt als Männer. Und wenn sie Elternzeit machen (drei Monate hier in Italien), haben sie zwar offiziell das Recht, an ihren alten Arbeitsplatz zurückzukehren, meist aber zu sehr schlechten Konditionen. Oft lohnt es sich nicht, an den Arbeitsplatz zurückzukehren. Es gibt auch viele Stellen, die gar keine Elternzeit vorsehen, da müssen die Frauen ganz einfach mit der Arbeit aufhören.«

Nicht jeder findet seinen Weg raus aus der Arbeitslosigkeit. Auch in Italien, auch in der Toskana gibt es Arbeits- und Obdachlosigkeit.

Carlotta (42):

»Ich arbeite in der Keramikproduktion im Keramikzentrum Montelupo. Hier wird traditionell toskanische Keramik hergestellt. Als Folge der Krise hat hier damals gut die Hälfte der Betriebe geschlossen. Viele Arbeitsplätze gingen verloren. Es gab auch wenig Willen und Fähigkeit, sich zu verändern. Alle wollten genauso weitermachen wie vorher, nur einfach zu einem geringeren Preis verkaufen. Sie haben nicht nach einer anderen Qualität gesucht, nach Neuerungen oder nach neuen Verkaufskanälen wie dem Internet. Die, denen es gelungen ist, sich mit eigenen Kreationen, einem eigenen Blickpunkt durchzusetzen, ohne den Käufern hinterherzurennen, das sind die, die vielleicht am Anfang Probleme hatten. Aber dann ist es ihnen Schritt für Schritt gelungen, standzuhalten, während so viele andere Betriebe schließen mussten. Was meiner Meinung nach in Italien fehlt, ist die Fähigkeit der mittleren Generation, sich wirtschaftlich in einer veränderten Welt aufzustellen. Ich hatte diese Probleme auch. Ich habe sie vielleicht gerade deshalb überwunden, weil ich mir dessen bewusst war – und dann mit meiner Kreativität und der Qualität dessen, was ich mache. Trotzdem: Die Preise gehen immer weiter runter. Jeder Kunde will seine Ware am besten vorgestern haben. Ich muss sehr wach, sehr schnell, sehr flexibel sein.«

Giulia (32):

»Ich bin studierte Literaturwissenschaftlerin, hier in Berlin arbeite ich als Buchhändlerin. Zu Hause in der Toskana bleiben? Ich kann mir nicht vorstellen, wie. Ich habe es versucht, eine kurze Zeit lang nach dem Studium, aber es ist unmöglich. In der Toskana hätte ich gar keine Chance auf eine Arbeit als Buchhändlerin gehabt. Schlimmer noch ist für mich aber die politische Situation: Wenn ich zu Hause geblieben wäre, wäre ich heute wahrscheinlich Terroristin.« ■

Jahrhundertealte Gemeinschaft

Siena ist die Stadt der Contraden — einzigartiger Solidargemeinschaften, die auch in Krisenzeiten funktionieren und noch heute das Stadtleben und die soziale Kultur prägen.

Wie man es schafft, mehrmals im Jahr Tausende Nachbarn zu bekochen? Einfach die Tische auf die Straße, genug Helfer an den Herd und Wein in die Kammer – und das Fest kann losgehen, würden die Sienesen sagen. Es gibt wenige Städte, die in Sachen gemeinschaftliches Leben und Feiern so gut organisiert sind wie Siena. Irgendwo hinter den schönen Fassaden aus dem Mittelalter sind hier in jedem Stadtviertel Großküchen versteckt, Nachbarschaftsbars und Gemeinschaftsgebäude. Organisiert wird das Ganze nicht von Staat oder Kirche, sondern von den jahrhundertealten Gemeinschaften der Contraden. Ihnen gehören etwa 90 % aller Sieneser an. Sie sorgen bis heute für einen einmaligen sozialen Zusammenhalt.

Was sind die Contraden?

»Alles geht zurück auf die Militärkompanien, die früher jedem Stadtviertel vorstanden«, sagt Domenico Smorto von der Contrade des Käuzchens.« Heute gibt es in Siena noch 17 Contraden, also auch Stadtterritorien, die sich seit dem Mittelalter aus den städtischen Wehr- und Lebensgemeinschaften gebildet haben. Als Mitte des 16. Jh. die Republik Siena fiel und damit der Unabhängigkeit der Sienesen ein Ende gesetzt war, übernahmen die Contraden die zivilen Aufgaben der sich auflösenden Militärkompanien. Bis heute hat jede Contrade ihr Territorium auf dem Stadtgebiet von Siena, mit eigener Kirche, Gemeindehaus, Museum und einem Brunnen, an dem die *contradaiolo*-Taufen stattfinden. Von den alten politischen Mitwirkungsrechten sind heute vor allem soziale Aufgaben geblieben, von der Jugendarbeit bis zur Altenpflege. Außerdem organisieren Sienas Contraden den Palio, das berühmte traditionelle Pferderennen auf der Piazza del Campo (s. Kasten S. 282).

Wie wird man Mitglied einer Contrade?

Der ganz klassische Werdegang wäre, in eine Contrade hineingeboren zu werden. Oft wählt man aber auch die Contrade des besten Freundes oder eines Verwandten. »Bei mir war es ein Freund meines Onkels«, sagt Smorto. »Ich bin in einem Zimmer mit Blick auf Rathausplatz und Rathausturm geboren. Da war es ja wohl klar, dass mein Leben irgendwie Siena gehören würde!« Wie die meisten Sieneser wurde er schon als Kind zum *contradaiolo* getauft und von Anfang an Teil der Gemeinschaft. Wer sich dagegen erst spät im Leben für die Aktivität in einer Contrade entscheidet, wie beispielsweise Smortos Frau, muss sich das Vertrauen erst erarbeiten: »Sie hat Jahre gewartet, bis sie sich bereit fühlte, als Mitglied akzeptiert zu werden.« Sich diesen Respekt zu erwerben, dafür gibt es viele Möglichkeiten: in der Contraden-Bar bedienen, bei den großen Straßenfesten mithelfen oder in einem der sozial tätigen Arbeitskreise.

Was es bedeutet ›Contradaiolo‹ zu sein

»Die Contrade gibt dir viel«, sagt Smorto, »aber sie fordert auch viel. Ich bin z. B. nie weggezogen aus Siena, obwohl es viele Gelegenheiten gab. Du bist *contradaiolo* das ganze Leben lang. Wenn du jung bist, hast du viel Spaß, erlebst Austausch und Feste. Wenn du älter bist, geht es mehr ums Geben.« Smorto selbst hat – natürlich immer ehrenamtlich – schon für die Theatertruppe der Käuzchen und für die Finanzverwaltung gearbeitet. Heute ist er für das Museum der Käuzchen-Contrade zuständig, das Erinnerungsstücke zeigt und das Erlebnis Contrade vermittelt. »Die Organisation auf der Führungsebene ist wie eine zweite Arbeit«, sagt er. »Das fordert so viel Zeit, dass das eigentlich nur Leute

M

DIE CONTRADEN-MUSEEN

Jede der Sieneser Contraden hat ein solches Museum, in dem Palio-Trophäen, Kostüme und Erinnerungsstücke aufbewahrt werden. Viele dieser Museen sind auch als Architekturdenkmal interessant: So befindet sich das Museum der Schnecken in den modern ausgebauten Mauern eines alten Klosters. Am besten auf den Websites der Contraden nachschauen (Schnecken z.B. www.contradadellachiocciola.it, wegen eines Besuchs anfragen unter cancelleria@contradadellachiocciola.it).

machen können, die schon aufgehört haben zu arbeiten.« Da müssen z. B. die großen Festivitäten organisiert und finanziert, die Güter und Gebäude verwaltet werden. Jede Contrade hat außerdem Kinder- und Jugendgruppen, kümmert sich um alte und kranke Menschen und um Mitglieder, die in Not geraten sind. »Ich betrachte das als soziale Aufgabe«, sagt Smorto. »Was die politische und kommunale Administration nicht schafft, das tun wir als Contraden.«

Die Zukunft der Contraden

»Wir versuchen natürlich auch, unsere Werte von Generation zu Generation weiterzugeben. Die Schnecken veranstalten jedes Jahr einen Kindercampus. Da wird neben Spiel und Spaß auch vermittelt, wie das Contraden-Leben funktioniert.« So wächst jede Generation in enger Verbundenheit mit der Tradition auf. Gleichzeitig heißt es, das System immer wieder zu erneuern. »Wir müssen uns an die Zeiten anpassen, um die originale Struktur intakt zu halten. Früher haben wir zum Beispiel viel improvisiert. Heute arbeiten wir mit Informatik und neuen Medien, um den Palio und die Freiwilligenarbeit zu organisieren. Die Schichten in der Bar oder die gastronomischen Feste – etwa unser Weinfest Ende November für 200 Personen – das muss alles gut geplant werden«, berichtet Smorto. Bei der jungen Generation ist das Contraden-Leben auf jeden Fall wieder im Trend. Nicht zuletzt, weil es ein funktionierendes Modell für ein besseres Miteinanderleben in den Städten darstellt. »Unsere soziale Struktur«, sagt Smorto, »ist einzigartig auf der Welt. Und sie hat der Stadt auch erlaubt, sich intakt zu erhalten – durch das Identitätsgefühl unseres *popolo*.« ■

H

PALIO – DAS TURNIER DER CONTRADEN

Die ganze Stadt hält den Atem an, wenn auf der Piazza del Campo der äußerste Reiter den Lauf startet, drei Runden im Galopp. Das Pferderennen ist eine Sache von 90 Sekunden, aber jedes Mal ein Spektakel ohnegleichen. Wer gewinnt, wird wild gefeiert, wer Zweiter wird, muss mit gnadenlosem Spott rechnen. Drum herum gibt es viel farbige Tradition: wochenlange Nachbarschaftsfeste, bunte Renaissancetrachten, virtuose Fahnenschwinger, Umzüge mit Gesang und die Segnung der Pferde in den Contraden-Kirchen. Der Sieneser Palio hat seine Ursprünge im 13. Jh. und findet alljährlich am 2. Juli und am 16. August, den Marienfeiertagen, statt. (Für einen spannenden Einblick: »Life Inside the Contrade« unter https://artsandculture.google.com/exhibit/life-inside-the-contrade/7gKCaDQr-XV4Kg)

Die dunkle Seite des Universums

Einsteins Gravitationswellen — ihr erstmaliger Nachweis war 2017 eine Sensation in der Wissenschaftswelt. Ein Detektor bei Pisa und Pisaner Wissenschaftler haben dabei eine wichtige Rolle gespielt. Besuch an einem traditionsreichen Wissenschafts- und Universitätsstandort.

Der Pisaner Galileo Galilei richtete 1609 ein neuartiges Fernrohr auf den Himmel und sammelte Beweise für seine Überzeugung: Nicht die Erde ist Zentrum unseres Universums, sondern die Sonne. Heute ist das alte Wissenschaftszentrum Pisa wieder Teil einer Revolution in der Astronomie. Vor den Toren der Stadt steht eine Riesenmaschine, die Billionen Jahre alte Signale aus den Tiefen des Universums empfängt – von aufeinanderkrachenden Sternen und gigantischen Schwarzen Löchern. Eine Maschine, die Gravitationswellen messen und dadurch in der Vergangenheit des Kosmos lesen kann. Das gigantische zweiarmige Bauwerk, (Advanced) Virgo genannt, ist das unwahrscheinliche Zeugnis wissenschaftlicher Hartnäckigkeit: ein unendlich verfeinertes System aus hängenden Spiegeln, Vakuumkörpern, Laserstrahlen und kilometerlangen Tunneln. Italien mag seine Universitäten zu Tode sparen, in der Provinz Pisa hat man einfach immer weitergemacht und ein bahnbrechendes neues Kapitel der Naturwissenschaften mit begründet – auch wenn der erste direkte Nachweis von Gravitationswellen am 14. September 2015 dem US-amerikanischen Forschungspartner von Virgo, dem LIGO-Observatorium und dessen Laserinterferometern, gelang.

Ein Traum wird wahr

Treibende Kraft hinter Virgo war 40 Jahre lang der Pisaner Physiker Adalberto Giazotto. Er hatte ein Wissenschaftlerleben lang von dieser Maschine geträumt und starb 2017 wenige Monate, nachdem Advanced Virgo erstmals Signale geliefert hatte. »Gravitationswellen messen – keine Idee hätte verrückter sein können!«, meint Giovanni Losurdo, langjähriger Mitarbeiter Giazottos und heute leitender Mitarbeiter bei Virgo. »Diese Arbeit begann vor 40 Jahren als Untergrundprojekt. Die wissenschaftliche Welt hat das lange mit großer Skepsis betrachtet. Jetzt, wo die Maschine funktioniert, ist alles anders geworden. Auf der ganzen Welt werden Detektoren gebaut.« Giovanni führt uns

Oben: Der ›Vater‹ von Virgo, Adalberto Giazotto, ging bei der Nobelpreisverleihung leer aus. 2017 erhielten Rainer Weiss, Kip Thorne und Barry Barish den Nobelpreis für Physik für entscheidende Beiträge zum LIGO-Detektor und die Beobachtung von Gravitationswellen.
Unten: 3 km langer ›Arm‹ von Virgo

durch die gigantische Architektur des Experiments. In der Kommandozentrale läuft alles zusammen. Junge Leute sitzen vor großflächigen Bildschirmen und analysieren die Daten, die das System liefert. Herz der Anlage ist ein Gebäude mit sieben turmhohen Behältern, in denen Spezialspiegel aufgehängt sind. Später klettern wir in Schutzkleidung in einen der zwei kilometerlangen Tunnel, durch die die Spiegel Laserstrahlen hin und her werfen. »Wenn die Gravitationswellen ankommen, deformieren sie die Raumzeit in sehr charakteristischer Weise. Unser System kann das messen und analysieren«, erklärt Giovanni.

Einstein hat nie daran geglaubt

Die Idee von den Gravitationswellen geht auf Albert Einsteins Allgemeine Relativitätstheorie von 1916 zurück. Einstein beschrieb Gravitationswellen als Verformungen der Raumzeit, die entstehen, wenn große Massen beschleunigt oder deformiert werden. Ziemlich genau 100 Jahre später – und zwei Jahre nach der Erstdetektion in den USA – haben Virgo und das amerikanische Partnerexperiment LIGO 2017 zeitgleich eine Welle aufgefangen und analysiert: eine Sensation. »Die Gravitationswelle war von zwei Schwarzen Löchern ausgelöst worden, die vor weit über einer Billion Jahren ineinandergekracht sind … Es war einfach unglaublich«, erzählt Giovanni. »Klassischerweise beobachtest du das Universum mittels Licht. Licht wird aber von Materie gestoppt, während für Gravitationswellen alle Materie durchlässig ist. Wir haben also plötzlich etwas, was durch das gesamte Universum reisen kann, ohne aufgehalten zu werden. Und das dir daher im Prinzip jede Information von weit entfernten Gebieten des Universums bringen kann.« Albert Einstein hat nie daran geglaubt, dass ein Nachweis möglich sein könnte.

Vorwärts in die Zukunft

Damit ist die Toskana heute, 400 Jahre nach Galileo, wieder ein internationales Zentrum astronomischer Forschung, erzählt Giovanni: »Galileo startete die moderne Astronomie, indem er erstmals ein Instrument benutzte, das die Sehkraft des bloßen Auges verstärkte, und es auf den Himmel richtete. Genauso begründen wir mit Virgo und LIGO eine neue Ära, mit einem komplett neuen Instrument, mit dem wir das Weltall beobachten. Galileos Instrument wurde 400 Jahre lang immer weiterentwickelt. Immer sensiblere Teleskope machten immer größere Bereiche des Himmels sichtbar. Genauso wird es mit den Gravitationswellendetektoren laufen. Wir sind jetzt im Stadium von Galileo und seinem Teleskop. Aber unsere Maschinen werden immer besser und sensibler werden. Das wird jedes Mal zu neuen Entdeckungen führen. Wir werden anfangen, Dinge zu sehen, die wir uns jetzt noch nicht mal vorstellen können.«

Tausende Wissenschaftler weltweit arbeiten mittlerweile an diesem Jahrhundertthema der zeitgenössischen Astrophysik. »Für die Toskana«, sagt Giovanni, »ist das ein extrem wichtiges Projekt. Es gibt der wissenschaftlichen Forschung in der Region ungemein Auftrieb. An den toskanischen Universitäten hatten wir vorher 15 Jahre Einstellungsstopp. Seit 2000, seit der ersten Regierungsperiode von Berlusconi, und dann nach der Krise von 2008, gab es praktisch keine neuen Stellen mehr in der Forschung. Wir haben zwei Generationen von Studenten an die Amerikaner verloren. In Italien in der Forschung zu arbeiten, ist nicht einfach, und es ist traurig und frustrierend, so viele brillante junge Forscher, die gerne geblieben wären, auswandern zu sehen – einfach aus Mangel an Alternativen. Aber die Exzellenz in der Forschung ist da. Und wir arbeiten daran, die Bedingungen dafür zu schaffen, dass wir auf internationalem Niveau agieren und die besten Wissenschaftler hier vor Ort halten können. Jetzt, direkt nach der Entdeckung der ersten Gravitationswellen, sind 73 neue Stellen geschaffen worden. Nochmals so viele sollen kommen. Es sieht so aus, als stünde die Politik jetzt hinter unserer Arbeit. Du weißt natürlich nie, ob die nächste Regierung so weitermacht.« ■

VIRGO …

V

… ist ein gigantisches Laserinterferometer, mit dem Störungen der Raumzeit gemessen werden können. Es wird als internationales Gemeinschaftsprojekt auf dem Gelände des **European Gravitational Observatory** (EGO) in Cascina bei Pisa betrieben. Mehr Infos unter http://public.virgo-gw.eu/language/en/. Sie können Virgo auch besuchen (nur Führungen, Di/Sa vormittags, Eintritt frei)! Bitte sehr langfristig anfragen unter http://public.virgo-gw.eu/visit.
Nicht zu verwechseln mit VIRGO: (**V**ariability of Solar **I**rradiance and **G**ravity **O**scillations), einem Experiment zur Messung der Sonneneinstrahlung und von Gravitationswellen an Bord des NASA/ESA Solar and Heliospheric Observatory (SOHO).
LIGO: Laser Interferometer Gravitational-Wave Observatory, bestehend aus zwei US-amerikanischen Observatorien, eines in Hanford (Washington), das andere in Livingston (Louisiana).

Larderello, Hauptstadt der Geothermie

Von überall her — pilgern Wissenschaftler und Techniker in den 800-Seelen-Ort Larderello, um zu sehen, wie sich aus der Erde umweltfreundlich Elektrizität und Heizwärme gewinnen lassen. Ein Beispiel für den Rest der Welt?

Die Heimat des Teufels, hieß es früher in der Toskana, liegt in den Bergen südlich von Volterra, in den Colline Metallifere. Hier kocht das Innere der Erde an die Oberfläche. Heiße Quellen bilden blubbernde Tümpel und Teiche. Schwefelige Dämpfe steigen aus dem Boden. Sie haben an manchen Hängen alle Vegetation getötet und die Steine knochenweiß gebleicht. Im Mittelalter war die Gegend im Tal des Cecina als ›Tal des Teufels‹ (Valle del Diavolo) verschrien. Erst vor gut 100 Jahren kam ein Prinz aus Florenz auf die Idee, die stinkende Wärme aus der Erde zur Energiegewinnung zu nutzen. Prinz Piero Ginori Conti (1865–1939), geschäftsführender Direktor der Chemiewerke von Larderello, baute in diesem entlegenen Winkel das erste Erdwärmekraftwerk der Welt. Heute sind dem italienischen Beispiel Regionen in aller Welt gefolgt. In der Toskana selbst decken die Kraftwerke inzwischen knapp ein Drittel des Stromverbrauchs, Tendenz steigend.

D

DANTE UND DAS TAL DES TEUFELS

Schöne neue Welt der erneuerbaren Energien? Wo das Tal rund um Larderello heute voller blitzender Pipelines und Kühltürme die Zukunft symbolisiert, sah der Dichter Dante im Mittelalter nur unheimliche Natur – höchstwahrscheinlich das Vorbild für den Weg zur Hölle in seiner »Göttlichen Komödie« (verfasst um 1307–20): »Nun ging es links ins höllische Gebiet,/ Um von der Mau'r der Mitte zuzuschreiten,/ Wo sich der Pfad nach einem Thale zieht,/ Von dem Gestank und Qualm sich weit verbreiten.« (Dante Alighieri: Die Göttliche Komödie, Die Hölle, Zehnter Gesang, 1824–26 übersetzt von Karl Streckfuß)

Die Idee dahinter?

99 % der Erdmasse sind wärmer als 1000 °C. Ein ungeheures Potenzial an Energie, das mit heutiger Technik erneuerbar, nachhaltig und emissionsarm genutzt werden kann. Darüber hinaus hat die Erdwärme einen unschätzbaren Vorteil gegenüber anderen erneuerbaren Energiequellen: Sie ist stabil und ständig verfügbar, unabhängig von Wetter, Tages- und Jahreszeit. In der Toskana ist die Förderung außerdem vergleichsweise einfach, weil hier das heiße Magma ganz nah an die Erdoberfläche dringt.

Es werde Licht

Das bahnbrechende Experiment dazu gelang Prinz Conti am 4. Juli 1904. Er nutzte den Dampf aus der Tiefe, um einen kleinen Dynamo anzutreiben und damit fünf Glühbirnen zum Leuchten zu bringen. Das erste Mal weltweit erzeugte er Elektrizität mithilfe von Geothermie. Ab dem Jahr 1905 installierte Piero Ginori Conti eine geothermisch betriebene Maschine, die elektrische Beleuchtung für das Dorf Larderello produzierte und Motoren antrieb. 1913 ging hier das erste Erdwärmekraftwerk in Betrieb.

Ab in die Tiefe

Seit über 100 Jahren werden seitdem die Geothermieanlagen in und um Larderello weiter ausgebaut. Aus immer mehr und immer tieferen Dampfbohrstätten, teils über 4000 m tief, generieren sie Energie aus dem Inneren der Erde. Seit den 1960er-Jahren betreibt Italiens größter Stromversorger Enel die Anlagen im Val di Cecina. Seit den 1980er-Jahren setzt das Unternehmen dabei nachhaltige Techniken ein: Ein Teil des verdampften Wassers wird wieder zurück in den Boden gepumpt. Heute betreibt Enel insgesamt 34 Geothermiekraftwerke in Larderello und drei weiteren Fördergebieten in den Provinzen Pisa, Siena und Grosseto. Dazu kommen die Kraftwerke einiger kleinerer Konkurrenten. Alle produzieren etwas Heizenergie, vor allem aber Elektrizität. Aktuell experimentieren einige Kommunen außerdem mit dem Einsatz der Geothermie in Landwirtschaft, Gartenbau und Fischzucht.

Geothermie 2.0

Ihr technisches Know-how verkaufen die Italiener inzwischen in die ganze Welt. So baute Enel jüngst auch Kraftwerke in Deutschland, den USA und in Chile. Erklärtes Ziel in der Toskana ist dabei die komplette Umstellung auf erneuerbare Energien: »Unser Projekt Geothermie 2.0 ist Teil einer breiten Strategie zur Reduzierung der Emission klimaverändernder Gase«, heißt es im Energieplan der Regionalregierung. »Auch dank der Geothermie soll bis 2050 die elektrische Energie für die Toskana allein aus erneuerbaren Energiequellen gewonnen werden.« ■

M

MUSEUM UND MEHR ZUR ERDWÄRME

Enel (Ente nazionale per l'energia elettrica) hat im **Museo della Geotermia** in Larderello eine beträchtliche Anzahl von Artefakten aus 23 Jahrhunderten zusammengetragen – ziemlich antiquiert in der Präsentation, aber dennoch spannend für alle, die sich für die Geschichte der Erdwärme interessieren. Auf Wunsch wird sogar eine *soffione* geöffnet, das Bohrloch Nr. 120. Der im Jahr 1956 erbohrte Dampfschacht reicht hinab bis in eine Tiefe von 740 m, die Ausflussgeschwindigkeit des Dampfstrahls beträgt rund 400 m/Sek. Das geht nicht ohne Höllenlärm ab: Er betäubt die Ohren und ist im Tal kilometerweit zu hören (**Museo della Geotermia,** Piazza Leopolda, Località Larderello, Pomarance, PI, www.museivaldicecina.it/de/museo_della_geotermia.php, Mitte März–Okt. tgl. 9.30–18.30, Nov.–Mitte März Di–So 10–17 Uhr, Eintritt frei).

Fumarolen von Sasso Pisano: s. Tour S. 175.

Stammbaum der Familie Medici. Das Gemälde, hier ein Ausschnitt, entstand um 1642 und befindet sich in der Medici-Villa von Poggio a Caiano.

Reise durch Zeit & Raum

Älter als Rom — Die Etrusker legten die Basis zu einer Zivilisation, die sich über Mittelalter-Republiken, Medici-Herrschaft und aufklärerische Ideen verfeinert hat.

Die großen ›Cousins‹ der Römer

700 v. Chr.–100 n. Chr.

Chiusi, das etruskische Clevsi, zählt zu den wichtigsten Zentren der Etrusker, die als ältere Cousins der Römer gelten dürfen. Die elegante etruskische Kultur erblühte ab 700 v. Chr. in ganz Mittelitalien, in der Toskana z. B. auch in Volterra, Cortona, Populonia oder Roselle – bevor die Römer ab ca. 300 v. Chr. ihre Herrschaft nach Norden ausdehnten. An die Etrusker erinnert u. a. ihre ausgefeilte Gräberkultur, die in Europa einzigartig ist.

Zum Anschauen:
Chiusi: Museo Nazionale Etrusco e Tombe und Tomba della Scimmia, S. 206

Im Weltreich groß geworden

300 v. Chr.–400 n. Chr.

Aus vielen kleineren Etrusker-Siedlungen sind bekannte Städte geworden, dank der Römer. Die nutzten die Vorleistungen und bauten etwa Pisa zum mächtigen Militärhafen, Arezzo, Fiesole und Lucca zu schmucken Städten aus. Die wichtigste römische Neugründung war die Veteranensiedlung Florentia (59 v. Chr.). Dies wäre alles nicht möglich gewesen ohne zwei große Landstraßen, die im 3. und 2. Jh. v. Chr. begonnen und mehrfach verlängert wurden: die Via Aurelia (an der Küste entlang) und die Via Cassia (über Siena nach Florenz). Die SS 1 und die SS 2 heißen auch heute noch Aurelia bzw. Cassia und folgen teilweise dem antiken Streckenverlauf.

Zum Anschauen:
Fiesole: Area archeologica, S. 120

Erweiterung des Horizonts

564–1115

Nach der Völkerwanderung entstand in Mittelitalien das langobardische Herzogtum Tuszien, das anschließend eine fränkische Markgrafschaft wurde. Markgräfin Matilde, eine mächtige Dame in einer frauenfeindlichen Zeit, verlegte um 1100 die Residenz von Lucca nach Florenz. Die Städte ihres Landes genossen große Freiheiten, vor allem Pisa, das den Seehandel in Schwung brachte. Problem war nur: die Piraterie der Sarazenen. Sie wurden im westlichen Mittelmeer bekämpft, bis Pisa selbst eine dominante Seemacht war. In der Kreuzzugszeit erschlossen sich den Pisanern auch Märkte im östlichen Mittelmeer. Es begann eine glorreiche Zeit: mit der starken pisanischen Flotte, den Bodenschätzen aus Elba und den Colline Metallifere (metallhaltigen Hügeln), Exportprodukten wie Schwerter aus Pisa oder Safran aus San Gimignano, und wertvollen Importen im Gegenzug.

Zum Anschauen:
Pisa: Duomo Santa Maria Assunta, S. 48

Stadt gegen Stadt, Turm gegen Turm

1115–1350

Markgräfin Matilde von Canossa starb 1115 kinderlos. Den reichen Städten Tusziens war die verbindende Herrschaft abhandengekommen und sie erklärten sich zu eigenständigen Republiken. Damit begann der Aufstieg einer bürgerlichen Gesellschaft, die das alte Feudalsystem ablöste – und politische Mitbestimmung ausprobierte. Völlig neu in Europa! Allerdings wuchs die Konkurrenz unter den neuen Staatsgebilden, viele der kleineren wurden geschluckt. Innerhalb der Stadtmauern wollten auch die Familien des alten Landadels mitbestimmen. Deren bedrohliche Geschlechtertürme verwandelten Straßen und Plätze in steinerne Wälder. Familienfehden störten die Stadtgemeinschaft und wurden oft nach einem höheren Prinzip ausgetragen: Papsttreue (Guelfen) gegen Kaisertreue (Ghibellinen). Eigentlich ging es nur darum, welcher Herrscher die besseren Privilegien versprach, damit man eine Stadt vermeintlich in dessen Sinne kontrollierte. Die stärksten Republiken wiesen dominante Adlige in ihre Schranken und zerstörten ihre Türme. Florenz warf 1250 sogar die komplette Nobilität hinaus.

Zum Anschauen:
San Gimignano: Torre e Casa Campatelli, S. 163

Geld macht Politik und Kunst

1350–1530

Florenz wurde die mächtigste Stadtrepublik, auch weil sich andere Städte nur schwer von der Pestepidemie 1348 erholten. Der Reichtum der Florentiner beruhte auf der Wollindustrie und dem Goldflorin, der vom 13. bis 16. Jh. zur Leitwährung Europas avancierte. Aus einer Oligarchie reicher Kaufmannsfamilien stach bald eine heraus: die Medici. Sie gründeten ihre Bank, nicht die erste, aber die erfolgreichste, kurz vor 1400. Sie ermöglichte der Familie de facto die Herrschaft über Florenz und über ein europäisches Finanzimperium. Durch ihr Mäzenatentum veränderten die Medici ihre Stadt, u. a. entstand der heutige Palazzo Medici-Riccardi. Zwei Gestalten ragten bis Ende des 15. Jh. heraus: Cosimo der Alte und Lorenzo der Prächtige. Lorenzos zweiter Sohn Giovanni festigte die Hausmacht der Familie in Italien, er wurde 1513 ihr erster Papst: Leo X.

Zum Anschauen:
Florenz: Palazzo Medici-Riccardi, S. 111

Die Medici obenauf

1530–1737

Um auch eine weltliche Krone zu bekommen, mussten sich die Medici Kaiser Karl V. andienen. Dessen Truppen bahnten ihnen 1530 den Weg aus einem kurzen Exil zurück nach Florenz, wo Alessandro de' Medici zum Herzog gekrönt wurde. Schön für ihn, dass sich die Republik vorher schon Arezzo, Pistoia, Pisa und andere kleinere Städte unter den Nagel gerissen hatte. Dem zweiten Herzog, dem despotischen Cosimo I, war es vorbehalten, die stolze Republik Siena (inklusive der Maremma) zu erobern. 1569 ließ er sich deshalb vom Papst zum Großherzog der Toskana krönen. Ein neuer Staatsname war geschaffen! Die Medici herrschten zwei Jahrhunderte als absolutistische Fürsten. Durchaus effektiv: Mit Livorno entstand eine neue Hafenstadt, Handel, Kultur und Wissenschaften wurden gefördert, und nicht zuletzt durfte Galileo Galilei seine Himmelsforschungen in Florenz betreiben.

Zum Anschauen:
Medici-Villen, S. 88

Aufklärung in Sicht

1737–1850

Die Großherzogslinie starb 1737 aus. Es übernahmen: die Kaiserlichen aus Wien, zuerst Franz Stefan, der lothringische Gemahl der Habsburgerin Maria Theresia, dann ihr zweiter Sohn, Peter

Leopold. Dieser war ein Glücksfall, ein ›aufgeklärter Absolutist‹. Er baute Straßen und Kanäle, ließ Sümpfe trockenlegen. Sein größtes Verdienst war die Justizreform von 1786: die Abschaffung der Todesstrafe und der Folter. Weltpremiere! Mit Napoleons Invasion kam erst einmal das Chaos, dann Bonapartes kleine Schwester Elisa, die zunächst Lucca und später die gesamte Toskana regierte. Nach 15 Jahren war alles vorbei. Alles? Nein, denn als der Habsburger Herzog Ferdinand III. auf seinen Thron zurückkehrte, behielt er das von den Ideen der Revolution geprägte Napoleonische Recht weitgehend bei. Die Toskana wurde zu einem Sammelbecken politisch Verfolgter und von Freigeistern aller Art. Viele liberale Engländer flüchteten vor ihrer rigiden Queen Victoria und machten es sich in und um Florenz bequem.

Zum Anschauen:
Villa Reale di Marlia, S. 26

Italien, wir kommen!
1850–1920

Mitte des 19. Jh. war die Toskana einer der progressivsten Staaten Europas. Sogar eine Verfassung bewilligte der Habsburger Herzog. Aber das reichte vielen nicht. Sie wollten den ›Österreicher‹ loswerden und zum gerade entstehenden Italien gehören. 1859 musste der letzte Fremdherrscher nach einem Aufstand abdanken. Beim folgenden Referendum stimmten 95 % für den Beitritt zum Königreich unter Vittorio Emanuele II. Da Turin zu dezentral lag, zog er 1865 nach Florenz und fünf Jahre später nach Rom um. Der König war wie ein Konjunkturprogramm für den Norden der Toskana: Viele Baumaßnahmen liefen an, so wurde in Florenz die halbe Stadtmauer abgerissen – für die *viali,* die großen Boulevards.

Zum Anschauen:
Florenz: Piazza della Repubblica, S. 105, Piazzale Michelangelo, S. 109, Palazzo Pitti, S. 110

Krieg im Land der Schönheit
1920–1945

Ja, viele Toskaner waren begeisterte Mussolini-Anhänger. Während des Zweiten Weltkriegs kippte die Stimmung. Mit dem Sturz Mussolinis 1943 und der Besetzung Italiens durch die deutsche Wehrmacht kam es zu Deportationen von Juden, Oppositionellen und Zwangsarbeitern sowie zu Kunstraub. Die Alliierten kämpften sich im Sommer 1944 von Süden her bis über den Arno durch, doch im Apennin und den Apuanischen Alpen wartete die letzte deutsche Verteidigungslinie. Zehntausende Partisanen operierten in den Bergen als Helfer der Alliierten. Denen gelang im April 1945 der Durchbruch in die Poebene.

Zum Anschauen:
Sant'Anna di Stazzema, S. 32

Die ›rote‹ Region
1945 bis heute

Aus dem Zweiten Weltkrieg ging die Toskana kommunistisch hervor. In der 1946 geschaffenen Republik Italien gehörte sie mit ihren Nachbarregionen zum ›roten Zentrum‹. Typisch für jedes Dorf wurde die *casa del popolo,* der Volkstreff. Das Ergebnis linker Politik: ein hoher Bildungsstand und ein gutes Gesundheitswesen. Die Industrialisierung wurde vor allem im Norden vorangetrieben, während der Südteil agrarisch geprägt blieb. In den 1960er-Jahren setzte eine starke Landflucht ein. Doch ab den 1980er-Jahren wurden die Bauernhöfe durch den *agriturismo* wirtschaftlich wieder interessant. Das gesunde Gemeinwesen, das die Region schon früher auszeichnete, ließ um die Jahrtausendwende Silvio Berlusconi kaum eine Chance, in der Toskana Fuß zu fassen. Heute aber wächst auch hier die soziale Unsicherheit. Die Linke schafft es nicht mehr zu überzeugen. Die Kommunalwahlen von 2018 sprechen Bände: Die rechte Lega eroberte die Rathäuser von Siena, Pisa und Massa.

Die Medici

Inspiration für die Welt — Jahrhundertelang drückte der Clan der Medici Europa seinen Stempel auf. Eine Geschichte grausamer Fehden, herrlicher Kunst, der Grundlagen des modernen Bankwesens und der Mafia.

1478 entkam er nur knapp dem Tod, hinter einer Kirchentür versteckt, während sein Bruder mit dem Dolch erstochen wurde: Lorenzo de' Medici, damals ein junger Mann, später einer der wichtigsten Herrscher seines Zeitalters. In wenigen Jahrzehnten hatten sich die Medici von provinziellen Tuchhändlern zu steinreichen Bankern hochgearbeitet. Zum Zeitpunkt des Attentats waren sie bereits so mächtig, dass ein anderer Clan ihren Aufstieg mit dem Mordkomplott zu stoppen suchte. Das misslang. Lorenzos Bruder wurde grausam gerächt. Und Lorenzo selbst ging als ›der Prächtige‹ in die Geschichtsbücher ein, als Herrscher und Mäzen einer Epoche, die Europa für immer verändert hat. Mit ihm erreichte das Goldene Zeitalter der Florentiner Renaissance seinen Höhepunkt.

Wie alles begann

Begonnen hatte der Aufstieg der Familiendynastie mit Giovanni di Bicci de' Medici (1360–1429). Er war der erste Banker des Clans und vor allem als Finanzier der Kirche ungeheuer erfolgreich. Seine Banco Medici schuf wichtige Grundlagen für das moderne Bankwesen. Gleichzeitig wurde sie zur Basis für den Reichtum und die jahrhundertelange Vorherrschaft der Familie. Über 300 Jahre hielten sich die Medici, mit kurzen Unterbrechungen, an der Macht: zunächst als Strippenzieher im Hintergrund, später als Großherzöge der Toskana. Sie stellten drei Päpste, zwei französische Königinnen und dominierten zeitweise die Finanzwelt ganz Europas. Heute verbinden wir ihren Namen gleichermaßen mit skrupellosem Machtstreben, Intrigen und Grausamkeit wie mit einer einmaligen Blüte der Künste und Wissenschaften. Raffaels liebliche Frauengestalten, Michelangelos künstlerische Wucht, Leonardos Griff nach den Sternen: alles kaum denkbar ohne das Mäzenatentum der Medici und das liberale Klima im Florenz ihrer Zeit.

Festigung der Macht

Cosimo de' Medici, der Sohn von Giovanni, trat 1429 an die Familienspitze. Er spann das enge gesellschaftliche Netz, auf dem die dauerhafte Macht der Medici beruhte. Es war ein System der Einflussnahme und Kontrolle, das als ein Vorläufer mafiöser Strukturen gesehen werden kann, die sogenannte Patronage. Der Patron, der Herr, verschaffte dabei diversen

Schützlingen Ämter, gute Beziehungen, manchmal auch Geld. Die Familie konnte dann, ähnlich heutiger Mafiafürsten, politisch relativ unsichtbar bleiben, ihre Protégés für sich agieren lassen – und trotzdem alle Zügel in der Hand halten.

Kunst, Geld und Macht

Die Ära Lorenzos des Prächtigen begann 1469, nachdem sein Vater Piero, Cosimos Sohn, früh gestorben war. Der Zwanzigjährige war märchenhaft reich, ausgebildet wie ein Prinz, ein feinsinniger Humanist und Dichter. Er machte aus seiner Heimatstadt endgültig eine Welthauptstadt der Künste und Wissenschaften. Florenz wurde zur Metropole der Renaissance. Schon Giovanni di Bicci, der Urvater des Clans, hatte den Maler Masaccio und den Bildhauer und Baumeister Filippo Brunelleschi gefördert. Cosimo war Freund und Mäzen des Bildhauers Donatello und des Malers Filippo Lippi. Lorenzo führte das Mäzenatentum der Familie zum Höhepunkt, in einem Klima großer geistiger Freiheit. Er förderte Michelangelo, diskutierte mit Künstlern und Gelehrten wie dem Humanisten und Dichter Angelo Poliziano, dem Maler Sandro Botticelli, dem Philosophen und Mediziner Marsilio Ficino und dem Allrounder Leonardo da Vinci. Wie bereits seine Vorgänger betätigte sich auch Lorenzo de' Medici als erfolgreicher Sammler. Die Erwerbungen der Medici bilden heute den Kern der Uffizien, des berühmten Kunstmuseums von Florenz.

Nie vergaß Lorenzo dabei das politische Kalkül. Bei aller kulturellen Prachtentfaltung und allem demonstrativ ausgestellten Bürgersinn regierte er Florenz nachhaltig und wirkungsvoll. Wirtschaftlich war er allerdings weniger erfolgreich. Kurz nach seinem Tod 1492 musste die Medici-Bank endgültig ihre Geschäfte aufgeben. Wenig später wurde die Familie sogar vorübergehend aus Florenz vertrieben. So endete nach noch nicht einmal 100 Jahren die Finanzdynastie der Medici.

Im Palazzo Pitti (Florenz) hängt dieses posthume Porträt Lorenzos des Prächtigen, gemalt von Girolamo Macchietti.

Ihre Ära als Großherzöge der Toskana hatte jedoch noch nicht einmal begonnen. Ab 1530 regierten die Medici als Herzöge in Florenz, 1569 wurden sie vom Papst zu Großherzögen der Toskana ernannt.

Ende mit Paukenschlag

Erst im 18. Jh. begann der endgültige Abstieg. Der letzte Medici-Großherzog, Gian Gastone, starb 1737 geistig verwirrt. Dennoch endete die Geschichte der regierenden Familie noch mit einem großen kulturellen Akt. Anna Maria Luisa, die Letzte aus dem Zweig der Großherzöge, vermachte die gesamte Kunstsammlung der Familie ihrer Heimatstadt Florenz. Ihre gesammelten Schätze sind heute die Glanzstücke der Florentiner Museen. ■

Paradies für Foodies – Essen in der Toskana

Bodenständige Bauernküche — liegt der toskanischen Kulinarik zugrunde. Bohnen, Kohl, Getreide, Wein und Olivenöl gehören dazu, als gesunde Basis für die moderne Vielfalt.

Kaffee

Espresso und Caffè. Auch wenn jede kleine Bar Ihnen hier einen wunderbaren Cappuccino zaubern kann – die Einheimischen am Nebentisch würden mit ziemlicher Sicherheit eher einen Espresso oder *caffè* bestellen. Möglichst schwarz und kräftig. Von morgens früh in der Bar bis zum kräftigen Schluck nach dem Abendessen. Gut zu wissen: Cappuccino und Latte Macchiato werden von Italienern traditionell nur bis in den Vormittag getrunken. Spätestens ab dem Mittagessen wird ein Espresso geordert. Oft heißt es dann nur: »*Un caffè, per favore*«. Wer einen ›deutschen‹ Kaffee möchte, bestellt einen *caffè americano*.

H

SAGRE – FESTE FÜR LOKALE SPEZIALITÄTEN

Auf den toskanischen *sagre*, alten oder neueren Volksfesten, spielt das Essen und Trinken eine wichtige, wenn nicht die zentrale Rolle. Oft sind die *sagre* einer bestimmten Spezialität gewidmet, wie dem Trüffel in San Miniato oder dem Wildschwein in Greve in Chianti. Die Liste der *sagre* ist schier unendlich. Unter **www.eventiintoscana.it/eventi-sagre-folklore** gibt es einen guten Überblick (leider nur auf Italienisch, aber meist gut zu verstehen).

Wein und Olivenöl

Vino und Olio. Uralte Produkte der ländlichen Toskana, aus Küche und Tischkultur nicht wegzudenken. Beide Spezialitäten finden Sie in verschiedenen Preisklassen überall in der Region. Das toskanische Olivenöl gilt übrigens als besonders hochwertig, eine Rarität ist es aber nicht! Etwa 14 Mio. Olivenbäume soll es in der Toskana geben.

Auch Wein war schon immer ein Grundnahrungsmittel. Neben einfachen Sangiovese-Weinen ragen Spitzenprodukte wie Chianti Classico Riserva, Brunello di Montalcino oder Vino Nobile

Oben: Wer auf den Bauernhöfen der Toskana arbeitet, muss natürlich auch gut speisen, am besten gemeinsam.
Unten: Olivenöl ist nicht nur gesund, es schmeckt auch gut.

di Montepulciano heraus. Französische Trauben liegen z. B. dem Sassicaia aus Bolgheri zugrunde.

Aperitivo

Mindestens einmal sollten Sie dabei sein: Zum *aperitivo*, dem Drink vor dem Abendessen, treffen Sie ab etwa 18 bis 21 Uhr die halbe Stadt. Viele Einwohner gehen dann mit Familie und Freunden aus, die Bars servieren zum Apérol oder Campari ein reichhaltiges, im Preis inbegriffenes Snackbüfett. Ein Klassiker dabei: *crostini misti*, Weißbrotscheiben mit verschiedenen Aufstrichen aus Gemüse, Oliven oder Hühnerleber *(patè di fegato)*.

Nudeln

Pasta. Wie in ganz Italien kommt Pasta auch in der Toskana fast jeden Tag auf den Tisch. Eine regionale Spezialität sind die leckeren *pici* (dicke Nudelstränge, oft frisch hausgemacht) aus der Region Siena. Unser Favorit bleiben *Spaghetti alle vongole*, ein in ganz Italien verbreitetes Nudelgericht mit köstlicher Soße aus Venusmuscheln, Weißwein, Olivenöl, Knoblauch und Petersilie.

D

ERFINDUNG EINES DIEBES?

Der Legende nach soll die **Finocchiona** von einem Dieb ›erfunden‹ worden sein. Der hatte auf einem Markt bei Prato Salami gestohlen und unter einem Haufen wildem Fenchel versteckt. Als er die Wurst später anschnitt, hatte ihr der Fenchel ein köstliches Aroma verliehen. Tatsächlich aber wurde die Finocchiona wohl aus wirtschaftlichen Gründen erfunden, und zwar im Mittelalter. Damals war Pfeffer noch rar und fast unbezahlbar und wurde deshalb häufig durch wilde Fenchelsamen ersetzt. Bis heute wird im Italienischen das Wort *infinocchiare* (›Fenchel zugeben‹) verwendet, wenn jemand hinters Licht geführt wird.

Toskanische Salami und Schinken

Salame, Prosciutto. Die toskanischen Salamis und Schinken sind zu Recht berühmt. Vor allem frisch vom Bauern, wie in vielen Dorfläden noch zu finden, oder von einem der super Fleischer aus der Gegend. Uns hat es besonders die *Finocchiona* angetan, eine edle Fenchelsalami, die es nur in der Toskana gibt. Wunderbar auf frischem Weißbrot zu einem Schluck Rotwein! Salamis und Schinken sind luftgetrocknet, Schinken gibt es auch als *prosciutto cotto*, gekochten Schinken.

Fleischspezialitäten

Cinghiale und Bistecca alla fiorentina. Liebhaber eines guten Stücks Fleisch kommen in der Toskana voll auf ihre Kosten. Gerade in ganz einfachen Lokalen wird oft gezaubert. Genießen Sie ein großes Stück Wild, oft Wildschwein *(cinghiale)* vom Grill, die berühmte *bistecca fiorentina* (s. S. 149) oder verschiedene leckere Fleischragouts. Gerade zu den traditionellen *pici* wird z. B. gern eine Soße aus Wildschwein- oder Kaninchenfleisch serviert.

Steinpilze und Trüffel

Funghi porcini und Tartufo. Der viele Wald lässt Pilzsucherherzen höher schlagen. Steinpilze *(funghi porcini)* sind von Herbst bis Frühling reichlich zu finden. Und erst der Trüffel! Die Wälder bei San Miniato und San Giovanni d'Asso bergen den begehrten weißen Wintertrüffel. Schwarze Trüffel gibt es vor allem im Frühling und Sommer. Salami, Pecorino oder Nudeln schmecken damit noch raffinierter.

In der Pasticceria

Konditoreiteilchen. Immer wieder ein Lieblingsziel in der Toskana ist die nächste gute *pasticceria*, wo wir uns den Magen mit frischen Creme- und Sahneteilchen oder mürbem Mandelgebäck vollschlagen. Praktischerweise gibt es die leckeren Spezialitäten oft auch in Minigrößen zum Kaffee oder als Gastgeschenk bei einer Einladung zum Essen. So können Sie sich durch alle Köstlichkeiten einmal durchprobieren. Vorsicht – macht süchtig!

Käse

Pecorino. In den ländlichen Hügeln der Toskana werden seit Jahrhunderten Schafe gezüchtet, ihre Milch wird zu einem köstlichen, würzigen Käse, dem Pecorino, verarbeitet. Jung oder reif, mit Nüssen, Strohmantel oder Trüffel verfeinert: In Fachgeschäften oder gerne auch direkt beim Züchter haben Sie die Qual der Wahl! In Pienza ist dem *Pecorino di Pienza* sogar ein eigenes Fest gewidmet, die Fiera del Cacio.
Mozzarella di Bufala. In der südtoskanischen Maremma sind Wasserbüffel zu Hause, aus deren Milch Büffelmozzarella hergestellt wird.

Suppe oder Eintopf?

Zuppa. Nicht eine Suppe im deutschen Sinn, sondern in gekochtem Gemüse eingeweichtes Brot, mit Öl und Kräutern gewürzt. Das ursprünglichste Essen der Toskana. Die *zuppa* ist das ursprünglichste Essen der Region, lange bevor die Pasta in Mode kam (19. Jh.). Unzählige Rezepte sind erhalten, wie die *ribollita* (mit Krauskohl) oder die *pappa al pomodoro* (mit Tomaten). Die meisten sogar vegan *avant la lettre!*

PANZANELLA

Einfach und lecker für heiße Sommertage: ein Brotsalat, die toskanische Variante eines Resteessens. Alles, was Sie für diesen kleinen Küchenzauber brauchen, haben Sie wahrscheinlich zu Hause:

Zutaten
300–400 g trockenes (altes), möglichst toskanisches Brot
4–5 Löffel Weinessig
2–3 reife Tomaten
1/2 Gurke, geschält
1/2 rote Zwiebel (oder mehr)
Olivenöl
Salz, Pfeffer
(eventuell ein paar Blätter Basilikum und/oder Kapern)

Zubereitung
Brot in einer Mischung aus kaltem Wasser und Weinessig einweichen lassen (ca. 4–5 Löffel Essig für 300 g Brot). Das Brot danach gut auspressen: Es muss eine krümelige Masse werden. Gemüse schneiden: Tomaten in große Würfel, Zwiebeln und Gurke in dünne Scheiben. Gemüse und Brot mischen, Olivenöl, Salz und Pfeffer dazugeben (eventuell Basilikum/Kapern). Mindestens 30 Min. im Kühlschrank ruhen lassen. Vor dem Essen gut mischen!

Meeresfisch

Pesce di mare. Nur an der Küste ist Fisch Tradition. Goldbrasse *(orata)* und Meerbarbe *(triglia)* gehören zu den heimischen Speisefischen, Letztere gibt es nach Livorneser Art in Tomatensoße. In eine Livorneser Fischsuppe (s. S. 59) kommen weniger edle Fische wie Drachenkopf *(scorfano)*. Tintenfisch *(totano)* ist frittiert am beliebtesten. ■

Bosco della Ragnaia

Ein außergewöhnlicher Garten — Der Amerikaner Sheppard Craige, seit 30 Jahren in der Südtoskana zu Hause, hat ihn geschaffen: eine zeitgenössische Auseinandersetzung mit der toskanischen Landschaft und Kunst.

Kein Tor, kein Kassenhäuschen. Nur Vogelgezwitscher unter Bäumen und ein kleiner Waldparkplatz. Der Bosco della Ragnaia, Kunstgarten des Künstlers Sheppard Craige, ist ein Ort der Stille. Ein magischer Ort. Im Wald tropft es von den Bäumen, steinerne Stelen stehen am Wegrand. Ein großer grauer Tisch, ein Kreis im Laub, geometrische Zeichen. Die Verzauberung beginnt.

Wenn nicht hier, wo dann?
Am besten sollten Sie allein hierherfahren, mit viel Zeit und einem guten Buch. So war uns der Wald *(bosco)* als versteckter Lieblingsort empfohlen worden. Es stimmt, die Stille gewinnt hier schnell die Oberhand. Der Weg in den Wald führt zu einer Treppe, die kaskadenartig einen steilen Hang hinuntersteigt. Wir steigen auf ihr hinab in ein schattiges Tal. Uralte Steineichen spannen dort ihre Kronen. In früheren Jahrhunderten haben sie die *ragnaia* gehalten, ein riesiges Netz zum Fangen von Wildvögeln – der Name des Waldes erinnert daran.

Den Boden unter dem immergrünen Blätterdach hat der Künstler Sheppard Craige dem Buschwerk entrissen. Hat Wege angelegt, geometrisch geformte Beete, einen plätschernden Wasserfall. In den zentralen Sichtachsen stehen Skulpturen, kleine Altäre. Worte, in Stein graviert. »Que sais-je?« (»Was weiß ich?«), fragt Sheppard mit dem Philosophen Montaigne. In einem

Ort der Ruhe, Ort der Meditation, Ort des Philosophierens: der Bosco della Ragnaia.

kleinen Tal bewachen vier Säulen einen steinernen Kreis: das »Zentrum des Universums«.

Ein Maler wird zum Gärtner
Als wir in den neueren Teil des Gartens hinaustreten, ins Licht, auf das offene Feld, kommt uns überraschend der Künstler selbst in robuster Arbeitsmontur entgegen. Hochgewachsen, weiße Haare, Werkzeug am Gürtel. Er spricht uns an, fragt nach unseren Erlebnissen. Er kommt immer gerne mit Besuchern ins Gespräch, sagt er: »Dafür ist der Wald gemacht, dass er gesehen wird, dass eine Begegnung stattfindet.« Der endlose Himmel, die weite Landschaft der Südtoskana haben den Amerikaner Craige und seine Frau Francis Lansing nach San Giovanni d'Asso gebracht, schon 1980.

Damals sind sie weithin noch die einzigen Ausländer. Sheppard Craige ist eigentlich Maler. Große Leinwände voller Himmel sind sein Markenzeichen. Aber im Jahr 1995 findet er bei einem Spaziergang den Wald, 4 ha ehemaliges Jagdgelände bei San Giovanni d'Asso, das zu verkaufen ist. Er schlägt zu, hört auf zu malen, widmet sich fortan nur noch der Gestaltung des Bosco. Mit Jugendlichen aus dem Dorf, die er von den Videospielen der Bar wegholt, schlägt er sich durch das Unterholz. Gemeinsam machen sie Beete und Wege frei, pflanzen die ersten Hecken. Nach und nach entsteht Craiges philosophischer Garten unter Baumkronen. Später füllt der Künstler die sonnige Hügellandschaft vor dem Wald mit Installationen, Mosaiken und Skulpturen. Bis heute kommt Craige fast jeden Tag her, pflegt den Garten, baut weiter, sucht das Gespräch.

Ein Garten für alle
Sheppard Craige nimmt keinen Eintritt für den Besuch seines Kunstgartens – dieser Wald ist sein Lebenswerk, entstanden in Zusammenarbeit mit der Dorfjugend und lokalen Handwerkern. Er soll für alle da sein. »Wir sollen uns hier unseren eigenen Gedanken überlassen können«, sagt der Künstler. Vielleicht einem der drei Themen nachhängen, die Sheppard Craige bearbeitet hat: der Spannung zwischen Sicherheit und Zweifel, dem Mysterium der Zeit, der Kraft der Natur. »Mein Garten«, sagt Craige lächelnd, »ist ein Ort, wo ich zeige, dass ich die Freiheit habe, alle Fragen zu stellen und alles in Frage zu stellen.«

Lassen Sie sich darauf ein. Diskutieren Sie ein bisschen mit dem Künstler, wenn Sie ihn im Garten treffen. Oder genießen Sie einfach die Ruhe, die eigenwillige Schönheit, den Humor und die Überraschungen, die hier im Bosco della Ragnaia an jeder Ecke auf Sie warten. ■

»Wir sollen uns hier unseren eigenen Gedanken überlassen können.«

BOSCO DELLA RAGNAIA **B**

San Giovanni d'Asso, www.laragnaia.com
Der Wald ist normalerweise von Sonnenaufgang bis zur Dämmerung geöffnet.

Landbau nach Menschenmaß

A misura d'uomo — ›nach Maß des Menschen‹ ist die Landarbeit in der Toskana ausgerichtet. Und relevant wie eh und je.

Auch eintönige Getreidefelder können schön aussehen, wie hier in den Crete Senesi.

In der Garfagnana und am Monte Amiata nicht wegzudenken: Die Esskastanie war dort lange Zeit das Brot der Armen. Heute wird ihr Mehl sogar für die Herstellung von Craft-Bieren genutzt.

Reine Handarbeit ist das Pflücken und Zupfen der Krokusblüten, aus denen der Safran von San Gimignano gewonnen wird. Seit 2005 ist er durch ein Qualitätssiegel geschützt.

Ein Picknick gehört auf dem Weingut Petra in San Lorenzo bei Suvereto dazu.

Oben: Olivenbäume bedürfen konstanter Pflege, möchte man quantitativ und qualitativ gute Erträge erzielen.
Unten: Für den berühmten Pecorino braucht man Schafsmilch (latte di pecora).

Die Weinlese – wie hier auf dem Weingut Petra (s. S. 65) bei Suvereto – findet für die Qualitätstropfen per Hand statt. Heutzutage helfen nicht selten Afrikaner im Weinberg.

Oft dienen Zypressen als vegetative Tore und durchlässige Zäune, markieren Feldgrenzen oder Abzweigungen. So ergänzen sie die echten Tore, Gitter und Zäune.

Hier ist es ein Kastanienblatt, aber den Pecorino (Schafskäse) lässt man auch in Trester oder Asche reifen. So verbirgt sich hinter einem Begriff ein Geschmacksuniversum.

Wie der Name schon sagt: Die Cinta Senese kommen aus der Gegend um Siena.

FSC
www.fsc.org
MIX
Papier aus verantwortungsvollen Quellen
FSC® C124385

Tobias Garst bereist als Reiseleiter regelmäßig die Nordhälfte Italiens und trinkt den toskanischen Wein genauso gerne wie den seiner Pfälzer Heimat. Er wandert zwischen beiden Regionen hin und her und ist in Pisa auch familiär verwurzelt.

Gesa Pölert war schon immer in den Süden verliebt und die Toskana ist jeden März ihre Rettung vor dem deutschen Winter. Mit Freunden und Familie bereist sie seit über 20 Jahren die Region – auf der Suche nach neuen Entdeckungen, aber auch immer wieder an altbekannte Orte zurückkehrend.

Abbildungsnachweis
akg-images, Berlin: S. 272/273 (Orsi Battaglini); 288 (Rabatti & Domingie) **DuMont Bildarchiv,** Ostfildern: Umschlagklappe vorn, 6 li., 7 re., 8, 12/13, 39, 44 li., 53, 71 M., 79, 92 li., 126 li., 129, 150 li., 153, 162, 178 li., 178 re., 185, 201, 212 re., 213 li., 215, 222, 228, 235, 238, 249, 267, 302 o. li., 305 u. li. (Christina Anzenberger-Fink & Toni Anzenberger); 250 (Sabine Lubenow) **Getty Images**, München: S. 284 o., 284 u. (AFP/Claudio Giovannini); 167, 302 u. li. (AFP/Filippo Monteforte); 71 o. re., 91 (Atlantide Phototravel/Guido Cozzi); 213 u. re. (C Squared Studios); 139 (Cavan Images); 303 o. (Corbis/Mario Llorca); 45 M., 67 (Edoardo Frola); 73 (Federico Tovoli); 71 u. re. (Hulton Archive/National Motor Museum); 45 o. re., 69 (Iguana Press/Roberto Serra); 246 (Ivan Bajic); 279 (Lara Belova); 174 (Laura Lezza); 298 (Maremagnum); 2/3 (Mitch Diamond); 14 re. (Moment); Titelbild, 93 M., 119 (Sofie Delauw) **Huber-Images,** Garmisch-Partenkirchen: S. 230 (Giacomo Augugliaro); 30 (Guido Baviera); 271 u. (Hans-Peter Huber); 101 (Lorenz Berna); 89, 125 (Massimo Borchi); 197, 219, 233 (Massimo Ripani); 245 (Maurizio Rellini); 127 re. , 147 (Paolo Evangelista); 303 u. (Stefano Coltelli) La Rana di Filetto, Stia (IT): S. 145 **laif,** Köln: S. 14 li. (Agence VU/Massimo Siragusa); 280 (Alberto Bernasconi); 305 o. li., 305 re. (Andreas Hub); 149 (Contrasto/Lorenzo Pesce); 23 (Dagmar Schwelle); 181 (Dorothea Schmid); 295 u., 302 re., 304 (Frank Heuer); 157 (hemis.fr/Andrea Pistolesi); 61 (hemis.fr/Eric Bouloumie); 7 o. li., 106 (hemis.fr/Patrice Hauser); 193 (hemis.fr/Patrick Escudero); 20, 70 li., 76 (hemis.fr/Pierre Jacques); 179 li. (Jörg Modrow); 295 o. (Malte Jäger); 47, 209 (Max Galli); 95, 110, 115 (Paul Hahn); 212 li. (Raffaele Celentano); 179 o. re., 211 (Redux/The New York Times/Roberto Salomone) **MATO,** Hamburg: S. 123 (Stefano Amantini); 300/301 (Andrea Armellin) **Mauritius Images,** Mittenwald: S. 204 (age fotostock); 70 re. (Cash); 126 re., 135 (Cuboimages); 45 u. re. (foodcollection); 7 u. li. (Ralph Kerpa); 264/265 (Robert Harding) **picture-alliance,** Frankfurt a. M.: S. 293 (akg-images); 15 u. re. (Bildarchiv Monheim/Rodemann/Schütze) **Sara Bergando,** Gattinara und Turin (IT): S. 151 re., 177 **Shutterstock.com,** Amsterdam (NL): S. 44 re. (Borisb 17); 27 (Claudiovidri); 256 (Ekaterina Pokrovsky); 63 (Giado); 127 M. (GoneWithTheWind); 92 re. (Jakub Buza); 259 (Krcmy); 93 o. re. (Marco Porcu); 85 (Marco Taliani de Marchio); 37 (Mattia Querci); 213 o. re., 240 (Mor65_Mauro Piccardi); 269 (Roy photo); 271 o. (Sandro Amato); 275 (Sansa 55); 34 (Sbellott); 15 M. (Stefania Valvola); 258 (Ttphoto) **Tenuta Dello Scompiglio,** Vorno (IT): S. 15 o. re., 43 **Tobias Garst,** Weisenheim am Sand: S. 57, 103, 150 re., 151 M., 159, 173, 243, 268; 311 o. (Simone Rapisarda Casanova) **Wikimedia Commons:** S. 93 u. li. (CC BY-SA 3.0)

Umschlagfotos
Titelbild: Straßenszene in Florenz,
Umschlagklappe vorn: Getreideanbau im Val d'Orcia

Kartografie
DuMont Reisekartografie, Fürstenfeldbruck
© DuMont Reiseverlag, Ostfildern

Autoren: Tobias Garst, Gesa Pölert **Redaktion/Lektorat:** Britta Rath **Bildredaktion:** Sylvia Pollex, Titelbild: Carmen Brunner **Grafisches Konzept und Umschlaggestaltung:** zmyk, Oliver Griep und Jan Spading, Hamburg

Hinweis: Autoren und Verlag haben alle Informationen mit größtmöglicher Sorgfalt geprüft. Gleichwohl erfolgen alle Angaben ohne Gewähr. Bitte schreiben Sie uns! Über Ihre Rückmeldung und Ihre Verbesserungsvorschläge freuen wir uns: DuMont Reiseverlag, Postfach 3151, 73751 Ostfildern, info@dumontreise.de, www.dumontreise.de

1. Auflage 2020

Printed in China

Offene Fragen*

Was macht ein Strandbadbetreiber eigentlich im Winter?

Werden Zypressen nie dick?

Wo findet die Bellucci ihren Gucci?

Seite 105

Kann man Stachelschwein auch essen?

Wie viele Madonnenbilder hängen hier an Straßen, Plätzen oder Hausecken?

Kann die Toskana nur Kunst oder auch Wissenschaft?

Seite 283

Was kostet so ein toskanisches Landhäuschen?

Dürfen die Glocken des Schiefen Turms läuten?

Seite 104

Was kommt eigentlich hinter der Toskana?

Seite 126

Kann der Monte Amiata ausbrechen?

Seite 207

Sollen die Strade bianche etwa immer bianche bleiben?

Seite 158

Ist Chianti eine Rebsorte?

Seite 154

** Fragen über Fragen – aber Ihre ist nicht dabei? Dann schreiben Sie an info@dumontreise.de. Über Anregungen für die nächste Ausgabe freuen wir uns.*